ADVOCACIA PÚBLICA CONTEMPORÂNEA

DESAFIOS DA DEFESA DO ESTADO

CARLOS FIGUEIREDO MOURÃO
REGINA TAMAMI HIROSE
Coordenadores

Prefácio
Marcos da Costa

ADVOCACIA PÚBLICA CONTEMPORÂNEA

DESAFIOS DA DEFESA DO ESTADO

Belo Horizonte

2019

© 2019 Editora Fórum Ltda

É proibida a reprodução total ou parcial desta obra, por qualquer meio eletrônico, inclusive por processos xerográficos, sem autorização expressa do Editor.

Conselho Editorial

Adilson Abreu Dallari
Alécia Paolucci Nogueira Bicalho
Alexandre Coutinho Pagliarini
André Ramos Tavares
Carlos Ayres Britto
Carlos Mário da Silva Velloso
Cármen Lúcia Antunes Rocha
Cesar Augusto Guimarães Pereira
Clovis Beznos
Cristiana Fortini
Dinorá Adelaide Musetti Grotti
Diogo de Figueiredo Moreira Neto
Egon Bockmann Moreira
Emerson Gabardo
Fabrício Motta
Fernando Rossi
Flávio Henrique Unes Pereira

Floriano de Azevedo Marques Neto
Gustavo Justino de Oliveira
Inês Virgínia Prado Soares
Jorge Ulisses Jacoby Fernandes
Juarez Freitas
Luciano Ferraz
Lúcio Delfino
Marcia Carla Pereira Ribeiro
Márcio Cammarosano
Marcos Ehrhardt Jr.
Maria Sylvia Zanella Di Pietro
Ney José de Freitas
Oswaldo Othon de Pontes Saraiva Filho
Paulo Modesto
Romeu Felipe Bacellar Filho
Sérgio Guerra
Walber de Moura Agra

Luís Cláudio Rodrigues Ferreira
Presidente e Editor

Coordenação editorial: Leonardo Eustáquio Siqueira Araújo

Av. Afonso Pena, 2770 – 15º andar – Funcionários – CEP 30130-012
Belo Horizonte – Minas Gerais – Tel.: (31) 2121.4900 / 2121.4949
www.editoraforum.com.br – editoraforum@editoraforum.com.br

Dados Internacionais de Catalogação na Publicação (CIP) de acordo com a AACR2

A244	Advocacia pública contemporânea: desafios da defesa do Estado / Carlos Figueiredo Mourão, Regina Tamami Hirose (Coord.).– Belo Horizonte : Fórum, 2019. 478 p. ; 14,5cm x 21,5cm. ISBN: 978-85-450-0578-0. 1. Direito Constitucional. 2. Direito Administrativo. 3. Teoria Geral do Estado. I. Mourão, Carlos Figueiredo. II. Hirose, Regina Tamami. III. Título. CDD 341.2 CDU 342

Elaborado por Daniela Lopes Duarte - CRB-6/3500

Informação bibliográfica deste livro, conforme a NBR 6023:2002 da Associação Brasileira de Normas Técnicas (ABNT):

MOURÃO, Carlos Figueiredo; HIROSE, Regina Tamami (Coord.). *Advocacia pública contemporânea*: desafios da defesa do Estado. Belo Horizonte: Fórum, 2019. 478 p. ISBN 978-85-450-0578-0.

Dedicamos este livro para todas as pessoas que acreditam e participam da construção de um país melhor.

AGRADECIMENTOS

Agradecemos ao presidente da Ordem dos Advogados do Brasil, Dr. Marcos da Costa, pela dedicação e comprometimento com a defesa da advocacia pública.

SUMÁRIO

PREFÁCIO
Marcos da Costa.. 17

UM DECÁLOGO PARA A ADVOCACIA PÚBLICA
Maria Paula Dallari Bucci 19

A PROFISSIONALIZAÇÃO E A EXCLUSIVIDADE DA ADVOCACIA PÚBLICA
Wallace Paiva Martins Junior... 23
1   Introdução.. 23
2   A Advocacia Pública na Constituição de 1988 e suas funções institucionais (o mínimo denominador comum). 26
3   O dever de criação do órgão de Advocacia Pública 29
4   Reserva de lei, iniciativa e competência normativa 33
5   Regime jurídico constitucional dos membros da Advocacia Pública 34
6   A investidura do Chefe da Advocacia Pública..................... 34
7   Inadmissibilidade de vínculo comissionado e temporário ... 35
8   Contratação de prestação de serviços advocatícios e inexigibilidade de licitação... 38
9   Advocacia Pública nos Municípios.................................... 40
10 Assistência jurídica aos necessitados e Municípios............. 42
11 Defesa de agentes públicos por responsabilidade pessoal.... 43
Referências 48

ADVOCACIA PÚBLICA: ADVOCACIA DE ESTADO E ADVOCACIA DE GOVERNO
Soraya Santucci Chehin, Ricardo Marcondes Martins 51
1   Advocacia 51
2   Advocacia pública 55
2.1 Advocacia pública e interesse público 56
2.2 Advocacia de Estado e Advocacia de Governo.................. 59
3   Advocacia pública litigiosa 61
3.1 Defesa do interesse secundário 61

3.2	Defesa individual do interesse primário	65
3.3	Defesa institucional do interesse primário	67
3.3.1	Autonomia da Advocacia Pública	68
3.3.2	Teoria da *longa manus*	71
4	Conclusão	75
Referências		76

ADVOCACIA PÚBLICA CONTEMPORÂNEA – DESAFIOS DA DEFESA DO ESTADO
Flávio Mitsuyoshi Munakata 79

Introdução		79
1	O Plano Nacional de Desestatização (PND)	80
2	Advocacia Pública e Advocacia-Geral da União: Função essencial à justiça e Advocacia de Estado	88
3	Autonomia da instituição e garantias dos membros	91
4	Políticas públicas e a advocacia pública	96
5	Agências reguladoras: Controle de juridicidade pela AGU	98
6	Considerações finais	101
Referências		101

A ADVOCACIA PÚBLICA E O APERFEIÇOAMENTO NORMATIVO DO ESTADO DEMOCRÁTICO DE DIREITO BRASILEIRO
Derly Barreto e Silva Filho 105

1	Introdução	105
2	A função legislativa do Poder Executivo no estado social: A lei como instrumento de Governo	107
3	A consultoria e o assessoramento técnico-legislativo a cargo da Advocacia Pública	112
3.1	O assessoramento técnico-legislativo no Estado de São Paulo	115
3.2	O assessoramento técnico-legislativo na União	118
3.3	O assessoramento técnico-legislativo no Estado de Minas Gerais	120
4	A Advocacia Pública e o aperfeiçoamento das normas jurídicas	123
4.1	A função social da Advocacia Pública como fator de legitimação democrática do Direito	125
4.2	O dever de acautelamento jurídico da Advocacia Pública	134
5	Conclusão	135
Referências		138

A ADVOCACIA PÚBLICA E O COMBATE ÀS FRAUDES NA JUDICIALIZAÇÃO DA SAÚDE
José Luiz Souza de Moraes 141
1   O fenômeno da judicialização da saúde no Brasil 141
2   A livre escolha médica e o problema da fidelização 144
3   Os tratamentos experimentais e a judicialização da saúde 151
4   A fidelização, as fraudes, e a atuação da Advocacia Pública no estado de São Paulo 155
5   Sobre o papel da Advocacia Pública na solução do problema 161

A ADVOCACIA PÚBLICA COMO FUNÇÃO ESSENCIAL À JUSTIÇA
Marcos Fabio de Oliveira Nusdeo 165
1   Introdução 165
2   O Ministério Público 167
3   A Defensoria Pública 168
4   A Advocacia 169
5   A Advocacia Pública 170
Referências 183

ADVOCACIA PÚBLICA: FUNÇÃO TÍPICA DE ESTADO NA DEFESA DA *RES PUBLICA*
Ricardo Sahara 185
Introdução 185
1   Advocacia Pública 186
1.1   Missão constitucional 186
1.2   Advocacia Pública e o Código de Processo Civil de 2015 ... 190
1.3   Fazenda Pública e a *presentação* do Ente Público 192
2   Advocacia Pública e a defesa do Estado Democrático de Direito 194
2.1   Agentes políticos 196
2.2   Servidores públicos 197
2.3   Advocacia Pública como típica função de Estado 198
3   Atuação da Advocacia Pública na defesa da *res publica* 200
Conclusão 204
Referências 206

A ADVOCACIA PÚBLICA NO TRIBUNAL DE CONTAS DO ESTADO DE SÃO PAULO
Evelyn Moraes de Oliveira, Jorge Eluf Neto 207

1	Introdução	207
2	Origem	208
3	O Tribunal de Contas	211
4	O Ministério Público no Tribunal de Contas	214
5	A Procuradoria da Fazenda junto ao Tribunal de Contas e a Advocacia Pública	214
6	A obrigatoriedade de intervenção da Procuradoria da Fazenda junto ao Tribunal de Contas, na jurisprudência	216
7	A Advocacia Pública como função essencial à administração do Estado	224
8	Considerações finais	225
Referências		226

A ATUAÇÃO DA ADVOCACIA PÚBLICA NO COMBATE À CORRUPÇÃO E AOS ATOS DE IMPROBIDADE ADMINISTRATIVA: UMA ANÁLISE PROPOSITIVA A PARTIR DA COMPREENSÃO DA TEORIA DO CICLO DAS POLÍTICAS PÚBLICAS

Patricia Ulson Pizarro Werner 227

1	Introdução	227
2	Corrupção: democracia, moralidade, controle e transparência	227
2.1	Corrupção, atos de improbidade, crimes contra a Administração Pública	230
3	Políticas públicas: uma teoria jurídica e seus ciclos	232
3.1	Uma teoria jurídica sobre as políticas públicas	233
3.2	Teoria dos ciclos e subsistemas da Política Pública	235
3.3	O ciclo das políticas públicas e a Advocacia Pública	236
4	A atuação da Advocacia Pública no combate à improbidade administrativa e à corrupção: desafios e propostas	242
4.1	Combate à corrupção sistêmica	243
4.2	Compartilhamento de experiências: Advocacia Pública e o federalismo	243
4.3	Advocacia Pública: independência, autoridade moral e autoridade técnica	245
4.4	Investir no aperfeiçoamento de formas alternativas de solução de conflitos	247
4.5	Articulação da Advocacia Pública: criação e integração dos grupos de estudos temáticos	249
4.6	Modernização institucional – *accountability*	251
4.7	Atuação consciente no combate à corrupção: compreensão do fenômeno	253

5 Conclusão 253
Referência 255

A ATUAÇÃO DA PROCURADORIA DA FAZENDA NACIONAL NA REDUÇÃO DE LITIGIOSIDADE
Maria Regina Dantas de Alcântara 257
Introdução 257
1   O conflito e a judicialização 259
2   Os diversos sistemas judiciais no mundo 260
3   Linhas regulatórias que regem os métodos consensuais enquanto soluções para a excessiva litigiosidade 261
3.1   Estratégia do CNJ na redução da litigiosidade 261
3.2   O novo Código de Processo Civil – nCPC 262
3.3   A sanção da Lei nº 13.140/2015 (Lei de Mediação) 264
4   Métodos consensuais em espécie como soluções para a excessiva litigiosidade 264
4.1   Conciliação 265
4.1.1 Conciliação e Transação 266
4.2   Mediação 266
4.3   Arbitragem 267
5   Soluções consensuais, direitos indisponíveis em cotejo com a Advocacia-Geral da União (AGU) 268
6   Dos Juizados Especiais 270
7   Das iniciativas da Procuradoria da Fazenda Nacional especificamente no tocante aos Juizados Especiais Federais 274
8   PGFN – Defesa e Dívida (Cobrança) 277
9   Conclusão 283
Referências 283

A ATUAÇÃO ESTRATÉGICA DA PROCURADORIA-GERAL DA FAZENDA NACIONAL (PGFN) NA PREVENÇÃO E NO COMBATE À CORRUPÇÃO E À SONEGAÇÃO FISCAL
Regina Tamami Hirose 287
Introdução 287
1   Considerações sobre alguns aspectos da corrupção no Brasil e no plano internacional 289
2   A sonegação fiscal e a corrupção como desvios de conduta e de recursos públicos 294
3   O papel da PGFN na recuperação de créditos públicos e no combate à corrupção e à sonegação fiscal 299

| 4 | A educação Fiscal como medida de prevenção aos atos de corrupção e de sonegação fiscal | 304 |

Conclusão 308
Referências 309

A ELABORAÇÃO LEGISLATIVA E A ADVOCACIA PÚBLICA
Carlos Roberto de Alckmin Dutra 313

1	Introdução	313
2	A técnica legislativa, a ciência da legislação e a legística	314
2.1	O cenário internacional	314
2.2	Definição de Ciência da Legislação e de Legística	317
2.3	A evolução da ciência da legislação no Brasil	318
2.4	A natureza das normas de legística formal	321
3	A redação das leis	323
4	A cláusula de vigência nos novos códigos civil e de processo civil	324
5	A Advocacia Pública e a redação das Leis	328
6	Conclusão	331

Referências 333

A POSSIBILIDADE DE AÇÕES JUDICIAIS AJUIZADAS PELO PODER PÚBLICO COMO INSTRUMENTO DE POLÍTICAS PÚBLICAS NA ADVOCACIA PÚBLICA FEDERAL
Renata Ferrero Pallone 335

1	Introdução	335
2	Políticas públicas e advocacia de Estado – certeza da melhor escolha por parte do Administrador Público	336
3	A Procuradoria-Geral Federal e as demandas judiciais de acompanhamento prioritário	337
3.1	Execuções de decisões proferidas pelo TCU	337
3.2	Ações Regressivas Acidentárias e outras ações de regresso ajuizadas pelo Instituto Nacional do Seguro Social (INSS)	339
3.3	Ações que versem sobre ressarcimento ao Erário decorrente de Tomada de Conta Especial – TCE e improbidade administrativa	343
3.4	Ações judiciais de cobrança e recuperação de crédito de valor igual ou superior a R$ 1.000.000,00 (um milhão de reais)	346
4	É possível a utilização dessas ações como políticas públicas?	347

5	A política pública da conciliação – alternativa eficiente para a recomposição do patrimônio público lesado 349
6	Conclusão 352

Referências 353

AS PRERROGATIVAS PROFISSIONAIS NA ADVOCACIA PÚBLICA
Marcos Batistela 355
1	Introdução: A advocacia e a Advocacia do Estado 355
2	A advocacia do Estado nas Constituições nacionais 356
3	A advocacia do Estado desde 1988 359
4	A Advocacia Pública como instituição constitucional 360
5	Prerrogativas, direitos e deveres 363
6	Prerrogativas próprias dos Procuradores Públicos 365
6.1	Representação das pessoas jurídicas de direito público sem procuração 366
6.2	Independência técnica 368
6.3	Inviolabilidade de seu local de trabalho 375
7	Conclusão 379

Referências 381

A RELEVÂNCIA DA VINCULAÇÃO DO ADVOGADO PÚBLICO À ORDEM DOS ADVOGADOS DO BRASIL
Carlos Figueiredo Mourão, Danielle Romeiro Pinto Heiffig 383
Introdução 383
1	A Constituição Federal e o papel do Advogado 385
1.a	Constituição Federal e sua interpretação 385
1.b	O advogado 388
2	Inscrição na Ordem dos Advogados do Brasil 392
3	Considerações finais 400

Referências 401

ATIVIDADE CONSULTIVA E SEUS REFLEXOS NOS DEVERES E RESPONSABILIDADES DO ADVOGADO PÚBLICO EM LICITAÇÕES E CONTRATOS ADMINISTRATIVOS
Mara Christina Faiwichow Estefam 403
1	Introdução 403
2	Licitações e contratos administrativos 405
3	Princípios constitucionais da Administração Pública e o advogado público 406

3.1	Princípio da juridicidade	410
4	Atividade consultiva da Advocacia Pública	411
5	Análise das minutas de editais e de contratos administrativos e os pareceres jurídicos proferidos	412
5.1	Obrigatoriedade de análise e aprovação das minutas de licitações e de contratos e a dispensabilidade da análise das minutas-padrão	413
5.2	Inadmissibilidade de pareceres jurídicos pró-forma	415
5.3	Ausência de parecer jurídico e suas consequências	416
6	Exame e aprovação de editais de licitações e contratos administrativos	419
7	Espécies de pareceres jurídicos e as responsabilidades do advogado público, sob a ótica do Supremo Tribunal Federal	421
8	Punição do advogado público por proposta de dispensa ou inexigibilidade de licitação	428
9	Conclusões	430
Referências		433

OS PROCURADORES MUNICIPAIS E SEU DIREITO A HONORÁRIOS DE SUCUMBÊNCIA
Rafael Prandini Rodrigues 435

1	Introdução	435
2	Tratamento Legal dado aos Honorários na Advocacia Pública Municipal	436
3	Conclusão	450
Referências		451

TRANSPARÊNCIA COMO POLÍTICA PÚBLICA E A RESPONSABILIDADE INSTITUCIONAL DA ADVOCACIA DE ESTADO NA SUA EFETIVAÇÃO
Márcia Maria Barreta Fernandes Semer 453

1	Introdução	453
2	Estado Democrático de Direito e Políticas Públicas	456
3	Transparência como Política Pública	460
4	O Programa Brasil Transparente	463
5	Advocacia Pública e a Política de Transparência	466
6	Conclusão	471
Referências		472

SOBRE OS AUTORES 475

PREFÁCIO

A ADVOCACIA EM SUA FUNÇÃO NA DEFESA DO PATRIMÔNIO PÚBLICO

Principal instrumento de defesa dos valores republicanos, a advocacia pública tem importância essencial no combate à corrupção, cabendo a ela orientar os tribunais de contas nas esferas municipal, estadual e federal quanto à aplicação rigorosa da Lei de Responsabilidade Fiscal e outras medidas para fazer valer a devida utilização do bem público. Ciente dessas incumbências, a Seção São Paulo da Ordem dos Advogados do Brasil busca constantemente valorizar os profissionais que a ela se dedicam, em consonância com os deveres de defesa da sociedade e dos princípios constitucionais. Nós, advogados, seja qual for a frente de atuação, temos por norte o artigo 133 da Constituição Federal em sua determinação de que o advogado é inviolável por seus atos e manifestações no exercício da atividade.

Nesta publicação, organizada pela *Comissão Permanente de Advocacia Pública* e composta por artigos de seus membros, o leitor poderá ter um panorama das ações e obrigações do advogado público, além da atuação da Secional paulista da Ordem para que nunca se dificulte o trabalho desse profissional que se empenha na defesa dos interesses da coletividade.

Entre os textos que seguem, é possível comprovar a efetiva participação do profissional no aperfeiçoamento do Estado Democrático de Direito, neste país em que ainda é incipiente a preocupação com a qualidade das leis e dos atos normativos no âmbito do Poder Executivo. Há sugestões no sentido de apresentar melhorias destinadas ao aprimoramento da qualidade da legislação brasileira, destacando a importância de esclarecer que, ao eleger seus representantes, a população está delegando a eles o trabalho para o crescimento da nação, mas não está fornecendo uma "carta branca" para realizarem o que desejam. E, caso ocorram desvios, devem estar cientes da atuação estratégica da advocacia pública no combate à corrupção, à improbidade administrativa e à sonegação fiscal.

Ponto pacífico é saber que para cumprir seu papel de forma independente e transparente, o advogado público precisa estar amparado e ter autonomia. Por isso, o grupo de trabalho da OAB SP ganhou assento na Comissão de Defesa e Prerrogativas. Conta ainda com uma Comissão específica de estudo e acompanhamento do anteprojeto de Lei Orgânica Nacional da Advocacia Pública. Outra questão primordial, tratada aqui, é a relevância da inscrição nos quadros da Ordem, uma vez que somente os advogados devidamente inscritos na OAB têm habilitação para exercer não só a postulação em juízo, mas também a consultoria, assessoria e direção jurídicas.

Marcos da Costa
Presidente da OAB SP

UM DECÁLOGO PARA A ADVOCACIA PÚBLICA*

Maria Paula Dallari Bucci

Em homenagem a meu pai, Dalmo de Abreu Dallari

Nesse período de profundas mudanças da vida brasileira, cabe refletir sobre os desafios que se impõem à Advocacia Pública. A reconstrução do Estado reclama a recolocação do direito em posição central na organização das instituições públicas, como ocorria nas origens do moderno aparelho de Estado, quando se consagrou o modelo do exercício impessoal da autoridade.

Depois disso, muitas vezes associado à linguagem institucional que dava corpo ao Estado autoritário, o direito público perdeu prestígio e centralidade. A noção de burocracia deixou de ser associada à ideia weberiana de corpo profissional a serviço da execução da vontade comum e passou a conotar um desvio, uma corporação com vida própria desgarrada de seu fundamento de criação. Os corpos jurídicos do Estado passaram a ser vistos muitas vezes como as vozes pelas quais essa visão autoritária se manifestava imperativa, vertical, impermeável ao contraditório e ao diálogo do poder com os seus titulares legítimos. Em reação, evoluíram para uma postura de cautela defensiva, preventivamente limitadora dos excessos autoritários e por isso paralisante. A busca por soluções para o funcionamento dos organismos do Estado reforçou discursos

---

* Uma primeira versão deste decálogo foi apresentada originalmente em Recife, em 20.08.2008, na comemoração dos 18 anos da Procuradoria-Geral do Estado de Pernambuco. Ao reduzi-lo a escrito, leituras amigas contribuíram para sua forma final. Entre essas, a de meu pai, Dalmo de Abreu Dallari, que me mostrou diversos outros "decálogos" e "mandamentos do advogado", como os de Santo Ivo, Eduardo Couture e Ruy Barbosa (cf. *Mandamentos do Advogado e do Juiz*, BOMFIM, Benedito Calheiros, Rio de Janeiro: Destaque, 2000, 2. ed.). Este texto é uma pequena homenagem a quem me ensinou a paixão pelo direito como instrumento de realização da justiça e do bem social.

de recusa dos caminhos da legalidade, em favor de modelos empresariais de ação descomprometidos com os fatores históricos que levaram à conformação jurídica das instituições estatais tal como posta no art. 37 da Constituição de 1988, expressão da recusa a privilégios na utilização dos recursos do Estado.

A recuperação do papel do Estado depende de uma mudança cultural, que cumpra integralmente a vocação democrática da Constituição. Uma Advocacia Pública moderna, num Estado democrático de direito tem a missão de auxiliar na construção de vias jurídicas para o processamento dos conflitos sociais, com base nas seguintes ideias-chave.

1   EMPATIA. Compreender as motivações que inspiram o gestor público, as circunstâncias do problema trazido e as vantagens das soluções cogitadas. Desarmar-se. Comprometer-se com a causa pública. Contribuir para a recuperação do sentido da expressão "interesse público", não mais carregada de retórica autoritária, mas significando o autêntico encontro de aspirações da pluralidade dos agrupamentos sociais.

2   INICIATIVA. Evitar o comodismo. Buscar os meios e procedimentos jurídicos mais adequados para sua ação. Recusar o conforto das negativas prontas, duvidar delas e esgotar as possibilidades de atuação dentro da legalidade antes de negar um caminho proposto. Orientar. Apresentar a legislação e explicitar seus fundamentos, compartilhando com o gestor as razões que levam uma conduta a ser aceitável ou não perante a legislação.

3   CRIATIVIDADE. Quando não existirem alternativas jurídicas sedimentadas, utilizar seu potencial criativo para desenvolver soluções adequadas, dentro dos marcos legais. Não temer construções inovadoras. Fomentar e incentivar a boa-fé e a lealdade às instituições.

4   CONSISTÊNCIA. Escapar aos equívocos da falsa "flexibilização". Conceber soluções juridicamente estruturadas, de

modo a resistirem à passagem do tempo e ao crivo dos órgãos de controle, especialmente o Poder Judiciário. Lembrar que esses exercem suas atividades com fundamento na mesma Constituição que autoriza o gestor público a atuar.

5   RIGOR. Esgotados os passos anteriores, se firmada a convicção quanto à inviabilidade da conduta nos termos da lei, utilizar seu poder de persuasão para demover o gestor público da intenção de produzi-la, com fundamento na ordem jurídica democrática. No limite, apontar a ilegalidade, com os meios disponíveis. O cliente da Advocacia Pública é a coletividade, sintetizada no Poder Público, e não a pessoa do governante ou gestor.

6   AUTORIDADE MORAL. Destacar-se pela retidão de conduta. Evitar os conflitos de interesses. Escapar ao equívoco do corporativismo. Evitar as comparações com outras categorias jurídicas. É princípio constitucional a posição isonômica de advogados, juízes ou promotores, sendo insustentável, por injusta, argumentação que pretenda defender a superioridade de qualquer dessas classes em relação a outros profissionais que exercem função pública.

7   AUTORIDADE TÉCNICA. Buscar autoridade na competência técnica e na habilidade do desempenho profissional e não na posição corporativa. Dominar as referências do conhecimento jurídico estabelecido em sua área de atuação. Conferir segurança e confiabilidade às soluções construídas, estabelecendo as conexões com essas referências.

8   HUMILDADE. Saber ouvir, reconhecer os limites do seu próprio conhecimento, identificar o que não se sabe e que é necessário aprofundar. Estar aberto ao diálogo. Superar o insulamento característico da formação jurídica brasileira. Aprender com a vivência dos outros e com "o direito achado na rua".

9   ESTUDO. Estudar regularmente. Conhecer a cultura jurídica formal, consolidando-a em trabalhos de reflexão

que levam a títulos e diplomas. Não sucumbir à tentação da repetição acrítica. Ir além, cultivando uma atitude de curiosidade permanente e dúvida diante dos problemas. Pesquisar a legislação, a jurisprudência, os trabalhos acadêmicos. Procurar experiências de outros países, cada vez mais acessíveis, na era da Internet.

10 EQUILÍBRIO. Buscar a harmonia entre a justiça e a ordem institucional formal. Contemplar a justiça material, mas também a dimensão procedimental, operativa, sem a qual o direito é letra morta. Trabalhar para "conciliar poder eficiente com direito legitimador".[1]

---

[1] NEVES, Marcelo. *Entre Têmis e Leviatã: uma Relação Difícil.* São Paulo: Martins Fontes, 2008, p. XVIII. 2

A PROFISSIONALIZAÇÃO E A EXCLUSIVIDADE DA ADVOCACIA PÚBLICA

Wallace Paiva Martins Junior

1 Introdução

As regras de acesso a cargos públicos mediante aprovação em concurso público e estabilidade dos servidores públicos são vetores daquilo que foi denominado por Sabino Cassese como *processo di depersonalizzazione del potere publico*.[1] Mercê da desconfiança do poder político na burocracia, o modelo ocidental de organização administrativa se estadeia, em sua grande maioria, na ruptura com *spoils system* e na adoção do *merit system* alicerçada em cânones como impessoalidade, moralidade, eficiência, e igualdade, ceifando espaços às mazelas decorrentes do patrimonialismo como o clientelismo, o partidarismo, o nepotismo etc.[2] e só admitindo excepcionalmente o provimento em comissão. Também se enlaça nesse contexto, de um lado, o abandono de antigas concepções da função (*lato sensu*) pública como venalidade, hereditariedade, disponibilidade, gratuidade, comissão, e, de outro, a compreensão do caráter profissional, imparcial e permanente da função pública *lato sensu*. A estabilidade surge, como discorre Ruy Cirne Lima, como antídoto à derrubada: "o que se quer evitar é a 'derrubada' ao ímpeto de um triunfo político-partidário, e não a demissão irregular dêste ou daquele funcionário, singularmente considerado. Mas, para realizar eficazmente êsse propósito, o meio escolhido foi o de constituir o funcionário,

---

[1] CASSESE, Sabino. *Le Basi del Diritto Amministrativo*, Milano: Garzanti, 2000, p. 263.
[2] Manoel Gonçalves Ferreira Filho observava na vigência da Constituição de 1967 que "a exigência do concurso é de caráter moralizador. Visa a obstar que o filhotismo seja erigido em critério para o preenchimento dos cargos públicos. Faz do mérito o critério para esse ingresso" (*Comentários à Constituição Brasileira*, São Paulo: Saraiva, 1974, v. II, p. 198).

individualmente considerado, em defensor da coletividade dos funcionários, que à administração interessava fôsse estável. E, para tanto, ao funcionário, atribuiu-se direito à estabilidade. A fim de tolher a 'derrubada', criou-se título jurídico à resistência individual contra tôda e qualquer demissão irregular. O direito à estabilidade vai mais longe, conseqüentemente, quanto aos resultados, do que a estabilidade mesma, quanto aos propósitos" (*sic*).[3]

A análise histórica revela a criação de organismos para representação dos interesses do Estado em juízo. Num ambiente em que não raro o Estado absorvia os interesses da sociedade, era tônica a concentração em um único órgão das funções de representação judicial do Estado para tutela do interesse público primário e secundário (este na sua condição de sujeito de direitos e obrigações). Durante muito tempo no direito brasileiro ao Ministério Público foi confiada a defesa dos interesses patrimoniais do Estado (art. 126, parágrafo único, Constituição de 1946; art. 95, §2º, Constituição de 1967 na redação da Emenda n. 01/69), o que foi abolido somente pela Constituição de 1988 ao instituir a Advocacia-Geral da União e lhe proibir a representação judicial de entes públicos (art. 129, IX; art. 29, Ato das Disposições Transitórias) que "desfez o bifrontismo que sempre existiu no Ministério Público Federal, cujos membros, como visto, exerciam cumulativamente as funções de Ministério Público e de procuradores da República no exercício da Advocacia da União".[4]

Atualmente, o desenho constitucional brasileiro distingue precisamente as missões institucionais de defesa dos interesses da sociedade (reservada ao Ministério Público) e do Estado (confiada à Advocacia Pública). É o que chama atenção Diogo de Figueiredo Moreira Neto ao versar sobre as funções estatais de zeladoria, provocação e defesa identificando na Constituição de 1988 "um bloco de *funções públicas autônomas*, independentes e destacadas das estruturas dos três Poderes do Estado, que são aquelas denominadas *funções essenciais à justiça*" e dentre elas a Advocacia de Estado. Segundo explica, "esta *essencialidade à justiça* deve ser entendida no

---

[3] LIMA, Ruy Cirne. *Princípios de Direito Administrativo*. 5. ed. São Paulo: Revista dos Tribunais, 1982, p. 172-173.
[4] SILVA, José Afonso da. *Comentário contextual à Constituição*. 8. ed. São Paulo: Malheiros, 2012, p. 623.

sentido mais amplo que se possa atribuir à expressão e não limitado, como poderia parecer à primeira vista, à *justiça formal*, entendida como aquela prestada pelo Poder Judiciário, estando compreendidas, assim, no conceito de essencialidade, todas as atividades de orientação, de fiscalização, de promoção e de representação judicial necessárias à *zeladoria, provocação e defesa* de todas as categorias de interesses protegidos pelo ordenamento jurídico".[5]

Os serviços de assessoramento e consultoria jurídicos e representação judicial dos entes e órgãos estatais são profissionais, técnicos, e essenciais, por opção constituinte. Não há espaço para relegá-los ao segundo plano da organização do poder nem render o preenchimento de seus postos ao tradicional expediente do butim ou orientar sua condução pelo pacto de vassalagem. A opção constituinte revela, sobretudo, ao localizar a Advocacia Pública entre as funções essenciais à justiça (e decerto seus agentes entre aqueles que ocupam as carreiras de Estado), uma inequívoca tendência ao incremento de graus de juridicidade, de imparcialidade e de impessoalidade às esferas governamentais. Com esse ambiente não se coadunam velhos hábitos como premiar a assessoria jurídica da campanha político-partidária com o bônus da investidura *ad libitum* nas funções da Advocacia Pública ou o clientelismo ancilar à cláusula *during good behaviour*.

Propósito deste estudo é avaliar a institucionalização da Advocacia Pública no direito constitucional nacional e mensurar suas consequências que apontam para a conformação de um mínimo denominador comum a se expressar nas três esferas de organização espacial do poder na federação. Para tanto, coloca-se em cena inicialmente a instituição e suas funções no modelo firmado na Constituição de 1988, para derivar à obrigação de sua criação no elenco das funções essenciais à justiça, o que exige além da visita à omissão ou inércia ao exame de temas como reserva de lei, iniciativa e competência normativa.

A etapa seguinte consiste na apreciação do estatuto constitucional dos membros da Advocacia Pública, abordando entre outros tópicos a natureza, o regime jurídico e a forma de provimento dos cargos. Alfim, dedicam-se reflexões mais particulares e polêmicas

---

[5] MOREIRA NETO, Diogo de Figueiredo. *Curso de Direito Administrativo*. 14. ed. Rio de Janeiro: Forense, 2006, p. 31.

como (a) a investidura do Chefe da Advocacia Pública, (b) a inadmissibilidade de vínculo comissionado e temporário, (c) a excepcionalidade da contratação de prestação de serviços advocatícios com ou sem licitação, (d) a impossibilidade de patrocínio e defesa de agentes públicos por responsabilidade pessoal e de prestação municipal do serviço de assistência jurídica aos necessitados e (e) a projeção da Advocacia Pública nos Municípios.

2 A Advocacia Pública na Constituição de 1988 e suas funções institucionais (o mínimo denominador comum).

A Advocacia Pública está situada na Constituição de 1988, na redação dada pela Emenda nº 19, de 1998, como uma das funções essenciais à justiça, recebendo dignidade constitucional similar ao Ministério Público e à Defensoria Pública, ainda que em grau diferenciado. Contempla o texto fundamental a Advocacia Pública da União e dos Estados e do Distrito Federal com prescrições distintamente formuladas, mas que apresentam, com algumas variações, identidade estrutural básica. A instituição integra o Poder Executivo. Sua missão institucional é, como resume Paulo Gustavo Gonet Branco, "a defesa jurídica das pessoas políticas".[6]

No âmbito federal foi definida no art. 131 a Advocacia-Geral da União como "a instituição que, diretamente ou através de órgão vinculado, representa a União, judicial e extrajudicialmente, cabendo-lhe, nos termos da lei complementar que dispuser sobre sua organização e funcionamento, as atividades de consultoria e assessoramento jurídico do Poder Executivo". Seu Chefe é o Advogado-Geral da União, cargo de provimento em comissão, de livre nomeação pelo Presidente da República dentre cidadãos maiores de 35 (trinta e cinco anos), portadores de notável saber jurídico e reputação ilibada (arts. 84, XVI, e 131, § 2º). Ele pode receber delegação do Chefe do Poder Executivo (art. 84, parágrafo

---

[6] MENDES, Gilmar Ferreira; COELHO, Inocêncio Mártires; BRANCO, Paulo Gustavo Gonet. *Curso de Direito Constitucional*. 5. ed. São Paulo: Saraiva, 2010. p. 1148.

único) para edição de ato normativo dispondo sobre sua organização e funcionamento (quando não houver aumento de despesa nem criação ou extinção de órgão público) e prover cargos públicos. Suas funções são, como transcrito, consultoria e assessoramento jurídico do Poder Executivo, sendo reservada à Procuradoria-Geral da Fazenda Nacional a representação da União na execução da dívida ativa tributária (art. 131, § 3º). A investidura na classe inicial da carreira depende de aprovação em concurso público de provas e títulos (art. 131, §2º).

Para as esferas estadual e distrital a Constituição (art. 132) não denomina o órgão, embora ele se infira e constitua materialmente a Advocacia Pública, pois, se refere aos agentes (Procuradores). Nesse sentido, destaca José Afonso da Silva que o art. 132 da Carta Magna "institui a Advocacia Pública das unidades federadas (Estados e Distrito Federal), quando estatui que sua representação judicial e a consultoria jurídica competem aos seus procuradores, organizados em carreira, em que ingressarão por concurso público de provas e títulos. Com isso se institucionalizam os serviços jurídicos estaduais".[7]

A Constituição indica como suas funções a representação judicial e a consultoria jurídica. Ela ainda estabelece que esses agentes serão organizados em carreira, cujo ingresso exige concurso público de provas e títulos, com a participação da Ordem dos Advogados do Brasil em todas as suas fases (art. 132), assegurando-lhes estabilidade após três anos de efetivo exercício, mediante avaliação de desempenho perante os órgãos próprios, após relatório circunstanciado das corregedorias (art. 132, parágrafo único).

Do conjunto dessas disposições se infere o mínimo denominador comum: as atividades de assessoramento e consultoria jurídicos (o que inclui o exame e a fiscalização da legalidade interna dos atos da Administração) e a representação judicial de órgãos e entidades da Administração Pública. Trata-se de atividades de natureza técnica, permanente e essencial, e que são elementares e exclusivas da instituição da Advocacia Pública, organizada em carreira e cujos membros são investidos nos respectivos cargos mediante aprovação em concurso público de provas e títulos,

---

[7] SILVA, José Afonso da. *Comentário contextual à Constituição*. 8. ed. São Paulo: Malheiros, 2012. p. 625.

adquirindo estabilidade em avaliação após triênio de efetivo exercício. É um modelo de observância obrigatória para os Estados e os Municípios, mercê de não haver quanto a estes disposição própria na Constituição Federal. Como julgado, "a autonomia conferida aos Estados pelo art. 25, *caput* da Constituição Federal, não tem o condão de afastar as normas constitucionais de observância obrigatória".[8] Constitui, ademais, a Advocacia Pública órgão jurídico de controle interno para os fins do art. 74 da Constituição Federal.

O traço singular da exclusividade dessas funções à instituição foi realçado em julgado gizando que "o desempenho das atividades de assessoramento jurídico no âmbito do Poder Executivo estadual traduz prerrogativa de índole constitucional outorgada aos Procuradores do Estado pela Carta Federal. A Constituição da República, em seu art. 132, operou uma inderrogável imputação de específica e exclusiva atividade funcional aos membros integrantes da Advocacia Pública do Estado, cujo processo de investidura no cargo que exercem depende, sempre, de prévia aprovação em concurso público de provas e títulos".[9]

Pauta a Constituição Federal para a Advocacia Pública os predicados institucionais de unidade, exclusividade, profissionalidade e imparcialidade no exercício de suas missões institucionais. A respeito, é relevante esclarecer a dimensão da exclusividade: ela importa reconhecer que só os membros da instituição podem exercer suas funções e que é inadmissível, como observa Paulo Gustavo Gonet Branco, a criação de órgão de defesa judicial destacado,[10] na conformidade de julgado,[11] embora seja possível o Poder Legislativo ter sua própria procuradoria justificada pela autonomia, independência e capacidade postulatória que lhe são elementares.[12]

---

[8] STF, ADI 291-MT, Tribunal Pleno, Rel. Min. Joaquim Barbosa, 07-04-2010, m.v., DJe 10-09-2010.
[9] STF, ADI-MC 881-ES, Tribunal Pleno, Rel. Min. Celso de Mello, 02-08-1993, m.v., DJ 25-04-1997, p. 15.197.
[10] MENDES, Gilmar Ferreira; COELHO, Inocêncio Mártires; BRANCO, Paulo Gustavo Gonet. *Curso de Direito Constitucional*. 5. ed. São Paulo: Saraiva, 2010. p. 1148.
[11] "(...) 3. Criação de Procuradoria da Fazenda Estadual, subordinada à Secretaria da Fazenda do Estado e desvinculada à Procuradoria-Geral. 4. Alegação de ofensa aos artigos 132 da Constituição e 32, do ADCT. 5. Descentralização. Usurpação da competência funcional exclusiva da Procuradoria-Geral do Estado. 6. Ausência de previsão constitucional expressa para a descentralização funcional da Procuradoria-Geral do Estado. 7. Inaplicabilidade da hipótese prevista no artigo 69 do ADCT. Inexistência de órgãos distintos da Procuradoria estadual à data da promulgação da Constituição. (...)" (STF, ADI 1.679-GO, Tribunal Pleno, Rel. Min. Gilmar Mendes, 08-10-2003, v.u., DJ 21-11-2003, p. 07).
[12] RTJ 192/473.

Embora seus membros devessem possuir alguma dose de independência funcional, o órgão de Advocacia Pública é subordinado hierarquicamente à Chefia do Poder Executivo. Destarte, "a Constituição Estadual não pode impedir que o Chefe do Poder Executivo interfira na atuação dos Procuradores do Estado, seus subordinados hierárquicos. É inconstitucional norma que atribui à Procuradoria-Geral do Estado autonomia funcional e administrativa, dado o princípio da hierarquia que informa a atuação dos servidores da Administração Pública", premissas não abaladas pela concessão de autonomia às entidades federadas que "não tem o condão de afastar as normas constitucionais de observância obrigatória", como decidido pela Suprema Corte.[13]

O Ato das Disposições Transitórias da Constituição de 1988 para ajustar situações anteriores consentiu, dentre outras franquias, aos Procuradores da República, à época de sua promulgação, nos termos da lei complementar, que será facultada a opção, de forma irretratável, entre as carreiras do Ministério Público Federal e da Advocacia-Geral da União (art. 29, §2º), e aos Estados manter consultorias jurídicas separadas de suas Procuradorias-Gerais ou Advocacias-Gerais, desde que, na data da sua promulgação, tenham órgãos distintos para as respectivas funções (art. 69).

3 O dever de criação do órgão de Advocacia Pública

Se a Constituição Federal elege a Advocacia Pública como função essencial à Justiça, essa prescrição é vinculante para os Estados, o Distrito Federal e os Municípios na medida em que também eles carecem de organismo de representação, consultoria e assessoramento das pessoas jurídicas integrantes da Administração Pública na defesa de seus direitos e interesses. *A latere* do Ministério Público e da Defensoria Pública a Advocacia Pública é um dos atores estatais que compõem as funções essenciais à Justiça. Trata-se de um concerto de instituições de cuja iniciativa depende o regular funcionamento da atividade jurisdicional do Estado e, em coordenadas mais amplas, das atividades inerentes ao sistema de

---

[13] STF, ADI 291-MT, Tribunal Pleno, Rel. Min. Joaquim Barbosa, 07-04-2010, m.v., DJe 10-09-2010.

justiça, "participando ativamente de sua distribuição, em juízo ou fora dele", como anota Carlos Henrique Maciel.[14] Discorrendo a respeito do art. 132 da Constituição Federal, José Afonso da Silva aponta a "institucionalização dos órgãos estaduais de representação e consultoria dos Estados", pois incumbe tais funções aos seus procuradores que "hão de ser organizados em carreira dentro de uma estrutura administrativa unitária", adicionando que "são, pois, vedadas a admissão ou a contratação de advogados para o exercício das funções de representação judicial (salvo, evidentemente, impedimento de todos os procuradores) e de consultoria daquelas unidades federadas (salvo eventual contratação de pareceres jurídicos)".[15]

Ou seja, as normas constitucionais institutivas da Advocacia Pública obrigam os entes políticos à criação e organização de tais organismos para o exercício de suas funções institucionais – consideradas essenciais à Justiça – e, ao mesmo tempo, impedem que outros órgãos ou agentes que não os integram desempenham essas missões, pois lhes foram expressamente reservadas em favor de maior profissionalização na cura dos direitos e interesses do Estado, através da representação judicial e extrajudicial, do assessoramento e da consultoria, como sujeito de direitos e obrigações. Nem se alegue remanescer discricionariedade: o dever jurídico que se impõe tem a mesma natureza e extensão como outros que compelem o poder público, de qualquer esfera federativa, à criação de órgãos para prestação dos serviços públicos de educação e saúde. Trata-se de serviço público administrativo, de conteúdo prestacional, relacionado às necessidades jurídicas da Administração Pública.

Se o ente federado descumpre seu dever de legislar, abdicando à criação e organização da Advocacia Pública na conformidade da Constituição (ou a realizando de maneira incompleta ou imperfeita à vista do traçado constitucional), há mora passível de controle judiciário pela ação direta de inconstitucionalidade por omissão.

Quando a falta de efetividade da norma constitucional se instala, frustrando a supremacia da Constituição, cabe ao Judiciário suprir o déficit de legitimidade democrática da atuação do Legislativo.

---

[14] MACIEL, Carlos Henrique. *Curso Objetivo de Direito Constitucional*. São Paulo: Malheiros, 2014. p. 495.

[15] SILVA, José Afonso da. *Comentário contextual à Constituição*. 8. ed. São Paulo: Malheiros, 2012. p. 625.

Um dos atributos das normas constitucionais é sua imperatividade. Descumpre-se a imperatividade de uma norma constitucional quer quando se adota uma conduta por ela vedada (em violação a uma norma proibitiva), quer quando se deixa de adotar uma conduta por ela determinada (em violação de uma norma preceptiva). Daí segue a inconstitucionalidade tanto por ação quanto por omissão.

A omissão normativa de iniciativa reclama intervenção excepcional do Judiciário para a realização da vontade constitucional, pois as normas constitucionais em pauta não possuem eficácia imediata por se exigir lei instituindo e organizando a Advocacia Pública, tendo em vista que são de eficácia limitada (*not self-executing*) viabilizando o controle de constitucionalidade por omissão[16] (à vista do específico dever de legislar e da inércia normativa injustificável)[17] como pontua a literatura[18] e a jurisprudência.[19]

---

[16] MACIEL, Carlos Henrique. *Curso Objetivo de Direito Constitucional*. São Paulo: Malheiros, 2014. p. 786.

[17] Oswaldo Luiz Palu ressalta que "quando houver o claro e inequívoco dever de agir bem como a possibilidade de realização poderá caracterizar-se a omissão, a permitir o provimento mandamental no controle omissivo (...) A omissão legislativa somente pode significar que o legislador não fez algo que positivamente lhe era imposto pela Constituição. Não se trata, apenas, de um não fazer, mas de não fazer aquilo a que, de forma concreta e explícita, estava ele constitucionalmente obrigado. A omissão tem conexão com uma exigência de ação advinda da Constituição; caso contrário não haverá omissão. Em outras palavras, há o dever de legislar violado quando: a) do legislador não emana o ato legislativo obrigado; b) quando a lei editada favorece um grupo, olvidando-se de outros. É dizer: quando não se concretiza, ou não o faz, completamente, uma imposição constitucional" (*Controle de Constitucionalidade*. 2. ed. São Paulo: Revista dos Tribunais, 2001. p. 286).

[18] Luís Roberto Barroso observa que "como regra geral, o legislador tem a faculdade discricionária de legislar, e não um dever jurídico de fazê-lo. Todavia, há casos em que a Constituição impõe ao órgão legislativo uma atuação positiva, mediante a edição de norma necessária à efetivação de um mandamento constitucional. Nesta hipótese, sua inércia será ilegítima e configurará caso de inconstitucionalidade por omissão. Adotando-se a tríplice divisão das normas constitucionais quanto ao seu conteúdo, a omissão, como regra, ocorrerá em relação a uma norma de organização ou em relação a uma norma definidora de direito. As normas programáticas, normalmente, não especificam a conduta a ser adotada, ensejando margem mais ampla de discricionariedade aos poderes públicos" (*O controle de constitucionalidade no Direito Brasileiro*. 6. ed. São Paulo: Saraiva, 2014. p. 280). Clémerson Merlin Clève discorre que "a finalidade da ação direta de inconstitucionalidade por omissão também não é a defesa de um direito subjetivo, ou seja, de um interesse juridicamente protegido lesado ou na iminência de sê-lo. Trata-se, ao contrário, de mecanismo voltado, precipuamente, para a defesa da Constituição. Aliás, para a defesa da integralidade da vontade constitucional. É procedimento apropriado para a declaração da mora do legislador, com o consequente desencadeamento, por iniciativa do próprio órgão remisso, do processo de suprimento da omissão inconstitucional" (*A fiscalização abstrata da constitucionalidade no direito brasileiro*. 2. ed., São Paulo: Revista dos Tribunais, 2000, p. 339-340).

[19] A Suprema Corte acentua a propósito desse instituto que "o desrespeito à Constituição tanto pode ocorrer mediante ação estatal quanto mediante inércia governamental. A situação de inconstitucionalidade pode derivar de um comportamento ativo do Poder Público,

Além da respectiva declaração desse estado de omissão inconstitucional, compete a fixação de prazo razoável para colmatação da lacuna e que se não for atendido impõe medidas destinadas à eficácia concreta ao controle abstrato da omissão do legislador, como professa Dirley da Cunha Júnior ao salientar que "impõe-se defender um *plus* àquele efeito literal previsto no §2º do art.103 da Constituição, de tal modo que, para além da ciência da declaração da inconstitucionalidade aos órgãos do Poder omissos, é necessário que se estipule um prazo razoável para o suprimento da omissão. Mas não é só. A depender do caso, expirado esse prazo sem que qualquer providência seja adotada, cumprirá ao Poder Judiciário, se a hipótese for de omissão de medida de índole normativa, dispor normativamente sobre a matéria constante da norma constitucional não regulamentada. Essa decisão, acentue-se, será provisória, terá efeitos gerais (*erga omnes*) e prevalecerá enquanto não for realizada a medida concretizadora pelo poder público omisso".[20] É que não basta, para assegurar a eficácia normativa e a supremacia da Constituição, a mera determinação de suprimento da omissão legislativa não será suficiente, pois seguramente haverá manutenção da situação. O suprimento da omissão normativa infraconstitucional deve ser realizado pela própria decisão proferida no controle concentrado com a fixação de prazo para que a lacuna legislativa seja eliminada e pela colmatação da lacuna, na hipótese de sua persistência, até a edição da norma. Em síntese, é compatível à ação de inconstitucionalidade por omissão, além da ciência da mora legislativa, a fixação de prazo para seu suprimento[21] e a colmatação da lacuna, sob pena de inutilidade do instituto.

---

que age ou edita normas em desacordo com o que dispõe a Constituição, ofendendo-lhe, assim, os preceitos e os princípios que nela se acham consignados. Essa conduta estatal, que importa em um *facere* (atuação positiva), gera a inconstitucionalidade por ação. Se o Estado deixar de adotar as medidas necessárias à realização concreta dos preceitos da Constituição, em ordem a torná-los efetivos, operantes e exequíveis, abstendo-se, em consequência, de cumprir o dever de prestação que a Constituição lhe impôs, incidirá em violação negativa do texto constitucional. Desse *non facere* ou *non praestare*, resultará a inconstitucionalidade por omissão, que pode ser total, quando há uma providência adotada, ou parcial, quando é insuficiente a medida efetivada pelo Poder Público" (STF, ADI-MC 1.458, Rel. Min. Celso de Mello, 23-05-96, DJ de 29-09-1996).

[20] CUNHA JÚNIOR, Dirley da. *Controle judicial das omissões do poder público*. São Paulo: Saraiva, 2004. p. 547.

[21] Alvitrado pela doutrina (GRAU, Eros Roberto. *A ordem econômica na Constituição de 1988*. 14. ed. São Paulo: Malheiros, 2010. p. 328-331; MARTINS, Ives Gandra da Silva; MENDES, Gilmar Ferreira. *Controle concentrado de constitucionalidade*. 2. ed. São Paulo: Saraiva, 2007. p. 497-

4 Reserva de lei, iniciativa e competência normativa

A Constituição de 1988 reserva lei complementar para organização e funcionamento da Advocacia Pública (art. 131). Referida lei é de iniciativa privativa do Chefe do Poder Executivo, inclusive para criação dos respectivos cargos, fixação da remuneração e disciplina de seu regime jurídico, atendendo a cláusula (geral) de reserva instituída no art. 61, §1º, II, "*a*", "*c*" e "*e*", da Constituição de 1988.

A competência normativa pertence a cada uma das esferas federativas, ou seja, à União, aos Estados, ao Distrito Federal e aos Municípios, por se tratar de matéria administrativa inerente à sua autonomia, observados as balizas e os parâmetros dos arts. 131 e 132 da Constituição da República.

498; PIOVESAN, Flávia. *Proteção judicial contra omissões legislativas*. . 2. ed. São Paulo: Revista dos Tribunais, 2003. p. 121-128; SILVA, José Afonso da. *Comentário contextual à Constituição de 1988*. 2. ed. São Paulo: Malheiros, 2006. p. 558) e chancelado pela jurisprudência como se capta da seguinte decisão: "AÇÃO DIRETA DE INCONSTITUCIONALIDADE POR OMISSÃO. INATIVIDADE DO LEGISLADOR QUANTO AO DEVER DE ELABORAR A LEI COMPLEMENTAR A QUE SE REFERE O § 4º DO ART. 18 DA CONSTITUIÇÃO FEDERAL, NA REDAÇÃO DADA PELA EMENDA CONSTITUCIONAL Nº 15/1996. AÇÃO JULGADA PROCEDENTE. 1. A Emenda Constitucional n° 15, que alterou a redação do § 4º do art. 18 da Constituição, foi publicada no dia 13 de setembro de 1996. Passados mais de 10 (dez) anos, não foi editada a lei complementar federal definidora do período dentro do qual poderão tramitar os procedimentos tendentes à criação, incorporação, desmembramento e fusão de municípios. Existência de notório lapso temporal a demonstrar a inatividade do legislador em relação ao cumprimento do inequívoco dever constitucional de legislar, decorrente do comando do art. 18, § 4o, da Constituição. 2. Apesar de existirem no Congresso Nacional diversos projetos de lei apresentados visando à regulamentação do art. 18, § 4º, da Constituição, é possível constatar a omissão inconstitucional quanto à efetiva deliberação e aprovação da lei complementar em referência. As peculiaridades da atividade parlamentar que afetam, inexoravelmente, o processo legislativo, não justificam uma conduta manifestamente negligente ou desidiosa das Casas Legislativas, conduta esta que pode pôr em risco a própria ordem constitucional. A *inertia deliberandi* das Casas Legislativas pode ser objeto de ação direta de inconstitucionalidade por omissão. 3. A omissão legislativa em relação à regulamentação do art. 18, § 4º, da Constituição, acabou dando ensejo à conformação e à consolidação de estados de inconstitucionalidade que não podem ser ignorados pelo legislador na elaboração da lei complementar federal. 4. Ação julgada procedente para declarar o estado de mora em que se encontra o Congresso Nacional, a fim de que, em prazo razoável de 18 (dezoito) meses, adote ele todas as providências legislativas necessárias ao cumprimento do dever constitucional imposto pelo art. 18, § 4º, da Constituição, devendo ser contempladas as situações imperfeitas decorrentes do estado de inconstitucionalidade gerado pela omissão. Não se trata de impor um prazo para a atuação legislativa do Congresso Nacional, mas apenas da fixação de um parâmetro temporal razoável, tendo em vista o prazo de 24 meses determinado pelo Tribunal nas ADI n°s 2.240, 3.316, 3.489 e 3.689 para que as leis estaduais que criam municípios ou alterem seus limites territoriais continuem vigendo, até que a lei complementar federal seja promulgada contemplando as realidades desses municípios" (STF, ADI 3.682-MT, Tribunal Pleno, Rel. Min. Gilmar Mendes, 09-05-2007, m.v., DJe 05-09-2007, RTJ 202/583).

5 Regime jurídico constitucional dos membros da Advocacia Pública

O exercício das funções de membro da Advocacia Pública é consubstanciado em cargo público. Isso se infere dos arts. 131 e 132 da Constituição de 1988 especialmente pela menção à estabilidade – garantia de permanência no serviço contra despedida imotivada conferida exclusivamente aos titulares de cargos públicos de provimento efetivo e neles investidos após aprovação em concurso público (art. 41, Constituição Federal). Logo, o regime jurídico é o estatutário, não se admitindo a instituição de regime celetista.

O provimento do cargo depende de nomeação subsequente à aprovação em concurso público de provas e títulos, o que se afina à natureza técnico-profissional correlata, nos termos do art. 37, II, da Carta Magna. Trata-se do estatuto constitucional dos membros da Advocacia Pública que, ainda, contém a estabilidade e a organização em estrutura verticalizada de carreira, remanescendo ao legislador infraconstitucional outros aspectos (desde que não conflitantes) como incompatibilidades. Entretanto, não é possível a atribuição de vitaliciedade ou inamovibilidade porque sendo garantias excepcionais de cargos determinados são restritas às previsões da Constituição Federal, como já decidido pelo Supremo Tribunal Federal.[22] Não obstante, e como já discorrido, *de lege ferenda* deveria ser instituída independência funcional aos membros da carreira.

6 A investidura do Chefe da Advocacia Pública

A liberdade de provimento em comissão do Chefe da Advocacia Pública tem graus variados conforme a órbita federativa. Na esfera federal, ela é mais ampla, constituindo-se exceção: a escolha pode recair sobre qualquer pessoa que preencha os requisitos constitucionais objetivos (idade) e subjetivos (notável saber jurídico e reputação

---

[22] STF, ADI 291-MT, Tribunal Pleno, Rel. Min. Joaquim Barbosa, 07-04-2010, m.v., DJe 10-09-2010; STF, ADI 2.729-RN, Tribunal Pleno, Rel. Min. Gilmar Mendes, 19-06-2013, v.u., DJe 12-02-2014.

ilibada). Para as demais esferas federativas, a escolha da chefia da Advocacia Pública é balizada pelo comissionamento adstrito a membro da respectiva carreira porque não inscrita explicitamente a ressalva do §1º do art. 131 da Constituição de 1988, dominando o tema o art. 37, V, da Constituição Federal. Neste sentido, o Supremo Tribunal Federal assentou que "mostra-se harmônico com a Constituição Federal preceito da Carta estadual prevendo a escolha do Procurador-Geral do Estado entre os integrantes da carreira".[23] A legislação não pode, todavia, ceifar a liberdade de exoneração. Como julgado, "a Constituição do Estado do Mato Grosso, ao condicionar a destituição do Procurador-Geral do Estado à autorização da Assembleia Legislativa, ofende o disposto no art. 84, XXV e art. 131, §1º da CF/88".[24]

7 Inadmissibilidade de vínculo comissionado e temporário

Em virtude do estatuto constitucional da Advocacia Pública e, mormente das características de permanência e essencialidade da instituição, e de exclusividade e profissionalidade de seus membros para o exercício da função, é incompossível o provimento em comissão e a contratação temporária de seus membros.

A jurisprudência refuta o exercício de funções reservadas à Advocacia Pública por elementos estranhos à instituição pronunciando a inconstitucionalidade do provimento em comissão.[25] E considerando

---

[23] STF, ADI 2.581-SP, Tribunal Pleno, Rel. Min. Marco Aurélio, 16-08-2007, m.v., DJe 15-08-2008.
[24] STF, ADI 291-MT, Tribunal Pleno, Rel. Min. Joaquim Barbosa, 07-04-2010, m.v., DJe 10-09-2010.
[25] "AÇÃO DIRETA DE INCONSTITUCIONALIDADE – LEI COMPLEMENTAR 11/91, DO ESTADO DO ESPÍRITO SANTO (ART. 12, CAPUT, E §§ 1º E 2º; ART. 13 E INCISOS I A V) – ASSESSOR JURÍDICO – CARGO DE PROVIMENTO EM COMISSÃO – FUNÇÕES INERENTES AO CARGO DE PROCURADOR DO ESTADO – USURPAÇÃO DE ATRIBUIÇÕES PRIVATIVAS – PLAUSIBILIDADE JURÍDICA DO PEDIDO – MEDIDA LIMINAR DEFERIDA. – O desempenho das atividades de assessoramento jurídico no âmbito do Poder Executivo estadual traduz prerrogativa de índole constitucional outorgada aos Procuradores do Estado pela Carta Federal. A Constituição da República, em seu art. 132, operou uma inderrogável imputação de específica e exclusiva atividade funcional aos membros integrantes da Advocacia Pública do Estado, cujo processo de investidura no cargo que exercem depende, sempre, de prévia aprovação em concurso público de provas e títulos" (STF, ADI-MC 881-ES, Tribunal Pleno, Rel. Min. Celso de Mello, 02-08-1993, m.v., DJ 25-04-1997, p. 15.197).

a reserva do exercício das funções da Advocacia Pública aos membros da respectiva carreira e sua natureza permanente soa inadmissível a contratação temporária, tal e qual decidiu o Supremo Tribunal Federal em relação à Defensoria Pública[26] ou a outras funções como

---

"CONSTITUCIONAL. AÇÃO DIRETA DE INCONSTITUCIONALIDADE. ANEXO II DA LEI COMPLEMENTAR 500, DE 10 DE MARÇO DE 2009, DO ESTADO DE RONDÔNIA. ERRO MATERIAL NA FORMULAÇÃO DO PEDIDO. PRELIMINAR DE NÃO-CONHECIMENTO PARCIAL REJEITADA. MÉRITO. CRIAÇÃO DE CARGOS DE PROVIMENTO EM COMISSÃO DE ASSESSORAMENTO JURÍDICO NO ÂMBITO DA ADMINISTRAÇÃO DIRETA. INCONSTITUCIONALIDADE. 1. Conhece-se integralmente da ação direta de inconstitucionalidade se, da leitura do inteiro teor da petição inicial, se infere que o pedido contém manifesto erro material quanto à indicação da norma impugnada. 2. A atividade de assessoramento jurídico do Poder Executivo dos Estados é de ser exercida por procuradores organizados em carreira, cujo ingresso depende de concurso público de provas e títulos, com a participação da Ordem dos Advogados do Brasil em todas as suas fases, nos termos do art. 132 da Constituição Federal. Preceito que se destina à configuração da necessária qualificação técnica e independência funcional desses especiais agentes públicos. 3. É inconstitucional norma estadual que autoriza a ocupante de cargo em comissão o desempenho das atribuições de assessoramento jurídico, no âmbito do Poder Executivo. Precedentes. 4. Ação que se julga procedente" (STF, ADI 4.261-RO, Tribunal Pleno, Rel. Min. Carlos Britto, 02-08-2010, v.u., DJe 20-08-2010, RT 901/132).
"(...) É inconstitucional o diploma normativo editado pelo Estado-membro, ainda que se trate de emenda à Constituição estadual, que outorgue a exercente de cargo em comissão ou de função de confiança, estranho aos quadros da Advocacia de Estado, o exercício, no âmbito do Poder Executivo local, de atribuições inerentes à representação judicial e ao desempenho da atividade de consultoria e de assessoramento jurídicos, pois tais encargos traduzem prerrogativa institucional outorgada, em caráter de exclusividade, aos Procuradores do Estado pela própria Constituição da República. Precedentes do Supremo Tribunal Federal. Magistério da doutrina. – A extrema relevância das funções constitucionalmente reservadas ao Procurador do Estado (e do Distrito Federal, também), notadamente no plano das atividades de consultoria jurídica e de exame e fiscalização da legalidade interna dos atos da Administração Estadual, impõe que tais atribuições sejam exercidas por agente público investido, em caráter efetivo, na forma estabelecida pelo art. 132 da Lei Fundamental da República, em ordem a que possa agir com independência e sem temor de ser exonerado 'ad libitum' pelo Chefe do Poder Executivo local pelo fato de haver exercido, legitimamente e com inteira correção, os encargos irrenunciáveis inerentes às suas altas funções institucionais. (...)" (STF, ADI-MC-ED-Ref 4.843-PB, Tribunal Pleno, Rel. Min. Celso de Mello, 11-12-2014, v.u., DJe 19-02-2015).

[26] "CONSTITUCIONAL. AÇÃO DIRETA DE INCONSTITUCIONALIDADE. LEI Nº 8.742, DE 30 DE NOVEMBRO DE 2005, DO ESTADO DO RIO GRANDE NORTE, QUE 'DISPÕE SOBRE A CONTRATAÇÃO TEMPORÁRIA DE ADVOGADOS PARA O EXERCÍCIO DA FUNÇÃO DE DEFENSOR PÚBLICO, NO ÂMBITO DA DEFENSORIA PÚBLICA DO ESTADO'. 1. A Defensoria Pública se revela como instrumento de democratização do acesso às instâncias judiciárias, de modo a efetivar o valor constitucional da universalização da justiça (inciso XXXV do art. 5º da CF/88). 2. Por desempenhar, com exclusividade, um mister estatal genuíno e essencial à jurisdição, a Defensoria Pública não convive com a possibilidade de que seus agentes sejam recrutados em caráter precário. Urge estruturá-la em cargos de provimento efetivo e, mais que isso, cargos de carreira. 3. A estruturação da Defensoria Pública em cargos de carreira, providos mediante concurso público de provas e títulos, opera como garantia da independência técnica da instituição, a se refletir na boa qualidade da assistência a

as policiais.[27] Neste sentido, o Superior Tribunal de Justiça decidiu descabida a terceirização da atividade assinalando que "se constitui atribuição da Advocacia-Geral da União, por intermédio dos órgãos da Procuradoria-Geral Federal, a defesa em juízo e a consultoria jurídica do Instituto Nacional do Seguro Social e das demais autarquias federais, a recepção pela nova ordem constitucional de norma que permite o exercício de tal atividade por terceiros é de duvidosa técnica jurídica".[28] Trata-se, novamente, de preito à exclusividade da função.

---

que fazem jus os estratos mais economicamente débeis da coletividade. 4. Ação direta julgada procedente" (RTJ 208/955).

[27] "CONSTITUCIONAL. AÇÃO DIRETA DE INCONSTITUCIONALIDADE. LEI Nº 17.882/2012 DO ESTADO DE GOIÁS. SERVIÇO DE INTERESSE MILITAR VOLUNTÁRIO (SIMVE). INOBSERVÂNCIA DA REGRA CONSTITUCIONAL IMPOSITIVA DO CONCURSO PÚBLICO. VIOLAÇÃO AOS ART. 37, II, E 144, § 5º, DA CONSTITUIÇÃO DA REPÚBLICA. PREVISÃO GENÉRICA E ABRANGENTE DE CONTRATAÇÃO TEMPORÁRIA: OFENSA AOS ARTS. 37, II, IX, E 144, *CAPUT*, DA CRFB/88. INCONSTITUCIONALIDADE FORMAL. LEI ESTADUAL QUE CONTRARIA NORMAS GERAIS EDITADAS PELA UNIÃO. AÇÃO JULGADA PROCEDENTE. 1. O postulado do concurso público traduz-se na necessidade essencial de o Estado conferir efetividade a diversos princípios constitucionais, corolários do merit system, dentre eles o de que todos são iguais perante a lei, sem distinção de qualquer natureza (CRFB/88, art. 5º, *caput*). 2. A Polícia Militar e o Corpo de Bombeiros Militar dos Estados, do Distrito Federal e dos Territórios, conquanto instituições públicas, pressupõem o ingresso na carreira por meio de concurso público (CRFB/88, art. 37, II), ressalvadas as funções administrativas para trabalhos voluntários (Lei nº 10.029/2000), restando inconstitucional qualquer outra forma divergente de provimento. 3. À luz do conteúdo jurídico do art. 37, inciso IX, da Constituição da República e da jurisprudência firmada por esta Suprema Corte em sede de Repercussão Geral (RE 658.026, Relator Min. Dias Toffoli, Tribunal Pleno, DJe 31.10.2014), a contratação temporária reclama os seguintes requisitos para sua validade: (i) os casos excepcionais devem estar previstos em lei; (ii) o prazo de contratação precisa ser predeterminado; (iii) a necessidade deve ser temporária; (iv) o interesse público deve ser excepcional; (iv) a necessidade de contratação há de ser indispensável, sendo vedada a contratação para os serviços ordinários permanentes do Estado, e que devam estar sob o espectro das contingências normais da Administração, mormente na ausência de uma necessidade temporária. 4. No caso sub examine, não há qualquer evidência de necessidade provisória que legitime a contratação de policiais temporários para o munus da segurança pública, mercê de a lei revelar-se abrangente, não respeitando os pressupostos básicos de norma que almeja justificar a sua excepcionalidade frente à regra da Carta Magna (CRFB/88, art. 37, II e IX). (...) 8. In casu, a Lei nº 17.882, de 27 de dezembro de 2012, do Estado do Goiás, ao instituir o Serviço de Interesse Militar Voluntário Estadual (SIMVE) na Polícia Militar e no Corpo de Bombeiros Militar do Estado do Goiás, institui uma classe de policiais temporários, cujos integrantes, sem o indispensável concurso público de provas e títulos, passam a ocupar, após seleção interna, função de natureza policial militar de maneira evidentemente inconstitucional. 9. Ação direta de inconstitucionalidade julgada procedente. (...)" (STF, ADI 5.163-GO, Tribunal Pleno, Rel. Min. Luiz Fux, 08-04-2015, v.u., DJe 18-05-2015).

[28] STJ, REsp 1.127.969-RS, 2ª Turma, Rel. Min. Mauro Campbell Marques, 23-11-2010, v.u., DJe 02-12-2010.

8 Contratação de prestação de serviços advocatícios e inexigibilidade de licitação

Questão assaz tormentosa respeita à contratação da prestação de serviços advocatícios por entidades e órgãos da Administração Pública na medida em que suscita duas indagações: (a) é possível a terceirização das atividades de assessoramento e consultoria jurídica e representação judicial de entes e organismos públicos? (b) sendo a resposta positiva, a contratação deve ser precedida de licitação?

À luz das considerações anteriormente desenvolvidas, notadamente a exclusividade dessas atividades instituída em prol da Advocacia Pública, a contratação da prestação de serviços advocatícios por terceiros (pessoas físicas ou jurídicas) empenha característica de absoluta excepcionalidade como ocorre nas sugestivas hipóteses de garantia da continuidade do serviço em razão de greve, incompatibilidade generalizada de seus membros ou execução de serviços de natureza incomum.

Nesta última é de bom grado assentar que deflui da correta interpretação dos arts. 13, V, e 25, II, da Lei de Licitações e Contratos Administrativos (Lei nº 8.666/93) harmonizada com a regra da licitação prestigiada no art. 37, XXI, da Constituição de 1988 (decorrente dos princípios de impessoalidade e moralidade por ela expressos) que a prestação de serviços advocatícios contratada pela Administração Pública só torna inexigível a licitação se houver singularidade do objeto que constitua o pressuposto da escolha de profissional ou empresa portadora de notória especialização.

A inexigibilidade de licitação é resultado de fatores que não podem ser invertidos, sob pena de indevida alteração do produto que torna a licitação em exceção e sua inexigibilidade em regra. Com efeito, para que haja inexigibilidade é pressuposto a existência de objeto singular na prestação de serviços advocatícios. Somente diante da presença deste requisito objetivo – que inviabiliza a competição – é que se pode tornar inexigível o certame e contratar empresa ou profissional de notória especialização.

O Superior Tribunal de Justiça baliza-se por esse entendimento ressaltando que "decorre ilegal contratação que tenha prescindido da respectiva licitação, nas hipóteses de serem importantes os serviços jurídicos de que necessita o ente público, mas não apresentam singularidade, porque afetos a ramo do direito bastante disseminado entre os profissionais da área".[29] Ou seja, é indispensável a singularidade do serviço para arrimar a inviabilidade de licitação, como pontua a Corte.[30] Desse modo, a contratação, à margem desses pressupostos extraordinários, caracteriza improbidade administrativa, como já decidido.[31]

É importante assinalar, nesta quadra, que o poder público só pode extraordinariamente contratar serviços advocatícios para a defesa de interesses do próprio ente ou órgão, jamais em favor dos interesses pessoais de seus agentes, como defesa de alcaide em ação civil de responsabilidade por improbidade

---

[29] STJ, AgRg-REsp 1.168.551-MG, 1ª Turma, Rel. Min. Benedito Gonçalves, 25-10-2011, v.u., DJe 28-10-2011.

[30] I. A inviabilidade de competição, da qual decorre a inexigibilidade de licitação, deve ficar adequadamente demonstrada.
II. Os casos de inexigibilidade de licitação ocorrem quando não há qualquer possibilidade de competição, diante da existência de apenas um objeto ou pessoa capazes de atender às necessidades da Administração Pública.
III. Hipótese em que a Administração Pública, a pretexto de utilização do seu poder discricionário, contratou advogado sem procedimento licitatório, com base em sua 'experiência profissional', através da simples menção de que o causídico teve seu currículo aprovado pela comissão de licitação e pelo fato de que já prestara serviços a outras municipalidades.
IV. Não demonstrada a inviabilidade de competição, da qual decorre a inexigibilidade de licitação, e nem a licitude na utilização de serviço público" (STJ, REsp 848.549-MG, 5ª Turma, Rel. Min. Gilson Dipp, 07-12-2006, v.u., DJ 05-02-2007, p. 363).
RECURSO ESPECIAL. AÇÃO CIVIL PÚBLICA. CONTRATO PARA REALIZAÇÃO DE SERVIÇOS TÉCNICOS ESPECIALIZADOS, MAS NÃO SINGULARES. ESCRITÓRIO DE ADVOCACIA. LICITAÇÃO. DISPENSA.
1. Os serviços descritos no art. 13 da Lei n. 8.666/93, para que sejam contratados sem licitação, devem ter natureza singular e ser prestados por profissional notoriamente especializado, cuja escolha está adstrita à discricionariedade administrativa.
2. Estando comprovado que os serviços jurídicos de que necessita o ente público são importantes, mas não apresentam singularidade, porque afetos à ramo do direito bastante disseminado entre os profissionais da área, e não demonstrada a notoriedade dos advogados – em relação aos diversos outros, também notórios, e com a mesma especialidade – que compõem o escritório de advocacia contratado, decorre ilegal contratação que tenha prescindido da respectiva licitação" (RSTJ 202/213).

[31] 1. A contratação dos serviços descritos no art. 13 da Lei 8.666/93 sem licitação pressupõe que sejam de natureza singular, com profissionais de notória especialização.
2. A contratação de escritório de advocacia quando ausente a singularidade do objeto contatado e a notória especialização do prestador configura patente ilegalidade, enquadrando-se no conceito de improbidade administrativa, nos termos do art. 11, caput, e inciso I, que independe de dano ao erário ou de dolo ou culpa do agente" (STJ, REsp 488.842-SP, 2ª Turma, Rel. Min. Castro Meira, 17-04-2008, m.v., DJe 05-12-2008).

administrativa, na conformidade do entendimento do Superior Tribunal de Justiça.[32]

9 Advocacia Pública nos Municípios

O perfil da Advocacia Pública na Constituição de 1988 não foi expressamente estendido aos Municípios, mas isso não

---

[32] PROCESSUAL CIVIL. ADMINISTRATIVO. AÇÃO CIVIL PÚBLICA. IMPROBIDADE ADMINISTRATIVA. CONTRATAÇÃO DE ADVOGADO PARA DEFESA PESSOAL DE PREFEITO POR ATO DE IMPROBIDADE. RECURSO ESPECIAL. AUSÊNCIA DE PREQUESTIONAMENTO. SÚMULA 211/STJ.
1. As despesas com a contratação de advogado para a defesa de ato pessoal perpetrado por agente político em face da Administração Pública não denota interesse do Estado e, a fortiori, deve correr à expensa do agente público, sob pena de configurar ato imoral e arbitrário, exegese que não nega vigência aos artigos 22 e 23 da Lei 8.906/94.
2. A 2ª Turma desta Corte, no julgamento de *leading case* versando hipótese análoga, decidiu: "PROCESSUAL CIVIL – ADMINISTRATIVO – DISSÍDIO JURISPRUDENCIAL CONFIGURADO – CONHECIMENTO PARCIAL DO RECURSO ESPECIAL – CONTRATAÇÃO DE ADVOGADO PRIVADO PARA DEFESA DE PREFEITO EM AÇÃO CIVIL PÚBLICA – ATO DE IMPROBIDADE.
1. Merece ser conhecido o recurso especial, se devidamente configurado o dissídio jurisprudencial alegado pelo recorrente.
2. Se há para o Estado interesse em defender seus agentes políticos, quando agem como tal, cabe a defesa ao corpo de advogados do Estado, ou contratado às suas custas.
3. Entretanto, quando se tratar da defesa de um ato pessoal do agente político, voltado contra o órgão público, não se pode admitir que, por conta do órgão público, corram as despesas com a contratação de advogado. Seria mais que uma demasia, constituindo-se em ato imoral e arbitrário.
4. Agravo regimental parcialmente provido, para conhecer em parte do recurso especial.
5. Recurso especial improvido. (AgRg no REsp 681571/GO, Relatora Ministra Eliana Calmon, DJ de 29.06.2006)".
3. Ação Civil Pública ajuizada pelo Ministério Público Estadual, objetivando o ressarcimento ao erário municipal dos prejuízos advindos do pagamento, pela municipalidade, de honorários a advogado contratado para a defesa pessoal de Prefeito Municipal, processado por crime de responsabilidade (art. 1º, inciso VI, do Decreto-Lei nº 201/67).
4. A simples indicação do dispositivo tido por violado (art. 47 do CPC), sem referência com o disposto no acórdão confrontado, obsta o conhecimento do recurso especial. Incidência da Súmula 211/STJ: Inadmissível recurso especial quanto à questão que, a despeito da oposição de embargos declaratórios, não foi apreciada pelo Tribunal *a quo*.
5. *Ad argumentandum tantum*, ainda que transposto o óbice da Súmula 211/STJ, melhor sorte não socorre o recorrente no que pertine à aventada à necessidade de citação do Município, na qualidade de litisconsorte passivo necessário, notadamente porque o acórdão local afastou o interesse da Municipalidade, sob a alegação de inexistência de qualquer "fagulha de interesse do Município em suportar a defesa de seus representantes em ação que visa a imposição de pena por menoscabo à prática de atos que lhe são inerentes pela condição de Prefeito (prestação de contas), e que visam a preservação da transparência na Administração", o que evidentemente denota incursão em matéria de índole fática, interditada em sede de recurso especial pela Súmula 7/STJ.
6. Recurso especial parcialmente conhecido e, nesta parte, desprovido (STJ, REsp 703.953-GO, 1ª Turma, Rel. Min. Luiz Fux, 16-10-2007, v.u., DJ 03-12-2007p. 262).

significa ampla liberdade para instituir modelo desconforme, pois a consagração de funções essenciais à justiça segue traçado uniforme. Se o princípio da simetria é construção pretoriana conducente à observância obrigatória de normas constitucionais centrais pelos Estados, pelo Distrito Federal e pelos Municípios no aspecto do inter-relacionamento e da harmonia dos Poderes para não suprimir a autonomia destes,[33] a própria Suprema Corte acentuou que "a autonomia de que são dotadas as entidades estatais para organizar seu pessoal e respectivo regime jurídico não tem o condão de afastar as normas gerais de observância obrigatória pela Administração Direta e Indireta estipuladas na Constituição".[34]

Destarte, os Municípios têm o dever jurídico de criação e organização de suas respectivas Advocacias Públicas (assim como de órgãos como tesouraria, contabilidade, almoxarifado, hospitais, creches, escolas etc.) atendendo ao mínimo denominador comum constitucionalmente fixado (exclusividade das atividades de assessoramento e consultoria jurídicos e a representação judicial de órgãos e entidades da Administração Pública; organização em carreira; investidura de membros em cargos de provimento efetivo mediante aprovação em concurso público de provas e títulos; estabilidade em avaliação após triênio de efetivo exercício), e inclusive restringindo a liberdade de provimento de sua chefia a servidores da carreira.

Embora o Município seja dotado de autonomia política e administrativa no sistema federativo (arts. 1º e 18, Constituição Federal), esta autonomia não tem caráter absoluto, pois se limita ao âmbito prefixado pela Constituição Federal[35] e deve ser exercida com a observância dos princípios contidos na Constituição Federal e na Constituição Estadual. A Lei Orgânica e a legislação dos Municípios devem observância ao disposto na Constituição Federal e na respectiva Constituição Estadual. Eventual ressalva à aplicabilidade das Constituições federal e estadual só teria, *ad argumentandum tantum*, espaço naquilo que a própria Constituição da República reservou como privativo do Município, não podendo

---

[33] STF, AgR-RE 655.647-MA, 1ª Turma, Rel. Min. Dias Toffoli, 11-11-2014, v.u., DJe 19-12-2014.
[34] RTJ 206/170.
[35] SILVA, José Afonso da. *Direito constitucional positivo*, 13. ed. São Paulo: Malheiros, 1997. p. 459.

alcançar matéria não inserida nessa reserva nem em assunto sujeito aos parâmetros limitadores da auto-organização municipal ou aqueles que contêm remissão expressa ao direito constitucional federal ou estadual.

10 Assistência jurídica aos necessitados e Municípios

A partir da instituição da Defensoria Pública não é dado aos entes federativos exercerem a assistência jurídica integral e gratuita aos hipossuficientes por meio de outros órgãos senão aquela (art. 5º, LXXIV, e 134, Constituição de 1988), carecendo legitimidade a criação de cargos, funções ou empregos públicos dela destacados, a contratação de prestação de serviços e a instituição de órgãos diversos para o exercício de tal mister por se tratar de atribuição que constitui serviço público reservado à União e aos Estados por meio das respectivas Defensorias Públicas – dotadas de autonomia institucional – e executado por seus membros das carreiras correlatas – portadores de independência funcional. Diante deste quadro, aliás, não detêm os Municípios competência para prestação dos serviços de assistência jurídica à população nem para sua disciplina normativa.

Não é ocioso timbrar que a disciplina legislativa dos serviços de assistência jurídica e da Defensoria Pública são reservadas à competência normativa concorrente entre a União, os Estados e o Distrito Federal (art. 24, XIII, Constituição de 1988), e que a assistência jurídica dos necessitados (congregando orientação jurídica e defesa em todos os graus) é serviço exclusivo da Defensoria Pública desde a redação primitiva do art. 134, Constituição de 1988,[36] que, mesmo

---

[36] Art. 134. A Defensoria Pública é instituição essencial à função jurisdicional do Estado, incumbindo-lhe a orientação jurídica e a defesa, em todos os graus, dos necessitados, na forma do art. 5º, LXXIV.
§ 1º. Lei complementar organizará a Defensoria Pública da União e do Distrito Federal e dos Territórios e prescreverá normas gerais para sua organização nos Estados, em cargos de carreira, providos, na classe inicial, mediante concurso público de provas e títulos, assegurada a seus integrantes a garantia da inamovibilidade e vedado o exercício da advocacia fora das atribuições institucionais.
§ 2º. Às Defensorias Públicas Estaduais são asseguradas autonomia funcional e administrativa e a iniciativa de sua proposta orçamentária dentro dos limites estabelecidos na lei de diretrizes orçamentárias e subordinação ao disposto no art. 99, § 2º.

recebendo nova redação com o advento das Emendas nº 74, de 2013, e nº 80 de 2014, premissa que não foi abalada pelas alterações promovidas no *caput* do art. 134 e na introdução de seus §§3º e 4º.[37]

À vista deste cenário, não se autoriza os Municípios à instituição de serviços de assistência jurídica à população, pois, reservada a atividade somente à União, ao Distrito Federal, e aos Estados, de tal sorte que nem se permite a criação pelos Municípios de instituição ou serviço *a latere* da Defensoria Pública porque emergente a competência normativa concorrente entre a União, o Distrito Federal e os Estados para assistência jurídica e Defensoria Pública, como julgado.[38] Pois, como a assistência jurídica à população é serviço administrativo reservado ao órgão Defensoria Pública e aos membros da correlata carreira, não se faculta que outros organismos estatais o desempenhem, mormente à margem de seus princípios institucionais e das garantias de seus membros – como, *verbi gratia*, autonomia institucional, unidade e indivisibilidade e independência funcional.

11 Defesa de agentes públicos por responsabilidade pessoal

Há incompetência do órgão da advocacia pública para a defesa de interesses pessoais de agentes públicos em face de demandas versando sua responsabilidade pessoal no exercício de função pública, por ser vocacionado exclusivamente à tutela dos interesses do poder público como pessoa jurídica titular de direitos. Lei que preveja em sentido contrário afronta aos princípios

---

[37] Art. 134. A Defensoria Pública é instituição permanente, essencial à função jurisdicional do Estado, incumbindo-lhe, como expressão e instrumento do regime democrático, fundamentalmente, a orientação jurídica, a promoção dos direitos humanos e a defesa, em todos os graus, judicial e extrajudicial, dos direitos individuais e coletivos, de forma integral e gratuita, aos necessitados, na forma do inciso LXXIV do art. 5º desta Constituição Federal. (...)
§ 3º. Aplica-se o disposto no § 2º às Defensorias Públicas da União e do Distrito Federal.
§ 4º. São princípios institucionais da Defensoria Pública a unidade, a indivisibilidade e a independência funcional, aplicando-se também, no que couber, o disposto no art. 93 e no inciso II do art. 96 desta Constituição Federal.

[38] RTJ 206/134.

de moralidade, impessoalidade, razoabilidade e interesse público. Com efeito, soa paradoxal que em investigações, procedimentos e processos que demandam a responsabilidade pessoal (civil, eleitoral, penal ou político-administrativa) de agentes públicos sejam eles patrocinados ou representados pelo órgão da Advocacia Pública, custeando o erário os meios para tanto (e sem prejuízo da contratação de terceiros para tal empresa, igualmente financiada pelos cofres públicos), por atos considerados pelo próprio poder público como regulares e que não obstante sejam de natureza lesivos, ilegais, imorais, ímprobos ou criminosos.

O órgão de Advocacia Pública é responsável pela advocacia do Estado e seus membros exercem a representação judicial e a consultoria para esse específico fim. A Constituição ao traçar suas funções institucionais não enumera a representação judicial de agentes públicos, mas a defesa dos interesses do poder público em juízo como sujeito de direitos e deveres. Nem mesmo se contivesse fórmula que lhe validasse o exercício de "outras funções que lhe forem conferidas por lei" bastaria, pois elas devem compatibilidade com os seus fins institucionais, dentre os quais não se alinha a representação judicial de agentes públicos em processos ou procedimentos embalando a perspectiva de sua responsabilidade pessoal.

Lei nesse sentido consentiria a oneração do erário com o empenho do trabalho de pessoal da própria Administração Pública ou de terceiros para tanto. Situação diversa cuida-se, porém, da defesa de atos que não demandam responsabilidade pessoal e subjetiva do agente público como a impetração ou a prestação de informações em mandado de segurança. Ela se distingue fundamentalmente de qualquer demanda que empenhe, direta ou indiretamente, a responsabilidade pessoal civil, eleitoral, penal ou político-administrativa de agentes públicos, como ação civil pública, ação civil pública por ato de improbidade administrativa, ação popular, ação penal pública etc. Quando, por exemplo, a Lei nº 8.429/92 (art. 17) e a Lei nº 4.717/65 (art. 6º) preveem a participação processual do ente público lesado na ação civil pública por ato de improbidade administrativa e na ação popular, fornecem-lhe a possibilidade de defesa do ato (se assim aprouver ao interesse público), e não do agente público.

Para além do evidente desvio à finalidade institucional do órgão de Advocacia Pública caracteriza-se, como discorrido, a violação aos princípios da moralidade, da impessoalidade, da razoabilidade e do interesse público, inscritos no art. 37 da Constituição.

O princípio da impessoalidade é conducente da proibição ao patrimonialismo e ao personalismo na administração pública envolvendo a imputabilidade dos atos da Administração a ela e não a seus agentes (e a consequente responsabilidade estatal), vedando favoritismos e preterições e indicando como norte da ação administrativa o interesse público e não o de seus agentes. Não tem harmonia com esse princípio a representação judicial de agentes públicos em face da perspectiva de sua responsabilidade pessoal (civil, eleitoral, penal e político-administrativa) ainda que por atos praticados no exercício regular de suas atribuições. Para tanto, o agente público deve buscar o patrocínio no ministério privado da advocacia, não na advocacia pública, porque nela não se está tutelando o interesse do Estado como pessoa jurídica sujeito de direitos, mas o de seu agente, e que com ele não se confunde.

Isso, aliás, ofende o princípio da moralidade na medida em que não significa o balizamento do exercício de função pública segundo os cânones da ética, da lealdade e da vocação institucional da Administração Pública. Configura-se, aí, o uso e a apropriação de recursos públicos (humanos e materiais) para defesa de interesse pessoal dos agentes públicos na medida em que abrange atos em que o poder público é vítima, lesado ou prejudicado, e que nem sempre se afinam ao interesse público e estão distanciados da defesa do interesse estatal como pessoa jurídica sujeito de direitos.

Tampouco se associa a norma impugnada aos princípios de razoabilidade e de interesse público. Não é racional, lógico ou razoável que norma legal desvie a finalidade de órgão de defesa judicial do poder público como pessoa jurídica sujeito de direitos para a defesa de interesses pessoais de seus agentes, onerando o erário com o dispêndio respectivo no emprego dos recursos humanos e materiais do Município. Perece o interesse público primário quando essa mesma norma aparelha a tutela dos interesses de seus agentes, chamados à responsabilidade pessoal, pela consideração da prática de atos regulares segundo a conveniência subjetiva da própria Administração Pública e que podem não ser assim estimados pelos órgãos de controle externo.

E mesmo que não sejam contrapostos o interesse público e o interesse do agente a ser representado pelo procurador municipal, é objetivamente inconcebível que um agente acusado de agir contra a lei e violar o interesse público seja defendido pela Advocacia Pública, cuja missão é defender o Estado (mormente quando seja o Chefe do Poder Executivo ou seu auxiliar direto). Não se trata, vale ressalvar, de presunção de que o agente público tenha agido com dolo para prejudicar terceiros, pois os Advogados Públicos devem ter suas funções restritas à defesa do poder público. Assim sendo, indiferente saber se os interesses (do agente a ser defendido e o interesse público) são contrapostos ou se são convergentes. Tal representação judicial não pode ser permitida por ser violadora de princípios constitucionais.

À Advocacia Pública cabe a representação judicial do poder público, e não de seus agentes públicos (sejam agentes políticos ou não) porque não se autorizou na Constituição a defesa dos interesses destes. A pesquisa jurisprudencial revela os seguintes entendimentos que respaldam estas observações: (a) "não há como reconhecer a preponderância do interesse público quando um agente político se defende em uma ação de investigação judicial, cuja consequência visa atender interesse essencialmente seu, privado, qual seja, a manutenção da elegibilidade do candidato. Por outro lado, revela-se contraditória a afirmação de que havia interesse secundário do Município a ensejar a defesa por sua Procuradoria, na medida em que a anulação de um ato administrativo lesivo, ao invés de lhe imputar ônus, apenas lhe daria benefícios econômico-financeiros";[39] (b) "quando se tratar de defesa de um ato pessoal do agente político, voltado contra o órgão público, não se pode admitir que, por conta do órgão público, corram as despesas com a contratação de advogado. Seria mais que uma demasia, constituindo-se em ato imoral e arbitrário".[40]

---

[39] STJ, REsp 908.790-RN, 2ª Turma, Rel. Min. Mauro Campbell Marques, 20-10-2009, m.v., DJe 02-02-2010.
[40] STJ, AgRg-REsp 681.571-GO, 2ª Turma, Rel. Min. Eliana Calmon, 06-06-2006, v.u., DJ 29-06-2006.

E ainda qualifica como improbidade administrativa tanto o uso do órgão de advocacia pública[41] quanto a contratação de serviços advocatícios custeada pelo erário.[42]

Converge a esse entendimento o parecer da Procuradoria-Geral da República lançado em ação direta de inconstitucionalidade que analisou o art. 45 da Constituição do Estado do Rio Grande do Sul e a alínea *a* do Anexo II da Lei Complementar nº 10.194/94 daquela unidade federativa (que asseguravam a assistência judiciária do Estado ao servidor público processado civil ou criminalmente), acolhido pelo Relator Ministro Joaquim Barbosa, e que assim expressa: "se o servidor comprovar suas dificuldades e seu grau de necessidade tem ele o amparo da Defensoria Pública, na medida em que o próprio texto constitucional determina que o Estado prestará assistência judiciária e integral e gratuita aos que comprovarem insuficiência de recursos. Dessa forma, não há necessidade de lei que privilegie indistintamente todos os servidores estaduais, no exercício de suas atribuições (...) Entretanto, o dispositivo da Constituição Estadual, desvirtuado ainda mais pela lei supracitada, estabelece injustificável privilégio àqueles que praticarem crimes contra o Estado, atos de improbidade e lesões ao seu patrimônio, os quais

---

[41] (...) 1. O Tribunal *a quo* condenou o ora recorrente pela prática de improbidade administrativa, por ter, na condição de prefeito, utilizado o serviço da procuradoria municipal para promover sua defesa jurídica pessoal em Ação Popular na qual o cidadão autor deduziria a nulidade de atos abusivos praticados no exercício do mandato, a saber, a substituição do brasão oficial por outro semelhante ao do seu partido político e promoção pessoal irregular em anúncios de serviços e obras públicas. (...) 5. O STJ possui orientação firmada no sentido de que a defesa particular do agente por procurador público configura improbidade administrativa, salvo se houver interesse convergente da Administração. (...) (STJ, REsp .1.229.779-MG, 2ª Turma, Rel. Min. Herman Benjamin, 16-08-2011, v.u., DJe 05-09-2011).

[42] (...) 1. Considerando que o Município contratou advogado exclusivamente para defender interesses da Administração, caracteriza ato de improbidade administrativa a autorização do Prefeito aos seus subalternos, permitindo-lhes a utilização dos serviços jurídicos do causídico para duvidosa finalidade pública – defesa em relação à acusação penal e com denúncia recebida por prática de crime de falsificação de documento público, dispensa irregular de licitação, contratação e designação irregular de servidores, desvio e emprego ilegal de verbas públicas e formação de quadrilha -, evidenciando forte indício de conflito de interesses público e privado. 2. Nos termos da jurisprudência do STJ, "quando se tratar da defesa de um ato pessoal do agente político, voltado contra o órgão público, não se pode admitir que, por conta do órgão público, corram as despesas com a contratação de advogado" (AgRg no REsp 681.571/GO, Rel. Min. Eliana Calmon, Segunda Turma, DJ de 29.6.2006). 3. Mais grave ainda a violação dos princípios da moralidade administrativa e da boa-fé objetiva quando a defesa de atos pessoais, tidos por criminosos, dos servidores é disfarçada como serviços "gratuitos" do advogado contratado à expensa do contribuinte. (...) (STJ, REsp 490.259-RS, 2ª Turma, Rel. Min. Herman Benjamin, 02-02-2010, v.u., DJe 04-02-2011).

serão beneficiados, necessitem ou não, do patrocínio estatal de sua causa. Ora, se o agente for hipossuficiente, terá direito à assistência jurídica estatal. Mas se não a necessitar deverá promover sua defesa com recursos próprios, sem o patrocínio estatal, já que a defesa do Estado, na maioria dos casos, não se confunde com a do servidor e deve ser promovida pelo competente corpo de Procuradores do Estado. Portanto, a norma desigualada não é necessária nem adequada. Tampouco proporcional, eis que significará, na maioria das vezes, no patrocínio, pelo Estado, da conduta de ímprobos, corruptos, servidores faltosos".[43]

Referências

BARROSO, Luís Roberto. *O controle de constitucionalidade no Direito Brasileiro*. 6. ed. São Paulo: Saraiva, 2014.

CASSESE, Sabino. *Le Basi del Diritto Amministrativo*, Milano: Garzanti, 2000.

CLÈVE, Clémerson Merlin. *A fiscalização abstrata da constitucionalidade no direito brasileiro*, 2. ed., São Paulo: Revista dos Tribunais, 2000.

CUNHA JÚNIOR, Dirley da. *Controle judicial das omissões do poder público*. São Paulo, Saraiva, 2004.

FERREIRA FILHO, Manoel Gonçalves. *Comentários à Constituição Brasileira*. São Paulo: Saraiva, 1974, vol. II.

GRAU, Eros Roberto. *A ordem econômica na Constituição de 1988*. 14. ed. São Paulo: Malheiros, 2010.

LIMA, Ruy Cirne. *Princípios de Direito Administrativo*. 5. ed. São Paulo: Revista dos Tribunais, 1982.

MACIEL, Carlos Henrique. *Curso Objetivo de Direito Constitucional*, São Paulo: Malheiros, 2014.

MARTINS, Ives Gandra da Silva; MENDES, Gilmar Ferreira. *Controle concentrado de constitucionalidade*. 2. ed. São Paulo: Saraiva, 2007.

MENDES, Gilmar Ferreira; COELHO, Inocêncio Mártires; BRANCO, Paulo Gustavo Gonet. *Curso de Direito Constitucional*. 5. ed. São Paulo: Saraiva, 2010.

MOREIRA NETO, Diogo de Figueiredo. *Curso de Direito Administrativo*. 14. ed. Rio de Janeiro: Forense, 2006.

PALU, Oswaldo Luiz. *Controle de Constitucionalidade*. 2. ed. São Paulo: Revista dos Tribunais, 2001.

---

[43] STF, ADI 3.022-RS, Tribunal Pleno, Rel. Min. Joaquim Barbosa, 02-08-2004, v.u., DJ 04-03-2005.

PIOVESAN, Flávia. *Proteção judicial contra omissões legislativas*. 2. ed. São Paulo: Revista dos Tribunais, 2003.

SILVA, José Afonso da. *Direito constitucional positivo*. 13. ed. São Paulo: Malheiros, 1997.

_____. *Comentário contextual à Constituição*. 8. ed. São Paulo: Malheiros, 2012.

Informação bibliográfica deste texto, conforme a NBR 6023:2002 da Associação Brasileira de Normas Técnicas (ABNT):

MARTINS JUNIOR, Wallace Paiva. A profissionalização e a exclusividade da Advocacia Pública. In: MOURÃO, Carlos Figueiredo; HIROSE, Regina Tamami (Coord.). *Advocacia pública contemporânea*: desafios da defesa do Estado. Belo Horizonte: Fórum, 2019. p. 23-49. ISBN 978-85-450-0578-0.

ADVOCACIA PÚBLICA: ADVOCACIA DE ESTADO E ADVOCACIA DE GOVERNO

Soraya Santucci Chehin
Ricardo Marcondes Martins

1 Advocacia

A chamada *Advocacia Pública*, quer dizer, a advocacia da Administração Pública,[1] ou, mais especificamente, das Pessoas Jurídicas de Direito Público — União, Estados, Municípios,[2] Distrito Federal, Autarquias e Fundações Públicas —, é, ainda hoje, mal compreendida. Sua atuação funcional envolve questões complexas, ainda envoltas em acentuadas controvérsias. Estamos convencidos de que essa má-compreensão decorre do não aclaramento de certas premissas teóricas. Pretendemos, neste estudo, enfrentar alguns dos temas espinhosos que a envolvem e o faremos a partir do aclaramento dessas premissas; estando elas bem assentadas — acreditamos — os espinhos praticamente se soltam espontaneamente.

---

[1] A afirmativa já envolve um problema: a Advocacia Pública diz respeito à *Administração Pública*, seja Direta
ou Indireta, ou diz respeito apenas às *Pessoas jurídicas de direito público*? No primeiro caso ela abrange as Empresas Estatais — sociedades de economia mista e empresas públicas —; no segundo, não. Retomaremos essa questão a seguir.

[2] Há quem considere que os Municípios, numa interpretação *a contrario* do texto constitucional expresso, estariam fora da *Advocacia Pública*. Posição absurda que foi, com muito brilho, enfrentada por Cesar Antonio Alves Cordaro: "É inegável, portanto, que, por realizarem a mesma função e serem portadores das mesmas atribuições, os Advogados Públicos do Município devem contar com uma carreira institucionalizada, devidamente estruturada e organizada, acessível mediante concurso público, de provas e títulos, revestida das garantias institucionais necessárias à eficácia de sua função de representação judicial, assessoramento e, notadamente, de controle prévio da legalidade dos atos da Administração". (A Advocacia Pública dos Municípios: necessidade de tratamento constitucional. In: GUEDES, Jefferson Carús; SOUZA, Luciane Moessa de. *Advocacia de Estado*: questões institucionais para a construção de um Estado de Justiça. Belo Horizonte: Fórum, 2009, p. 237).

O ponto de partida é compreender a diferença do *sujeito de imputação*.[3] Advogar para uma *pessoa privada* é diferente de advogar para uma *pessoa pública*. Antes de assentar essa diferença, porém, devemos enfrentar, ainda que rapidamente, a seguinte questão: o que significa *advogar*? E, para tanto, outra, ainda mais problemática, se impõe: o Direito é uma *ciência*?

Técnica, em termos gerais, é "qualquer conjunto de regras aptas a dirigir eficazmente uma atividade qualquer".[4] É um saber que "cria condições para uma ação".[5] A Ciência, porém, constitui um saber que se pretende "verdadeiro" sobre um dado objeto.[6] A técnica é um saber que tem um intuito prático, sendo um bom exemplo, a construção de um barco: imaginemos um náufrago, numa ilha deserta, que queira construir um bote; ele não gostaria de ter um livro de ciência, mas de técnica, um livro sobre como se constrói um bote.[7] O discurso científico, porém, não pretende apenas a obtenção de um resultado, busca a "verdade".

Fixada essa diferenciação, há quem entenda que o Direito é apenas uma Técnica e há quem entenda que o Direito é uma Ciência. Tudo depende do que Tércio Sampaio Ferraz Jr. chama de "desafio kelseniano", que consiste em saber se existe uma interpretação normativa que possa ser considerada "correta".[8] Quem nega a inexistência de uma interpretação "verdadeira", nega o caráter científico do Direito, reduzindo-o a mera técnica; quem acredita na interpretação correta, aceita o caráter científico do Direito. É possível, portanto, ter *duas atitudes* em torno do fenômeno jurídico: uma atitude

---

[3] Segundo a *teoria da imputação*, formulada por Hans J. Wolff, a distinção entre o direito público e o direito privado não resulta de uma diferença de previsão de fatos ou de uma diferença de efeitos jurídicos, quer dizer, nem das hipóteses normativas, nem das consequências normativas, ou, ainda, nem dos fatos jurídicos, nem dos efeitos jurídicos, mas do "sujeito de imputação" (*Zuordnungssubjekte*), dos "sujeitos aos quais são imputados direitos e deveres subjetivos". (WOLFF, Hans J.; BACHOF, Otto; STOBER, Rolf. *Direito administrativo* – v. I. Tradução António F. de Sousa. Lisboa: Fundação Calouste Gulbenkian, 2006, p. 268).

[4] Cf. ABBAGNANO, Nicola. *Dicionário de filosofia*. Tradução coordenada e revista por Alfredo Bosi. 4. ed. São Paulo: Martins Fontes, 2000, p. 939.

[5] FERRAZ JR., Tércio Sampaio. *Introdução ao estudo do direito*. 5. ed. São Paulo: Altas, 2007, p. 85.

[6] FERRAZ JR., Tércio Sampaio. *A Ciência do Direito*. 2. ed. São Paulo: Atlas, 1980, p. 10.

[7] O exemplo é inspirado na conhecida resposta de G. K. Chesterton sobre qual livro gostaria de ter numa ilha deserta. Cf. YANCEY, Philip. Prefácio. In: CHESTERTON, G. K. *Ortodoxia*. Tradução de Almiro Pisetta. São Paulo: Mundo Cristão, 2008, p. 3.

[8] FERRAZ JR., Tércio Sampaio. *Introdução ao estudo do direito*, op. cit., p. 262.

técnica, utilizando-o para defesa de certos interesses — defendendo a interpretação condizente com o interesse que se quer proteger —, e uma atitude *científica*, buscando a interpretação correta — independente dos interesses em jogo.

Feita essa diferenciação, voltamos à questão proposta: advogar é uma técnica ou uma atividade científica? O Estatuto da Ordem dos Advogados do Brasil (Lei Federal nº 8.906/94) e o Código de Ética e Disciplina da OAB parecem indicar que se trata de atuação *técnica*. Dispõe o §2º do artigo 2º do Estatuto: "no processo judicial, o advogado contribui, na postulação de decisão favorável ao seu constituinte, ao convencimento do julgador". Daí a possível leitura: o advogado não está lá para chegar à verdade, à interpretação correta, mas para defender os "interesses" de seu cliente e buscar convencer o magistrado de que seu cliente está com a razão. O inciso IX do artigo 34 do Estatuto, ademais, considera infração disciplinar "prejudicar, por culpa grave, interesse confiado a seu patrocínio". Quer dizer, o advogado, ainda que seu cliente não esteja com a razão, não pode prejudicá-lo, sob pena de "infração disciplinar".

Por outro lado, o artigo 33, *caput*, do Estatuto estabelece que "o advogado obriga-se a cumprir rigorosamente os deveres consignados no Código de Ética e Disciplina". Este, no artigo 4º, estabelece que o advogado, "ainda que vinculado ao cliente ou constituinte, mediante relação empregatícia ou por contrato de prestação permanente de serviços, ou como integrante de departamento jurídico, ou de órgão de assessoria jurídica, público ou privado, deve zelar pela sua liberdade e independência". Já o parágrafo único desse dispositivo estabelece ser "legítima a recusa, pelo advogado, do patrocínio de causa e de manifestação, no âmbito consultivo, de pretensão concernente a direito que também lhe seja aplicável ou contrarie orientação que tenha manifestado anteriormente". Ora, se por um lado o "caput" do artigo 4º do Código de Ética parece assegurar "liberdade e independência", o parágrafo único, por uma interpretação *a contrario*, restringe a legitimidade da recusa a apenas dois casos: a) quando a pretensão concerne a direito que também lhe é aplicável; b) quando ela contrariar orientação que tenha manifestado anteriormente. Perceba-se: a redação do referido parágrafo único dá a entender que, fora esses dois casos, o advogado poderia ser forçado a defender posição que considera equivocada.

O novo Código de Processo Civil (Lei nº 13.105/2015), em seu artigo 6º, parece sinalizar em sentido oposto. Reza o dispositivo que "todos os sujeitos do processo devem cooperar entre si para que se obtenha, em tempo razoável, decisão de mérito justa e efetiva". Os sujeitos não devem atuar para "ganhar" a causa, para obter o prevalecimento de seu interesse, mas para a obtenção da decisão *justa*. E mais: devem *colaborar* entre si, para a obtenção da *justiça*. O dispositivo, ao contrário das regras do Estatuto da Advocacia e do Código de Ética, inclina-se pelo *discurso científico* e não pelo *discurso técnico*.

Em relação à *advocacia privada*, percebe-se, a compreensão do tema está longe de ser tranquila. Mesmo aqueles que assumem a postura técnica devem render-se a um fato incontroverso: a advocacia não comprometida com uma postura científica dá-se pela *dissimulação*. Todo jurista adota certos pressupostos hermenêuticos, ou seja, tem uma posição, em seu íntimo, a despeito da defesa de certo interesse, sobre a *melhor interpretação* de dado texto normativo. É perfeitamente possível que a pretensão do cliente não seja coincidente com a interpretação que o advogado considera mais acertada. O advogado, no exercício profissional, sempre sustenta que a pretensão de seu cliente configura a melhor interpretação normativa, ainda que ele, advogado, não esteja convencido. A *advocacia técnica* pressupõe uma *dissimulação*: o advogado finge, no seu exercício funcional, atuar como cientista do direito, ainda que não esteja convencido da interpretação que sustenta em prol da defesa de certo interesse.

2 Advocacia pública

Nos termos até aqui expostos, há *duas orientações* sobre a atividade advocatícia: a *técnica* e a *científica*. Em ambas, o advogado tem a missão de defender o interesse de seu cliente. A diferença é que, enquanto pela primeira a defesa só é obstada se a pretensão do cliente não encontrar apoio na *técnica*, pela segunda ela é obstada se a pretensão não encontrar apoio na *ciência*. Vale dizer: pela *orientação técnica*, é perfeitamente possível que o mesmo advogado defenda tanto a tese do autor como a tese do réu; pela *orientação científica*, o advogado só pode defender a orientação que, como cientista, acredita ser a correta, e ele nunca acreditará que tanto uma como outra configurem a verdade científica. Por óbvio, a orientação técnica é a que prevalece, a científica só é sustentada em teoria.

Em relação à *advocacia pública*, o tema ganha uma especificidade própria. Os particulares possuem *liberdade*: respeitadas as restrições normativas, o Direito lhes assegura um amplo espaço de decisões a partir do livre-arbítrio. Os entes públicos não possuem liberdade: os agentes públicos, no exercício de função pública, jamais podem decidir apenas pelo *livre-arbítrio*; devem buscar, sempre, a máxima realização do *interesse público*. Mesmo quando se configura uma *competência discricionária* — em que o Direito admite duas ou mais alternativas e imputa a escolha ao agente público competente —, não se trata de atuação *livre*: a escolha não pode ser *arbitrária*, o agente deve escolher a alternativa que considera a melhor forma de realizar o interesse público.

Função pública consiste no *dever* de tutelar interesse alheio — o *interesse público* — mediante prerrogativas necessárias para se desincumbir desse mister.[9] Eis uma diferença fundamental entre os *entes públicos* e os *entes privados*: os particulares possuem *liberdade* e *interesses próprios*, os agentes públicos exercem *função pública* e tutelam *interesse alheio*.[10] Nenhum agente público pode, no exercício de suas funções, agir em prol de seus próprios interesses.

---

[9] Trata-se do conceito de BANDEIRA DE MELLO, Celso Antônio. *Curso de direito administrativo*. 32. ed. São Paulo: Malheiros, 2015, Cap. I-54, p. 72. Nas palavras dele: "Existe função quando alguém está investido no *dever* de satisfazer dadas finalidades em prol do *interesse de outrem*, necessitando, para tanto, manejar os poderes requeridos para supri-las". (Idem, ibidem.).

[10] As pessoas jurídicas de direito privado que integram a chamada *Administração Indireta* — empresas estatais, empresas públicas e sociedades de económica mista — apesar de terem *forma privada* são *entes públicos*. Também há, sobre elas, *duas orientações*: a) uma que enfatiza seu aspecto *empresarial*, apesar do caráter *estatal*, ou seja, são empresas, apesar de estatais; b) outra que enfatiza seu aspecto *estatal*, apesar do caráter *empresarial*, ou seja, são estatais, apesar de empresas. A *diferença de enfoque* marca toda compreensão de seu regime jurídico. Apesar de prevalecer a primeira orientação, adotamos a segunda. É a orientação do ínclito Celso Antônio Bandeira de Mello: "Empresas públicas e sociedades de economia mista são, fundamentalmente e acima de tudo, instrumentos de ação do Estado. O traço essencial caracterizador destas pessoas é o de se constituírem

Essa *diferença essencial* entre os *sujeitos de imputação* está na base da profunda diferença entre a Advocacia Pública e a Privada: enquanto os particulares têm interesses próprios, os entes públicos só possuem o *interesse público*. E o que vem a ser esse interesse?

2.1 Advocacia pública e interesse público

Os entes públicos não têm *interesses próprios*: devem atuar apenas em prol do *interesse público*. Francesco Carnelutti diferenciou o *interesse primário* do *interesse secundário*.[11] Renato Alessi, adotando

---

em *auxiliares* do Poder Público; logo, são entidades voltadas, por definição, à busca de interesses transcendentes aos meramente privados". (*Curso de direito administrativo*, op. cit., Cap. IV.50, p. 198). E pouco adiante: "O traço nuclear das empresas estatais, isto é, das empresas públicas e sociedades de economia mista, reside no fato de serem coadjuvantes de misteres estatais. Nada pode dissolver este signo insculpido em suas naturezas. [...] Consequentemente, aí está o critério vetor para interpretação dos princípios jurídicos que lhes são obrigatoriamente aplicáveis, pena de converter-se o *acidental* — suas personalidades de Direito Privado — em *essencial*, e o essencial — seu caráter de sujeitos auxiliares do Estado — em acidental". (Idem, p. 199). Por essas razões, consideramos que a Advocacia das empresas estatais também integra a Advocacia Pública, pois apesar de terem *forma* de direito privado, são entes integrantes da Administração Pública.

Concordamos, portanto, com a posição defendida por Claudio Madureira, em sua notável monografia sobre o tema: "Também as decisões administrativas adotadas pelas empresas estatais precisam ter a sua juridicidade controlada pelos órgãos ordinários de advocacia pública, seja diretamente, seja com o auxílio de suas procuradorias próprias (evidentemente, onde isso for possível, em vista do regramento constitucional); sob pena e risco de que se verifique, na casuística, a prevalência dos interesses particulares dessas entidades (ou, talvez, de seus acionistas) sobre direitos subjetivos assegurados pelo ordenamento; que se qualificam, sob a acepção teórica sustentada neste trabalho, como representação concreta do interesse público". (*Advocacia Pública*. Belo Horizonte: Fórum, 2015, p. 127). Vale observar que esta é a posição dos autores, que respeitam a posição firmada pela Comissão da Advocacia Pública da OAB/SP, no sentido de que a defesa destas entidades não é deve ser realizada por advogados públicos.

[11] O aclamado processualista conceitua *interesse* como "a posição favorável à satisfação de uma necessidade". (CARNELUTTI, Francesco. *Sistema de direito processual civil* – v. 1. Tradução de Hiltomar Martins Oliveira. 2. ed. São Paulo: Lemos e Cruz, 2004, p. 55). Após, diferencia o *interesse imediato*, correspondente a situações que servem diretamente à satisfação de uma necessidade, do *interesse mediato*, correspondente a situações que realizam indiretamente essa finalidade, pois delas pode-se derivar outra situação, intermediária, da qual resulte a satisfação da necessidade (Idem, p. 54-55). Diferencia, então, os *interesses individuais*, em que a situação favorável para satisfação de uma necessidade possa ser determinada com respeito a um indivíduo apenas, dos *interesses coletivos*, em que a situação favorável à satisfação de uma necessidade não possa ser determinada a não ser com respeito a vários indivíduos (Idem, p. 56-57). Explica que o desenvolvimento de um interesse exige a obra do homem. No caso dos interesses coletivos, o indivíduo atua como *órgão do grupo*, enquanto

essa classificação, diferencia o *interesse público primário*, decorrente do correto cumprimento do ordenamento jurídico, do *interesse secundário*, referente à pessoa pública, enquanto pessoa autônoma; mas acrescentou algo fundamental: o interesse secundário só é juridicamente tutelado quando for *coincidente* com o primário.[12] Coincidir, do latim medieval "coincidere", significa *ser igual* em formas ou dimensões, ter *ajustamento perfeito*, apresentar a *mesma identidade*, caráter, sentido.[13] Assim, não basta que o *interesse secundário* da Administração seja *compatível* com o *primário*, ele deve ser *coincidente*, quer dizer, deve ser igual ao primário. Enfatizamos: o interesse secundário que não seja idêntico ao primário — *rectius*, que não seja *primário* — é ilícito. O Direito só aceita a tutela do interesse secundário se ele for primário. A compreensão correta do interesse secundário evidencia que sua função é identificar as situações contrárias ao Direito: interesses do Poder Público que, dissociados do ordenamento jurídico, sejam ilícitos. Interesse público primário é, pois, uma expressão *pleonástica*: se é interesse público tem que ser primário.[14]

---

realiza a *função* deste (Idem, p. 58). Finalmente, explica: "há interesses individuais que podem ser mediados com respeito a interesses coletivos, no sentido de que o desfrute de bens aptos apenas para ser gozados por um ou mais indivíduos do grupo, mas não por todos, pode constituir o meio para satisfação de verdadeiros interesses coletivos". (Idem, p. 59-60). E complementa: "Isto se explica quando se pensa que o desenvolvimento de um interesse coletivo pode requerer, como meio, o desfrute de coisas ou de energias humanas por parte de quem, provendo o desenvolvimento do próprio interesse, funcione como órgão do grupo". (Idem, p. 60). Esses interesses individuais do órgão, mediatos em relação aos interesses coletivos, foram chamados por Carnelutti de *interesses coletivos individuais* ou *secundários* (Idem, ibidem).

[12] Nas palavras de Alessi: "Questi interessi pubblici, collettivi, dei quali l'amministrazione deve curare il soddisfacimento, non sono, si noti bene, semplicemente, l'interesse dell'amministrazione intesa come apparato organizzativo, sibbene quello che è stato chiamato l'interesse colletivo *primario*, formato dal complesso degli interessi individuali prevalenti in una determinata organizzazione giuridica della collettività, mentre l'interesse dell'apparato, se può esser concepito un interesse dell'apparato unitariamente considerato, sarebbe semplicemente uno degli interessi *secondari* che si fanno sentire in seno alla collettività, e che possono essere realizzati soltanto in caso di coincidenza, e nei limiti di siffatta coincidenza, con l'interesse collettivo primario". (*Principi di diritto amministrativo* – v. I. Milano: Giuffrè, 1966, §126, p. 200-201).

[13] HOUAISS, Antônio; VILLAR, Mauro de Salles (ed.). *Dicionário Houaiss da língua portuguesa*. Rio de Janeiro: Objetiva, 2001, p. 755.

[14] Nesse sentido, com absoluta propriedade, doutrina Daniel Wunder Hachen: "Insta apontar o equívoco terminológico daqueles que empregam a expressão 'interesse público secundário' para se referir àquilo que a doutrina italiana chama de 'interesses secundários'. Estes últimos consistem em todo e qualquer interesse – dos particulares ou da Administração Pública – que diga respeito a aspirações e necessidades eminentemente

O interesse público primário é o correto cumprimento do Direito. Uma figura de linguagem, a prosopopeia ou personificação,[15] ajuda a elucidação do conceito: suponhamos que o conjunto normativo possua uma vontade, o interesse público é a realização da *vontade* do Direito, do conjunto de normas jurídicas válidas, globalmente consideradas. Dito isso, há que se diferenciar a chamada *competência vinculada* da *competência discricionária*. No primeiro caso, o conjunto de normas, corretamente interpretado, apresenta, sem deixar margem de escolha ao agente público competente, uma única solução possível; a vontade do ordenamento e, pois, o interesse público, é essa solução única, imposta pelo Direito. Há situações, porém, próprias do *pluralismo político*, em que o Direito admite duas ou mais soluções. Nesse caso, o Direito imputa a escolha ao agente público competente e elege a escolha dele sobre a melhor forma de realizar o interesse público; a vontade do agente e, pois, o interesse público, é a vontade do Direito. Assim, nas duas situações, o interesse público é a vontade do Direito: no primeiro caso, o Direito define a decisão de plano; no segundo, o Direito adota a escolha do agente competente.

Feitas essas explicações, retomamos: *interesse público* é o correto cumprimento das normas vigentes. Das normas consideradas, tecnicamente, existentes e válidas. As Pessoas Jurídicas de Direito Público só possuem como *interesse* admitido pelo Direito o interesse público; não possuem, portanto, interesse no cumprimento *in*correto da Constituição e das Leis. O interesse da União, Estado, Municípios, Distrito Federal é, enfim, o cumprimento *correto* do ordenamento jurídico, globalmente considerado. O que leva a uma consequência lógica: a função institucional da Advocacia Pública não pode ser divorciada do *correto* cumprimento do ordenamento jurídico vigente. Feito esse registro, há que se diferenciar a *Advocacia de Estado* da *Advocacia de Governo*.

---

pessoais – seja de pessoas físicas ou jurídicas. Havendo coincidência entre um interesse secundário da máquina estatal com o interesse da coletividade (ou de um indivíduo enquanto membro da sociedade), aí sim ele será *interesse público*, porque convergente com o *interesse primário*". (HACHEN, Daniel Wunder. *Princípio constitucional da supremacia do interesse público*. Belo Horizonte: Fórum, 2011, p. 158-159).

[15] Prosopopeia ou personificação é a figura de pensamento "que consiste em pensar seres inanimados ou irracionais como se eles fossem humanos, atribuindo-lhes linguagem, sentimentos e ações típicos dos seres humanos". (GUIMARÃES, Hélio de Seixas; LESSA, Ana Cecília. *Figuras de linguagem*. 14. ed. São Paulo: Atual, 2003, p. 54).

2.2 Advocacia de Estado e Advocacia de Governo

A Advocacia Pública é a advocacia da entidade pública, da União, do Estado, do Distrito Federal, do Município; trata-se de uma advocacia *de Estado*. Não se confunde com a advocacia das *pretensões do governante*, chamada de advocacia de *Governo*. Quer dizer: a missão do advogado público não é defender o que quer o governante de plantão, lição consagrada na doutrina. Dessarte, em monografia sobre o assunto, William Junqueira Ramos conceitua:

> A advocacia de Estado [...] é aquela voltada para o respeito à Constituição Federal e às leis, exercida com independência (o que não implica dizer ausência de coordenação estratégica), observados os princípios de direito público. [...] Ao contrário, na advocacia de Governo o Procurador Público age de acordo com as pretensões do administrador, sem independência, permitindo a materialização jurídica de determinado interesse pessoal deste.[16]

Em palestra proferida em 30.08.2007, no Painel das Jornadas de Estudos Jurídicos promovido pela NDJ, Maria Sylvia Zanella Di Pietro abordou a distinção com bastante didática:

> O advogado público defende o interesse público, não defende a autoridade, e às vezes isso gera conflitos — não podemos dizer que o advogado público atua na defesa do Governador, do Prefeito, do Secretário do Estado ou do Município; ele defende o interesse público, o Estado tutela o interesse público no sentido de interesse da coletividade e isto às vezes na prática cria um conflito de interesses — a autoridade quer fazer prevalecer o interesse dela, aquilo que ela quer que seja feito e que nem sempre coincide com o interesse da coletividade.[17]

Do ponto de vista teórico, a distinção é bastante simples: *Advocacia de Governo* tem por missão defender o interesse do Governante, *Advocacia de Estado* tem por missão defender o

---

[16] RAMOS, Willim Junqueira. *A Advocacia-Geral da União e a defesa do interesse público primário*. São Paulo: Letras Jurídicas, 2015, p. 73-74.

[17] DI PIETRO, Maria Sylvia Zanella. Responsabilidade dos procuradores e assessores jurídicos da Administração Pública. *BDA – Boletim de Direito Administrativo*, n. 1, p. 1-7, jan. 2008, p. 2.

interesse público. Esses interesses, contudo, podem ser *coincidentes*. Daí a importância da distinção entre *competência vinculada* e *competência discricionária*. Retomamos: se a vontade do Direito disser respeito à decisão "x" e o governante desejar a decisão "y", caberá à Advocacia Pública defender "x" e não "y". Na hipótese de *vinculação*, o Direito só admite uma solução; na *discricionariedade*, admite duas ou mais. Em ambos os casos é possível que o agente público tenha uma pretensão dissonante do interesse público. Na vinculação, a única solução admitida é "x" e — suponhamos — o agente quer outra; na discricionariedade, o Direito admite a solução "x" e "y" e — suponhamos — o agente quer a solução "z", não admitida. Perceba-se: é bastante comum que no exercício de competência discricionária o agente público eleja alternativa não admitida pelo Direito (exercício *inválido* de competência discricionária). Nesses casos, haverá *discordância* entre a pretensão governamental e o interesse público e a Advocacia Pública, conforme antecipamos, deverá frustrar a pretensão do governante, posicionando-se contra sua pretensão.

É, todavia, perfeitamente possível que o Direito admita a escolha entre duas ou mais alternativas, impute a escolha ao agente competente, e este se restrinja a escolher uma das alternativas admitidas. Trata-se de exercício *válido* de *competência discricionária*. Nesse caso, a pretensão governamental é *coincidente* com o interesse público. Conforme explicamos, a vontade do Direito, nesse caso, é a vontade do agente competente sobre a melhor forma de realizar o interesse público. Ocorrido isso, enfatizamos: a missão da Advocacia Pública será defender a pretensão governamental.

Ademais disso, partindo-se do pressuposto de que o direito é uma ciência (e não técnica) que busca a verdade real e de que a advocacia de governo é entendida como ordens dissociadas do correto entendimento jurídico na norma, em última análise, conclui-se que a advocacia de governo sequer existe e que esta análise das diferenças entre uma e outra seria meramente teórica e conceitual.

Com efeito, se os atos legais advêm da *correta* interpretação da norma (ou seja direito como ciência) não há como se falar em interpretações ilegais da norma tampouco Advocacia de Governo.

3 Advocacia pública litigiosa

Com esses aclaramentos conceituais podemos, finalmente, abordar alguns dos temas espinhosos que envolvem a Advocacia Pública. Dentre eles, inegavelmente encontra-se o papel da Advocacia Pública na *atuação litigiosa*. É praticamente pacífico que na atuação consultiva o advogado público deve perseguir o interesse público, a vontade do ordenamento jurídico, tal qual explicado há pouco. Em relação à atuação em Juízo, o assunto não é tão tranquilo. Impõe-se ao advogado público defender em Juízo o interesse primário ou o interesse secundário?

3.1 Defesa do interesse secundário

Podemos destacar três posições. A primeira sustenta que, na atividade litigiosa, a Advocacia Pública deve defender o *interesse secundário* e não o *primário*. Quer dizer: deve o advogado público buscar vencer a demanda, ainda que a pretensão do autor coincida com a vontade do ordenamento jurídico, com a interpretação correta do ordenamento vigente. A posição do advogado público em juízo, segundo essa posição, é similar à posição do Advogado-Geral da União no controle concentrado de constitucionalidade. Reza o §3º do artigo 103 da Constituição Federal que o STF, ao apreciar a inconstitucionalidade, em tese, de uma norma, deve citar o Advogado-Geral da União para defender o ato ou o texto impugnado. Mesmo que o AGU a considere inconstitucional, tem a missão de defendê-la.[18] Para o STF o fundamento dessa

---

[18] É o entendimento assentado pelo STF: "Ação direta de inconstitucionalidade. Advogado-Geral da União: indeclinabilidade da defesa da lei ou ato normativo impugnado (CF, art. 103, §3º). Erigido curador da presunção de constitucionalidade da lei, ao Advogado-Geral da União, ou quem lhe faça às vezes, não cabe admitir a invalidez da norma impugnada, incumbindo-lhe, sim, para satisfazer requisito de validade do processo da ação direta, promover-lhe a defesa, veiculando os argumentos disponíveis". (STF, ADI 72-1-ES, Rel. Min. Sepúlveda Pertence, j. 22.03.90, Revista de Direito Administrativo (RDA), Rio de Janeiro, v. 179-180, p. 208-212, 1990. Na doutrina, por todos: CLÉVE, Clèmerson Merlin. *A fiscalização abstrata da constitucionalidade no direito brasileiro*. 2. ed. São Paulo: Revista dos Tribunais, 2000, p. 180; BARROSO, Luís Roberto. *O controle de constitucionalidade no direito brasileiro*. São Paulo: São Paulo: Saraiva, 2004, p. 141, rodapé 88.

função institucional é a presunção de legitimidade dos atos normativos, sendo que a missão de defender o ato não se confunde com a missão, atribuída ao Ministério Público, de defender a interpretação correta. A importância do assunto exige transcrição de parte do acórdão:

> Com o §3º do art. 103, inequivocamente, se estendeu esse princípio à ação direta de inconstitucionalidade, dando-se à presunção de constitucionalidade do ato normativo — e ela existe quer quanto à norma federal, quer quanto à norma estadual — um curador especial, que, assim, nesse processo objetivo tem papel diverso do da Procuradoria Geral da República, embora ambos defendam relevantes interesses públicos. De feito, o Advogado-Geral da União, como curador especial, defende a presunção de constitucionalidade do ato normativo, ao passo que o Procurador-Geral da República defende a rigorosa observância da Constituição, ainda que, como fiscal da aplicação da lei, tenha que manifestar-se pela inconstitucionalidade do ato normativo objeto da ação direta.[19]

Interessante observar que, no mesmo acórdão, o STF afirmou a diferença entre essa função do AGU, qualificada pelo STF como *anômala*, e a função dele de representante da União. *In verbis*:

> Trata-se, aí, de uma função anômala e extraordinária do Advogado-Geral da União, que não atua, no processo de ação direta, como representante judicial dessa pessoa estatal, mas como defensor da validade dos preceitos infraconstitucionais, quer emanados da própria União Feral, quer editados pelos Estados-membros.[20]

Apesar dessa ressalva feita pelo STF, é bastante comum na doutrina brasileira a caracterização do papel da Advocacia Pública em juízo similar ao papel do AGU no controle concentrado. A título de exemplo, Hugo Nigro Mazzilli contrapõe a função do Ministério Público à função do Advogado da Fazenda, atribuindo ao primeiro a defesa do *interesse primário* e ao segundo a defesa do *interesse secundário*:

> Durante os trabalhos da Constituinte, uma das maiores dificuldades de harmonizar os interesses do Ministério Público nacional consistiu na separação das funções de Ministério Público das de advogado da Fazenda.

---

[19] ADI 72-1-ES, RDA 179-180/209-210.
[20] Idem, RDA 179-180/210.

Há total incompatibilidade do exercício da advocacia pelos membros do Ministério Público, ainda que tal advocacia se exerça em prol de interesses da própria Fazenda Pública. Afinal, como ficaria o procurador-geral da República, para opinar ou para recorrer, quando de um conflito entre o interesse público primário e secundário na clássica distinção de Renato Alessi, já referida? Suponhamos que, numa decisão de que só coubesse recurso seu, quando estivesse a União a defender interesse público secundário (visto do ângulo da administração, o que nem sempre se confunde com o interesse do bem comum, do que temos fartos exemplos), com a defesa de que interesse ficaria o defensor de ambos?! E nos casos em que devesse dar um parecer: estaria opinando como advogado da Fazenda ou como defensor da coletividade?![21]

Essa posição foi explicitamente adotada por Luís Roberto Barroso, antes de integrar o STF. Afirmou o nobre constitucionalista, após diferenciar o *interesse público primário* do *interesse secundário*:

Embora não tenha sido objeto de elaboração doutrinária mais densa, conforme registrado acima, essa distinção não é estranha à ordem jurídica brasileira. É dela que decorre, por exemplo, a conformação constitucional das esferas de atuação do Ministério Público e da Advocacia Pública. Ao primeiro cabe a defesa do interesse público primário; à segunda, a do interesse público secundário. Aliás, a separação clara dessas duas esferas foi uma importante inovação da Constituição Federal de 1988.[22]

Maria Sylvia Zanella Di Pietro parece adotar posicionamento muito próximo, ao diferenciar a *atuação consultiva* da Advocacia Pública da *atuação litigiosa*. Para ela, na consultiva, o advogado tem total independência para atuar em prol do interesse primário; na litigiosa, deve defender a entidade que representa, mesmo que ela não tenha razão. Nas palavras da ilustre administrativista:

E aí nós temos que fazer uma distinção que me parece fundamental entre o advogado público que está na função de consultoria e o advogado público que está na função contenciosa, porque o advogado que está na função de consultoria, se não na prática acho que pelo menos teoricamente, tem que ter maior independência do que aquele

---

[21] MAZZILLI, Hugo Nigro. *Regime jurídico do Ministério Público*. 3. ed. São Paulo: Saraiva, 1996, p. 251.
[22] BARROSO, Luís Roberto. O Estado contemporâneo, os direitos fundamentais e a redefinição da supremacia do interesse público. In: SARMENTO, Daniel (org.). *Interesses públicos versus interesses privados*: desconstruindo o princípio da supremacia do interesse público. 2. tir. Rio de Janeiro: Lumen Juris, 2007, p. XIII-XIV.

que está no contencioso, porque o que está no contencioso defende a parte, defende o Estado, o Município, é parcial, mas o advogado que está numa função de consultoria tem que ser imparcial como se fosse o próprio juiz.[23]

E adiante, complementa:

> No caso do advogado em função contenciosa eu diria que tem um pouco menos de independência do que o que está na área de consultoria, porque ele necessariamente tem que defender a pessoa jurídica, não tem alternativa, não pode dizer: 'Não, eu acho que o interessado lá tem razão, então eu vou confessar'. Quer dizer, o advogado público não pode confessar, não pode transigir, não pode fazer nenhum tipo de acordo sem autorização prévia.[24]

Em síntese, parte substancial da doutrina considera que a Advocacia Pública — em especial quando na *atividade litigiosa* — tem por missão defender o *interesse secundário*. Haveria, pois, uma nítida diferenciação entre a *atuação consultiva* — em que se deve buscar a prevalência da interpretação correta — da *atuação litigiosa*, que deve buscar a defesa da entidade federativa, ainda que esta não tenha razão. O fundamento da atuação da Advocacia Pública, em juízo, seria, de modo similar à atuação do AGU no controle concentrado, a presunção de legitimidade dos atos estatais.

3.2 Defesa individual do interesse primário

A segunda posição é mais recente. Na prática ela é ainda inexistente e na teoria é bem minoritária. Vem ganhando espaço lentamente, com o progressivo amadurecimento do Estado de Direito. Segue um raciocínio lógico: nos termos aqui explicados, o ente público só possui o interesse primário; logo, não possui *interesse jurídico* em ver defendido um interesse contrário ao seu. Com efeito: a União, o Estado e o Município só têm interesse em ganhar a causa quando

---

[23] DI PIETRO, Maria Sylvia Zanella. Responsabilidade dos procuradores e assessores jurídicos da Administração Pública, *op. cit.*, p. 3.
[24] *Idem*, p. 6.

o Direito considera que o autor não tem razão; quando a vontade do ordenamento jurídico é coincidente com a pretensão do autor, o interesse público é a procedência da ação. Ora, a Advocacia Pública — de Estado e não de Governo — defende o ente público e este não tem interesse contrário ao Direito, ao ordenamento jurídico vigente. Segundo esse entendimento, a tese majoritária seria, pois, falaciosa ao pressupor que o interesse da União, do Estado e do Município seja ganhar a causa quando o Direito exige que a entidade federativa seja derrotada em juízo. Enfatizamos: União, Estado e Município não possuem interesses próprios, divorciados do ordenamento jurídico vigente, a serem defendidos em juízo. Apesar da lógica do raciocínio, raros são os doutrinadores que o sustentam de modo expresso. Dentre eles, destaca-se a lição de Diogo de Figueiredo Moreira Neto:

> Qualquer interesse da *Fazenda Pública em juízo* estará sempre subordinado aos princípios referidos, devendo, por isso, recusar-se, o Advogado de Estado, a atuar por mero interesse arrecadatório, quando despido de legitimidade; recusar-se a advogar com fins emulatórios; negar-se a recorrer sistematicamente contra jurisprudência pacificada ou apenas com intenções protelatórias; recusar-se a obedecer a ordens hierárquicas que depassem da organização burocrática dos serviços que interferirem na condução formal e material dos processos administrativos e judiciais a seu cargo e outros desse jaez.[25]

A segunda posição, aqui explicitada, pode ser radicalizada. Nos termos expostos, o ente federativo, por definição, só tem *interesse jurídico* — e, pois, *interesse processual* — em defender o *interesse público*, entendido como a correta interpretação das normas jurídicas vigentes. Ocorre que a pessoa jurídica — nem os governantes eleitos — não sabe qual é a interpretação correta. O que fazer? Nomeia *profissionais habilitados* para dizer qual é essa interpretação. Deveras: nomeia *cientistas* — ou *técnicos* — do Direito. Cada Procurador, aprovado em concurso, é um profissional habilitado a dizer qual é a "vontade do ordenamento jurídico". Logo, ele teria a prerrogativa de reconhecer juridicamente o pedido, decidir por não contestar ou não recorrer etc. Ele seria a voz definidora, no caso concreto, de qual

---

[25] MOREIRA NETO, Diogo de Figueiredo. Advocacia de Estado revisitada: essencialidade ao Estado Democrático de Direito. In: GUEDES, Jefferson Carús; SOUZA, Luciane Moessa de. *Advocacia de Estado*: questões institucionais para a construção de um Estado de Justiça. Belo Horizonte: Fórum, 2009, p. 42.

é o *interesse público*, pleonasticamente qualificado como primário; seria, enfim, a autoridade encarregada de decidir, para a Pessoa de Direito Público, se ela tem ou não interesse jurídico — e processual — de litigar em Juízo.

Referida orientação é tanto compatível com a *orientação técnica* do Direito como com a *orientação científica*, dicotomia a que já nos referimos. Mesmo quem nega a existência de uma única interpretação correta, não nega que a interpretação jurídica é uma *atividade técnica*. Cada Procurador teria a aptidão técnica para fixar a interpretação a ser seguida no caso concreto. É, porém, inegável que essa orientação encontra uma justificativa mais forte na orientação científica: se, cientificamente, existe uma interpretação que seja correta e é nomeado um cientista, cabe a ele apontar, no âmbito de sua competência, qual é essa interpretação. Paralelamente, ainda que haja divergência entre os médicos sobre qual caminho a seguir, cada médico é soberano sobre o caminho terapêutico a adotar, no âmbito de sua competência.

Essa posição leva a *dois graves problemas*: a) adoção de posições díspares entre os Procuradores, tornando a atuação do Poder Público absolutamente incoerente; b) inadequada defesa do interesse público em decorrência do equívoco de interpretação do Procurador. A primeira posição é tranquilamente aceita em todas as atividades jurídicas em que se respeita a autonomia técnica — ou científica — dos agentes. De fato: na Magistratura e no Ministério Público é absolutamente normal que os respectivos integrantes divirjam e os diferentes posicionamentos sempre foram aceitos. Na Advocacia Pública, porém, esse problema pode ser agravado. Dificilmente, uma política pública seria levada até o fim se a cada membro da instituição fosse dada total prerrogativa de fixar o entendimento jurídico a ser seguido.

O segundo problema é muito mais grave. Podemos dizer que num mundo ideal — em que cada membro da instituição atua com o máximo de comprometimento, adota uma exegese a partir de estudo científico sério, com absoluto esforço para neutralizar o máximo possível sua pré-compreensão — a orientação da prerrogativa individual de buscar o interesse primário a partir das próprias convicções seria plenamente admissível. Ocorre que esse ideal, no mundo real, é dificilmente concretizável e essa dificuldade cresce proporcionalmente ao tamanho da instituição. É fácil intuir o grave prejuízo para defesa do interesse público que pode gerar a prerrogativa dada a cada procurador de não contestar uma ação, de não recorrer, de reconhecer juridicamente o pedido. Suponha-se que um dos integrantes da instituição adote sempre uma posição contrária ao interesse secundário, sob o pretexto, no seu íntimo, de que quer ter menos trabalho ou de que quer beneficiar certo particular. Diante da "intangibilidade da psique do agente", caso o advogado público não revele seu móvel espúrio, será praticamente impossível demonstrar sua má-fé. Para todos os efeitos, suas posições assentar-se-ão na sua convicção científica. O resultado será, por evidente, desastroso. Assim, por mais que a segunda orientação seja conceitualmente justificável, não a acolhemos.

3.3 Defesa institucional do interesse primário

A primeira posição, apesar de majoritária, é conceitualmente equivocada: o ente público não possui interesse secundário autônomo, divorciado do primário, a ser defendido em juízo. A segunda posição leva, na prática, à inadequada tutela do interesse público, pois este fica totalmente à mercê das decisões individuais de cada advogado público. Acolhemos a terceira posição, intermediária, que não reduz o Advogado Público, na representação judicial, a mero defensor dos interesses governamentais, ainda que divorciados do correto cumprimento do ordenamento jurídico, nem deixa o interesse público completamente à disposição de cada membro da instituição.

A terceira orientação é a que impõe a cada membro da Advocacia Pública na atividade litigiosa o dever de defender o interesse secundário, desde que não encontre apoio institucional para defesa do interesse primário. Quer dizer: cada advogado público, individualmente, tem de, em Juízo, por exemplo, contestar as ações, sob sua competência, propostas em face do Poder Público, e recorrer das sentenças contrárias à pretensão fazendária — de procedência nas ações que o Poder Público é autor e de improcedência nas ações que é réu. Tem, enfim, de defender a validade dos atos administrativos impugnados. Mas, ao contrário do que sustenta a primeira posição, impõe-se à Instituição da Advocacia

Pública, mesmo em Juízo, não a defesa do interesse secundário, mas a defesa do interesse primário. O sistema jurídico tira do crivo de cada advogado, individualmente considerado, as decisões contrárias ao interesse secundário; referidas decisões devem ser adotadas *institucionalmente*. Quer dizer: tem a Instituição total prerrogativa de reconhecer juridicamente o pedido, negar-se a recorrer de uma sentença, não agravar uma decisão interlocutória, propor um acordo com o particular etc. Em suma: se o ato administrativo é inválido, a Instituição tem a total prerrogativa de não defender a validade em juízo. Há, pois, um dever imposto a cada advogado público de tutelar em juízo o interesse secundário e um dever imposto à Instituição da Advocacia Pública de, em juízo, tutelar o interesse primário. Essa tese, que adotamos, alicerça-se na diferenciação entre a *autonomia do advogado público* e a *autonomia da instituição*.

3.3.1 Autonomia da Advocacia Pública

É corrente na doutrina a orientação de que a *hierarquia* é incompatível com a *competência técnica*. Basta um exemplo didático: o Chefe do Executivo não tem, no âmbito hierárquico, a prerrogativa de interferir sobre as decisões que um médico adorará num procedimento cirúrgico, pela óbvia razão de que o agente político não possui, funcionalmente, habilitação técnica que lhe permita interferir na atuação do agente competente.[26]

---

[26] Mesmo que um magistrado seja formado em engenharia não pode atuar no processo como perito. Por todos, doutrina o ínclito Arruda Alvim: "Devemos considerar como não sendo relevante o conhecimento especial, que porventura tenha um dado juiz, perante quem se deva instruir a causa, como já o dissemos. Poderá ocorrer que um dado juiz tenha o conhecimento técnico ou o científico, conhecimento especial, portanto, que digam respeito à compreensão dos fatos. Nem por isto deverá dispensar a prova pericial". Em seguida, complementa: "O que é relevante pois, é que se determine a prova pericial em função do grau médio e objetivo de informação que os juízes normalmente têm. Por outras palavras, é necessário que o perito funcione quando a média dos juízes seja, possivelmente, carente dos conhecimentos técnicos ou científicos necessários à compreensão de determinados fatos. Na realidade, poderá ocorrer que um dado juiz seja, v.g., economista, ou médico e nesse caso não teria a perícia significado prático pessoal, mas só para ele. No entanto, estaria ele servindo-se, rigorosamente, de seu "conhecimento privado técnico", embora, como é evidente, não relativo à cognição dos fatos, em si mesmos, senão à inteligência dos mesmos. Essa circunstância, porém, não pode liberá-lo de ordenar a prova pericial". (ARRUDA ALVIM NETTO, José Manoel de. Apontamentos sobre a perícia. *Revista*

Nesse sentido, por todos, doutrina Paulo Otero, em sua clássica monografia sobre a hierarquia:

> Segundo Cunha Valente, a circunstância de se recorrer a órgãos técnicos — e o mesmo vale para os órgãos de natureza científica — equivale a confessar a incapacidade de os restantes órgãos resolverem determinados assuntos. A ser assim, não faz sentido admitir a possibilidade de estes últimos órgãos emanarem ordens sobre matérias e áreas que lhes são totalmente alheias.[27]

É possível dizer que o STF reconhece a *autonomia técnica* da Advocacia Pública. Mesmo na fatídica ADI 291-MT, relatada pelo Min. Joaquim Barbosa, j. 07.04.10, em que a Corte foi bastante restritiva em relação às prerrogativas da Advocacia Pública, extrai-se dos debates, ao contrário do que parece constar da ementa do acórdão,[28] que os Ministros reconhecem a referida independência. Com efeito, observou o Ministro Carlos Ayres Britto: "Eu só tenho uma dúvida mais séria, é quanto à independência técnica". E obteve a seguinte resposta do Min. Marco Aurélio: "Não está em jogo". Diante dessa resposta, o Min. Ayres Britto acompanhou o relator. Logo, parece inquestionável que o acórdão não negou a independência técnica das Advocacias Públicas. Tanto é verdade que poucos meses após esse julgamento, o próprio Min. Ayres Britto reconheceu expressamente a independência funcional dos advogados públicos, sem encontrar ressalva dos demais Ministros:

> Independência e qualificação que há de presidir a atuação de quem desenvolve as atividades de orientação e representação jurídica, tão necessárias ao regular funcionamento do Poder Executivo. Tudo sob critérios de absoluta tecnicalidade, portanto, até porque tais atividades são constitucionalmente categorizadas como 'funções essenciais à Justiça' (Capítulo IV do Título IV da CF).[29]

---

de processo, v. 23, p. 9-35, jul-set. 1981). A lição aplica-se aos *governantes*: mesmo que o governante seja formado em medicina, não pode interferir nas decisões técnicas do respectivo órgão. O sistema normativo não tolera *confusão de papéis*.

[27] OTERO, Paulo. *Conceito e fundamento da hierarquia administrativa*. Coimbra: Coimbra Editora, 1992, p. 257.

[28] Constou da ementa: "A Constituição Estadual não pode impedir que o Chefe do Poder Executivo interfira na atuação dos Procuradores do Estado, seus subordinados hierárquicos".

[29] STF, Plenário, ADI 4261/RO, Rel. Min. Ayres Britto, j. 02.08.10, DJe-154, Divulg. 19.08.10, RT 99, n. 901, p. 132-135, LEXSTF, v. 32, n, 381, p. 88-93.

Do fato de que os órgãos técnicos e científicos não admitirem interferência hierárquica de outros órgãos, não se extrai a impossibilidade de hierarquia entre os próprios órgãos técnicos ou científicos. Assim, é perfeitamente possível hierarquia entre os diversos órgãos integrantes da própria estrutura da Advocacia Pública. Essa possibilidade é afirmada expressamente por Paulo Otero:

> Ora, se a atividade técnico-científica não pode estar sujeita a vínculo hierárquico por parte de órgãos não especializados, daqui resultam dois corolários: 1º — Em tudo aquilo que não integra a atividade técnico-científica, os referidos órgãos são suscetíveis de subordinação hierárquica; 2º — Mesmo no âmbito da atividade técnico-científica, será de admitir uma subordinação perante outros órgãos técnico-científicos mais qualificados.[30]

Essa ressalva leva à orientação que preconizamos correta. Individualmente, o advogado público não tem autonomia para, em juízo, perseguir o interesse primário. Deve, na falta de autorização expressa da Instituição, perseguir o interesse secundário. Ao revés, a Instituição da Advocacia Pública — Advocacia-Geral da União, Procuradoria-Geral do Estado, Procuradoria-Geral do Município — tem total autonomia para, em juízo, perseguir o interesse primário. Cabe à Instituição estabelecer quais medidas devem ser adotadas pelo advogado público quando este considerar que é o caso de contrariar o interesse secundário. Logo, a atuação funcional do advogado público, na atividade litigiosa, em prol do interesse primário, dá-se com respeito à *hierarquia institucional*.

Assim, por exemplo, se a Instituição estabelecer que a não interposição de recurso de uma decisão que prejudique o interesse secundário deve ser autorizada pelo chefe imediato ou pelo chefe mediato, caberá ao advogado público, para não interpor o recurso, solicitar a devida autorização. Acolhemos, nesse ponto, a tese de Claudio Madureira, que, após distinguir a *independência profissional* — decorrente da condição de advogado — da *autonomia técnica da procuradoria*, concluiu:

> A Advocacia Pública, conquanto não se subordine juridicamente ao Poder Executivo ou a qualquer outro poder, órgão ou entidade, deve se apresentar,

---

[30] OTERO, Paulo. *Conceito e fundamento da hierarquia administrativa*, op. cit., p. 258.

frente aos casos concretos, como estrutura orgânica hierarquizada, de modo a orientar, mediante o emprego de expedientes internos que possibilitem a uniformização de seus posicionamentos jurídicos, uma atuação administrativa desprovida de contradições, assegurando com isso a efetiva fruição dos direitos reconhecidos pelo ordenamento aos administrados. Nessa conjuntura, os procuradores mantêm plena liberdade para expressar suas convicções jurídicas, que podem, todavia, ser ulteriormente submetidas, a bem da uniformização dos posicionamentos do Poder Público acerca da aplicação do direito, a outras instâncias decisórias instituídas dentro das procuradorias. Disso resulta que esses profissionais não ostentam, individualmente, *autonomia técnica*, a exemplo do que se imagina ocorrer com os Membros do Ministério Público; e daí falar-se, em rigor, em autonomia da procuradoria e não dos procuradores.[31]

Faz-se apenas uma ressalva ao posicionamento de Madureira. Acreditamos ser possível, sem prejuízo da adequada tutela do interesse público, respeitar a autonomia do advogado público, em suas convicções técnico-científicas. Referimo-nos à teoria da *longa manus*, a seguir explicada.

3.3.2 Teoria da *longa manus*

Pelo postulado da *proporcionalidade*, uma medida ("M1") só é *necessária* quando inexista outra ("M2") que, simultaneamente: a) satisfaça a finalidade ("P1") atendida pela medida examinada ("M1"); b) contrarie em menor intensidade outro valor jurídico ("P2"). Assim, se "M1" concretiza "P1" na intensidade "x" e contraria "P2" numa intensidade "y", "M2" concretiza "P1" na mesma intensidade que "M1", ou seja, na intensidade "x", mas contraria "P2" numa intensidade "z", menor do que "y" (z < y), então "M1" é desnecessária.[32] Consideramos a submissão *sem ressalvas* do advogado público à Instituição desproporcional pela *desnecessidade*. É possível respeitar as convicções técnicas ou científicas do advogado público sem colocar em risco a adequada tutela do interesse público. Para tanto, basta que se adote a teoria da *longa manus*.

---

[31] MADUREIRA, Claudio. *Advocacia Pública*, op. cit., p. 249.
[32] Sobre a *necessidade*, vide por todos: CLÉRICO, Laura. *El examen de proporcionalidad en el derecho constitucional*. Buenos Aires: Eudeba, 2009, p. 101 et seq.

Nos termos do artigo 28 do Código de Processo Penal, quando o magistrado discordar da proposta de arquivamento do inquérito policial formulada pelo promotor de justiça, deverá encaminhar o inquérito ao Procurador Geral de Justiça. Este poderá: a) oferecer a denúncia; b) insistir no pedido de arquivamento; c) designar outro órgão do Ministério Público para oferecê-la. Interessa-nos aqui a última alternativa. Relevante parcela da doutrina sustenta que, nessa terceira hipótese, o promotor designado não pode recusar-se a oferecer a denúncia, porque não atua em seu nome, mas em nome do Procurador-geral. Ele é uma *longa manus* do Chefe da Instituição.[33]

Analogamente, eis uma *garantia funcional* de todo advogado público: sempre que discordar do posicionamento jurídico que defende em juízo e não obtiver da Instituição o aval para defesa do interesse que considera correto, tem ele o direito de deixar registrado que atua como *longa manus* de seu superior hierárquico. Assim, o advogado público que exerce função de chefia pode impor ao advogado subordinado que sustente em juízo certa tese defensiva, ou que recorra em certo sentido. O subordinado, porém, caso contrariado em suas convicções técnicas, tem a prerrogativa de explicitar, em sua atuação funcional, que age em nome do superior hierárquico, por determinação deste. No caso, é como se o próprio superior hierárquico estivesse atuando em juízo, por intermédio de seu subordinado.

Essa prerrogativa de atuar como *longa manus* decorre de uma *ponderação* entre, por um lado, todos os valores jurídicos em prol da autonomia do Procurador ("P1") e, por outro, de todos os valores jurídicos contrários a essa autonomia ("P2"). Como já explicamos, o ente público só possui o interesse primário. O advogado público, se

---

[33] É o que explica Julio Fabbrini Mirabete: "O membro do Ministério Público designado pelo Procurador-geral para oferecer a denúncia é obrigado a propor a ação penal, pois não age em nome próprio e sim no chefe do Ministério Público, do qual é uma *longa manus*, por delegação interna de atribuições". (*Processo penal*. 10. ed. São Paulo: Atlas, 2000, p. 97). No mesmo sentido, doutrina Carlos Frederico Coelho Nogueira: "O órgão designado pelo procurador-geral ou pela Câmara de Coordenação e Revisão é obrigado a oferecer denúncia, inexistindo nisso quebra de sua independência funcional, pois é mero delegado desses órgãos de cúpula dos Ministérios Públicos, seu prolongamento, sua *longa manus* ("mão longa"). A natureza jurídica dessa designação é de delegação de atribuições: quando o promotor ou procurador designado oferece a denúncia não o faz em seu nome pessoal, mas no do órgão que o designou. É como se o próprio órgão designante a estivesse oferecendo". (*Comentários ao Código de Processo Penal* – v. 1. Bauru: Edipro, 2002, p. 498).

respeitada a Constituição, ocupa cargo público efetivo, quer dizer, foi aprovado em regular concurso público. Trata-se de alguém tecnicamente habilitado a dizer qual é a interpretação correta. Os superiores hierárquicos, regra geral, ou foram aprovados no mesmo concurso do subalterno, ou nem em concurso foram aprovados (a depender de como se estrutura cada Instituição). Ademais, obrigar um cientista a atuar contra suas convicções é um atentado à profissão. Por essas razões — simplificadamente identificadas por "P1" —, o advogado público não deve ser constrangido, sem violação de sua autonomia, a demandar contra suas convicções científicas. Apesar delas, em prol da autonomia individual do advogado, outras existem — aqui identificadas por "P2" — em prol da hierarquia. Nos termos já expostos, deixar ao crivo individual a prerrogativa de decidir por não defender a pretensão da entidade federativa pode gerar um risco inadmissível ao interesse público. Pode levar a uma atuação caótica ou incoerente.

Dito isso, a ponderação entre *autonomia funcional* ("P1") e *hierarquia* ("P2"), e a perfeita concordância prática entre os valores envolvidos, leva à assunção de três corolários: 1) o advogado público, ao atuar em juízo, detém a prerrogativa de, por si, tomar as decisões necessárias à defesa do interesse secundário, entendido este como a vitória do Poder Público na ação judicial; 2) as decisões contrárias ao interesse secundário devem ser adotadas institucionalmente, vale dizer, com respeito à hierarquia vigente no âmbito da Advocacia Pública, devendo o advogado público submeter-se aos mecanismo institucionalmente estabelecidos para não contestar o feito, não recorrer de decisões contrárias à Fazenda, fazer acordos etc.; 3) sempre que a atuação em juízo, exigida pela Instituição, contrariar as convicções científicas do advogado público este tem a prerrogativa de atuar como *longa manus* de seu superior hierárquico. Ao explicitar que o faz como *longa manus*, o Advogado não compromete a defesa do interesse público e resguarda suas convicções pessoais.

Também há quem entenda que, a par da teoria do *longa manus*, as convicções pessoais do advogado público também estão resguardadas quando o seu superior hierárquico avoca o processo. Assim, será preservado o entendimento do advogado público e, mediante redistribuição da atuação, inclusive pela própria chefia jurídica envolvida, buscar-se-á a uniformidade de atuação ou o encaminhamento não potencialmente lesivo aos interesses públicos pecuniários e não-pecuniários presentes no caso.

Em ambas as soluções, ou seja tanto na teoria do *longa manus* quanto na avocação do processo pelo superior hierárquico, há a "relativização" da independência técnica do advogado público, quando atua em juízo, que é necessária não só para uniformizar o entendimento da Advocacia Pública como também evitar prejuízos na defesa do Ente que eventualmente aconteceriam em razão do exercício inconsequente da independência técnica.

Entretanto, isto não quer dizer, em hipótese alguma, que a Instituição possa interferir na construção do raciocínio jurídico do advogado para a defesa do interesse público.

Assim, ainda que exista a hierarquia dentro da Instituição, definido o interesse público a ser perseguido, o advogado tem total liberdade para escolher qual o argumento que utilizará para formar a convicção do juiz a seu favor.

Não cabe ao superior hierárquico na Instituição modificar uma peça processual, com o fundamento de que seria outro, que não aquele escolhido pelo advogado subscritor, o correto para a defesa do ente público. Quem escolhe, como já dito, é o advogado que não é obrigado a suportar tal ingerência no seu trabalho, nem mesmo em razão da "relativização" da sua autonomia técnica nas atuações em juízo.

É bom que se frise que a independência técnica do advogado público não se caracteriza como um privilégio funcional e sim como uma garantia ao administrado de que a resposta para a questão posta será dada de forma descompromissada com quaisquer interesses a não ser com o respeito aos mandamentos constitucionais e legais, e não à vontade ou Juízo de valor de terceiros.

4 Conclusão

Diferenciar a advocacia de Governo da advocacia de Estado é o objetivo deste artigo.

Não obstante a Carta de 1988 ter deixado a advocacia pública municipal de fora do artigo 132, fato é que as Procuradorias Municipais, juntamente com as Procuradorias dos Estados e a Advocacia-Geral da União, representam a advocacia pública nacional que tem um papel importante a cumprir de compatibilizar as políticas públicas legítimas, definidas por agentes públicos democraticamente eleitos, ao quadro de possibilidades e limites oferecidos pelo ordenamento jurídico vigente.

Assim, o aparelhamento da máquina administrativa, com advogados contratados para tão somente realizar as determinações do grupo político, não se harmoniza com a construção do Estado Democrático de Direito que tem como alicerce a supremacia do interesse público.

O fortalecimento do Estado Democrático de Direito bem como a zelosa administração da coisa pública advêm do exercício da advocacia de Estado, onde a representação judicial e extrajudicial do Poder Executivo é realizada por advogados selecionados através de concurso público, membros de uma instituição de caráter permanente, que devem ter garantidas as prerrogativas necessárias ao desempenho dessas funções.

O advogado público exerce um *"múnus público" e* somente se irá se desincumbir a contento quando pautar sua atividade pelo contraste entre o que o Administrador quer fazer e o que a lei indica ser o modo de fazer.

Nesse sentido, é certo que o Procurador aparece como um aliado da Administração, seja prevenindo o gestor quanto a impossibilidade ou os riscos da realização de um ato, seja produzindo os instrumentos jurídicos necessários para que os atos viáveis se tornem eficazes.

Referências

ABBAGNANO, Nicola. *Dicionário de filosofia*. Tradução coordenada e revista por Alfredo Bosi. 4. ed. São Paulo: Martins Fontes, 2000.

ALESSI, Renato. *Principi di diritto amministrativo* – v. I. Milano: Giuffrè, 1966.

ALVIM NETTO, José Manoel de Arruda. Apontamentos sobre a perícia. *Revista de processo*, v. 23, p. 9-35, jul-set. 1981.

BANDEIRA DE MELLO, Celso Antônio. *Curso de direito administrativo*. 32. ed. São Paulo: Malheiros, 2015.

_____. Apontamentos sobre a teoria dos órgãos públicos. *Revista de Direito Público*, São Paulo, ano IV, v. 16, p. 30-37, abr.-jun. 1971.

BARROSO, Luís Roberto. *O controle de constitucionalidade no direito brasileiro*. São Paulo: São Paulo: Saraiva, 2004.

_____. O Estado contemporâneo, os direitos fundamentais e a redefinição da supremacia do interesse público. In: SARMENTO, Daniel (org.). *Interesses públicos versus interesses privados*: desconstruindo o princípio da supremacia do interesse público. 2. tir. Rio de Janeiro: Lumen Juris, 2007.

CARNELUTTI, Francesco. *Sistema de direito processual civil* – v. 1. Tradução de Hiltomar Martins Oliveira. 2. ed. São Paulo: Lemos e Cruz, 2004.

CLÉRICO, Laura. *El examen de proporcionalidad en el derecho constitucional*. Buenos Aires: Eudeba, 2009.

CLÈVE, Clémerson Merlin. *A fiscalização abstrata da constitucionalidade no direito brasileiro*. 2. ed. São Paulo: Revista dos Tribunais, 2000.

CORDARO, Cesar Antonio Alves. A Advocacia Pública dos Municípios: necessidade de tratamento constitucional. In: GUEDES, Jefferson Carús; SOUZA, Luciane Moessa de. *Advocacia de Estado*: questões institucionais para a construção de um Estado de Justiça. Belo Horizonte: Fórum, 2009, p. 231-241.

DI PIETRO, Maria Sylvia Zanella. Responsabilidade dos procuradores e assessores jurídicos da Administração Pública. *BDA – Boletim de Direito Administrativo*, n. 1, p. 1-7, jan. 2008.

FERRAZ JR., Tercio Sampaio. *Introdução ao estudo do direito*. 5. ed. São Paulo: Altas, 2007.

_____. *A Ciência do Direito*. 2. ed. São Paulo: Atlas, 1980.

GUIMARÃES, Hélio de Seixas; LESSA, Ana Cecília. *Figuras de linguagem*. 14. ed. São Paulo: Atual, 2003.

HACHEN, Daniel Wunder. *Princípio constitucional da supremacia do interesse público*. Belo Horizonte: Fórum, 2011.

HOUAISS, Antônio; VILLAR, Mauro de Salles (ed.). *Dicionário Houaiss da língua portuguesa*. Rio de Janeiro: Objetiva, 2001.

MADUREIRA, Claudio. *Advocacia Pública*. Belo Horizonte: Fórum, 2015.

MAXIMILIANO, Carlos. *Hermenêutica e aplicação do direito*. 16. ed. Rio de Janeiro: Forense, 1997.

MAZZILLI, Hugo Nigro. *Regime jurídico do Ministério Público*. 3. ed. São Paulo: Saraiva, 1996.

MIRABETE, Julio Fabbrini. *Processo penal*. 10. ed. São Paulo: Atlas, 2000.

MOREIRA NETO, Diogo de Figueiredo. Advocacia de Estado revisitada: essencialidade ao Estado Democrático de Direito. In: GUEDES, Jefferson Carús; SOUZA, Luciane Moessa de. *Advocacia de Estado*: questões institucionais para a construção de um Estado de Justiça. Belo Horizonte: Fórum, 2009, p. 23-58.

NOGUEIRA, Carlos Frederico Coelho. *Comentários ao Código de Processo Penal* – v. 1. Bauru: Edipro, 2002.

OTERO, Paulo. *Conceito e fundamento da hierarquia administrativa*. Coimbra: Coimbra Editora, 1992.

RAMOS, Willim Junqueira. *A Advocacia-Geral da União e a defesa do interesse público primário*. São Paulo: Letras Jurídicas, 2015.

WOLFF, Hans J.; BACHOF, Otto; STOBER, Rolf. *Direito administrativo* – v. I. Tradução António F. de Sousa. Lisboa: Fundação Calouste Gulbenkian, 2006.

YANCEY, Philip. Prefácio. In: CHESTERTON, G. K. *Ortodoxia*. Tradução de Almiro Pisetta. São Paulo: Mundo Cristão, 2008.

Informação bibliográfica deste texto, conforme a NBR 6023:2002 da Associação Brasileira de Normas Técnicas (ABNT):

CHEHIN. Soraya Santucci; MARTINS, Ricardo Marcondes. Advocacia Pública: Advocacia de Estado e Advocacia de Governo. In: MOURÃO, Carlos Figueiredo; HIROSE, Regina Tamami (Coord.). *Advocacia pública contemporânea*: desafios da defesa do Estado. Belo Horizonte: Fórum, 2019. p. 51-77. ISBN 978-85-450-0578-0.

ADVOCACIA PÚBLICA CONTEMPORÂNEA – DESAFIOS DA DEFESA DO ESTADO

Flávio Mitsuyoshi Munakata

Introdução

A sucessão de ciclos econômicos é caracterizada por sucessivos períodos de geração de riquezas e prosperidade, de estabilidade, e de depressão econômica e empobrecimento. Paralelamente, alteram-se os papéis desenvolvidos pelo estado, diante do que impõe as infinitas necessidades da sociedade, e diante das limitações de recursos. A decisão sobre o papel do estado se dá através do debate da sociedade, no meio social organizado ou não, no meio acadêmico, nas instâncias estatais e no meio político.

Não objetivando definir qual a melhor estrutura ou dimensão para o estado, e aceitando que ao longo dos ciclos econômicos ele necessariamente passou a cumprir papéis diferentes, assumindo mais ou menos atribuições, conforme exigências daquele momento histórico, é certo que a Constituição Federal de 1988 impõe um documento fundante que retrata o momento de sua promulgação, recepcionando-se legislação anterior compatível e produzindo-se nova. As adaptações pontuais diante de novas necessidades sociais se deram no plano reformador e no plano infralegal.[1]

Assim, é papel de advocacia pública, sobretudo da Advocacia-Geral da União quando se trata do estado em âmbito federal, viabilizar juridicamente as escolhas da sociedade para o perfil e para as atribuições do estado desejado, aqui entendido tanto como

---

[1] Neste tema, vale mencionar a *mutação constitucional*. SILVA, José Afonso. Mutações Constitucionais. Poder Constituinte e Poder Popular (estudos sobre a constituição). São Paulo: Malheiros. 2007. p. 295 *et seq*

conjunto soberano de normas a que se sujeitam o povo de um território, quanto como máquina estatal soberana.[2]

1 O Plano Nacional de Desestatização (PND)

Em breve apresentação, o Programa Nacional de Desestatização (PND) foi criado por força da Medida Provisória nº 155/1990, convertida na Lei nº 8.031/90, que foi revogada pela Lei nº 9.491/97, esta que passaria a ser o seu principal diploma legal.[3]

Trata-se de programa gestado no governo do Ex-Presidente Fernando Collor de Melo, aplicando em certa medida entendimentos internos e externos, mormente no que tange às dificuldades econômicas de países em desenvolvimento.

Grande parte do programa teve por base o pensamento elaborado pelo Consenso de Washington, em 1989: um conjunto de medidas de ajuste macroeconômico gestado por economistas do Fundo Monetário Internacional, do Banco Mundial e de outras diferentes instituições financeiras internacionais.

As reformas propostas se resumiriam em disciplina fiscal, redução de gastos públicos, reforma tributária, manutenção de juros de mercado, de câmbio de mercado, incentivo ao investimento estrangeiro direto, desestatização de atividades não essencialmente estatais, desregulamentação e desburocratização, além do respeito à propriedade intelectual.

O Brasil promoveu, em maior ou menor grau, entre avanços e retrocessos, grande parte dessas medidas, necessárias para que o país pudesse se ajustar e organizar razoavelmente as bases de uma economia moderna e estável.

O governo Fernando Collor iniciou nos anos 90 o processo de abertura da economia brasileira, com maiores inserção e exposição à competição internacional. Iniciaram-se as medidas de desestatização, que seguiram no governo Itamar Franco. Foi no governo

---

[2] DALLARI, Dalmo de Abreu. *Elementos de Teoria Geral do Estado*. 31. ed. São Paulo: Saraiva, 2012. p. 22 *et seq.*
[3] Disponível em: <http://www.planalto.gov.br/ccivil_03/leis/L9491.htm>.

Fernando Henrique, no entanto, que o processo acelerou e se expandiu, com as privatizações nos setores de telecomunicações e mineração, e flexibilização do monopólio do setor petrolífero, entre outros.

Os antecedentes deste ambiente reformista podem ser expostos em apertada síntese: o estado liberal clássico, fundado na noção da lei do mercado como mola propulsora do desenvolvimento, não se viu livre de malefícios colaterais, como a acentuada desigualdade social (e suas consequências), desumanização do trabalho e a gestação de crises no seio do próprio ambiente de ausências estatal e regulatória.

As distorções do excesso de oferta e dos ativos com valores inflados tiveram por ápice a crise de 1929. Segue-se a grande depressão, com explosão do desemprego e acentuada retração econômica de efeito mundial.

Com objetivo de reverter a trajetória depressiva, no plano econômico, o estado passa a intervir decisivamente no mercado, centralizando as inciativas econômicas. O capitalismo exigia uma releitura, ainda que distante da economia planificada do antagonista sistema socialista, passando a permitir que a centralidade estatal agregasse forças para a recuperação econômica.

A expansão do protagonismo do estado se deu tanto nos Estados Unidos de Roosevelt, como na Europa. Com ela, paralelamente no plano político, movimentos totalitários também ocuparam os espaços de estados maiores, que foram tolerados como obstáculo útil ao socialismo das repúblicas soviéticas.

A superação da crise e a promoção dos direitos básicos dos cidadãos passava pelo adequado funcionamento do mercado, devidamente regulado e sob indução intervencionista. O *welfare state*, o *estado de bem-estar social*, com manifestações antes positivadas em marcos constitucionais como em Weimar e no México, seria antecedente do que se pensaria adiante como *estado democrático e social de direito*, este que viria para acrescentar também a superação de totalitarismos e autoritarismos antidemocráticos.

No Brasil, a centralidade estatal da economia brasileira se fundamentou em valores como estratégia, nacionalismo, defesa, entre outros. Os setores de infraestrutura, transporte, energia, insumos minerais e agrícolas, indústria pesada, informática, financeiro passaram a ser consagração da soberania nacional, da maioridade econômica, com a utilização de diferentes instrumentos normativos, mediante participações ou controle societário, e reservando-se espaços monopolizados ou dominados, e subsídios diversos.

E a assunção de tais atividades acabaram por se cumular com as já indispensáveis obrigações nos setores de educação, saúde, saneamento e segurança pública.

Com o segundo choque do petróleo no final da década de 70, as idiossincrasias brasileiras acabaram por ser expostas, tendo o estado consumido enorme parte dos recursos produzidos na sociedade, e já não tendo grande capacidade de oferecer serviços e de induzir o crescimento através de investimentos, criando um ambiente econômico artificial, distorcido, em que preços e moeda não estavam definidos em verdadeiro regime de mercado. O país perdera capacidade de competição, permanecendo pouco integrado. Inicia-se o que se chamou de década perdida.

Conforme Diogo de Figueiredo Moreira Neto, diante da ineficiência crônica dos serviços e empreendimentos públicos, da corrupção endêmica, do endividamento público em níveis e a custos desastrosos, da inflação estrutural galopante, do aumento da carga tributária, as sociedades nacionais deixam de ser sujeitos passivos dos modelos interventivos disciplinados e dirigidos, passando então a buscar o protagonismo e criatividade típicos de sociedades livres.[4]

> Em consequência os recursos captados por via impositiva jamais bastavam, de modo que esses Estados do déficit público acabaram se tornando, em sua grande maioria, Estados da voracidade fiscal, curiosamente até representados por ícones invocativos de animais predadores, e Estados do endividamento progressivo e da inflação, as novas pragas apocalípticas que deram o golpe de misericórdia no modelo de Estado moderno. (MOREIRA NETO, 2005, p. 104)

Num contexto de economias em colapso, máquinas burocráticas ineficientes e que consomem recursos do contribuinte: "os estados começam a ser submetidos a análises de performance. Percebe-se que o modelo estatal em vigor é caro e pesado. A

---

[4] MOREIRA NETO, Diogo de Figueiredo. O novo papel do Estado na economia. In: Revista de Direito Público da Economia, nº 11, Julho/Setembro de 2005. Belo Horizonte: Fórum, p. 102 *et seq.*

ineficiência dos leviatãs vem à tona. As dívidas do setor público engessam o agir estatal." (VIOLA, 2011) [5]

O surgimento ideário da desestatização se dá como reação ao nó econômico institucional, das últimas décadas do século passado. O processo de globalização promoveu a expansão e a integração dos mercados. Em maior ou menor grau, um processo de integração econômica, social, cultural e política, em que mais pessoas, mercadorias, capitais e informações se inseririam neste mercado global. Certamente, barreiras de ineficiência de estados nacionais passariam a ser obstáculos para o progresso dessa integração, nova fronteira de geração de riquezas.

O processo de integração evoluía com o Benelux, o Mercado Comum Europeu, entre outros acordos aduaneiros, zonas de livre comércio, uniões econômicas, incluindo setores financeiros, industriais, comerciais, sociais e culturais.

Thatcher, Reagan e Pinochet, diante dos déficits públicos, da inflação e da corrosão da moeda, da crescente carga tributária, e da ineficiente gestão pública de serviços, são estadistas pioneiros neste direcionamento econômico, político e institucional.[6]

A reforma da administrativa seria tema de sobrevivência no Brasil, diante do quadro de hiperinflação, endividamento e falta de credibilidade, cujo auge no fim dos anos 80 e início dos anos 90 trouxe consequências deletérias para o tecido social: precariedade de serviços públicos como saúde, educação e segurança pública, a favelização dos centros urbanos, incapacidade de combate à seca, à pobreza extrema, e o sucateamento da infraestrutura.

O governo do eleito Presidente Fernando Henrique Cardoso, que havia lançado as bases da estabilidade econômica com o Plano Real, enquanto Ministro da Fazenda do governo do Ex-Presidente Itamar Franco, é que decididamente caminhou para a desestatização, a inserção comercial internacional e o ajuste das contas públicas.

---

[5] VIOLA, Ricardo Rocha. Breve análise acerca do PND – Programa Nacional de Desestatização. In: Âmbito Jurídico, Rio Grande, XIV, n. 94, nov. 2011. Disponível em: <http://www.ambito-juridico.com.br/site/index.php/%3C?n_link=revista_artigos_leitura&artigo_id=10630&revista_caderno=27>. Acesso em: 03 nov. 2016.

[6] Margaret Thatcher, Primeira-Ministra do Reino Unido entre 1979 a 1990. Ronald Reagan, Presidente dos Estados Unidos da América entre 1981 a 1989. Augusto Pinochet, Presidente do Chile entre 1973 a 1990.

Sobre a Constituição Federal de 1988, Leonardo Vizeu, em meio a larga lição sobre ordem econômica e monopólio, ensina que a intervenção do estado na ordem econômica é indireta como regra e, apenas excepcionalmente nas hipóteses lá previstas, seria direta. É fiscalizador, planejador e fomentador, conforme o artigo 174.[7] O estado regulador.

Diante de um novo contexto, o insucesso notório do estado empresário, centralizador da iniciativa econômica, que se protegia da competição internacional, ainda que bem sucedido em outros momentos históricos, impedia o país de se expandir economicamente e enfrentar uma economia global.[8]

A saída do estado intervencionista de atividades constitucionalmente destinadas à iniciativa privada, à livre iniciativa, diluiria monopólios e estimularia a eficiência pela competição. O estado passaria então a se dedicar às funções típicas, serviços básicos de promoção da cidadania e manutenção do equilíbrio entre os atores da sociedade, criando assim um ambiente saudável de desenvolvimento, eficiência, competição e transparência. E ainda, passar-se-ia pela busca do saneamento das contas públicas, a ser gerido com responsabilidade fiscal.

A Lei nº 9.491/97 prevê a possibilidade de desestatização de: (1) empresas, inclusive instituições financeiras, controladas direta ou indiretamente pela União, instituídas por lei ou ato do Poder Executivo; (2) empresas criadas pelo setor privado e que, por qualquer motivo, passaram ao controle direto ou indireto da União; (3) serviços públicos objeto de concessão, permissão ou autorização; (4) instituições financeiras públicas estaduais que tenham tido as ações de seu capital social desapropriadas, na forma do Decreto-lei nº 2.321, de 25 de fevereiro de 1987; e (5) bens móveis e imóveis da União.[9]

---

[7] FIGUEIREDO, Leonardo Vizeu. A Questão do Monopólio na Constituição da República Federativa do Brasil. Revista da AGU – Advocacia-Geral da União. Ano VIII – n. 21 – p. 233-265 – Brasília-DF, jul./set. 2009. Trimestral.

[8] Não se discorre aqui sobre o papel centralizador do estado em outros ciclos econômicos, por exemplo, durante as eras de Getúlio Vargas, do Plano de Metas de Juscelino Kubitschek, ou do *milagre econômico* do regime militar.

[9] Entre várias, exceções foram prescritas para controle acionário da Petróleo Brasileiro S.A. – Petrobrás (Art. 2º, §2º), o Banco do Brasil S.A., a Caixa Econômica Federal, e a empresas públicas ou sociedades de economia mista que exerçam atividades de competência exclusiva da União, de que tratam os incisos XI (serviços de telecomunicações) e XXIII (serviços e instalações nucleares de qualquer natureza e pesquisa, lavra, enriquecimento e

Instituído pela lei, o Conselho Nacional de Desestatização (CND), subordinado ao Presidente da República, órgão de decisão superior, é formado por Ministros do Desenvolvimento, Indústria e Comércio Exterior; o Chefe da Casa Civil da Presidência da República; da Fazenda; do Planejamento, Orçamento e Gestão e demais Ministros nos casos de desestatização de empresas e serviços vinculados à pasta, e ainda Presidente do Banco Central do Brasil, quando se tratar de desestatização de instituições financeiras. E representante do Banco Nacional de Desenvolvimento Econômico e Social (BNDES), o gestor do Fundo Nacional de Desestatização (FND).

São exemplos conhecidos do programa de desestatização o aumento da produção mineral e a exportações da Companhia Vale do Rio Doce (Vale), após sua privatização, ainda que se com controle estatal, através do BNDES Participações, fundos de pensão de estatais, etc. Em 1997, a privatização da Telebrás criou condições para a expansão da infraestrutura de telecomunicações, multiplicando o número de linhas telefônicas, ainda que se registre rápida evolução tecnológica do setor. Entretanto, as condições estruturais, regulatórias e a presença de agentes econômicos privados foram as forças motrizes desse avanço. Em 1998 foi aprovada a lei que flexibilizou o monopólio do petróleo pela União, que o exercia através da Petrobrás, e criando a Agência Nacional de Petróleo. A evolução da produção do petróleo teria sido resultado da competição inaugurada no setor. A privatização de parte de bancos estatais significou saneamento de uma enorme via de saída de recursos públicos, a fundo perdido. Enorme parcela da irresponsabilidade

---

reprocessamento, industrialização e comércio de minérios nucleares e seus derivados) do art. 21 e a alínea "c" do inciso I do art. 159 (programas de financiamento ao setor produtivo das Regiões Norte, Nordeste e Centro-Oeste) e o art. 177 (pesquisa e a lavra das jazidas de petróleo e gás natural e outros hidrocarbonetos fluidos; refinação do petróleo nacional ou estrangeiro; importação e exportação dos produtos e derivados básicos resultantes das atividades acima previstas; transporte marítimo do petróleo bruto de origem nacional ou de derivados básicos de petróleo produzidos no País, bem assim o transporte, por meio de conduto, de petróleo bruto, seus derivados e gás natural de qualquer origem; pesquisa, a lavra, o enriquecimento, o reprocessamento, a industrialização e o comércio de minérios e minerais nucleares e seus derivados, com exceção dos radioisótopos cuja produção, comercialização e utilização poderão ser autorizadas sob regime de permissão) da Constituição Federal, não se aplicando a vedação às participações acionárias detidas pelas entidades mencionadas, desde que não incida restrição legal à alienação das referidas participações (Art. 3º).

fiscal provinha da utilização de bancos estaduais para financiamento de déficits públicos, em grande parte despesas de custeio, gerando a necessidade de repetidos programas de resgate por parte do Banco Central a fim de proteger depositantes.

Em outra frente das propostas de racionalização, a Lei de Responsabilidade Fiscal[10] foi outro marco legislativo resultante do Consenso de Washington, instrumental para fazer com que União, Estados e Municípios contivessem os gastos públicos para dentro do limite da arrecadação, além de prever limites de endividamento público, cuja trajetória se alteraria após sua edição, e estaria intimamente relacionada às privatizações dos bancos estaduais e a reestruturação das dívidas de Estados e Municípios.

A desestatização, aliada ao regime cambial, à política monetária baseada em regime de metas de inflação e na responsabilidade fiscal foram fundamentos da estabilidade econômica e da reinserção competitiva na economia global.

Entretanto, o grande desafio que se apresenta adiante é fomentar um ambiente de competição. As estatais, ineficientes por inúmeras razões, com seus prejuízos, pressionavam os déficits fiscais dos governos, principal foco da idiossincrasia macroeconômica. Os recursos do orçamento, limitados, não estavam sendo suficientemente canalizados para fins de investimento e serviços, mas destinados a cobrir seguidos prejuízos. Neste aspecto, deixaram de drenar os recursos limitados do estado.

A privatização de setores antes monopólios estatais gerou receitas, ágios na arrematação nos processos licitatórios, criando uma fonte momentânea e considerável de recursos, e ainda eliminando os prejuízos que consumiam recursos do orçamento. No entanto, pode não produzir, necessariamente, a competição desejada quando do momento da exploração da atividade, tornando limitados seus pretendidos efeitos. Necessária a adequada regulação que fomente a melhora da qualidade, a proteção do livre mercado e do consumidor, a geração de receitas, e o aumento da eficiência exigida em ambiente de competição.

---

[10] Lei Complementar nº 101, de 4 de maio de 2000. Estabelece normas de finanças públicas voltadas para a responsabilidade na gestão fiscal e dá outras providências. Disponível em: <http://www.planalto.gov.br/ccivil_03/leis/LCP/Lcp101.htm>.

Assim, os recursos orçamentários devem ser destinados a atividades fundamentais do estado. E não devem subsidiar atividades econômicas estatizadas e ineficientes, que geram prejuízos e drenam a capacidade de investimento e prestação adequada de serviços em áreas fundamentais. Em 1998, a reforma administrativa inseriu no texto constitucional[11] a ideia da administração pública gerencial, orientada por resultados, pela eficiência, para o adequado atendimento do cidadão com qualidade, conforme Bresser Pereira.[12] Se era indesejável retornar ao estágio patrimonialista do estado mínimo liberal,[13] eram necessárias reformas institucionais que alterassem a estratificada autorreferência do estado burocrático, que tende a se mover em direção a justificar a própria existência, destino de grande parte do orçamento, sem que se atinja o destinatário do serviço. Assim, instâncias de controle social, de participação da sociedade civil organizada, permitiram o aperfeiçoamento da *accountability* na gestão pública, da melhora na governança. A reforma do estado é a reforma, tanto do sistema jurídico formado pela Constituição Federal e pelo conjunto legal, como do aparelho do estado nas três esferas, que é o sistema burocrático.

---

[11] Emenda Constitucional 19, de 04 de junho de 1998. Modifica o regime e dispõe sobre princípios e normas da Administração Pública, servidores e agentes políticos, controle de despesas e finanças públicas e custeio de atividades a cargo do Distrito Federal, e dá outras providências. Disponível em: <http://www.planalto.gov.br/ccivil_03/constituicao/emendas/emc/emc19.htm>.

[12] BRASIL. Plano Diretor da Reforma do Aparelho do Estado. Brasília, 1995. Presidência da República. Câmara da Reforma do Estado. Câmara da Reforma do Estado. Presidente: Clóvis Carvalho – Ministro Chefe da Casa Civil. Membros: Luiz Carlos Bresser Pereira – Ministro da Administração Federal e Reforma do Estado Paulo Paiva – Ministro do Trabalho Pedro Malan – Ministro da Fazenda José Serra – Ministro do Planejamento e Orçamento Gen. Benedito Onofre Bezerra Leonel – Ministro Chefe do Estado Maior das Forças Armadas. Disponível em: <http://www.bresserpereira.org.br/Documents/MARE/PlanoDiretor/planodiretor.pdf>. Acesso em: 03 nov. 2016.

[13] No plano administrativo, a administração pública burocrática surgiu no século passado conjuntamente com o Estado liberal, exatamente como uma forma de defender a coisa pública contra o patrimonialismo. Na medida, porém, que o Estado assumia a responsabilidade pela defesa dos direitos sociais e crescia em dimensão, foi-se percebendo que os custos dessa defesa podiam ser mais altos que os benefícios do controle. Por isso, neste século as práticas burocráticas vêm sendo substituídas por um novo tipo de administração: a administração gerencial. Plano Diretor da Reforma do Aparelho do Estado. Brasília, 1995. Disponível em: <http://www.bresserpereira.org.br/Documents/MARE/PlanoDiretor/planodiretor.pdf>. Acesso em: 3 nov. 2016.

Neste contexto, as agências reguladoras foram idealizadas com autonomia, para atuarem na regulação e na fiscalização de setores da economia, na maioria dos casos em setores em que houve desestatização, para que ambiente de investimentos atrativo, com segurança jurídica, através de marcos regulatórios técnicos e não interferência ou intervencionismo político. De inspiração americana, o modelo brasileiro ainda tem graus maiores e menores, entre avanços e retrocessos, nos quesitos de autonomia, segurança jurídica, perfil técnico decisório, não interferência política, ou não captura pelos agentes do setor regulado, explica Flávia Tavares (2010).[14]

E, na própria estrutura da Advocacia-Geral da União se verificou uma falta de coordenação entre os órgãos jurídicos na administração direta e os diversos órgãos jurídicos na administração indireta, bem como descoordenação destes entre si. Em busca de racionalidade e eficiência, houve a criação de carreira única de estrutura nacional e com grande capilaridade que, agora como órgão da AGU, representasse e prestasse consultoria e assessoria jurídicas a todos os entes da administração indireta, lembra Marcelo de Siqueira,[15] trazendo também à instituição a independência necessária para realizar uma advocacia de estado, ao trabalhar pela viabilização e defesa das políticas públicas.

2 Advocacia Pública e Advocacia-Geral da União: Função essencial à justiça e Advocacia de Estado

A Advocacia Pública está inserida na Constituição Federal no Título IV (Da Organização dos Poderes), dividido em quatro capítulos: I) Do Poder Legislativo; II) Do Poder Executivo; III) Do

---

[14] TAVARES, Flávia Oliveira. Artigo. Publicações da Escola da AGU – Pós Graduação em Direito Público – UnB: coletânea de artigos/Coordenação de Jefferson Carús Guedes, Juliana Sahione Mayrink Neiva. Brasília: Advocacia-Geral da União, 2010. (Série Publicações da Escola da AGU, 1) Novos Desafios das Agências reguladoras: a manutenção de sua autonomia. p. 123.

[15] FREITAS, Marcelo de Siqueira. A Procuradoria-Geral Federal e a Defesa das Políticas e do Interesse Públicos a Cargo da Administração Indireta. Revista da AGU – Advocacia-Geral da União. Ano VII – n. 17 – p. 9-24 – Brasília-DF, jul./set. 2008. Trimestral.

Poder Judiciário; IV) Das Funções Essenciais à Justiça. Na Seção II desse último capítulo, estão advocacia pública, defensoria pública e ministério público.[16]

A Advocacia-Geral da União representa, judicial e extrajudicialmente, a União, o que envolve todos os poderes, além de prestar consultoria e assessoramento jurídico ao Poder Executivo Federal, inclusive a seus entes da administração indireta.

Atuam seus membros para a garantia da juridicidade das políticas públicas, de diferentes setores tais como as da saúde, da educação, da segurança pública, da previdência social, infraestrutura, energia, transportes, entre outras.

Da topografia constitucional, extrai-se que é imperiosa a separação entre a Advocacia Pública e o Poder Executivo. Assim como as demais Funções Essenciais à Justiça (Defensoria Pública e Ministério Público), a Advocacia Pública é instrumental essencial para que o Estado cumpra a função conferida pela Constituição Federal. E assim, tal como as demais funções essenciais à Justiça, não está incluída dentro de nenhum dos Poderes.

Aldemário Castro (2010) analisa que as Funções Essenciais à Justiça abrangem a advocacia num sentido teórico amplo, do setor privado e a do setor público, sendo esta formada pela advocacia do Estado (Advocacia Pública), dos necessitados (Defensoria Pública) e da sociedade (Ministério Público).[17]

Carlos Marden para explicitar o conceito de advocacia de estado:[18]

> Em oposição ao tradicional (e sedimentado) conceito de advocacia de governo. Efetivamente, partindo do senso comum, pode se ter a equivocada percepção de que a Advocacia Pública deveria ser uma advocacia de governo, servindo para defender os interesses dos

---

[16] BRASIL. Constituição da República Federativa do Brasil. Brasília-DF. 1988. Disponível em: <http://www.planalto.gov.br/ccivil_03/constituicao/constituicaocompilado.htm>.
[17] CASTRO, Aldemario Araújo. Advocacia de Estado *versus* Advocacia de Governo. 2010. Disponível em: <http://www.aldemario.adv.br/observa/advestadvgov.pdf>. Acesso em: 03 nov. 2016.
[18] COUTINHO, Carlos Marden Cabral. Advocacia Pública de Estado e Autonomia das Funções Essenciais à Justiça. Advocacia Pública Federal: afirmação como função essencial à justiça / organizadores: Aldemario Araujo Castro, Rommel Macedo – Brasília-DF: OAB, Conselho Federal, 2016. p. 83 – 98.

gestores de plantão. Tal concepção, porém, seria incompatível com o status constitucional da instituição, na medida em que uma advocacia de governo não apenas seria dispensável como muitas vezes seria até prejudicial à justiça. (MARDEN, 2016, p. 90).

Aldemario Castro (2010) refina seu ensinamento para esclarecer que o advogado público, em sua atividade contenciosa ou consultiva, está adstrito à legalidade em um sentido amplo (ou juridicidade). Defende a legalidade e a constitucionalidade da aplicação de políticas públicas e atos da administração que impugnados contenciosamente, reservando-se com razoabilidade e independência técnica quando reputá-los antijurídicos. Na consultoria prestada ao Poder Executivo, a constitucionalidade e a legalidade de políticas públicas e atos administrativos devem ser analisadas, havendo ainda um dever de indicar soluções de formatação destes que os afastem da antijuridicidade. "Esses são os traços mais salientes de uma advocacia de Estado." (CASTRO, 2010).[19]

Assim, é função institucional da Advocacia Pública viabilizar juridicamente as políticas públicas, e assim preservar a legalidade dos atos da administração, o patrimônio público, e combatendo a improbidade. Este o modelo constitucional de uma Advocacia de Estado.

A autonomia da Advocacia Pública, em relação ao Poder e Ente Federativo, impede que a instituição seja manipulada e subjugada pelo governo de plantão, descaracterizando sua feição constitucional e sua missão institucional. Seria dar ao governo do momento ou de plantão o controle da conveniência da respeitabilidade do texto constitucional e da legislação infralegal.[20]

Um programa de governo vencedor, eleito democraticamente, deve ser executado na sua inteireza, dentro das possibilidades econômicas, jurídicas e políticas.

---

[19] CASTRO, Aldemario Araújo. Advocacia de Estado *versus* Advocacia de Governo. 2010. Disponível em: <http://www.aldemario.adv.br/observa/advestadvgov.pdf>. Acesso em 03 nov. 2016.

[20] O art. 4º, inciso VIII, da Lei Complementar nº 73/93 prevê que ao Advogado-Geral da União cumpre "assistir o Presidente da República no controle interno da legalidade dos atos da Administração". Exemplos como a da Lei nº 8.666/93, que institui normas de licitações e contratos da Administração Pública, prescrevem a necessidade de prévia consulta e aprovação do órgão jurídico para determinados atos.

Cesar Kirsch (2016) discorre que a advocacia pública é responsável por subsidiar o governante com soluções jurídicas que normatizem, apliquem e executem o programa político que tenha sido escolhido pelo voto em eleições de um estado democrático de direito, bem como responsável por sua defesa judicial caso seja impugnado perante o Poder Judiciário.[21]

A atuação da Advocacia Pública não pode ser exercida como obstáculo ao cumprimento do programa de governo escolhido democraticamente. Entretanto, não pode ser, em qualquer hipótese, violadora da Constituição Federal e da missão constitucional que lhe foi conferida, uma vez que o governo eleito também está submetido aos princípios constitucionais e às leis, premissa do estado de direito.

Deve apresentar ao gestor as opções juridicamente viáveis e capazes de realizar a política pública, como também defendê-la em juízo, caso contestada. E ainda, indicar se necessário a antijuridicidade que se apresentar em decisões administrativas, aconselhando o gestor a adequá-las.

A Advocacia Pública, portanto, não faz parte do Poder Executivo, tendo merecido tratamento à parte na Constituição Federal, que a elencou como sendo uma das Funções Essenciais à Justiça. A interferência do Poder Executivo nas suas organização e estruturação é indevida, tal qual seria caso se imiscuísse no Ministério Público, na Defensoria Pública, no Poder Judiciário, ou no Poder Legislativo.

3 Autonomia da instituição e garantias dos membros

É de ser reservada à advocacia pública a autonomia administrativa, financeira e orçamentária para a definição de sua estrutura, gestão e orçamento, sem interferência externa que a impeça de cumprir seu dever constitucional de função essencial à justiça.

---

[21] KIRSCH, César do Vale. Advocacia Pública (de Estado) como função essencial à Justiça e parceira do Executivo na viabilização de políticas públicas. Advocacia Pública Federal: afirmação como função essencial à justiça / organizadores: Aldemario Araujo Castro, Rommel Macedo – Brasília: OAB, Conselho Federal, 2016 p. 125-157.

Nesse sentido, em trabalho brilhante, escreve Carlos Studart:[22]

> O constituinte originário, portanto, deixou de prever a advocacia Pública no Título III (da Organização do Estado), em que trata especificamente da Administração Pública, conferindo-lhe uma posição apartada, fora do auspício do Poder Executivo, do Poder Legislativo e do Poder judiciário, exatamente para que tenha condições de cumprir, com independência, sua função essencial. (PEREIRA, 2016, p. 105)

A autonomia necessária da Advocacia Pública, que é responsável pela análise prévia dos atos da administração pública, como método de controle interno de legalidade ou juridicidade, é incompatível com subordinação do órgão de assessoria e consultoria ao órgão gestor assessorado. Vanessa Rocha destaca:

> Assim, o máximo que se pode admitir é uma interpretação da Lei que conclua por uma vinculação meramente administrativa, para fins de responsabilidade pela manutenção de espaços físicos e insumos de apoio ao trabalho dos membros da AGU, ou seja, o máximo que se pode admitir é que a lei tenha previsto uma vinculação administrativa que obriga o Ministro de Estado ou dirigente máximo da autarquia/fundação pública a providenciar espaço físico, material de trabalho e apoio administrativo adequado ao trabalho da AGU naquele Ministério ou autarquia/fundação pública. Em outras palavras, a vinculação administrativa prevista pelo art. 11 da Lei Complementar n. 73 só pode significar uma obrigação dirigida aos Ministros de Estado e dirigentes máximos de Autarquias/Fundações Públicas, que ficam obrigados a guarnecer os órgãos de execução da AGU que lhe prestem serviços de consultoria e assessoramento jurídicos. (ROCHA, 2016, p. 412).[23]

Uma suposta vinculação administrativa de órgãos da AGU a ministérios ou agências, demais autarquias e fundações é inconsti-

---

[22] PEREIRA, Carlos André Studart. Das prerrogativas da advocacia pública. Advocacia Pública Federal: afirmação como função essencial à justiça / organizadores: Aldemario Araújo Castro, Rommel Macedo – Brasília: OAB, Conselho Federal, 2016 p. 99-124.

[23] ROCHA, Vanessa Affonso. Inconstitucionalidade e ilegalidade da vinculação hierárquica dos membros da Advocacia-Geral da União a Ministérios, Autarquias e Fundações Públicas pela via da ocupação de cargos comissionados. Advocacia Pública Federal: afirmação como função essencial à justiça / organizadores: Aldemario Araújo Castro, Rommel Macedo – Brasília: OAB, Conselho Federal, 2016 p. 409-429.

tucional tal qual os membros da AGU que atuam em consultorias jurídicas em ministérios, autarquias e fundações públicas ali atuam como membros de instituição que presta consultoria e assessoria, sem fazer parte ou subordinar-se hierarquicamente aos gestores da administração do executivo. Têm vinculação exclusiva à Advocacia-Geral da União e a seus órgãos.[24]

Sobre o papel republicano de agentes políticos, ensina Carlos Studart:

> A tese em comento não é nova e vem sendo defendida, dentre outros, por Reinaldo Moreira Bruno e Manolo Del Olmo, segundo os quais os membros da Advocacia-Geral da União, das Procuradorias dos Estados e do Distrito Federal são agentes políticos. Os referidos autores não são advogados públicos, fundamentando seu entendimento, com a isenção necessária, da seguinte forma: (...)
>
> Os advogados públicos, na condição de membro desse tipo de instituição, devem ser considerados agentes políticos, não para angariar privilégios, mas, sim, prerrogativas, garantindo à sociedade a preservação do erário e a defesa do interesse público. (STUDART, 2016, p. 105 et seq.)

Bruno e Del Olmo são oportunamente citados:

> Há dois motivos para considerar os referidos detentores de cargos como agentes políticos. O primeiro diz respeito à possibilidade de eles responderem pelos chamados crimes de responsabilidade. A Lei nº 1.079, de 10.4.1950, que define os crimes de responsabilidade e regula o respectivo processo de julgamento, inclui todos os mencionados no rol citado. [...] O segundo motivo diz respeito ao art. 39, § 4º, da CF, que engloba em um único segmento todos os agentes políticos a quem o legislador reformador resolveu atribuir a paga pecuniária denominada subsídio. (BRUNO; DEL OLMO, 2006 apud STUDART, 2016).[25]

---

[24] Vanessa Rocha ainda cita diversas hipóteses de incongruências no formato de nomeação de membro da AGU, que limitam a independência do membro e da instituição, tendo por exemplo aquelas decorrentes de ato exclusivo do respectivo Ministro de Estado ou dirigente autárquico/fundacional, para exercício da atividade advocatícia a esses órgãos, ocasionando conflito de interesses decorrente de uma nefasta vinculação hierárquica incompatível com o formato desenho constitucional da Advocacia Pública.

[25] PEREIRA, Carlos André Studart. Das prerrogativas da advocacia pública. Advocacia Pública Federal: afirmação como função essencial à justiça / organizadores: Aldemario Araujo Castro, Rommel Macedo – Brasília: OAB, Conselho Federal, 2016 p. 99-124.

Ao membro se reservam garantias como a exclusividade no exercício de suas atribuições por aprovados em concurso público, a independência técnica, a não responsabilização por descumprimento de decisões judiciais por gestores, e a não responsabilização por emissão de opinião jurídica.

As atividades típicas da advocacia pública, desenvolvidas constitucionalmente pela AGU, isto é, defesa, consultoria e assessoramento jurídicos a ministérios, autarquias e fundações públicas são exclusivas de membros da instituição concursados, com exceção do cargo de Advogado-Geral da União, que exige requisitos diversos como idade superior a 35 anos, notável saber jurídico e reputação ilibada.

A Proposta de Súmula Vinculante 18, no Supremo Tribunal Federal, dispõe que exercício de atividades advocatícias típicas conferidas constitucionalmente à AGU, só podem ser realizada por membros que tenha ingressado na instituição na forma do art. 131 da CF.

Ao tratar da exclusividade do exercício de atribuições por membros concursados, lembra Carlos Studart:

> (...) contratação de advogado de renome para a defesa de causa complexa, como tentou esboçar, em 1990, ou seja, logo no início da vigência da atual Constituição, a Suprema Corte, quando do julgamento da Pet 409-AgR11. Se a razão para tal fosse um causa considerada complexa, dever-se-ia também contratar um juiz específico para julgar, ou um promotor "terceirizado" para emitir o respectivo parecer. (...)
> É inimaginável uma pessoa estranha aos quadros da magistratura, do Ministério Público e até mesmo da Defensoria Pública assumir tais funções, ainda que excepcionalmente. (STUDART, 2016, p. 107).[26]

Sobre a garantia da independência técnica, é necessário ressaltar que não cabe ao advogado público defender intransigentemente atos ilegais da administração, sendo que nem ao Advogado-Geral da União esta intransigência se impõe quanto à obrigação do artigo 103, §3º, da Constituição Federal, de defender lei ou ato normativo que seja objeto de impugnação por ação direta de inconstitucionalidade, escreve Carlos Studart (2016). A prerrogativa não lhe dá, entretanto,

---

[26] PEREIRA, op. cit. p. .

poder de atuar em desconformidade com as leis vigentes, a Constituição Federal e seus princípios.[27]

Vanessa Rocha (2016) cita o artigo 6º do Estatuto da OAB que prescreve não haver hierarquia ou subordinação entre advogados, magistrados e membros do Ministério Público. Assim, a formação de sua opinião jurídica, sobre o fato e sua subsunção à norma, deve ser independente, de acordo com suas convicções jurídicas, não lhe podendo impor, outro advogado, entendimentos, restrições e interferências em sua produção processual e consultiva.[28] As uniformizações de entendimento da instituição devem ser encaradas como corolários da eficiência, inserta no art. 37 da Constituição Federal.

Já a garantia da não responsabilização por descumprimento de decisões judiciais decorre da lógica de que não se pode imputar a ninguém ato que deva ser praticado por outro, dentro de seu feixe de atribuições, ou seja, atos próprios de gestão pública, estranhos ao exercício da função de advocatícia. Neste sentido a Comissão da Advocacia Pública do Conselho Federal da Ordem dos Advogados do Brasil já editara súmula,[29] e o artigo 184 do Código de Processo Civil,[30] e o artigo 38, §2º, da Lei nº 13.327/2016,[31] ressalvando apenas casos de dolo ou fraude, já delimitaram tal responsabilidade.

---

[27] PEREIRA, op. cit. p.
[28] ROCHA, Vanessa Affonso. Inconstitucionalidade e ilegalidade da vinculação hierárquica dos membros da Advocacia-Geral da União a Ministérios, Autarquias e Fundações Públicas pela via da ocupação de cargos comissionados. Advocacia Pública Federal: afirmação como função essencial à justiça / organizadores: Aldemario Araujo Castro, Rommel Macedo – Brasília: OAB, Conselho Federal, 2016 p. 409-429.
[29] BRASIL. Ordem dos Advogados do Brasil. Conselho Federal. Comissão da Advocacia Pública. Súmula 6, da Comissão da Advocacia Pública, do Conselho Federal da Ordem dos Advogados do Brasil – Os Advogados Públicos são invioláveis no exercício da função, não sendo passíveis de responsabilização por suas opiniões técnicas, ressalvada a hipótese de dolo ou fraude. Disponível em: <http://www.oab.org.br/noticia/24762/conselho-federal-traca-diretriz-em-defesa-da-advocacia-publica>. Acesso em: 3 nov. 2016.
[30] BRASIL. Código de Processo Civil. Art. 184. O membro da Advocacia Pública será civil e regressivamente responsável quando agir com dolo ou fraude no exercício de suas funções. Disponível em: <https://www.planalto.gov.br/ccivil_03/_ato2015-2018/2015/lei/l13105.htm>. Acesso em: 3 nov. 2016.
[31] BRASIL. Lei nº 13.327/2016. Art. 38, §2º. No exercício de suas funções, os ocupantes dos cargos de que trata este Capítulo não serão responsabilizados, exceto pelos respectivos órgãos correicionais ou disciplinares, ressalvadas as hipóteses de dolo ou de fraude. Disponível em: <http://www.planalto.gov.br/ccivil_03/_ato2015-2018/2016/Lei/L13327.htm>. Acesso em: 3 nov. 2016.

4 Políticas públicas e a advocacia pública

São pressupostos da advocacia de estado a independência e a autonomia necessárias para a realização e a proteção da Constituição, sem a asfixia que lhe poderiam impor quaisquer dos Poderes.

Desenvolve-se uma advocacia de estado, saudável e cumpridora de seu papel constitucional, de função essencial à Justiça. É a Constituição Federal, manifestação máxima da soberania do povo, que permanece assim protegida e respeitada ao longo dos sucessivos governos, seja para impedir violações aos seus princípios, aos direitos fundamentais, ao patrimônio do estado e à probidade na administração, seja para promover e viabilizar as políticas públicas escolhidas em programa político eleito democraticamente.

Contribui também para a governabilidade, para a consecução deste programa dentro dos critérios de constitucionalidade, sobretudo, mediante o controle prévio dos atos administrativos, ao tempo em que trabalha pela viabilização dessas políticas públicas, evitando que o Estado venha a praticar os atos administrativos ilegais e inconstitucionais, que impediriam ou atrasariam sua consecução.

Neste sentido, ainda que diferentes programas de governo se apresentem a cada eleição, incluídos naqueles diferentes visões para o papel do estado no ambiente econômico, é certo que cabe à advocacia pública, à AGU em âmbito federal, viabilizá-los se de acordo com a ordem econômica constitucional.

Cesar Kirsch cita exemplos de política pública bem sucedida, com decisiva participação da AGU, na consultoria ao órgão criado para enfrentar a crise energética no Brasil em 2001, a Câmara de Gestão da Crise de Energia (CGCE), juntamente com técnicos de diferentes áreas, para elaboração dos atos normativos, especificamente a formatação jurídica de 6 (seis) Medidas Provisórias e de 88 (oitenta e oito) Resoluções da CGCE. A defesa dessa política pela AGU se deu em inúmeras ações ajuizadas país afora. Coube ainda, diante da controvérsia judicial relevante e do perigo à política, o ajuizamento de ação declaratória de constitucionalidade, a fim de dar cabo aos questionamentos difusos quanto à juridicidade da política, no Supremo Tribunal Federal.[32]

---

[32] KIRSCH, César do Vale. Advocacia Pública (de Estado) como função essencial à Justiça e parceira do Executivo na viabilização de políticas públicas. Advocacia Pública Federal:

Freitas Junior propõe, ou melhor, expõe a inexorável comunicação entre direito e economia,[33] segurança jurídica e otimização de resultados com recursos limitados, ainda que por consequência do processo histórico, sejam o estado normativo e a máquina estatal permeados pelo valor da busca da justiça social.

Propõe que num novo momento histórico permeado pela busca da eficiência, os atores da sociedade, inclusive o poder judiciário ao dizer o direito na lide concreta, devem se pautar pela justiça econômica de longo prazo, coletivista, e não para a promoção da justiça social individual, imediatista, no caso concreto, sob pena de perda do valor previsibilidade, da segurança jurídica de todo o sistema em caráter geral.

Ou seja, não poderia desprezar a norma geral para diferente decidir no caso individual, concreto. O interesse público de um ambiente de investimento atrativo, por sua estabilidade e previsibilidade, deve prevalecer sobre o interesse individual, deve prevalecer sobre uma larga e imprevisível margem de discricionariedade interpretativa.

A advocacia pública, a AGU em âmbito federal, deve fazer a defesa da aplicação eficiente da norma, da não concessão de interpretações que teleologicamente se afastem da eficiência sistêmica buscada no processo histórico. Exemplo bastante marcante é o da defesa pela AGU da impossibilidade jurídica da *desaposentação*,[34] com o que concordou o Supremo Tribunal Federal (STF), após anos sendo indevidamente concedida por magistrados de instâncias inferiores, com potencial de perdas bilionárias para o delicado equilíbrio atuarial e financeiro do sistema de seguridade social, este que é uma das questões centrais do reequilíbrio das contas públicas.[35]

Essa profusão de relativismos, casuísmos, benevolências conceituais, maximização da efetividade individual no meio judiciário mostra-se ambiente inidôneo e imprevisível para o desenvolvimento

---

afirmação como função essencial à justiça / organizadores: Aldemario Araújo Castro, Rommel Macedo – Brasília: OAB, Conselho Federal, 2016 p. 150 *et. seq.*

[33] FREITAS JUNIOR, Luís de. Riscos do Intervencionismo Judicial para a Segurança Jurídica e Efetividade da Economia. *Revista da AGU* – Advocacia-Geral da União. Ano VIII – n. 19 – p. 181-204 – Brasília-DF, jan./mar. 2009. Trimestral.

[34] A AGU. Disponível em: <http://www.agu.gov.br/page/content/detail/id_conteudo/465791>.

[35] O STF. Disponível em: <http://www.stf.jus.br/portal/cms/verNoticiaDetalhe.asp?idConteudo=328199>.

econômico, e tem servido para o não cumprimento de normas e de contratos, politizando e ideologizando a atividade jurisdicional, e ainda suprimindo atividade típica do poder legislativo.

Freitas Junior atentamente trata do item *risco judicial*, em seu artigo, e expõe que, a despeito de ser codificado, do sistema *civil law*, que representaria maior estabilidade e segurança, o sistema jurídico brasileiro tem suas normas reiteradamente ignoradas pelo próprio judiciário, de formação dogmática e desligada do mercado, tornando-se mais um item de custo e perda da competitividade do país.

Lembra Grace Mendonça que é uma das prioridades da atuação da AGU a concentração de esforços nos casos eleitos pelo Supremo Tribunal Federal como representativos da controvérsia com repercussão geral, bem como no caso de propostas de edição de súmulas vinculantes, dada a tendência de objetivação do controle difuso de constitucionalidade.[36]

5 Agências reguladoras: Controle de juridicidade pela AGU

Os órgãos da Advocacia-Geral da União AGU têm atribuição de consultoria e assessoramento do Poder Executivo, administração direta, bem como dos entes da administração indireta, tal como as agências reguladoras, conforme artigos 131 da Constituição Federal e 29 do Ato das Disposições Constitucionais Transitórias ADCT, lembra Leonardo Vizeu ao tratar do controle de juridicidade prévio.[37]

A aproximação com áreas finalísticas faz parte da administração dialógica, com os necessários aproximação e intercâmbio entre o conhecimento jurídico e as demais áreas do conhecimento, analisa Jorge Vieira Junior.[38] A título de exemplo, o necessário intercâmbio

---

[36] MENDONÇA, Grace Maria Fernandes. A Missão Institucional da Secretaria-geral de Contencioso e seus Reflexos na Defesa das Políticas e dos Interesses Públicos. Revista da AGU – Advocacia-Geral da União. Ano VIII – n. 21 – p. 9-34 – Brasília-DF, jul./set. 2009. Trimestral.

[37] FIGUEIREDO, Leonardo Vizeu. A evolução da Ordem Econômica no Direito Constitucional Brasileiro e o Papel das Agências Reguladoras. Revista da AGU – Advocacia-Geral da União. Ano V – n. 13 – p. 89-113 – Brasília-DF, ago. 2007. Quadrimestral.

[38] VIEIRA JUNIOR, Ronaldo Jorge Araújo. A Advocacia Pública Consultiva Federal e a Sustentabilidade Jurídico-Constitucional das Políticas Públicas: Dimensões, Obstáculos e

com a engenharia nos setores de energia elétrica (Agência Nacional de Energia Elétrica – ANEEL), telecomunicações (Agência Nacional de Telecomunicações – ANATEL), petróleo e combustíveis (Agência Nacional de Transportes Petróleo – ANP), entre outras.[39] Não se esquece, no entanto, que há outras autarquias, inclusive de setores da economia, que têm atribuição regulatória mas não são agências reguladoras, como o Banco Central do Brasil (BACEN), a Superintendência de Seguros Privados (SUSEP), o Conselho Administrativo de Defesa Econômica (CADE), ou a Comissão de Valores Mobiliários (CVM).

A título de exemplo, a Advocacia-Geral da União assegurou, em diferentes demandas judiciais, a não suspensão do leilão realizado para a construção da Usina Hidroelétrica Belo Monte no Pará, realizado pela Agência Nacional de Energia Elétrica (ANEEL),[40] em 2010. As demandas foram ajuizadas por Ministério Público, organizações não governamentais, e poderiam geram enorme prejuízo econômico com o atraso do empreendimento, atraso na expansão de produção e transmissão de energia, além de demonstrar instabilidade jurídica para o ambiente desejado de atração de investimentos, do qual depende o desenvolvimento do país. As liminares judiciais concedidas para a não realização do leilão foram cassadas após atuação dos órgãos da AGU, e outras foram cassadas após a concessão da licença de operação, em diferentes instâncias, inclusive no STF.[41]

No campo da infraestrutura rodoviária, representando a Agência Nacional de Transportes Terrestres (ANTT), em 2007, a AGU obteve em Porto Alegre, no mesmo dia do leilão em São Paulo, a cassação da liminar que impedia a concessão de trechos de rodovias federais à iniciativa privada. Os procuradores obtiveram a cassação no Tribunal Regional Federal (TRF) da 4ª Região, em

---

Oportunidades na atuação da Advocacia-Geral da União. Revista da AGU – Advocacia-Geral da União. Ano VIII – n. 19 – p. 9-40 – Brasília-DF, jan./mar. 2009. Trimestral.

[39] Outros exemplos: aviação e gestão aeroportuária (Agência Nacional de Aviação Civil – ANAC), malha e transportes (Agência Nacional de Transportes Terrestres – ANTT), portuário e transporte marítimo (Agência Nacional de Transportes Aquáticos – ANTAQ), bem como a sanitária (Agência Nacional de Vigilância Sanitária – ANVISA) nos setores farmacêuticos, alimentar, ou saúde suplementar (Agência Nacional de Saúde Suplementar – ANS), ou proteção e exploração de água (Agência Nacional de Águas – ANA). São setores da economia em que houve criação de agência reguladora.

[40] Disponível em: <http://www.agu.gov.br/page/content/detail/id_conteudo/145492>.

[41] Disponível em: <http://www.stf.jus.br/portal/cms/verNoticiaDetalhe.asp?idConteudo=216344>.

função da liminar ter sido deferida em 1ª instância por vara federal em Curitiba, no estado do Paraná.[42]

Representando a Agência Nacional do Petróleo, Gás Natural e Biocombustíveis (ANP) e a União, a AGU atuou em diversas ações e recursos judiciais que buscavam suspender ou cancelar a realização da sessão pública do primeiro leilão do Pré-Sal, Campo de Libra, na Bacia de Santos, em 2013. Trezentos advogados públicos federais foram escalados para sustentar a constitucionalidade e a legalidade do certame. Vinte e sete ações foram ajuizadas em todo país. O leilão se realizou na data prevista no edital.[43]

Representando a Agência Nacional de Transportes Aquáticos (ANTAQ), a AGU atuou para a realização, na data e na forma previstas, o leilão de terminais do Porto de Santos, Estado de São Paulo, entre outros, em 2015,[44] com base na Lei nº 12.815/2013, nova lei dos portos, que busca modernizar o setor portuário brasileiro, para mantê-lo competitivo e inseri-lo num ambiente de eficiência e responsabilidade ambiental.

Representando a Agencia Nacional de Aviação Civil (ANAC) e a União, a AGU evitou a suspensão do leilão do 1º lote de concessão de aeroportos em 2012: Viracopos, Cumbica e Brasília, marcado para alguns dias depois, com intercâmbio técnico entre os órgãos da administração como a Secretaria de Aviação Civil, a ANAC, e órgãos da AGU.[45] [46] A expansão dos aeroportos era política fundamental em um país que realizaria os dois maiores eventos esportivos mundiais nos anos seguintes. O edital exigia experiência prévia dos consórcios na gestão de aeroportos, item que foi um dos impugnados nas demandas.

São alguns exemplos de políticas públicas estratégicas do estado, relativas a somas vultosas de investimentos e enorme grau de complexidade técnica. Foram executadas de forma descentralizada através do modelo de agência reguladora, cujas elaborações contaram com intensa consultoria e assessoria jurídicas, e cuja defesa

---

[42] Disponível em: <http://oglobo.globo.com/economia/agu-cassa-liminar-vai-leiloar-todos-os-7-trechos-de-rodovias-federais-as-14h-4148915#ixzz4Og6jfvRm>.
[43] Disponível em: <http://www.agu.gov.br/page/content/detail/id_conteudo/258848>.
[44] Disponível em: <http://www.agu.gov.br/page/content/detail/id_conteudo/334573>.
[45] Disponível em: <http://www.agu.gov.br/page/content/detail/id_conteudo/172696>.
[46] Disponível em: <http://www.agu.gov.br/page/content/detail/id_conteudo/172731>.

em âmbito judicial se mostrou extremamente eficaz, por parte de órgãos da Advocacia-Geral da União.

Houve um inegável acréscimo de segurança jurídica, que passa a colaborar para a consolidação de um ambiente menos imprevisível, definitivamente mais atrativo para o investimento, e fundamental para o desenvolvimento econômico.

6 Considerações finais

Estas linhas tiveram por intento, de maneira bastante abreviada, somar informações aos trabalhos já existentes a respeito do papel estratégico da advocacia pública, sobretudo da Advocacia-Geral da União (AGU).

Diante dos sucessivos ciclos econômicos e das mudanças de prioridade nas infindáveis necessidades da sociedade, há um processo evolução histórica do papel estado, hoje pautado pela busca de eficiência, diante da limitação de recursos.

Assim, a Advocacia-Geral da União (AGU) deve, com independência e autonomia, e com compromisso constitucional, atuar para que o valor eficiência permeie as políticas públicas, cuja formação deve ser adequada para atingimento dos fins, sem incorrer em antijuridicidades que impeçam sua aplicação, e também através da defesa consistente dessas mesmas políticas em juízo. Exemplos de altíssimo investimento e enorme grau de complexidade técnica foram bem sucedidos e aqui mencionados.

Isso é elemento essencial para a criação de um ambiente econômico atrativo, mais previsível e com maior segurança jurídica, reduzindo-se assim os riscos e o custo do investimento, essencial para o desenvolvimento do país.

Referências

BRASIL. Advocacia-Geral derruba liminar que prejudicava licitação no Porto de Santos (SP). Disponível em: <http://www.agu.gov.br/page/content/detail/id_conteudo/334573>. Acesso em: 3 nov. 2016.

BRASIL. AGU assegura legalidade do leilão da hidrelétrica Belo Monte. Disponível em: <http://www.agu.gov.br/page/content/detail/id_conteudo/145492>. Acesso em: 3 nov. 2016.

BRASIL. AGU cassa liminar e vai leiloar todos os 7 trechos de rodovias federais às 14h. Disponível em: <http://oglobo.globo.com/economia/agu-cassa-liminar-vai-leiloar-todos-os-7-trechos-de-rodovias-federais-as-14h-4148915#ixzz4Og6jfvRm>. Acesso em: 3 nov. 2016.

BRASIL. AGU demonstra no Supremo a impossibilidade de desaposentação sem previsão legal. Disponível em: <http://www.agu.gov.br/page/content/detail/id_conteudo/465791>. Acesso em: 3 nov. 2016.

BRASIL. AGU impede suspensão de leilão para concessão da ampliação, manutenção e exploração dos Aeroportos Internacionais de Brasília/DF, Campinas/SP (Viracopos) e Guarulhos/SP, marcado para 06.02.2012. Disponível em: <http://www.agu.gov.br/page/content/detail/id_conteudo/172731>. Acesso em: 3 nov. 2016.

BRASIL. AGU relata sucesso no plantão relativo ao leilão de Libra. Disponível em: <http://www.agu.gov.br/page/content/detail/id_conteudo/258848>. Acesso em: 3 nov. 2016.

BRASIL. Atuação da AGU assegura leilão de concessão dos aeroportos de Guarulhos, Campinas e Brasília. Disponível em: <http://www.agu.gov.br/page/content/detail/id_conteudo/172696>. Acesso em: 3 nov. 2016.

BRASIL. Belo Monte: ministro Ayres Britto defere liminar requerida pela AGU. Disponível em: <http://www.stf.jus.br/portal/cms/verNoticiaDetalhe.asp?idConteudo=216344>. Acesso em: 3 nov. 2016.

BRASIL. Código de Processo Civil. Lei nº 13.105, de 16 de março de 2015. Disponível em: <https://www.planalto.gov.br/ccivil_03/_ato2015-2018/2015/lei/l13105.htm>. Acesso em: 3 nov. 2016.

BRASIL. Constituição da República Federativa do Brasil. Emenda Constitucional 19, de 04 de junho de 1998. Modifica o regime e dispõe sobre princípios e normas da Administração Pública, servidores e agentes políticos, controle de despesas e finanças públicas e custeio de atividades a cargo do Distrito Federal, e dá outras providências. Disponível em: < http://www.planalto.gov.br/ccivil_03/constituicao/emendas/emc/emc19.htm>. Acesso em: 3 nov. 2016.

BRASIL. Lei nº 9.491, de 9 de setembro de 1997. Altera procedimentos relativos ao Programa Nacional de Desestatização, revoga a Lei n° 8.031, de 12 de abril de 1990, e dá outras providências. Disponível em: <http://www.planalto.gov.br/ccivil_03/leis/L9491.htm>. Acesso em: 3 nov. 2016.

BRASIL. Lei nº 13.327 de 29 de Julho de 2016. Disponível em: <http://www.planalto.gov.br/ccivil_03/_ato2015-2018/2016/Lei/L13327.htm>. Acesso em: 3 nov. 2016.

BRASIL. Ordem dos Advogados do Brasil. Conselho Federal. Comissão da Advocacia Pública. Súmulas. Disponível em: <http://www.oab.org.br/noticia/24762/conselho-federal-traca-diretriz-em-defesa-da-advocacia-publica>. Acesso em: 3 nov. 2016.

BRASIL. Plano Diretor da Reforma do Aparelho do Estado. Brasília, 1995. Presidência da República. Câmara da Reforma do Estado. Câmara da Reforma do Estado. Presidente: Clóvis Carvalho – Ministro Chefe da Casa Civil. Membros: Luiz Carlos Bresser Pereira – Ministro da Administração Federal e Reforma do Estado Paulo Paiva – Ministro do Trabalho Pedro Malan – Ministro da Fazenda José Serra – Ministro do Planejamento e Orçamento Gen. Benedito Onofre Bezerra Leonel – Ministro Chefe do Estado Maior das Forças Armadas. Disponível em: <http://www.bresserpereira.org.br/Documents/MARE/PlanoDiretor/planodiretor.pdf>. Acesso em: 03 nov. 2016.

BRASIL. STF considera inviável recálculo de aposentadoria por desaposentação sem previsão em lei. Disponível em: <http://www.stf.jus.br/portal/cms/verNoticiaDetalhe.asp?idConteudo=328199>. Acesso em: 3 nov. 2016.

CASTRO, Aldemario Araújo. Advocacia de Estado versus Advocacia de Governo. Disponível em: <http://www.aldemario.adv.br/observa/advestadvgov.pdf>. Acesso em: 03 nov. 2016.

COUTINHO, Carlos Marden Cabral. Advocacia Pública de Estado e Autonomia das Funções Essenciais à Justiça. Advocacia Pública Federal: afirmação como função essencial à justiça / organizadores: Aldemario Araújo Castro, Rommel Macedo – p. 83–98. Brasília-DF: OAB, Conselho Federal, 2016.

DALLARI, Dalmo de Abreu. *Elementos de Teoria Geral do Estado*. 31. ed.. p. 22 *et seq*. São Paulo: Saraiva, 2012.

FIGUEIREDO, Leonardo Vizeu. A evolução da Ordem Econômica no Direito Constitucional Brasileiro e o Papel das Agências Reguladoras. *Revista da AGU* – Advocacia-Geral da União. Ano V – n. 13 – p. 89-113. Brasília-DF, ago. 2007. Quadrimestral.

_____. A Questão do Monopólio na Constituição da República Federativa do Brasil. *Revista da AGU* – Advocacia-Geral da União. Ano VIII – n. 21 – p. 233-265. Brasília-DF, jul./set. 2009. Trimestral.

FREITAS, Marcelo de Siqueira. A Procuradoria-Geral Federal e a Defesa das Políticas e do Interesse Públicos a Cargo da Administração Indireta. Revista da AGU – Advocacia-Geral da União. Ano VII – n. 17 – p. 9-24. Brasília-DF, jul./set. 2008. Trimestral.

FREITAS JUNIOR, Luís de. Riscos do Intervencionismo Judicial para a Segurança Jurídica e Efetividade da Economia. *Revista da AGU* – Advocacia-Geral da União. Ano VIII –n. 19 – p. 181-204 – Brasília-DF, jan./mar. 2009. Trimestral.

KIRSCH, César do Vale. Advocacia Pública (de Estado) como função essencial à Justiça e parceira do Executivo na viabilização de políticas públicas. Advocacia Pública Federal: afirmação como função essencial à justiça / organizadores: Aldemario Araújo Castro, Rommel Macedo – p. 125-157. Brasília: OAB, Conselho Federal, 2016.

MENDONÇA, Grace Maria Fernandes. A Missão Institucional da Secretaria-geral de Contencioso e seus Reflexos na Defesa das Políticas e dos Interesses Públicos. *Revista da AGU* – Advocacia-Geral da União. Ano VIII – n. 21 – p. 9-34. Brasília-DF, jul./set. 2009. Trimestral.

MOREIRA NETO, Diogo de Figueiredo. O novo papel do Estado na economia. In: *Revista de Direito Público da Economia*, nº 11, Julho/Setembro de 2005 – p. 102 *et seq*. Belo Horizonte: Fórum.

PEREIRA, Carlos André Studart. Das prerrogativas da advocacia pública. Advocacia Pública Federal: afirmação como função essencial à justiça / organizadores: Aldemario Araújo Castro, Rommel Macedo – p. 99-124. Brasília: OAB, Conselho Federal, 2016.

ROCHA, Vanessa Affonso. Inconstitucionalidade e ilegalidade da vinculação hierárquica dos membros da Advocacia-Geral da União a Ministérios, Autarquias e Fundações Públicas pela via da ocupação de cargos comissionados. Advocacia Pública Federal: afirmação como função essencial à justiça / organizadores: Aldemario Araújo Castro, Rommel Macedo – p. 409-430. Brasília: OAB, Conselho Federal, 2016.

SILVA, José Afonso da. *Mutações Constitucionais. Poder Constituinte e Poder Popular* (estudos sobre a constituição). São Paulo: Malheiros. 2007.

TAVARES, Flávia Oliveira. Novos Desafios das Agências reguladoras: a manutenção de sua autonomia. Publicações da Escola da AGU – Pós Graduação em Direito Público – UnB: coletânea de artigos/Coordenação de Jefferson Carús Guedes, Juliana Sahione Mayrink Neiva. p. 121-145. Brasília-DF: Advocacia-Geral da União, 2010. (Série Publicações da Escola da AGU, 1).

VIEIRA JUNIOR, Ronaldo Jorge Araújo. A Advocacia Pública Consultiva Federal e a Sustentabilidade Jurídico-Constitucional das Políticas Públicas: Dimensões, Obstáculos e Oportunidades na atuação da Advocacia-Geral da União. *Revista da AGU* – Advocacia-Geral da União. Ano VIII – n. 19 – p. 9-40. Brasília-DF, jan./mar. 2009. Trimestral.

VIOLA, Ricardo Rocha. Breve análise acerca do PND – Programa Nacional de Desestatização. In: Âmbito Jurídico, Rio Grande, XIV, n. 94, nov. 2011. Disponível em: <http://www.ambito-juridico.com.br/site/index.php/%3C?n_link=revista_artigos_leitura&artigo_id=10630&revista_caderno=27>. Acesso em: 03 nov. 2016.

Informação bibliográfica deste texto, conforme a NBR 6023:2002 da Associação Brasileira de Normas Técnicas (ABNT):

MUNAKATA, Flávio Mitsuyoshi. A Advocacia-Geral da União (AGU) e o papel do Estado na Economia. In: MOURÃO, Carlos Figueiredo; HIROSE, Regina Tamami (Coord.). *Advocacia pública contemporânea*: desafios da defesa do Estado. Belo Horizonte: Fórum, 2019. p. 79-104. ISBN 978-85-450-0578-0..

A ADVOCACIA PÚBLICA E O APERFEIÇOAMENTO NORMATIVO DO ESTADO DEMOCRÁTICO DE DIREITO BRASILEIRO [1]

Derly Barreto e Silva Filho

1 Introdução

Dados estatísticos do Supremo Tribunal Federal (STF) revelam que, das ações diretas de inconstitucionalidade efetivamente conhecidas desde 5 de outubro 1988, data da promulgação da atual Constituição Federal, mais de 60% delas foram julgadas *total ou parcialmente procedentes*.[2] Ainda que não abranja todos os atos normativos editados pela União e pelos Estados, o número impressiona e preocupa ao apontar para a *baixa qualidade técnica* (material e formal) dos textos normativos brasileiros.

No contexto europeu, de acordo com o Relatório Mandelkern, elaborado pelo Grupo de Alto Nível para a Melhoria da Qualidade Legislativa constituído pela Comissão Europeia, estima-se que a carga legislativa represente entre 2% e 5% do PIB – Produto Interno Bruto. Outrossim, aqui como alhures, sabe-se que um *ato normativo de qualidade* evita que os cidadãos, as administrações públicas e as empresas fiquem submetidos a encargos inúteis, que representam tempo e dinheiro, e confere maior segurança jurídica às relações sociais.[3]

---

[1] O presente texto corresponde, com acréscimos doutrinários e atualizações legislativas, à tese intitulada "A Advocacia Pública e o Aperfeiçoamento Normativo do Estado Democrático de Direito", apresentada e aprovada no XL Congresso Nacional dos Procuradores dos Estados e do Distrito Federal.

[2] Fonte: Portal de Informações Gerenciais do Supremo Tribunal Federal. Disponível em: <http://www.stf.jus.br/portal/cms/verTexto.asp?servico=estatistica&pagina=adi>. Acesso em: 29 out. 2016.

[3] *Legislação: Cadernos de Ciência de Legislação*, nº 29, p. 13 e 14.

No Brasil, ainda é bastante incipiente a preocupação com a qualidade das leis e dos atos normativos no âmbito do Poder Executivo.

A propósito, José Joaquim Gomes Canotilho,[4] em tom crítico, menciona a "profunda insatisfação sentida perante a unilateralidade dogmática da *metodologia tradicional* que se compreende ou autocompreende exclusivamente como ciência da aplicação do direito (...) e não também como ciência da normação jurídica". E adverte:

> As consequências metodológicas e práticas desta perspectiva têm sido postas em relevo nos últimos tempos. Por um lado, obrigam a dogmática e a metódica jurídicas a concentrar-se na «fase pós-natal do Direito» (...) e a excluir dos interesses científicos dos juristas a «fase pré-natal», ou seja, os momentos genéticos das normas.
>
> Daqui resulta a curiosa situação, vinda já do século XIX, de cada vez mais os juristas e politólogos lidarem com problemas de legislação sem que, no mínimo, lhes seja fornecida qualquer preparação técnica e crítica quanto ao objeto central do seu trabalho quotidiano".[5]

Mais adiante, arremata sua crítica: "No plano da formação dos juristas, a ciência do direito compreendida como «ciência de aplicação» conduziu aos resultados postos incisivamente em relevo por Pestalozza: 'As Universidades têm produzido até aqui aplicadores do direito (...), mas não «fazedores» do direito (...)'".[6]

A *produção jurídica* constitui, pois, terreno tremendamente fértil e auspicioso para atuação institucional da Advocacia Pública do século XXI, que pode e deve conduzir a uma mudança de paradigma na função desempenhada pelos Advogados Públicos: de *intérpretes* a *partícipes da elaboração* de leis e atos normativos qualitativamente bons e melhor ajustados aos estalões de juridicidade.

A presente investigação objetiva demonstrar que a efetiva participação da Advocacia Pública no processo de formação das normas jurídicas sob o prisma técnico pode constituir notável fator de aperfeiçoamento do Estado Democrático de Direito brasileiro.

---

[4] Relatório sobre programa, conteúdos e métodos de um curso de teoria da legislação, p. 407 e 408.
[5] Relatório sobre programa, conteúdos e métodos de um curso de teoria da legislação, p. 408.
[6] Relatório sobre programa, conteúdos e métodos de um curso de teoria da legislação, p. 409.

2 A função legislativa do Poder Executivo no estado social: A lei como instrumento de Governo

É cediço que, no Estado Liberal, as funções exercidas pelo Poder Público limitavam-se a de guarda-noturno, a de garantia da propriedade e da liberdade individuais, tal como professadas pela burguesia. A atividade administrativa estava contida em limites estreitos e o Estado devia respeitar os direitos individuais, que se consideravam, a princípio, independentes da administração estatal e cujas relações com ela eram relativamente escassas.[7]

O quadro altera-se com a crescente intervenção do Estado nos mais variados âmbitos da vida social, que faz com que as suas funções se ampliem e se intensifiquem, e se altere a posição dos cidadãos em face da sua atividade. Esclarece Angel Latorre[8]: "A administração realiza hoje uma actividade *configuradora* da ordem social. Não é só protectora duma ordem estabelecida, mas cumpre uma tarefa de prestação de serviços ao cidadão, o qual se encontra cada vez mais numa relação de dependência para com ela. A administração invade progressivamente os mais variados aspectos da vida, e poucos são os campos de relações jurídicas em que hoje não surja, e com carácter decisivo, uma dimensão administrativa".

No Estado Social, o Poder Público estende o seu campo de atuação para alterar a realidade social e resolver os problemas decorrentes do abuso das liberdades individuais no plano das relações econômicas, causa das profundas desigualdades sociais. À medida que a sociedade exige respostas prontas e rápidas para questões particularizadas e custosas, as competências dos Poderes do Estado realinham-se paulatinamente.

Além dos direitos individuais clássicos, o Poder Público passa a promover a tutela de bens e direitos de relevo social, como saúde, moradia, educação, trabalho, previdência, transporte, interferindo no domínio privado, instituindo limitações à liberdade e propriedade individuais, avocando e orientando atividades antes deixadas ao inteiro talante da livre iniciativa.

---

[7] Neste sentido, Angel Latorre, *Introdução ao direito*, p. 223 e 224
[8] *Introdução ao direito*, p. 223 e 224

Deparando-se com todas essas incumbências, o Estado transforma-se em um agente de prestações positivas em favor do indivíduo e da coletividade, obrigado a decisões prontas e tecnicamente complexas. Naturalmente, o pêndulo dessa nova ordem político-jurídica inclina-se para o Poder Executivo. O Estado, outrora legislativo e distante, converte-se em um Estado administrativo, que presta serviços, executa obras públicas, fiscaliza operações bancárias, emite e resgata títulos da dívida pública, cria instituições de fomento, realiza investimentos e financiamentos, explora e monopoliza atividades econômicas, contrata serviços, nacionaliza indústrias, cria empresas, regula o exercício de profissões, reprime o abuso do poder econômico, combate endemias, executa ações de vigilância sanitária.

É bem verdade que as profusas intervenções do Estado-administrador não prescindem de um substrato normativo. Entretanto, observa Fernanda Dias Menezes de Almeida,[9] as leis oriundas do Poder Legislativo nem sempre se revelam os instrumentos adequados para dar conta das necessidades legislativas do Estado-providência. Os Parlamentos, por sua vez, nem sempre conseguem, a tempo e hora, gerar as leis que os governos reclamam, que os grupos de pressão solicitam, pois as normas que tradicionalmente pautam o seu trabalho dão ensejo a delongas e oportunidade a manobras e retardamentos.[10]

Ao lado das normas jurídicas gerais e abstratas, de intenção duradoura, ganham importância, no Estado Social, regulações que se destinam à modificação, muitas vezes urgente, de situações concretas.[11] Trata-se de medidas que decorrem das exigências da sociedade pluralista e tecnológica que o Parlamento representa.

Essas circunstâncias, a par de outras,[12] levaram ao rompimento do monopólio da atividade legiferante pelo Legislativo, com

---

[9] *Imunidades parlamentares*, p. 44.
[10] Neste sentido, FERREIRA FILHO, Manoel Gonçalves. *Do processo legislativo*, p. 14.
[11] ZIPPELIUS, Reinhold. *Teoria geral do Estado*, p. 396.
[12] Segundo Themistocles Brandão Cavalcanti, o desempenho da atividade parlamentar é também afetado pela falta de conhecimentos técnicos por parte dos parlamentares. Afirma o autor: "A experiência moderna, com o acréscimo da intervenção do Estado em todos os setores, pela exigência de uma multiplicação do poder normativo torna o Poder Legislativo de todo ineficaz para realizar toda a sua tarefa, principalmente quando se trata de matéria técnica que escapa aos conhecimentos da média dos elementos que o integram" (*Teoria do Estado*, p. 301).

o correlato deslocamento do centro de gravitação político-jurídica para o Executivo. Governar, professa Boris Mirkine-Guetzévitch,[13] "não é somente «executar» ou aplicar as leis; governar é dar impulso à vida pública, tomar as iniciativas, preparar as leis".O Parlamento não perde o seu poder de legislar; compartilha-o com o Executivo, tecnicamente mais apto a expedir as regulações com a prontidão esperada.

A coparticipação do Legislativo e Executivo na função política opera-se em consideração às características estruturais, processuais e de legitimação destes órgãos. Bem explica Nuno Piçarra, *in verbis*: "a imediata legitimidade democrática do parlamento complementa-se com a «dianteira» de informação e de «margem de manobra» sobre a administração pública por parte do governo, e a adequada prossecução da função política no Estado de Direito democrático tanto requer um órgão cuja estrutura, legitimação e procedimento permitam o confronto entre as decisões políticas tomadas no seu exercício e as alternativas mais representativas a estas, como o parlamento, como requer um órgão cuja estrutura, legitimação e procedimento possibilitem decisões e actuações rápidas, para poderem ser eficazes, como o governo".[14]

Com a intervenção do Estado na economia, a lei tende cada vez mais a se transformar em um *instrumento de governo*, circunstância que resultará na perda de seus clássicos atributos de *norma* e na sua transmudação em *medida de ação*. O conceito de lei – comando normativo estatal emanado do Poder Legislativo e dotado dos predicados de *generalidade*, a *abstração* e a *permanência* – não mais se amolda à sociedade complexa contemporânea, que exige do Estado medidas concretas, tópicas, de duração limitada. Veem-se, hoje, lado a lado, as leis-garantia e as leis-instrumento. Na síntese de Cristina Queiroz, "é hoje usual afirmar-se que se governa não só segundo as leis, e no limite das leis, mas ainda *através* das leis".[15]

---

[13] *Evolução constitucional europeia*, p. 33. Para René Capitant, citado por Boris Mirkine-Guetzévitch, "governar não é mais agir no quadro das leis existentes, governar é dirigir essa própria legislação, governar, em uma palavra, é legislar..." (*idem, ibidem*).

[14] *A separação dos poderes como doutrina e princípio constitucional: contributo para o estudo das suas origens e evolução*, p. 252.

[15] *O Parlamento como factor de decisão política*, p. 72.

A iniciativa das leis, a delegação legislativa e os poderes de veto e de edição de atos com força de lei outorgados ao Executivo são exemplos de institutos que efetivaram esse consórcio funcional. Apesar da incontestável revitalização do Parlamento brasileiro – que foi contemplado, em número consideravelmente maior, com competências que interferem nas atividades estatais tipicamente administrativas do Estado –,[16] permaneceram incólumes, na Constituição de 1988, muitas das *competências legislativas atípicas* que o regime autoritário anterior havia atribuído ao Poder Executivo.

Na ordem constitucional vigente, o Executivo inter-relaciona-se com o Legislativo e interfere em suas atividades

---

[16] Atualmente, o Poder Legislativo inter-relaciona-se com o Poder Executivo, e assim o controla, quando, por exemplo: 1) susta os atos normativos do Poder Executivo que exorbitem do poder regulamentar ou dos limites da delegação legislativa (art. 49, V); 2) fixa os subsídios do Presidente e do Vice-Presidente da República e dos Ministros de Estado (art. 49, VIII); 3) julga, anualmente, as contas prestadas pelo Presidente da República e aprecia os relatórios sobre a execução dos planos de governo (art. 49, IX); examina e emite pareceres sobre os projetos de lei relativos ao plano plurianual, às diretrizes orçamentárias, ao orçamento anual e aos créditos adicionais, e também sobre as contas apresentadas anualmente pelo Presidente da República (art. 166, § 1º, I); examina e emite parecer sobre os planos e programas nacionais, regionais e setoriais e exerce o acompanhamento e a fiscalização orçamentária (art. 166, § 1º, II); 4) fiscaliza e controla, diretamente, ou por qualquer de suas Casas, os atos do Poder Executivo, incluídos os da administração indireta (art. 49, X); 5) convoca Ministro de Estado ou quaisquer titulares de órgãos diretamente subordinados à Presidência da República para prestarem, pessoalmente, informações sobre assunto previamente determinado (art. 50, *caput*); 6) procede à tomada de contas do Presidente da República, quando não apresentadas ao Congresso Nacional dentro de sessenta dias após a abertura da sessão legislativa (art. 51, II); 7) aprova previamente, por voto secreto, após arguição pública, a escolha de magistrados, Ministros do Tribunal de Contas da União indicados pelo Presidente da República, Governador de Território, Presidente e Diretores do Banco Central, Procurador-Geral da República e titulares de outros cargos que a lei determinar (art. 52, III, *a a f*); 8) aprova previamente, por voto secreto, após arguição em sessão secreta, a escolha dos chefes de missão diplomática de caráter permanente (art. 52, IV); 9) convoca, por intermédio de suas comissões, Ministros de Estado para prestar informações sobre assuntos inerentes a suas atribuições e solicita depoimento de qualquer autoridade (art. 58, §2º, III e V); 10) recebe, por meio de suas comissões, petições, reclamações, representações ou queixas de qualquer pessoa contra atos ou omissões das autoridade ou entidades públicas (art. 58, §2º, IV); 11) as comissões parlamentares apreciam programas de obras, planos nacionais, regionais e setoriais de desenvolvimento e sobre eles emite parecer (art. 58, §2º, VI); 12) cria comissões parlamentares de inquérito, com poderes de investigação próprios das autoridades judiciais, para a apuração de fato determinado e por prazo certo (art. 58, §3º); e 13) exerce, mediante controle externo, a fiscalização contábil, financeira, orçamentária, operacional e patrimonial da União e das entidades da administração direta e indireta, quanto à legalidade, legitimidade, economicidade, aplicação das subvenções e renúncia de receitas (art. 70, *caput*).

típicas quando, por exemplo, o Presidente da República: 1) convoca extraordinariamente o Congresso Nacional (art. 57, §6º, II); 2) propõe emenda à Constituição (art. 60, II); 3) elabora leis delegadas (art. 68); 4) inicia o processo legislativo (art. 84, III), muitas vezes privativamente (art. 61, §1º);[17] 5) solicita urgência para apreciação de projetos de sua iniciativa (art. 64, §1º); 6) sanciona, promulga e faz publicar as leis, bem como expede decretos e regulamentos para sua fiel execução (art. 84, IV); 7) veta projetos de lei, total ou parcialmente (art. 84, V); 8) dispõe, mediante decreto, sobre organização e funcionamento da administração federal, quando não implicar aumento de despesa nem criação ou extinção de órgãos públicos, e extinção de funções ou cargos públicos, quando vagos (art. 84, VI, *a* e *b*); e 9) edita medidas provisórias com força de lei (art. 84, XXVI). E, além dessas previsões, o Poder Executivo inter-relaciona-se com o Poder Legislativo por meio do comparecimento dos Ministros de Estado ao Senado Federal, à Câmara dos Deputados ou a qualquer de suas comissões, por sua iniciativa e mediante entendimentos com a Mesa respectiva, para expor assunto de relevância de seu Ministério (art. 50, §1º).

Esse arranjo orgânico-funcional, como se verá, repercute intensamente nas atribuições que o Estado Democrático de Direito brasileiro reserva à Advocacia Pública, principalmente no tocante à consultoria jurídica e ao assessoramento técnico-legislativo do Poder Executivo «legislador».

---

[17] O art. 61, §1º, prescreve que são de *iniciativa privativa* do Presidente da República as leis que: I – fixem ou modifiquem os efetivos das Forças Armadas; II – disponham sobre: a) criação de cargos, funções ou empregos públicos, na administração direta e autárquica ou aumento de sua remuneração; b) organização administrativa e judiciária, matéria tributária e orçamentária, serviços públicos e pessoal da administração dos Territórios; c) servidores públicos da União e Territórios, seu regime jurídico, provimento de cargos, estabilidade e aposentadoria; d) organização do Ministério Público e da Defensoria Pública da União, bem como normas gerais para a organização do Ministério Público e da Defensoria Pública dos Estados, do Distrito Federal e dos Territórios; e) criação e extinção de Ministérios e órgãos da administração pública, observado o disposto no art. 84, VI (que prescreve que cabe privativamente ao Presidente da República dispor, mediante decreto, sobre: a) organização e funcionamento da administração federal, quando não implicar aumento de despesa nem criação ou extinção de órgãos públicos; b) extinção de funções ou cargos públicos, quando vagos); e f) militares das Forças Armadas, seu regime jurídico, provimento de cargos, promoções, estabilidade, remuneração, reforma e transferência para a reserva.

3 A consultoria e o assessoramento técnico-legislativo a cargo da Advocacia Pública

Cabe à Advocacia Pública, por meio de suas consultorias e assessorias, orientar, dar suporte e coadjuvar o Poder Executivo no desempenho eficaz das várias competências legislativas atípicas que lhe foram constitucionalmente conferidas (cf. arts. 131 e 132 da Constituição Federal).

Trata-se de atribuição que extrapola os tradicionais limites internos da Administração Pública em sentido estrito, para se projetar para além das "pessoas jurídicas, órgãos e agentes públicos que exercem a função administrativa" e da atividade administrativa exercida por estes entes,[18] *alcançando*, reflexamente, *toda a sociedade*.

Em que pese essa relevante atribuição constitucional, a atuação da Advocacia Pública, no campo da produção jurídica, ainda não revelou todas as suas potencialidades.

À guisa de exemplo, hoje, no Estado de São Paulo, os anteprojetos de lei e as minutas de decreto em matéria tributária são analisados pela Procuradoria de Assuntos Tributários, órgão integrante da Procuradoria-Geral do Estado,[19] somente quando solicitado pelo Secretário da Fazenda ou determinado pelo Procurador-Geral. Ou seja, é a conveniência política e não o rigor jurídico que propende a falar mais alto nessa seara, circunstância preocupante, porquanto, como referido em outro espaço,[20] sabe-se que as políticas públicas tributárias são normalmente concebidas em círculo fechado de especialistas e autoridades, sem publicidade, obedecendo fundamentalmente a diretrizes estabelecidas pelo próprio Governo e carecendo de controles jurídicos prévios de adequação constitucional e legal e de avaliações de impacto normativo. Possuem, na dicção de Sérgio de Azevedo e Marcus André Melo, certa invisibilidade: "As questões tributárias são produzidas em uma arena decisória

---

[18] São esses dois elementos que compõem, segundo Maria Sylvia Zanella Di Pietro, o conceito de Administração Pública em sentido estrito (*Direito Administrativo*, p. 88).
[19] Cf. art. 43, II, da Lei Complementar nº 1.270, de 25 de agosto de 2015.
[20] SILVA FILHO, Derly Barreto e. A Advocacia Pública e o controle de juridicidade das políticas públicas. In: *Revista da Procuradoria-Geral do Estado de São Paulo*, p. 91 e 92.

caracterizada por especificidades importantes. Em primeiro lugar, malgrado sua importância mais ampla na economia e na sociedade, as políticas na área tributária, em contraste com as decisões relativas ao gasto público, possuem uma certa invisibilidade (...) para os atores sociais. B. Guy Peters, um dos poucos cientistas políticos a estudar sistematicamente a questão, apontou com perspicácia que o mesmo volume de benefícios que teriam grande visibilidade numa autorização de gasto poderia muito facilmente passar despercebido na legislação tributária (...). A relativa «invisibilidade», e incerteza quanto aos impactos, da renúncia fiscal e dos impostos indiretos (...) constituem um incentivo para que os atores políticos e elites burocráticas escolham esses mecanismos em lugar de instrumentos que produzem maior conflito".[21] Ainda na síntese dos autores, "trata-se de uma arena onde predominam decisões de grande complexidade, cujas tecnicalidades só são acessíveis a especialistas".[22]

Se, por meio de políticas públicas, são concebidas pré-disposições que, no decurso de sua progressiva realização, poderão vir a prejudicar as pessoas, essas pré-disposições podem tornar-se tanto mais irreversíveis quanto mais progride a sua execução, de modo que é fundamental assegurar que, *desde a sua concepção*, elas se amoldem à ordem jurídica e não apenas às diretrizes governamentais e sua presumida «bondade».

As políticas públicas tributárias envolvem, entre outros aspectos, vultosos benefícios, incentivos e renúncias fiscais, que somente se justificam se, observados os parâmetros e atendidos os requisitos previstos na Constituição e nas leis, atender ao interesse público e houver um comprovado proveito social. Deve existir, pois, um rígido controle jurídico dessas políticas, a fim de que não haja desvirtuamentos nem favorecimentos indevidos.

É certo que a Advocacia Pública deve colaborar com a função de governo. Também é assente que os Advogados Públicos não

---

[21] A Política da Reforma Tributária: Federalismo e Mudança Constitucional. In: *Revista Brasileira de Ciências Sociais*, São Paulo, v. 12, n. 35, out. 1997. Disponível em: <http://www.scielo.br/pdf/rbcsoc/v12n35/35melo.pdf>. Acesso em: 29 out. 2016.
[22] A Política da Reforma Tributária: Federalismo e Mudança Constitucional. In: *Revista Brasileira de Ciências Sociais*, São Paulo, v. 12, n. 35, out. 1997. Disponível em: <http://www.scielo.br/pdf/rbcsoc/v12n35/35melo.pdf>. Acesso em: 29 out. 2016.

detêm nem exercitam juízos de conveniência e oportunidade, que são, por mandato constitucional expresso, da alçada exclusiva dos governantes. Assim, cabe aos consultores jurídicos e assessores técnico-legislativos tão somente viabilizar, *na medida do juridicamente possível*, as políticas públicas, apontando alternativas, quando cabíveis.

Para o bom desempenho dessa tarefa, é de extrema importância a estreita interlocução dos órgãos de Advocacia Pública com as autoridades, os técnicos e os formuladores de políticas públicas *em áreas juridicamente sensíveis*, como saúde, educação, segurança pública, tributação, finanças, orçamento, serviços públicos, organização administrativa e contratos, ainda na fase genética de projetos, com o objetivo de capacitar e qualificar os Advogados Públicos, com o aporte intelectual e com as informações necessárias, para poderem exercer as funções de consultoria e assessoria jurídicas com a máxima proficiência.

Nada pior do que uma «instituição satélite», cujos membros, responsáveis pela orientação jurídica do Estado, mantêm-se (ou são mantidos) alheios ao que se passa em seu derredor. Nada mais incompreensível do que um advogado que não dialoga com o seu cliente, não conheça a sua causa e não reúna condições para bem desempenhar o seu múnus.

No estágio de formulação das políticas públicas que serão veiculadas por leis e atos normativos é que os órgãos de Advocacia Pública ponderam acerca da viabilidade e compatibilidade jurídica da proposição normativa com a Constituição e o ordenamento infraconstitucional, escrutínio que não deve adstringir-se a meras verificações formais (*v.g.*, a questões ortográficas, gramaticais e sintáticas), como bem explica César do Vale Kirsch, ao tratar do papel da Advocacia-Geral da União no âmbito das políticas públicas federais:

> Na fase de formulação de políticas públicas é que se dá, efetivamente, o início das análises, estudos e debates acerca dos pontos existentes sobre o problema proposto. Os aspectos sociais, econômicos, políticos e jurídicos são discutidos, a fim de se encontrar diretrizes e coordenadas adequadas, necessárias e seguras, para se resolver a questão ora abordada. Valores, princípios e leis são considerados nessa etapa. Igualdade, liberdade, moralidade e democracia são fatores que têm de ser examinados no processo de discussão.

É nessa etapa do processo de política pública que o membro da AGU terá perfeitas condições de analisar os caminhos jurídicos, que a política ora debatida poderá tomar, para que seja implementada de forma segura e eficiente. Fará o exame da compatibilidade do programa político com a Constituição e as demais normas vigentes, bem como com os princípios e valores do Estado Democrático de Direito. Dessa forma, poderá prever determinadas situações jurídicas, eventualmente comprometedoras do sucesso do plano em debate, indicando, por conseguinte, os caminhos jurídicos mais seguros, para o governante ter maior facilidade e mais opções de escolha na sua tomada de decisão, evitando-se, assim, possíveis atritos sociais na implantação da política pública debatida" [23]

Por isso, isto é, para que tenha possibilidade de colaborar mais efetivamente na tarefa de aperfeiçoamento das normas produzidas e editadas pelo Estado, a atuação da Advocacia Pública, no campo da produção jurídica, deve, realmente, ser incrementada.

Cumpre, pois, conhecer, brevemente, à guisa de ilustração, três diferentes modelos de assessoramento técnico-legislativo do Estado e as principais normas que regem a sua atuação. O primeiro, paulista, apega-se mais à concepção formal dos atos normativos; o último, mineiro, à sua substância, sem descuidar de seus aspectos formais. O modelo federal transita entre os dois extremos, embora seja tendencialmente mais formalista.

3.1 O assessoramento técnico-legislativo no Estado de São Paulo

No Estado de São Paulo, o Decreto-lei nº 17.252, editado em 29 de maio de 1947, criou a Assessoria Técnico-Legislativa (ATL) com as seguintes atribuições: 1) dar redação final aos projetos de lei de iniciativa do Governador e preparar as respectivas mensagens; 2) acompanhar, como órgão informativo do Governo, a discussão dos projetos de leis; 3) fundamentar o veto dos projetos de leis

---

[23] Advocacia-Geral da União e Poder Executivo Federal: parceria indispensável para o sucesso das políticas públicas. In: *Revista de Direito da Associação dos Procuradores do Novo Estado do Rio de Janeiro*, p. 80 e 81.

aprovados pela Assembleia Legislativa; 4) elaborar os anteprojetos de consolidação das disposições legais vigentes; 5) incumbir-se de quaisquer outros trabalhos determinados pelo Governador, inclusive a divulgação dos atos legislativos do Estado; 6) funcionar como órgão consultivo do Governo em assuntos que se refiram ao serviço civil; e 7) opinar sobre assuntos relativos a organização e funcionamento dos serviços públicos (cf. art. 2º, *a* a *g*, da Lei nº 74, de 21 de fevereiro de 1948).[24]

Segundo o registro de Oswaldo Müller da Silva, então Assessor-Chefe da ATL, "em março de 1947, no início da execução do programa do Governo Adhemar de Barros, o Sr. Professor Miguel Reale, então Secretário da Justiça, representava sobre a necessidade da criação de um serviço a que ficariam atribuídos, entre outros encargos, o preparo do expediente de encaminhamento dos projetos de lei de iniciativa do Poder Executivo e a elaboração de exposição de motivos e mensagens para assinatura do Chefe do Governo".[25]

A função de assessoramento técnico-legislativo que cabia à ATL paulista, na seara da produção normativa, adstringia-se, fundamentalmente, à nomografia, isto é, à redação de leis, especificamente na fase de *finalização* dos respectivos projetos, mas não na de ideação legislativa.

Hoje, as tarefas cometidas à ATL não diferem substancialmente daquelas previstas há quase 70 (setenta) anos.

Constitucionalmente, lastreiam-se no disposto no art. 99, V, da Constituição do Estado de São Paulo, promulgada em 5 de outubro de 1989, que estabelece, dentre as funções institucionais da Procuradoria-Geral do Estado, a de "prestar assessoramento jurídico e técnico-legislativo ao Governador do Estado".

De acordo com o art. 9º, II, da Lei Complementar nº 1.270, de 25 de agosto de 2015, a ATL atualmente integra o Gabinete do Procurador-Geral do Estado e responde pelo "assessoramento

---

[24] A Lei nº 74, de 21 de fevereiro de 1948, além de alterar as competências da ATL, determinou a sua subordinação diretamente ao Governador do Estado – e não mais ao Gabinete do Secretário da Justiça e Negócios do Interior.

[25] *Arquivos da Assessoria Técnico-Legislativa: trabalhos elaborados nos anos de 1947, 1948 e 1949*, p. 5.

jurídico ao exercício das funções legislativas e normativas que a Constituição do Estado outorga ao Governador". Segundo os arts. 19 do Decreto Estadual nº 61.038, de 1 de janeiro de 2015, e 18 do Decreto Estadual nº 62.105, de 13 de julho de 2016, compete-lhe: a) assessorar o Governador no exercício das funções legislativas que a Constituição Estadual lhe outorga; b) elaborar pareceres técnicos e jurídicos; c) examinar anteprojetos de leis originários das Secretarias de Estado e de outros órgãos e entidades da Administração; d) elaborar anteprojetos de leis determinados pelo Governador e pelo Secretário-Chefe da Casa Civil; e) fundamentar os vetos do Governador a projetos de leis; f) estudar projetos de leis em andamento.[26]

---

[26] Até a revogação parcial tácita do art. 19 do Decreto Estadual nº 61.038, de 1º de janeiro de 2015, pelo art. 18 do Decreto Estadual nº 62.105, de 13 de julho de 2016, à ATL competia: I – assessorar o Governador no exercício das funções legislativas que a Constituição Estadual lhe outorga, bem como acompanhar a tramitação de todas as proposições legislativas; II – elaborar a mensagem governamental ao Poder Legislativo, nos termos do art. 47, X, da Constituição do Estado, que prescreve que compete privativamente ao Governador, além de outras atribuições previstas nesta Constituição, apresentar à Assembleia Legislativa, na sua sessão inaugural, mensagem sobre a situação do Estado, solicitando medidas de interesse do Governo; III – assessorar na prestação de informações à Assembleia Legislativa, em função de indicações e requerimentos; IV – elaborar pareceres técnicos e jurídicos; V – examinar anteprojetos de leis originários das Secretarias de Estado e de outros órgãos e entidades da Administração; VI – elaborar anteprojetos de leis determinados pelo Governador e pelo Secretário-Chefe da Casa Civil; VII – redigir mensagens à Assembleia Legislativa; VIII – fundamentar os vetos do Governador a projetos de leis; IX – acompanhar os trabalhos legislativos, bem como estudar projetos de leis em andamento; X – adotar as providências necessárias à manutenção, na parte da Constituição e de leis, do Sistema de Legislação Estadual implantado na Internet. Com a edição do Decreto nº 62.105, de 13 de julho de 2016, parte dessas competências foi trespassada para a Assessoria Técnica da Casa Civil, que agora responde pelas seguintes atribuições: I – assessorar o Secretário-Chefe da Casa Civil e o Secretário Adjunto no desempenho de suas funções; II – dar suporte técnico-administrativo ao Governador no exercício das funções legislativas que lhe são outorgadas pela Constituição do Estado; III – elaborar a Mensagem Governamental ao Poder Legislativo, nos termos do art. 47, X, da Constituição do Estado; IV – acompanhar os trabalhos legislativos, em especial a tramitação das proposições; V – assessorar na prestação de informações à Assembleia Legislativa por autoridades do Poder Executivo, referentes aos requerimentos formulados com base no art. 20, XVI, da Constituição do Estado; VI – receber os anteprojetos de leis originários das Secretarias de Estado e de outros órgãos e entidades da Administração e providenciar o encaminhamento, para exame, à Assessoria Técnico-Legislativa, da Procuradoria-Geral do Estado; VII – adotar as providências necessárias para: a) encaminhamento das Mensagens do Governador à Assembleia Legislativa; b) obtenção das referendas de Secretários de Estado nas leis publicadas; c) manutenção do Sistema de Legislação Estadual implantado na Internet, com relação à Constituição do Estado e às leis estaduais; VIII – preparar e encaminhar, para publicação no Diário Oficial do Estado, as leis sancionadas pelo Governador; IX – preparar resoluções do Secretário-Chefe da Casa Civil.

3.2 O assessoramento técnico-legislativo na União

No âmbito da União, compete à Casa Civil da Presidência da República: I – examinar a constitucionalidade, a legalidade, o mérito, a oportunidade e a conveniência política das propostas de projeto de ato normativo; II – decidir sobre a ampla divulgação de texto básico de projeto de ato normativo de especial significado político ou social, até mesmo por meio da Rede Mundial de Computadores ou mediante a realização de audiência pública, tudo com o objetivo de receber sugestões de órgãos, entidades ou pessoas; III – supervisionar a elaboração dos projetos de atos normativos e, no tocante à iniciativa do Poder Executivo, solicitar a participação dos órgãos competentes nos casos de: a) declaração de inconstitucionalidade, pelo Supremo Tribunal Federal, em ação direta de inconstitucionalidade por omissão; e b) deferimento de mandado de injunção pelo Supremo Tribunal Federal; IV – na hipótese de regulamentação exigida por lei, instar os Ministérios e os órgãos da estrutura da Presidência da República ao cumprimento dessa determinação; e V – zelar pela fiel observância dos preceitos deste Decreto, podendo devolver aos órgãos de origem os atos em desacordo com as suas normas (cf. art. 34, I a V, do Decreto nº 4.176, de 28 de março de 2002).[27]

Conforme o art. 36 do referido decreto, compete à Subchefia para Assuntos Jurídicos da Casa Civil emitir parecer final sobre a constitucionalidade e legalidade dos projetos de ato normativo, observadas as atribuições do *Advogado-Geral da União* previstas no art. 4º da Lei Complementar nº 73, de 10 de fevereiro de 1993 (Lei Orgânica da Advocacia-Geral da União).[28]

O art. 37 do aludido decreto federal determina, ainda, que as propostas de projetos de ato normativo serão encaminhadas à Casa Civil

---

[27] O Decreto nº 4.176, de 28 de março de 2002, foi editado a fim de regulamentar a Lei Complementar nº 95, de 26 de fevereiro de 1998, que dispõe sobre a elaboração, a redação, a alteração e a consolidação das leis, conforme determina o parágrafo único do art. 59 da Constituição Federal, e estabelece normas para a consolidação dos atos normativos que menciona.

[28] O art. 4º da Lei Complementar nº 73/90 basicamente enumera as atribuições do Advogado-Geral da União.

por meio eletrônico, com observância do disposto no Anexo I,[29] mediante exposição de motivos do titular do órgão proponente, à qual se anexarão: I – as notas explicativas e justificativas da proposição, em consonância com o Anexo II;[30] II – o projeto do ato normativo; e III – o parecer conclusivo sobre a constitucionalidade, a legalidade e a regularidade formal do ato normativo proposto, elaborado pela *Consultoria Jurídica* ou pelo *órgão de assessoramento jurídico* do proponente. As *Consultorias Jurídicas* dos Ministérios, preceitua o §4º do referido dispositivo, manterão permanente interlocução com a *Consultoria-Geral da União* na elaboração de projetos de atos normativos, inclusive enviando-lhe cópia dos projetos encaminhados à Casa Civil.

Na apreciação de projetos de lei enviados pelo Congresso Nacional ao Presidente da República para sanção, compete à Secretaria de Assuntos Parlamentares da Secretaria-Geral da Presidência da República solicitar aos Ministérios e aos demais órgãos da Administração Pública Federal as informações que julgar convenientes, para instruir o exame do projeto (cf. art. 52, *caput*, do Decreto nº 4.176). De acordo com o §4º do mesmo dispositivo, referida secretaria deverá encaminhar à *Advocacia-Geral da União* cópia dos projetos de lei referidos.

Quando se tratar de projeto de lei processual, as manifestações da *Advocacia-Geral da União* serão obrigatórias (cf. art. 15).

Relativamente às controvérsias existentes sobre a constitucionalidade ou a revogação tácita de dispositivos legais objeto de consolidação, o citado decreto federal determina a sua submissão à *Advocacia-Geral da União* (cf. art. 49).

Por fim, o §6º do art. 53 do diploma regulamentador federal dispõe que será obrigatória a participação da *Advocacia-Geral da União*

---

[29] O Anexo I arrola as questões que devem ser analisadas na elaboração de atos normativos no âmbito do Poder Executivo. Por exemplo: deve ser tomada alguma providência? Quais as alternativas disponíveis? Deve a União tomar alguma providência? Deve ser proposta edição de lei?

[30] O Anexo II enuncia os elementos que as justificativas da proposição devem conter, quais sejam: 1) a síntese do problema ou da situação que reclama providências; 2) as soluções e providências contidas no ato normativo ou na medida proposta; 3) as alternativas existentes às medidas propostas; 4) os custos; 5) as razões que justificam a urgência (a ser preenchido somente se o ato proposto for medida provisória ou projeto de lei que deva tramitar em regime de urgência); 6) o impacto sobre o meio ambiente (sempre que o ato ou medida proposta possa vir a tê-lo); 7) as alterações propostas; e 8) a síntese do parecer do órgão jurídico.

nas delegações, comissões, comitês ou grupos de trabalho criados com a finalidade de elaborar sugestões ou propostas de atos normativos da competência ou iniciativa do Presidente da República.

3.3 O assessoramento técnico-legislativo no Estado de Minas Gerais

No Estado de Minas Gerais, a Lei Delegada nº 180, de 20 de janeiro de 2011, dispõe sobre a estrutura orgânica da Administração Pública do Poder Executivo.

Em seu art. 85, cuida da estrutura orgânica básica da Secretaria de Estado de Casa Civil e de Relações Institucionais e prevê, no inciso VII, a Assessoria Técnico-Legislativa (ATL) e seus cinco núcleos, quais sejam: a) Núcleo de Legística; b) Núcleo de Elaboração e Análise de Documentos Legislativos; c) Núcleo de Apoio ao Controle Prévio de Constitucionalidade de Projetos e Proposições; d) Núcleo de Apoio ao Poder Regulamentar; e e) Núcleo de Documentação Legislativa.

No decreto regulamentar da referida lei delegada (Decreto nº 45.682, de 9 de agosto de 2011), encontram-se previstas, especificamente, as competências e a organização da ATL (cf. arts. 12 a 18).

Compete à ATL mineira: I – fornecer subsídios à elaboração de projetos de lei, de decretos e demais atos normativos de competência do Poder Executivo; II – preparar a redação final de atos normativos primários e regulamentares de iniciativa do Governador; III – preparar as proposições de lei para sanção do Governador; IV – elaborar as razões de veto a proposições de lei; V – elaborar as mensagens a serem encaminhadas à Assembleia Legislativa do Estado de Minas Gerais (ALMG): a) que acompanham os projetos de lei; e b) que contém as razões de veto a proposições de lei; VI – preparar estudo técnico-jurídico sobre matéria objeto de atos normativos de interesse do Poder Executivo; VII – contribuir para a análise das propostas de edição de texto normativo encaminhadas ao Governador; VIII – articular com órgãos e entidades interessados na elaboração e apreciação jurídica de atos normativos regulamentares de iniciativa ou de interesse do Poder Executivo, de acordo com as diretrizes fixadas pela direção superior da Secretaria de Estado de

Casa Civil e de Relações Institucionais (SECCRI); IX – promover a articulação com a *Advocacia-Geral do Estado* (AGE) e a ALMG em assuntos relativos à sua área de atuação, segundo as diretrizes estabelecidas pela direção superior da SECCRI; e X – oferecer informações ao Gabinete da SECCRI no acompanhamento dos requerimentos formulados pela ALMG ao Poder Executivo com fundamento no art. 54 da Constituição do Estado (cf. art. 12, I a X).

Organicamente, a ATL possui seis núcleos. São eles: 1) Núcleo de Apoio Administrativo, que tem por finalidade desenvolver as atividades de suporte técnico e administrativo à ATL, mediante atividades de protocolo, controle de prazos de publicação de atos normativos ou regulamentares, redação de ofícios e arquivamento de documentos (cf. art. 13, *caput*); 2) Núcleo de Legística, responsável por finalidade desenvolver métodos e procedimentos voltados ao aprimoramento dos atos normativos de iniciativa do Poder Executivo;[31] 3) Núcleo de Elaboração e Análise de Documentos Legislativos, incumbido de prestar assessoramento na elaboração de atos normativos de interesse do Poder Executivo;[32] 4) Núcleo de Apoio ao Controle Prévio de Constitucionalidade de Projetos e Proposições, que a quem compete proceder à análise prévia de constitucionalidade e legalidade dos atos normativos regulamentares de iniciativa do Poder Executivo;[33] 5) Núcleo de Apoio ao Poder

---

[31] Compete-lhe: I – promover e disseminar estudos técnicos de legística; II – propor diretrizes e padrões para a elaboração de atos normativos no âmbito do Poder Executivo; III – identificar experiências e difundir boas práticas relacionadas à elaboração de atos normativos; IV – participar de discussão com os órgãos e entidades afetos ao futuro ato normativo; V – apoiar o Gabinete da SECCRI na incorporação de inovações para o aprimoramento da elaboração e tramitação dos atos normativos; VI – criar metodologia para avaliação de impacto de atos normativos específicos; e VII – exercer atividades correlatas, em processo colaborativo com os demais Núcleos, atendidas as diretrizes da Chefia da ATL (cf. art. 14, I a VII).

[32] Compete-lhe: I – realizar análise técnico-jurídica de anteprojetos de lei propostos ao Governador; II – preparar a redação final de anteprojetos de leis de iniciativa do Governador e elaborar as respectivas mensagens a serem encaminhadas à ALMG; III – preparar as razões de veto a proposições de lei; IV – articular-se com o Núcleo de Acompanhamento da Tramitação Legislativa visando à realização de análise técnica dos projetos de lei e de emenda constitucional em tramitação na ALMG; V – oferecer subsídios técnicos à decisão do Governador de sanção ou veto em proposições de lei; e VI – exercer atividades correlatas, em processo colaborativo com os demais Núcleos, atendidas as diretrizes da Chefia da ATL (cf. art. 15, I a VI).

[33] Compete-lhe: I – elaborar estudos técnicos sobre as matérias tratadas em atos legislativos e minutas de decreto; II – realizar análise técnico-jurídica dos atos normativos de interesse do Poder Executivo; III – articular-se com a AGE visando a subsidiar as decisões do Governador quanto à constitucionalidade dos atos de sua competência; IV – articular-se

Regulamentar, encarregado de prestar assessoramento na elaboração de atos normativos regulamentares de competência do Governador;[34] e 6) Núcleo de Documentação Legislativa, ao qual cabe promover a indexação, catalogação e arquivamento de atos legislativos estaduais, com o objetivo de dar suporte às atividades da ATL.[35]

O Decreto nº 45.786, de 30 de novembro de 2011, regulamentadora da Lei Complementar nº 78, que, por sua vez, dispõe sobre a elaboração, a redação e consolidação das leis do Estado, prescreve competir à SECCRI, dentre outras atribuições, proceder, sob a supervisão da *AGE*, à análise prévia de constitucionalidade e legalidade dos atos de competência do Governador, com vistas a subsidiar as decisões do Governador (cf. art. 28, VII).

No art. 29, especificam-se as competências da ATL.[36]

O §4º do referido dispositivo determina que a ATL somente receberá proposta de ato normativo que esteja acompanhada de determinados documentos, dentre os quais a manifestação fundamentada da Assessoria Jurídica ou Procuradoria dos respectivos órgãos ou entidades.

Após o atendimento às exigências estabelecidas no decreto e transcorridos os prazos fixados, o art. 31 determina que a ATL elabore nota técnica, na qual opinará pela adoção ou rejeição

---

com o Núcleo de Acompanhamento da Tramitação Legislativa visando à realização de análise técnica dos projetos de lei e de emenda constitucional em tramitação na ALMG; V – oferecer subsídios técnicos à decisão do Governador de sanção ou veto em proposições de lei; e VI – exercer atividades correlatas, em processo colaborativo com os demais Núcleos, atendidas as diretrizes da Chefia da ATL (cf. art. 16, I a VI).

[34] Compete-lhe: I – realizar análise técnico-jurídica de minutas de atos regulamentares propostos pelos órgãos e entidades do Poder Executivo; II – preparar a redação final de minutas de atos regulamentares; III – manter atualizado quadro da legislação estadual pendente de regulamentação; IV – elaborar e manter atualizado cadastro de eventos públicos que demandem edição de decretos; V – apoiar a organização de consultas públicas que demandem a elaboração de atos normativos regulamentares; e VI – exercer atividades correlatas, em processo colaborativo com os demais Núcleos, atendidas as diretrizes da Chefia da ATL (cf. art. 17, I a VI).

[35] Compete-lhe: I – proceder à indexação de atos normativos de interesse da ATL; II – catalogar e classificar os atos legislativos estaduais para prover de informações o banco de dados de legislação estadual; III – proceder ao arquivamento e à guarda do acervo de documentos da ATL; IV – realizar pesquisas de apoio às atividades da ATL; e V – exercer atividades correlatas, em processo colaborativo com os demais Núcleos, atendidas as diretrizes da Chefia da ATL (cf. art. 18, I a V).

[36] Fundamentalmente, são as mesmas competências arroladas no citado art. 12, I a X, do Decreto nº 45.682.

do ato proposto, dela fazendo constar o teor das manifestações dos órgãos consultados e a indicação daqueles que, consultados, deixaram de se manifestar. Sempre que se fizer necessário, a *AGE* será consultada, observadas as suas competências constitucionais e legais (cf. art. 32).

De acordo com o art. 34, *caput*, a ATL deve examinar as proposições de lei aprovadas pela ALMG, emitindo nota técnica na qual opine, justificadamente, pela sanção ou veto. No exercício desta competência, a ATL poderá solicitar manifestação da *AGE*, quanto à juridicidade e constitucionalidade da proposição, e das Secretarias de Estado e Órgãos de equivalente hierarquia da estrutura do Poder Executivo afetas à matéria, quanto à sua conveniência (§1º, I e II).

4 A Advocacia Pública e o aperfeiçoamento das normas jurídicas

O recrudescimento e a complexidade dos problemas econômicos e sociais, a crescente intervenção e regulação do Estado e a proeminência da atividade legislativa do Poder Executivo no Estado contemporâneo são fatores que, inexoravelmente, repercutem na atuação da Advocacia Pública e, de modo mais incisivo, nas suas funções de consultoria jurídica e de assessoramento técnico-legislativo.

Diante desse quadro, a Advocacia Pública não pode mais seguir sendo apenas um órgão responsável por dar a "redação final" a projetos de lei de iniciativa do Governador e preparar as respectivas mensagens, atividades cada vez mais copiosas e repetitivas, haja vista o manifesto e impressionante domínio do Executivo em matéria legislativa. Há de desenvolver o seu mister pautado nos primados da racionalidade e da eficiência normativa.

Dos três modelos de assessoramento técnico-legislativo mencionados no tópico anterior, destaca-se o adotado pelo Estado de Minas Gerais, em especial pelas atividades afetas ao *Núcleo de Legística*, que tem por finalidade desenvolver métodos e procedimentos voltados ao aprimoramento dos atos normativos de iniciativa do Poder Executivo. Ao referido núcleo compete: I – promover e disseminar estudos técnicos de legística;[37] II – propor diretrizes e padrões para a elaboração de atos normativos no âmbito do Poder Executivo; III – identificar experiências e difundir boas práticas relacionadas à elaboração de atos normativos; IV – participar de discussão com os órgãos e entidades afetos ao futuro ato normativo; V – apoiar o Gabinete da Secretaria de Estado de Casa Civil e de Relações Institucionais na incorporação de inovações para o aprimoramento da elaboração e tramitação dos atos normativos; VI – criar metodologia para avaliação de impacto de atos normativos específicos; e VII – exercer atividades correlatas, em processo colaborativo com os demais Núcleos, atendidas as diretrizes da Chefia da ATL (cf. art. 14, I a VII, do Decreto nº 45.682, de 9 de agosto de 2011).

O modelo federal também sobressai, na medida em que atribui à Advocacia Pública papel de relevo no *processo administrativo legislativo*, principalmente ao prever a sua *participação obrigatória* nas delegações, comissões, comitês ou grupos de trabalho criados com a finalidade de elaborar sugestões ou propostas de atos normativos da competência ou iniciativa do Presidente da República (cf. art. 53 §6º, do Decreto nº 4.176, de 28 de março de 2002).

Trata-se de notáveis inovações na estrutura orgânico-funcional do Estado, que tendem a assegurar maior racionalidade e eficiência às normas jurídicas impulsionadas pelo Poder Executivo, mas que ainda carecem ser democraticamente aperfeiçoadas, com vistas a dar maior legitimidade e eficácia social ao Direito.

---

[37] *Legística* é o ramo do conhecimento que estuda os modos e os métodos de concepção e redação das leis, visando a assegurar a qualidade, a adequada aplicação e o exato cumprimento dos textos normativos que presidem as relações sociais. A *legística material* enfoca a genética dos atos normativos, sua ideação, necessidade, utilidade, aplicabilidade, efetividade e harmonização com o resto do ordenamento jurídico. A *legística formal*, por sua vez, preocupa-se com a redação dos atos normativos. Embora tenha ares novidadeiros no Brasil, fala-se de legística, como um saber específico, desde a década de 60 do século passado. Países como Alemanha, Áustria, Canadá, Espanha, Itália, Portugal, Reino Unido e Suíça têm experimentado um notável desenvolvimento da chamada Ciência da Legislação, circunstância que se deve à necessidade de superação de problemas como a proliferação das leis, a baixa qualidade da legislação, as dúvidas relativas à aplicação e interpretação das normas jurídicas, a ineficácia dos textos legais, problemas que também se encontram presentes no cenário brasileiro e que amiúde se projetam para além das fronteiras do Direito, condicionando, por exemplo, o desenvolvimento econômico e social, na medida em que a falta de confiança na aplicação das leis pode repercutir negativamente, por exemplo, no nível de investimentos no País.

4.1 A função social da Advocacia Pública como fator de legitimação democrática do Direito

Na evolução do Estado de Direito para o Estado Democrático de Direito, dois conceitos-chave destacam-se: o aparecimento e reconhecimento de grupos organizados, que canalizam aspirações e reivindicações sociais, e a superação gradual do velho sistema de sufrágio censitário, que limitava e deturpava a vontade popular.

Nos séculos XVIII e XIX, quando o Parlamento, então soberano, era composto de aristocratas, entronizados no poder por meio do sistema eleitoral censitário, e suas funções estavam umbilicalmente ligadas aos interesses da classe burguesa, centradas na proteção, consolidação e manutenção das esferas jurídicas individuais, não havia lugar para disputas ideológicas, mas apenas para afirmação da vontade geral.[38]

As sociedades europeias dessa época, relata Maria Lúcia Amaral,[39] eram sociedades tendencialmente monistas e não pluralistas. Diz ela: "os cidadãos politicamente activos – os que elegiam e se faziam eleger deputados aos Parlamentos nacionais e a outros órgãos de base electiva –, não estavam entre si divididos, como os nossos contemporâneos, por concepções profundamente diferentes quanto à forma como deveriam viver. As forças sociais activas eram por isso, relativamente consensuais, quanto às pretensões que endereçavam ao Estado. Tal consenso repercutia-se nas leis ordinárias, elaboradas pelos Parlamentos. Estas eram em número bem menor do que hoje, tinham uma vigência mais alongada no tempo e possuíam uma coerência intrasistemática mais firme do que agora possuem" (*sic*).

Nas câmaras legislativas, inexistiam fortes tensões sociais e políticas, como hoje sói acontecer.

Com a ampliação do direito de sufrágio a partir da segunda metade do século XIX, o quadro altera-se drasticamente.

---

[38] "A lei é a expressão da vontade geral" (art. 6º da Declaração dos Direitos do Homem e do Cidadão, de 26 de agosto de 1789).
[39] *A forma da república: uma introdução ao estudo do direito constitucional*, p. 70.

A organização da sociedade em classes e grupos de interesses e a democratização do acesso ao Legislativo – com o ingresso de novos representantes eleitos por novos eleitores – promovem a ruptura do modelo político centrado na plena identidade entre burguesia e Parlamento,[40] na homogeneidade de interesses representados no Poder Legislativo.[41]

O debate parlamentar passa a ser ideológico. Correntes de pensamento e aspirações politicamente divergentes começam a confrontar-se em torno do papel do Direito e do Estado [42], e isso modifica profundamente as características da instituição parlamentar e das leis, porquanto as câmaras legislativas transformam-se em espelho da sociedade, mosaico fiel de sua multifária composição, expressão de seus vários interesses e ideologias, amiúde conflitantes e incompossíveis.

O sufrágio universal é que vai tornar possível a integração das diversas forças sociais, porque, como salienta Gregorio Peces-Barba Martínez,[43] "os que não votavam, os setores marginalizados do voto, não se sentiam integrados no Parlamento, não sentiam que o Parlamento era seu, e só começaram a senti-lo quando puderam participar dele".

Então, com a passagem do Estado Liberal para o Estado Social de Direito, e, deste, para o Estado Democrático de Direito – modelo de Estado compromissado em garantir uma *sociedade pluralista* –, tornou-se necessário viabilizar a participação política dos novos grupos sociais, surgidos dos movimentos populares, e engendrar métodos compositivos de conflitos, isto é, mecanismos técnicos por meio dos quais opiniões, palavras e projetos diametralmente opostos – e, por isso, muitas vezes inconciliáveis – possam ter expressão, assegurando-se, desta forma, que as decisões parlamentares sejam fruto da deliberação do povo politicamente representado por *todos* os parlamentares eleitos

---

[40] ÁLVAREZ, Elviro Aranda. *Los actos parlamentarios no normativos y su control jurisdicional*, p. 77.
[41] Na opinião de José Tudela Aranda, a quebra desse modelo modificou o funcionamento das câmaras legislativas, ao impor uma férrea disciplina por grupos, circunstância que, no entanto, não se viu acompanhada de correspondentes alterações nos procedimentos parlamentares (*El Parlamento necessario. Parlamento y democracia en el siglo XXI*, p. 77).
[42] CLÈVE, Clémerson Merlin. *Atividade legislativa do Poder Executivo*, p. 48.
[43] Reflexiones sobre el Parlamento. In: *Revista de la Facultad de Derecho de la Universidad Complutente*, Madrid, p. 214.

democraticamente, por *todos* os partidos e blocos partidários com representação nas Casas Legislativas, *incluindo a maioria e a minoria*, e não de *um* parlamentar, *uma* classe social, *um* partido, *um* bloco partidário, *uma* maioria ou *um* líder onipotente.

Essas transformações político-sociais têm reflexo direto no *modo de produção jurídica* do Estado Democrático de Direito contemporâneo, que não mais se dá *unilateralmente*. A lei, no Estado Liberal, era o produto de uma vontade geral, provinda do *poder soberano* que, nessa condição, pressupunha a supraordenação de quem o exercia sobre os seus súditos. Nesse contexto, era absolutamente inadmissível que os destinatários de seu poder de mando se arrogassem o direito de *influir* na sua gênese.[44] Já no Estado Democrático de Direito, resume Carlos Blanco de Morais, a morfologia das leis altera-se profundamente. Preleciona o constitucionalista luso:

> A lógica intervencionista de caráter económico e social inerente ao novo modelo constitucional de Estado de Direito, o despontar do pluralismo dos interesses reclamando do poder político *direito e dinheiro* e o florescimento das autonomias territoriais de recorte federal ou regional alteraram expressivamente a morfologia da lei. Esta abandonou a regra mítica «de justa conduta» destinada à prossecução dos fins do Estado burguês, para se expandir como instrumento transformador das relações políticas, sociais e económicas, respondendo a exigências, não apenas oriundas de uma clientela ou estamento dominante mas antes, de toda a espécie de destinatários".[45]

O desafio do Estado Democrático de Direito, tanto no que se refere à *produção do Direito* quanto aos efeitos e aos destinatários de suas normas, reside em obter a máxima eficácia social e legitimidade democrática e, assim, atingir a síntese de todas as esperanças

---

[44] MORAIS, Carlos Blanco de, *Manual de Legística*, p. 84.
[45] *Manual de Legística*, p. 87. Gustavo Zagrebelsky também perfilha o mesmo entendimento, quando afirma: "A lei (...) já não é a expressão «pacífica» de uma sociedade política internamente coerente, mas a manifestação e instrumento de competição e enfrentamento social; não é o fim, mas a continuação de um conflito; não é um ato impessoal, geral e abstrato, expressão de interesses objetivos, coerentes, racionalmente justificáveis e generalizáveis (...). É, pelo contrário, um ato personalizado (no sentido de que provém de grupos identificáveis de pessoas e está dirigido a outros grupos igualmente identificáveis) que persegue interesses particulares" (*El derecho dúctil.*, p. 38).

contidas no Texto Constitucional: a justiça, aspiração maior do Estado Democrático de Direito brasileiro.

Para tanto, as atividades de consultoria jurídica e de assessoramento técnico-legislativo a cargo da Advocacia Pública devem colaborar de modo mais incisivo e proficiente, em especial na fase instrutória das proposições normativas, em que o Estado há de submeter a ideação legislativa à consulta e à discussão popular e buscar ouvir e persuadir os seus destinatários.

Sobre o assunto, Fabiana de Menezes Soares assim se manifesta:

> Nesse sentido, a questão da eficácia da legislação aparece lado a lado das medidas de execução e implementação. Adotar estratégias para persuadir os destinatários/interessados por meio de ações para construção de um consenso possível (audiências públicas, negociação legislativa, práticas de *lobby* regulamentadas, plebiscitos, inclusive os administrativos) são meios para otimizar o nível de eficácia social. Isso significa que, durante todo o processo de elaboração e redação, o compreender e o aceitar uma dada legislação não deve ser considerada uma questão exclusivamente estilística".[46]

E continua a autora, salientando os proveitos auferíveis com a aproximação entre legislador e cidadão e a adoção de processos legislativos participativos:

> A aproximação entre legislador e cidadão pode propiciar processos de produção do Direito em que haja mais persuasão e menos coerção e, nos processos participativos, a negociação do conteúdo pode gerar uma co-responsabilidade pela sua efetivação, porque os participantes colaboraram com suas representações de mundo, o que é otimizado por uma gama de informações evidenciadas na reconstrução da situação-fática-problema, resultante do processo de avaliação legislativa".[47]

Também para Carlos Blanco de Morais, a consulta popular constitui um importante elemento para a avaliação prévia de impacto normativo: "A audição das entidades envolvidas e/ou afetadas por

---

[46] Legística e desenvolvimento: a qualidade da lei no quadro da otimização de uma melhor legislação. *Cadernos da Escola do Legislativo*, p. 14.
[47] Legística e desenvolvimento: a qualidade da lei no quadro da otimização de uma melhor legislação. *Cadernos da Escola do Legislativo*, p. 17.

determinada normação permite obter dados indispensáveis para o processo de avaliação, como sejam informações sobre custos, benefícios e outros impactos que de outro modo poderiam ser dificilmente perceptíveis para o decisor normativo; sugestões sobre outras opções para pôr em prática os mesmos objetivos públicos; e informações que permitam antever comportamentos dos destinatários da normação, que poderão suscitar a necessidade de previsão de mecanismos de aplicação e de garantia do acatamento do acto normativo".[48] "A realização de consultas – prossegue – contribui ainda para aumentar a aceitação da legislação: quanto mais amplo e sensatamente conduzido for o processo de consultas, mais provável se torna que aqueles que são afectados pela normação a aceitem".[49]

O Relatório Mandelkern, elaborado pelo Grupo de Alto Nível para a Melhoria da Qualidade Legislativa constituído pela Comissão Europeia, igualmente evidencia as vantagens da abertura social do processo de feitura das normas:

> A possibilidade de participação enquanto tal pode ser garante de uma acção normativa de melhor qualidade. Paralelamente, a consulta confere legitimidade democrática ao acto normativo (graças à possibilidade dada aos cidadãos de participarem no debate público); é também um meio de reforçar a confiança do público em relação ao resultado final e às instituições que produzem os actos normativos. A consulta pode permitir reunir um vasto apoio do público, porque permite explicar as razões que justificam este ou aquele acto normativo. Pode, por exemplo, contribuir para garantir um equilíbrio entre os direitos e a necessidade de proteção ou entre diferentes interesses (aparecendo o acto normativo como uma espécie de arbitragem).
> Os principais objetivos do processo consistem em:
> • melhorar os textos propostos (no sentido geral);
> • examinar a pertinência da nova regulamentação (de um ponto de vista técnico);
> • verificar se pode vir a funcionar na prática; e
> • confirmar se os novos actos normativos são coerentes com os existentes e se o resultado final é globalmente eficaz.
> A realização deste objetivos é igualmente importante para determinar se o acto normativo pode ser considerado razoável e oportuno.
> Independentemente destes objetivos, convém garantir que as partes

---

[48] *Guia de avaliação de impacto normativo*, p. 39 e 40.
[49] *Guia de avaliação de impacto normativo*, p. 40.

relevantes sejam envolvidas na preparação dos actos normativos que terão impacto nas suas atividades. Esta abordagem pode vir a despertar um sentido de «pertença» entre as pessoas consultadas. A consulta constitui um instrumento importante para revelar as consequências inesperadas de um acto normativo e pode contribuir para promover o respeito por ela. Conhecer a opinião das partes visadas por um acto normativo proposto constitui igualmente uma ajuda preciosa para os organismos legisladores. Na prática, este conhecimento pode fazer evoluir os debates no seio desses organismos e, posteriormente, levar à adopção – ou rejeição – do acto em questão. Pode contribuir para o desenvolvimento de uma perspectiva política de mais longo prazo. Deste modo, a participação num processo de consulta não deve ser apenas vista como uma possibilidade dada às partes consultadas de exprimirem eventuais protestos, mas como um instrumento que lhes permite moldar os actos normativos ou as políticas".[50]

Esses aspectos valorizam a fase *pré-legislativa* das leis, o *processo administrativo legislativo,* em que a Advocacia Pública, por suas consultorias jurídicas e assessorias técnico-legislativas, deve atuar de modo a diminuir o *distanciamento* entre os cidadãos e as leis, que ocorre por problemas de diversas naturezas, como falta de diálogo e compreensão e incertezas ou preconceitos acerca do Direito vigente ou daquele que se propõe.

Tem razão Oliveira Vianna, quando adverte, em 1947, que consiste um *erro de psicologia política* a "atitude de isolamento e exclusivismo das nossas classes políticas em relação às outras classes", pois "nenhuma lei vinga, nenhuma lei é eficiente, sem a adesão moral do povo"; "em geral – continua –, as leis em que o povo não colabora não têm essa adesão",[51] entendimento que acompanha o pensamento de Jean Cruet, quando diz:

> Do fraco resultado da coação deve-se concluir, em primeiro lugar, que nas relações entre o Estado e os particulares, o elemento essencial é a *cooperação,* não a *subordinação.*
> Viu-se na história, apesar das sanções draconianas, o malogro absoluto dos empréstimos forçados. A coerção não é, para o Estado, o meio mais fácil e mais econômico de arranjar dinheiro.

---

[50] *Legislação: Cadernos de Ciência de Legislação,* nº 29, p. 54 e 55.
[51] *Problemas de política objetiva,* p. 130.

Pelo contrário, quando a consciência comum reconhece a legitimidade de uma medida fiscal, aceita-lhe o encargo sem protestar. O que há de admirável no sistema fiscal francês é a boa vontade do contribuinte".[52]

Trata-se, assim, de emprestar maior *racionalidade* ao processo de produção jurídica, para lograr maior eficiência normativa. Tratase de legitimar democraticamente os projetos estatais mediante um processo de debate público, no qual as discussões devem ser amplas, abertas, durar um tempo razoável e observar os postulados da *contradição* e do *diálogo*. Um bom procedimento legislativo há de propiciar espaços e tempos adequados para a negociação, para o convencimento e, se possível, para a confluência entre pontos de vista originariamente confrontantes.

Como diz Jeremy Bentham, citado por Virgilio Zapatero,[53] "para escrever leis, basta saber escrever, e, para estabelecê-las, basta possuir o poder de fazê-lo". Todavia, esclarece Bentham, "a dificuldade está em fazê-las boas, e as leis boas são aquelas em favor das quais boas razões podem ser apresentadas".

No Estado Democrático de Direito brasileiro, as leis e atos normativos, para serem bons, devem ter lastro social, fundar-se em razões constitucionais, legítimas e lícitas para serem editados.

Sob esse aspecto, oportuno registrar o entendimento de Christian Starck,[54] para quem a lei é resultado de um procedimento democrático regulado constitucionalmente, que se distingue da "lei como ordem do soberano" pelas notas da argumentação, da publicidade, da razão, do compromisso e da proteção frente ao império incontrastável da maioria. Para ele, o procedimento deve estar configurado a fim de que muitas e competentes reflexões e propostas possam efetivamente influir na determinação do conteúdo da lei. O procedimento há de garantir informações sobre as situações reais que serão reguladas pela lei, além de argumentos e considerações sobre se a lei realmente atende o bem comum. O elemento democrático do procedimento – os órgãos participantes do processo legislativo – oferece certa garantia de que "a legislação não cairá nas mãos dos representantes de uma ideologia

---

[52] *A vida do direito e a inutilidade das leis*, p. 163.
[53] BENTHAM, Jeremy. *Nomografia o el arte de redactar leyes*, p. LXXIII.
[54] *El concepto de ley en la Constitución alemana*, p. 239 e 240.

determinada" e, nessa medida, pode afiançar "uma certa bondade do conteúdo da lei".

Saliente-se que a abertura do processo pré-legislativo aos cidadãos e aos representantes de grupos e forças sociais permite, segundo precisa observação de Jacques Chevallier,[55] identificar conflitos, delimitar os terrenos de confrontação, situar as zonas possíveis de compromisso e visa a uma melhor adaptação das regras, além de atenuar eventuais reações de rejeição.

Enquanto os tecnocratas que elaboram políticas públicas preocupam-se com o atingimento de metas– e não necessariamente com a observância de uma ordem de valores democraticamente plasmada –,[56] os Advogados Públicos velam pela constitucionalidade, legalidade, licitude e legitimidade da ação estatal.

Aliás, na lúcida análise de Ricardo Antônio Lucas Camargo,[57] "a existência de um corpo de advogados de carreira, cujo ingresso não se deva ao favor, no seio da Administração Pública, também se coloca como uma das formas de se permitir a concreção de políticas econômicas com o sentido de universalidade e, por outro lado, de se impedir o estabelecimento de situações privilegiadas no mercado, pelas alianças entre agentes econômicos determinados e administradores de órgãos que, paradoxalmente, deveriam controlá-los".

Na ambiência de um Estado Democrático de Direito, como o brasileiro, cabe à Advocacia Pública a *função social* e o dever constitucional de viabilizar juridicamente as políticas públicas não só sob aspectos formais (redacionais), mas, também, materiais. Compete-lhe escrutinar tecnicamente as proposições, a fim de possibilitar a produção de normas justas e, na medida do possível, harmonizar *juridicamente* as distintas pretensões e forças sociais e políticas que, a partir de suas próprias perspectivas, têm, cada qual, uma concreta ideia de justiça.

---

[55] A racionalização da produção jurídica. In: *Legislação: Cadernos de Ciência de Legislação*, p. 16.
[56] A propósito, Luiz Carlos Bresser Pereira, então Ministro da Administração Federal e Reforma do Estado do governo Fernando Henrique Cardoso, desnuda a alma da visão tecnocrática gerencial inglesa, que serviu de modelo para a reforma administrativa brasileira empreendida pela Emenda Constitucional nº 19/98: "Toda administração pública gerencial tem de considerar o indivíduo, em termos econômicos, como consumidor" (Gestão do setor público: estratégia e estrutura para um novo Estado, *in Reforma do Estado e Administração Pública Gerencial*, p. 33).
[57] *Advocacia Pública: mito e realidade*, p. 80.

Cumpre à Advocacia Pública indicar e traduzir aos administradores públicos e aos governantes, *sob o ângulo estritamente jurídico*, as pretensões, as objeções, as observações, as sugestões, as dúvidas e as incompreensões de todos aqueles que, *no processo pré-legislativo de ausculta e debate*, manifestaram-se, também com vistas a compatibilizar interesses e expectativas diametralmente opostos e obter maior adesão e consenso social.

A ciência jurídica moderna, pontifica Luzius Mader,[58] não pode continuar a excluir os *aspectos sociológicos* do Direito e, especialmente, da legislação. A época do «direito puro», afirma com razão, está ultrapassada. Portanto, o jurista, e o Advogado Público em particular, deve preocupar-se necessariamente com o *processo de gestação* das normas, sua aplicação e seus efeitos. Deve começar por considerar a legislação como um processo dinâmico e reiterativo de interação entre a sociedade civil e o sistema político-administrativo, um processo ao longo do qual diversos atores sociais e políticos equacionam problemas e formulam expectativas em relação ao Estado, que hoje intervém na sociedade para realizar fins cada vez mais diversificados, utilizando a legislação como um de seus principais instrumentos de ação. Isto equivale a uma verdadeira *mudança de paradigma* para a ciência jurídica, tendo em vista que o «idealismo normativo» dos juristas deve ceder o seu lugar predominante a uma visão tanto tecnocrática quanto sociológica do fenômeno legislativo.

Nesse processo processo dinâmico e reiterativo, de interação e interseção entre a sociedade civil e o sistema político-administrativo, a Advocacia Pública pode atuar de diversas formas: por meio de consultas, audiências públicas, fóruns de discussões, seminários, capacitação de agentes públicos e lideranças comunitárias, publicações científicas, levantamentos estatísticos, avaliações de impacto normativo, mapeamentos jurisprudenciais, formação de bancos de dados temáticos, entre outras. Como se vê, a atuação da Advocacia Pública, no campo da *produção jurídica*, revela-se extraordinariamente fecunda.

---

[58] A avaliação legislativa: uma nova abordagem do direito. In: *Legislação: Cadernos de Ciência de Legislação*, p. 40 e 41.

4.2 O dever de acautelamento jurídico da Advocacia Pública

A Advocacia Pública pode exercer um papel assaz relevante na detecção prematura e na identificação de problemas que merecem, efetivamente, providências normativas para ser equacionados.

Nem sempre os impulsos externos que o Governo recebe da sociedade (imprensa, organizações não governamentais, meio acadêmico, usuários de serviços públicos, manifestantes, parlamentares, partidos políticos, etc.) têm o condão de delimitar, de forma precisa, as questões *normatizáveis* e, além disso, engendrar as respectivas *soluções normativas*.

Pela técnica que possui e pelas funções que, com exclusividade, desempenha, a Advocacia Pública preordena-se, naturalmente, a evitar a criação de falsos problemas e a afastar o perigo de uma avaliação equivocada, por superestimação ou subestimação,[59] circunstâncias que propendem ao estabelecimento de normas socialmente ineficazes.

As atividades de consultoria e de assessoramento a cargo da Advocacia Pública coadjuvam o Governo a precatar-se de eventuais questionamentos judiciais em razão da análise e da interpretação que efetuam da legislação, da jurisprudência, da doutrina especializada e, também, dos elementos produzidos durante a fase de instrução do processo administrativo legislativo (consultas, audiências públicas, oitiva de interessados, laudos técnicos, etc.).

Cabe à Advocacia Pública, também, assegurar a constitucionalidade das proposições normativas, que, na precisa observação de Gema Marcilla Córdoba,[60] constitui a exigência mais óbvia de racionalidade e eficácia da lei, pois a sua própria existência no sistema jurídico depende dessa circunstância.

Por conseguinte, a Advocacia Pública deve responder, com exclusividade, pelo controle prévio da constitucionalidade das propostas de emenda à Constituição e dos projetos de leis que o Chefe do Poder Executivo tenciona enviar às Casas Legislativas.

---

[59] Neste sentido, tratando do «processo legislativo interno», "que se refere ao *modus faciendi* adotado para a tomada da decisão legislativa", mas não propriamente sob a incumbência da Advocacia Pública, Gilmar Ferreira Mendes. Questões fundamentais de técnica legislativa. In: *Revista Trimestral de Direito Público*, p. 266 e 267.
[60] *Racionalidad legislativa*, p. 272.

No âmbito do contencioso, os Advogados Públicos igualmente podem prestar valioso auxílio e colaborar para o aperfeiçoamento normativo do Estado, na medida em que, nas ações judiciais em que o Estado é parte, deparam-se com arguições de inconstitucionalidade por ação ou omissão e outros vícios que acometem leis e atos normativos. Dessa forma, prenunciam decisões judiciais desfavoráveis e precatam o Poder Executivo de eventuais óbices à implementação e execução de políticas públicas.

De fato, pois, como ensina Francesco Ferrara:[61] "a prática, posta em face de hipóteses reais e das necessidades da vida, sente primeiro a solução jurídica (...). É à jurisprudência, portanto, que a teoria deve ir colher a expressão das necessidades sociais que se fazem sentir e batem à porta dos Tribunais. Além disso, a variedade inexaurível das questões práticas frequentemente revela problemas novos, ou novos lados de problemas jurídicos (...). Às vezes um caso jurídico mostra experimentalmente que uma teoria é errada ou unilateral, e por isso desmorona ao contato dos fatos o edifício fadigosamente levantado pelas abstrações dos teóricos".

As informações, oriundas da prática jurídica, do dia a dia dos Advogados Públicos que atuam no contencioso, devem constituir uma base de dados dos focos de litigiosidade e servir, proveitosamente, de instrumento para orientar eventuais correções normativas.

É necessário, portanto, fomentar, nos órgãos de Advocacia Pública que desempenham atividades consultivas e contenciosas, a cultura da percepção e da avaliação de impacto da norma, na busca de uma maior efetividade, eficácia e eficiência normativa.

5 Conclusão

Do exposto, conclui-se que:

1) No Brasil, ainda é bastante incipiente a preocupação com a qualidade das leis e dos atos normativos no âmbito do Poder Executivo, terreno extremamente fértil e auspicioso para a atuação institucional da Advocacia Pública do século XXI, que pode conduzir

---

[61] *Interpretação e aplicação das leis*, p. 188 e 189.

a uma mudança de paradigma na função desempenhada pelos Advogados Públicos: de meros *intérpretes* a *partícipes da elaboração* de leis e atos normativos melhor ajustados aos estalões de juridicidade;

2) No sistema constitucional brasileiro, cabe aos Advogados Públicos consultores jurídicos e assessores técnico-legislativos viabilizar, *na medida do juridicamente possível*, e ainda no estágio de sua formulação, as políticas públicas, apontando alternativas, quando cabíveis, e ponderar acerca da viabilidade e compatibilidade jurídica formal e material das proposições normativas com a Constituição e o ordenamento infraconstitucional;

3) Para o bom desempenho dessa tarefa, é necessário estreitar a interlocução dos órgãos de Advocacia Pública com as autoridades, os técnicos e os formuladores de políticas públicas *em áreas juridicamente sensíveis*, como saúde, educação, segurança pública, tributação, finanças, orçamento, serviços públicos, organização administrativa e contratos, ainda na fase genética de projetos, com o objetivo de capacitar e qualificar os Advogados Públicos com o aporte intelectual e com as informações necessárias, para assim poderem exercer as suas funções de consultoria e assessoria jurídicas com a máxima proficiência;

4) As atividades de consultoria jurídica e de assessoramento técnico-legislativo a cargo da Advocacia Pública devem colaborar de modo bastante proficiente na fase instrutória das proposições normativas, em que o Estado há de submeter a ideação legislativa à consulta e à discussão popular e buscar ouvir e persuadir os seus destinatários. Assim atuando, os Advogados Públicos emprestam maior racionalidade ao processo de produção jurídica, coadjuvam a obter maior eficiência normativa e legitimam democraticamente os projetos estatais, ao participar do processo de debate público, no qual as discussões devem ser amplas, abertas, durar um tempo razoável e observar os postulados da *contradição* e do *diálogo*;

5) Na ambiência de um Estado Democrático de Direito, como o brasileiro, cabe à Advocacia Pública a *função social* e o dever constitucional de viabilizar juridicamente as políticas públicas não só sob aspectos formais (redacionais), mas, também, materiais. Compete-lhe escrutinar tecnicamente as proposições normativas, a fim de possibilitar a produção de normas justas e, na medida do possível, harmonizar *juridicamente* as distintas pretensões e forças

sociais e políticas que, a partir de suas próprias perspectivas, têm, cada qual, uma concreta ideia de justiça;

6) Cumpre à Advocacia Pública, igualmente, apontar e traduzir aos administradores públicos e aos governantes, *sob o ângulo estritamente jurídico*, as pretensões, as objeções, as observações, as sugestões, as dúvidas e as incompreensões de todos aqueles que, no processo pré-legislativo de ausculta e debate, manifestaram-se, também com vistas a compatibilizar interesses e expectativas diametralmente opostos e obter maior adesão e consenso social;

7) As atividades de consultoria e de assessoramento a cargo da Advocacia Pública coadjuvam o Governo a precatar-se de eventuais questionamentos judiciais em razão da análise e da interpretação que efetuam da legislação, da jurisprudência, da doutrina especializada e, também, dos elementos produzidos durante a fase de instrução do processo administrativo legislativo (audiências públicas, oitiva de interessados e laudos técnicos, por exemplo);

8) A Advocacia Pública deve responder, com exclusividade, pelo controle prévio da constitucionalidade das propostas de emenda à Constituição e dos projetos de leis que o Chefe do Poder Executivo tenciona enviar às Casas Legislativas;

9) No âmbito do contencioso, os Advogados Públicos também podem prestar valioso auxílio e colaborar para o aperfeiçoamento normativo do Estado, na medida em que, nas ações em que o Estado é parte, deparam-se com arguições de inconstitucionalidade por ação ou omissão e outros vícios que acometem leis e atos normativos. Desta forma, prenunciam decisões judiciais desfavoráveis e precatam o Poder Executivo de eventuais óbices à implementação e execução de políticas públicas;

10) É necessário fomentar, nos órgãos de Advocacia Pública que desempenham atividades consultivas e contenciosas, a cultura da percepção e avaliação de impacto da norma, na busca de uma maior efetividade, eficácia e eficiência normativa;

11) A consultoria jurídica e o assessoramento técnico-legislativo hão de ser confiados a órgãos formados por corpos tecnicamente capacitados e aparelhados, em que os cargos de consultor jurídico e assessor técnico-legislativo sejam privativos de membros da Advocacia Pública e providos segundo o *critério objetivo* de merecimento, e não por indicação político-partidária.

Por fim, propõe-se: a) a participação obrigatória da Advocacia Pública nos órgãos administrativos encarregados da elaboração administrativa de leis e atos normativos e da formulação de políticas públicas em áreas *juridicamente sensíveis* (como saúde, educação, segurança pública, tributação, finanças, orçamento, serviços públicos, organização administrativa e contratos); b) a confecção de rotinas, no âmbito da Advocacia Pública, para a elaboração de anteprojetos de leis e minutas de decretos; c) a criação e a manutenção, no âmbito da Advocacia Pública, de núcleo especializado em legística, a fim de realizar, por exemplo, consultas, audiências públicas, fóruns de discussões, seminários, capacitação de agentes públicos e lideranças comunitárias, edição de publicações científicas, levantamentos estatísticos, mapeamentos jurisprudenciais, formação de bancos de dados temáticos, entre outras; d) a criação e a manutenção de núcleos especializados no controle prévio de constitucionalidade de anteprojetos de leis, no controle prévio de legalidade de minutas de decretos e na avaliação de impacto normativo, com o objetivo de verificar a efetividade das normas; e) a formação e o aperfeiçoamento multidisciplinar de Advogados Públicos consultores e assessores técnico-legislativos; f) a constituição de bancos de dados com pareceres, legislação vigente e atualizada, informações estatísticas dos resultados das demandas judiciais de que o Estado faça parte como autor ou réu, de dispositivos normativos questionados, de decisões judiciais favoráveis e desfavoráveis ao Estado e de temas recorrentes, com indicação precisa das leis ou atos normativos impugnados e dos fundamentos articulados.

Referências

ALMEIDA, Fernanda Dias Menezes de. *Imunidades parlamentares*. Brasília: Câmara dos Deputados, Centro de Documentação e Informação, Coordenação de Publicações, 1982.

ÁLVAREZ, Elviro Aranda. *Los actos parlamentarios no normativos y su control jurisdicional*. Madrid, Centro de Estudios Políticos y Constitucionales, 1998.

AMARAL, Maria Lúcia. *A forma da república*: uma introdução ao estudo do direito constitucional. Coimbra: Coimbra Editora, 2005.

ARANDA, José Tudela. *El Parlamento necessario. Parlamento y democracia en el siglo XXI.* Madrid: Congreso de los Diputados, 2008.

ARAÚJO, Fabiano de Figueiredo. Políticas públicas, legística e a AGU: o papel do advogado público federal na efetividade normativa. In: *Revista da AGU*, v. 14, n. 4, p. 67 a 92, out./dez. 2015.

Arquivos da Assessoria Técnico-Legislativa. *Trabalhos elaborados nos anos de 1947, 1948 e 1949.* São Paulo: Tip. do Departamento de Investigações, 1950.

AZEVEDO, Sérgio de; MELO, Marcus André. A Política da Reforma Tributária: Federalismo e Mudança Constitucional. In: *Revista Brasileira de Ciências Sociais*, São Paulo, v. 12, n. 35, out. 1997. Disponível em: <http://www.scielo.br/pdf/rbcsoc/v12n35/35melo.pdf>. Acesso em: 29 out. 2016.

BENTHAM, Jeremy. *Nomografía o el arte de redactar leyes*, edición y estúdio preliminar de Virgilio Zapatero. Madrid: Centro de Estudios Políticos y Constitucionales, 2004.

CAMARGO, Ricardo Antônio Lucas. *Advocacia Pública:* mito e realidade. São Paulo: Memória Jurídica Editora, 2005.

CANOTILHO, José Joaquim Gomes. Relatório sobre programa, conteúdos e métodos de um curso de teoria da legislação. *Boletim da Faculdade de Direito da Universidade de Coimbra*, vol. LXIII, p. 405-494, 1987.

CAVALCANTI, Themistocles Brandão. *Teoria do Estado.* 3. ed. São Paulo: Revista dos Tribunais, 1977.

CHEVALLIER, Jacques. A racionalização da produção jurídica. *Legislação: Cadernos de Ciência de Legislação,* Oeiras, nº 3, p. 9-23, janeiro-março 1992.

CLÈVE, Clémerson Merlin. *Atividade legislativa do Poder Executivo.* 3. ed. São Paulo: Revista dos Tribunais, 2011.

CÓRDOBA, Gema Marcilla. *Racionalidad legislativa.* Madrid: Centro de Estudios Políticos y Constitucionales, 2005.

CRUET, Jean. *A vida do direito e a inutilidade das leis.* Lisboa: Editorial Ibero-Americana, 1939.

DI PIETRO, Maria Sylvia Zanella. *Direito Administrativo.* 28. ed. São Paulo: Atlas, 2015.

FERNANDES, Ricardo Vieira de Carvalho. *Regime jurídico da advocacia pública.* Rio de Janeiro: Forense; São Paulo: Método, 2010.

FERRARA, Francesco. *Interpretação e aplicação das leis.* Trad. de Manuel A. D. de Andrade. 2. ed. Coimbra: Arménio Amado, 1963.

FERREIRA FILHO, Manoel Gonçalves. *Do processo legislativo.* 6. ed. São Paulo: Saraiva, 2007.

Grupo de Alto Nível para a Melhoria da Qualidade Legislativa (Grupo Mandelkern). Relatório Final. *Caderno de Ciência de Legislação,* Oeiras, n. 29, p. 13-141, outubro-dezembro 2000.

KIRSCH, César do Vale. Advocacia-Geral da União e Poder Executivo Federal: parceria indispensável para o sucesso das políticas públicas. *Revista de Direito da Associação dos Procuradores do Novo Estado do Rio de Janeiro,* Rio de Janeiro, v. XVI, p. 43-94, 2006.

LATORRE, Angel. *Introdução ao direito.* Tradução de Manuel de Alcarção. Coimbra: Almedina, 2002.

MADER, Luzius. A avaliação legislativa: uma nova abordagem do direito. *Cadernos de Ciência da Legislação*, Oeiras, nº 1, p. 39-49, abril-junho 1991.

MÁRQUEZ, Piedad García-Escudero. *Técnica legislativa y seguridade jurídica: ¿hacia el control constitucional de la calidad de las leyes?* Navarra: Thomson Reuters, 2010.

MARTÍNEZ, Gregorio Peces-Barba. Reflexiones sobre el Parlamento. *Revista de la Facultad de Derecho de la Universidad Complutente*, Madrid, nº 10, p. 207-219, marzo 1986.

MAYOL, Vicente Garrido. *Las garantías del procedimiento prelegislativo: la elaboración de los proyectos de ley*. Valencia: Tirant lo Blanch, 2010.

MENDES, Gilmar Ferreira. Questões fundamentais de técnica legislativa. *Revista Trimestral de Direito Público*, São Paulo, nº 1, p. 255-271, 1993.

MIRKINE-GUETZÉVITCH, Boris. *Evolução constitucional europeia*. Trad. de Marina de Godoy Bezerra. Rio de Janeiro: José Konfino, 1957.

MORAIS, Carlos Blanco de. *Guia de avaliação de impacto normativo*. Coimbra: Almedina, 2010.

Manual de Legística. Lisboa: Verbo, 2007.

PATERNA, María Jesús Larios. *La participación ciudadana en la elaboración de la ley*. Madrid: Congreso de los Diputados, 2003.

PEREIRA, Luiz Carlos Bresser. Gestão do setor público: estratégia e estrutura para um novo Estado. In: PEREIRA, Luiz Carlos Bresser; SPINK, Peter (org.). *Reforma do Estado e Administração Pública Gerencial*. Rio de Janeiro: Editora Getúlio Vargas, 1998.

PIÇARRA, Nuno. *A separação dos poderes como doutrina e princípio constitucional:* um contributo para o estudo das suas origens e evolução. Coimbra: Coimbra Editora, 1989.

QUEIROZ, Cristina. *O Parlamento como factor de decisão política*. Coimbra: Coimbra Editora, 2009.

SILVA FILHO, Derly Barreto. A Advocacia Pública e o controle de juridicidade das políticas públicas. *Revista da Procuradoria-Geral do Estado de São Paulo*, nº 71, p. 85-109, jan./jun. 2010.

SOARES, Fabiana de Menezes. Legística e desenvolvimento: a qualidade da lei no quadro da otimização de uma melhor legislação. *Cadernos da Escola do Legislativo*, Belo Horizonte, v. 9, nº 14, p. 7-34, jan./dez. 2007.

STARCK, Christian. *El concepto de ley en la Constitución alemana*. Trad. de Luis Legaz Lacambra. Madrid: Centro de Estudios Constitucionales, 1979.

VIANNA, Oliveira. *Problemas de política objetiva*. 3. ed. São Paulo: Record, 1974.

ZAGREBELSKY, Gustavo. *El derecho dúctil*. 3. ed. Madrid: Editorial Trotta, 1999.

ZAPATERO, Virgilio. *El arte de legislar*. Navarra: Editorial Aranzadi, 2009.

Informação bibliográfica deste texto, conforme a NBR 6023:2002 da Associação Brasileira de Normas Técnicas (ABNT):

SILVA FILHO, Derly Barreto e. A advocacia pública e o aperfeiçoamento normativo do estado democrático de direito brasileiro. In: MOURÃO, Carlos Figueiredo; HIROSE, Regina Tamami (Coord.). *Advocacia pública contemporânea*: desafios da defesa do Estado. Belo Horizonte: Fórum, 2019. p. 105-140. ISBN 978-85-450-0578-0.

A ADVOCACIA PÚBLICA E O COMBATE ÀS FRAUDES NA JUDICIALIZAÇÃO DA SAÚDE[1]

José Luiz Souza de Moraes

1 O fenômeno da judicialização da saúde no Brasil

A Constituição de 1988 é um verdadeiro marco de ruptura jurídica e social com o regime político anterior não só em uma área determinada como o direito à saúde, mas também em outras áreas sensíveis da sociedade como o direito de família, a defesa do consumidor e na narrativa pródiga de direitos fundamentais.

O verdadeiro filtro axiológico trazido pelo constituinte afastou o Brasil do Estado de exceção em que se encontrava nas décadas anteriores e colocou o país em um cenário diferenciado de busca, narrativa e efetivação de direitos fundamentais, com uma pródiga previsão de direitos por todo o texto constitucional.[2]

Por outro lado, muitos dos direitos foram previstos pelo constituinte sem a preocupação com sua efetiva materialização social e foram narrados apenas como uma espécie de promessa, um programa para o futuro a ser conquistado pelas gerações vindouras, tais como os dispositivos que preveem a construção de uma sociedade livre, justa e solidária, o pleno emprego, a erradicação da pobreza, da marginalização e a redução das

---

[1] O presente artigo foi apresentado e aprovado com louvor no XLIII Congresso Nacional de Procuradores do Estado e do Distrito Federal ocorrido em São Paulo entre os dias 11 e 14 de setembro de 2017.

[2] A Constituição possui direitos fundamentais por todo o corpo do texto, bem como outros decorrentes da lógica constitucional como os Princípios Constitucionais não expressos ou implícitos e, ainda, aqueles que decorrem de tratados internacionais de que o Brasil é signatário. É a aplicação do dispositivo expresso no art.5º, §2º: "Os direitos e garantias expressos nesta Constituição não excluem outros decorrentes do regime e dos princípios por ela adotados, ou dos tratados internacionais em que a República Federativa do Brasil seja parte".

desigualdades sociais e regionais, o bem de todos sem preconceitos e discriminação e, em certa medida, o direito à saúde, como um direito de todos.[3]

Muitos desses direitos, apesar de se apresentarem com roupagens aparentemente utópicas e existentes apenas nas otimistas narrativas de direitos da Constituição Cidadã,[4] já na década de 1990, ao menos alguns deles, começaram a ser materializados em ações propostas no Poder Judiciário versando sobre essas promessas constitucionais como efetivos direitos subjetivos.

O mais emblemático desses movimentos de concretização de promessas constitucionais ocorreu com o direito universal à saúde. Essa norma passou a ser adotada não mais com natureza absolutamente programática, mas como direito subjetivo capaz de ser tutelado em Juízo, em um curto espaço de tempo e de forma inimaginável pelo constituinte originário.

Tendo como fundamento o artigo 196 da Constituição da República[5] as ações passaram a invocar a existência do direito subjetivo da parte[6] na obtenção de integral tratamento de

---

[3] O constituinte vinculou o direito à saúde através da instituição de políticas públicas sociais e econômicas para redução do risco de agravamento e ao acesso às ações e serviços destinados, não só à sua recuperação, mas também à sua promoção e proteção. Desse dever estatal evidencia-se: o direito à saúde é muito mais amplo do que a mera entrega de medicamentos.

[4] Assim chamada pelo presidente da Assembleia Nacional Constituinte Ulisses Guimarães na data da sua promulgação, 5 de outubro de 1988, em razão da ampla narração de direitos fundamentais, sociais e políticos.

[5] Para José Afonso da Silva as normas programáticas não geram direitos subjetivos imediatamente oponíveis, são normas que estabelecem apenas uma finalidade, um princípio e um norte ao doutrinador, mas não impõe propriamente ao legislador a tarefa de atuá-la, mas requer uma política pertinente à satisfação dos fins positivos nela indicados. Essas normas traçavam planos, promessas e apontavam um norte a ser buscado pelo Legislador do "futuro", mas têm fraca eficácia e, para a maioria da comunidade jurídica à época, não tim força para gerar direitos subjetivos que pudessem efetivamente serem exigidos perante o Poder Judiciário. Sobre essa classificação indispensável a leitura da obra de José Afonso da Silva. Por todas, vide: SILVA, José Afonso. *Aplicabilidade das Normas Constitucionais*. 8.ed. Malheiros. 2012.

[6] O direito à saúde, como visto, hoje tem a natureza de direito subjetivo reconhecida pela imensa maioria da doutrina e da jurisprudência e, como tal, pode quando ameaçado ilegalmente ensejar a tutela protetiva do Estado-juiz, por meio do remédio constitucional do Mandado de Segurança ou por outros instrumentos processuais. Ensina Germano Schwartz sobre o tema que "Com o reconhecimento normativo, doutrinário e jurisprudencial de que a saúde é direito fundamental do homem, temos que as normas constitucionais referentes à saúde são normas de aplicabilidade imediata e de eficácia plena". SCHWARTZ, Germano. *Direito à saúde*: efetivação em uma perspectiva sistêmica. Livraria do Advogado, 2001. p. 63

saúde, inclusive com a chamada assistência farmacêutica com o fornecimento de medicamentos.[7]

Logo nos primeiros anos após a promulgação da nova constituição, surgiram as primeiras ações visando ao fornecimento de medicamentos pelo Poder Público, inicialmente em pequeníssimo número e quase exclusivamente propostas por pessoas portadoras do vírus HIV, cujo custo dos, à época recém-criados, "coquetéis antivirais" impedia a maioria dessa população de ter acesso a esses novéis tratamentos.

A partir desse movimento, que se iniciou na década de 1990, muito se modificou no espaço de quase três décadas. As tímidas ações que em sua grande parte eram indeferidas pelo judiciário sob a alegação de impossibilidade de interferência em razão da separação dos poderes e da reserva do possível, passaram a fazer parte do dia a dia forense com imenso êxito para os demandantes, passando a ocupar o "ranking" das mais numerosas demandas contra as Fazendas Públicas de todos os entes federados.

Em curto espaço de tempo, as ações visando ao fornecimento de medicamentos se tornaram as grandes responsáveis pela formação do fenômeno denominado "Ativismo Judicial"[8] ou "Judicialização de Políticas Públicas".[9] Esse fenômeno criou crescente e sensível empoderamento do Poder Judiciário ao fazer valer as ordens judiciais contrárias, ou em descompasso de políticas públicas adotadas pela Administração Pública e, muitas vezes, suprimindo quadros de total ausência delas, ocupando os vácuos causados pelas omissões estatais.

Contudo, também há inúmeras críticas a respeito da atuação do Poder Judiciário em questões afetas ao controle e criação de políticas públicas, principalmente diante do constitucionalmente

---

[7] No artigo 196 da Constituição Federal, a prestação da saúde é definida como um dever do Estado e um direito de todos, reconhecendo a saúde como direito fundamental Do dever do Estado decorrem a obrigação de prestar serviços públicos de saúde e estabelecer ações para a efetivação e concretização da saúde estabelecendo o art. 198 essas ações e serviços sejam realizados por ação integrada, em um sistema único, de forma regionalizada e hierarquizada. A Lei nº 8.080/90 em seu art. 4º estabelece ainda que as ações e serviços de saúde sejam prestados por todas as instituições públicas federais, estaduais e municipais do Poder Público por meio de um Sistema Único de Saúde, o SUS, de forma gratuita e universal.

[8] Sobre o tema: RAMOS, Elival da Silva. *Ativismo Judicial – Parâmetros Dogmáticos*. 2. ed. Saraiva. 2015.

[9] BARROSO, Luís Roberto. *Judicialização, Ativismo Judicial e Legitimidade Democrática*. Disponível em: <http://www.direitofranca.br/direitonovo/FKCEimagens/file/ArtigoBarroso_para_Selecao.pdf>.

bem gizado Princípio da Separação das Funções do Poder Estatal (Separação dos Poderes); porém, parece-nos incontestável que o chamado "ativismo judicial" fez também surtir efeitos benéficos na Administração Pública, obrigando o Executivo a adotar medidas de otimização e eficiência de sua atuação nos últimos trinta anos, principalmente em campos em que a citada omissão estatal parecia estar fadada a prosperar de forma ininterrupta e injustificada.

Na área da saúde pública, a judicialização, em devidas proporções, foi coadjuvante ou ao menos "estimuladora" da adoção pelo Brasil de um sistema de proteção aos doentes infectados com o vírus HIV, conceituado pela crítica internacional como o mais bem-sucedido dentre os países em desenvolvimento.[10]

Contudo, também nos parece claro que um efeito absolutamente deletério surgiu desse fenômeno de "judicialização da saúde pública", que hoje atinge a totalidade dos entes federados com um alarmante número de ações judiciais que a cada ano cresce exponencialmente.

Essa realidade, que cresce de forma descontrolada, vem tomando um colorido acentuado e com perigosos desdobramentos.

A maior parte da jurisprudência atual reconhece a possibilidade de obtenção não só de tratamentos e medicamentos que deveriam ser fornecidos pelo SUS e não o são por omissão estatal, a chamada "faute du service", mas também de fármacos importados e até mesmo de tratamentos experimentais sem qualquer cautela ou parcimônia, bastando para tanto a mera apresentação de receituário médico e um breve relatório que justifica a escolha solitária de um profissional da saúde.

2 A livre escolha médica e o problema da fidelização

As prescrições médicas, muitas vezes realizadas com a apresentação de simplórios relatórios e receituários desprovidos

---

[10] THE ECONOMIST. "Brazil's AIDS programme. A conflict of goals. Helping patients, or science". 10 de maio de 2007. Disponível em: <http://www.economist.com/node/9154222/print>. "*No Developing country has had more success in tackling AIDS than Brazil. The World Bank predicted that by 2000 1.2m Brazilians would carry HIV, the virus that causes it, but prevention schemes have held the number to half that. Anyone who becomes infected—now 200,000 people—is entitled to free treatment with anti-retroviral drugs.*"

de comprovação documental de seu conteúdo, como a juntada de exames, laudos e afins, são todo o conjunto probatório a justificar as escolhas terapêuticas adotadas. Esses documentos unilateralmente elaborados tornaram-se, no mais das vezes, o único a ser juntado em uma ação judicial e, mesmo que emitidos por um único profissional, não raramente são interpretados pelo Judiciário como sendo de teor incontestável e valor inquestionável.

Ao contrário do que a praxe forense nos faz crer, o valor do receituário médico como meio de prova deve ser absolutamente relativo, como o é em toda e qualquer prova, dependendo essencialmente da fundamentada apreciação do magistrado no caso em concreto como forma de ser dado o seu devido valor na comprovação dos fatos alegados no processo, na forma como preceitua o artigo 371 do Código de Processo Civil de 2015.[11]

Contudo, longe de ser essa a realidade forense que na maioria das ações confere aos documentos médicos juntados pelos autores um caráter diferenciado a ponto de considerar inadmissíveis (ou nem sequer conhecidas) provas em sentido contrário à discricionária atuação do profissional médico com o seu paciente, mesmo quando destoantes ou contrárias à aplicação da medicina baseada em evidências,[12] tornando a palavra do médico muitas vezes superior à do próprio magistrado e decisiva no deslinde da causa.

O fornecimento de medicamentos e tratamentos não constantes de protocolos administrativos[13] ou a importação ou

---

[11] Art. 371. O juiz apreciará a prova constante dos autos, independentemente do sujeito que a tiver promovido, e indicará na decisão as razões da formação de seu convencimento.

[12] A Lei nº 12.401, de 28 de abril de 2011, adota expressamente a necessidade de que a incorporação de tratamentos, medicamentos e toda ordem de materiais custeados pelo SUS seja baseada exclusivamente na medicina baseada em evidências. Tal entendimento também foi reproduzido no Enunciado de número 59 adotado na Segunda Jornada da Saúde realizada pelo Conselho Nacional de Justiça no ano de 2015; contudo, parecem ser esses dispositivos sumaria e reiteradamente ignorados nas ordens judiciais que permitem a livre escolha pela parte de quaisquer tratamentos, bem como determinam o fornecimento de medicamentos e tratamentos experimentais ao arrepio das normas relativas a pesquisas e sem a devida cautela sanitária da aprovação pela ANVISA. Trataremos novamente sobre o assunto adiante.

[13] Por todos vide: SEGURO SAÚDE. Ação de obrigação de fazer c.c. indenização por danos morais. Autor portador de câncer de próstata com metástase. Recusa da seguradora em fornecer o medicamento ENZALUTAMIDE ("Xtandy") prescrito pelo médico do autor para tratamento de quimioterapia. Inadmissibilidade. *Existência de expressa indicação médica para o medicamento. Irrelevância de não constar o medicamento do rol da ANS. Incidência das Súmulas 95 e 102 do TJSP*. Medicamento que passou a integrar o rol da ANS após a prolação da sentença. Litígio de baixa complexidade. Inexistência de condenação

compra de medicamentos não aprovados pelos órgãos sanitários, sob o pretexto onipresente de salvar vidas, e fundamentada de forma solitária e exclusiva na opinião de um médico não pode, em nosso entendimento, se contrapor a um arcabouço técnico amplamente reconhecido de órgãos que encontram no mesmo texto constitucional que o artigo 196 os fundamentos para sua competência; contudo, como diversas vezes explicitado, nosso entendimento está longe de ser majoritário, sendo quase pacífica a adoção dos documentos médicos como exclusiva fonte de decisão.[14]

---

em pagar quantia certa. Redução dos honorários advocatícios. Arbitramento com base no art. 20, § 4º do CPC. RECURSO PARCIALMENTE PROVIDO. (TJSP, Ap. nº 009488-07.2015.8.26.0011, 3ª Câmara de Direito Privado, Rel. Des. ALEXANDRE MARCONDES, j. 03/02/2016). E ainda, "OBRIGAÇÃO DE FAZER. Medicamentos. Fornecimento pelo Estado. *A saúde é direito de todos e dever do Estado, que deve oferecer atendimento integral e irrestrito, não cabendo à Administração Pública eximir-se desta obrigação por qualquer justificativa.* Assim, o fornecimento do medicamento requerido, por ser o mais adequado às necessidades do autor, tem por finalidade dar efetividade a um dos fundamentos do Estado Democrático de Direito, qual seja: a dignidade da pessoa humana (artigo 1º, inciso III, da Constituição Federal), tutelando-se, por conseguinte, os direitos à vida e à saúde dos cidadãos (artigo 5º, *caput* e 196). Reforma da sentença de improcedência. RECURSO PROVIDO." (TJSP, Ap. nº 1000131-10.2016.8.26.0547, 11ª Câmara de Direito Público, Rel. Des. JARBAS GOMES, j. 18/10/2016 (destaques do autor).

[14] No mesmo sentido do autor com postura contramajoritária podemos citar: ADMINISTRATIVO E PROCESSUAL CIVIL. RECURSO ORDINÁRIO EM MANDADO DE SEGURANÇA. FORNECIMENTO DE MEDICAMENTO. ESQUIZOFRENIA PARANÓIDE. PRETENSÃO DE NÃO TER SUBSTITUÍDO UM MEDICAMENTO ESPECÍFICO (LEPONEX) POR OUTRO SIMILAR (LIFALCLOZAPINA), CUJOS PRINCÍPIOS ATIVOS SÃO OS MESMOS. AUSÊNCIA DE PROVA PRÉ-CONSTITUÍDA QUE INDIQUE A IMPROPRIEDADE DA SUBSTITUIÇÃO. DIREITO LÍQUIDO E CERTO NÃO DEMONSTRADO. 1. A discussão se limita em saber se o impetrante, vitimado pela esquizofrenia paranóide, tem direito líquido e certo de receber o medicamento Leponex, ao invés do medicamento similar Lifalclozapina, embora o princípio ativo de ambos seja o mesmo, a clozapina. 2. A concessão do mandado de segurança exige que o impetrante, por meio de prova pré-constituída, demonstre ter direito líquido e certo à pretensão que persegue, não sendo apropriado ao seu rito a solução de controvérsias que exigem dilação probatória. 3. No caso dos autos, conquanto seja incontroverso o direito de o impetrante ter acesso ao medicamento indicado à sua enfermidade (clozapina), o fato é que o pretendido direito de não ter substituído o medicamento Leponex pelo Lifalclozapina é controverso e necessita ser demonstrado por meio de dilação probatória. 4. A pretensão do impetrante deve ser perseguida por meio das vias ordinárias próprias, e não por meio do mandado de segurança, uma vez que não há prova pré-constituída que demonstre o direito ao recebimento de um medicamento específico, ao invés de seu similar. 5. Recurso ordinário não provido. (RMS 31775/RS, Rel. Ministro BENEDITO GONÇALVES, PRIMEIRA TURMA, julgado em 05/08/2010, DJ e 13/08/2010). ADMINISTRATIVO E PROCESSUAL CIVIL. RECURSO ORDINÁRIO EM MANDANDO DE SEGURANÇA. FORNECIMENTO DE MEDICAMENTO DE ALTO CUSTO (ARIPIPRAZOL – ANTIPSICÓTICO; NOME COMERCIAL: ABILIFY). NÃO COMPROVAÇÃO DO DIREITO LÍQUIDO E CERTO. AUSÊNCIA DE PROVA PRÉ-CONSTITUÍDA A RESPEITO DA IMPRESCINDIBILIDADE DO MEDICAMENTO. 1. Recurso ordinário em mandado de segurança no qual se discute

Essa liberdade de atuação médica cuja mera declaração, pouco ou nada fundamentada, faz abrir as portas da ordem judicial e, assim também dos cofres públicos, fez surgir o interesse não só de parte da indústria farmacêutica, mas de uma verdadeira rede de interesses que é alimentada por esse movimento crescente da judicialização da saúde.

o fornecimento de medicamento de alto custo ao impetrante, embora não haja comprovação de que outros medicamentos fornecidos pelo Sistema Único de Saúde – SUS não lhe sirvam. 2. Embora o laudo emitido por médico particular possa ser qualificado como elemento de prova (v.g.: AgRg no Ag 1107526/MG, Rel. Ministro Mauro Campbell Marques, Segunda Turma, DJe 29/11/2010; AgRg no Ag 1194807/MG, Rel. Ministro Luiz Fux, Primeira Turma, DJe 01/07/2010), no caso do presente mandado de segurança, não houve a comprovação, por meio de prova pré-constituída, de que outros medicamentos fornecidos pelo Sistema Único de Saúde – SUS não serviriam ao impetrante. Dessa forma, não há como reconhecer o alegado direito líquido e certo, porquanto o laudo médico juntado aos autos não é suficiente para sua configuração. Precedentes: RMS 26.600/SE, Rel. Ministro Arnaldo Esteves Lima, Primeira Turma, DJe 23/02/2011; RMS 31.775/RS, Rel. Ministro Benedito Gonçalves, Primeira Turma, DJe 13/08/2010; RMS 28.962/MG, Rel. Ministro Benedito Gonçalves, Primeira Turma, DJe 03/09/2009; RMS 28.338/MG, Rel. Ministra Eliana Calmon, Segunda Turma, DJe 17/06/2009). 3. Recurso ordinário não provido. (RMS 33463/MG, Rel. Ministro BENEDITO GONÇALVES, PRIMEIRA TURMA, julgado em 20/10/2011, DJe 26/10/2011) EMENTA ADMINISTRATIVO E PROCESSUAL CIVIL. RECURSO ORDINÁRIO EM MANDADO DE SEGURANÇA. FORNECIMENTO DE MEDICAMENTO. DIABETE MELLITUS. PRETENSÃO MANDAMENTAL APOIADA EM LAUDO MÉDICO PARTICULAR. AUSÊNCIA DE DIREITO LÍQUIDO E CERTO. NECESSIDADE DA PROVA SER SUBMETIDA AO CONTRADITÓRIO PARA FINS DE COMPROVAÇÃO DA INEFICÁCIA OU IMPROPRIEDADE DO TRATAMENTO FORNECIDO PELO SISTEMA ÚNICO DE SAÚDE. INADEQUAÇÃO DA VIA ELEITA. 1. O recurso ordinário foi interposto contra acórdão do Tribunal de Justiça do Estado de Minas Gerais, que denegou o mandado de segurança por meio do qual a impetrante objetiva compelir a autoridade indigitada coatora a fornecer-lhe medicamentos e insumos para o tratamento de Diabete Mellitus. 2. O Supremo Tribunal Federal, após realização de audiência pública sobre a matéria, no julgamento da SL N. 47/PE, ponderou que o reconhecimento do direito a determinados medicamentos deve ser analisado caso a caso, conforme as peculiaridades fático-probatórias, ressaltando que, "em geral, deverá ser privilegiado o tratamento fornecido pelo SUS em detrimento de opção diversa escolhida pelo paciente, sempre que não for comprovada a ineficácia ou a impropriedade da política de saúde existente". 3. Laudo médico particular não é indicativo de direito líquido e certo. Se não submetido ao crivo do contraditório, é apenas mais um elemento de prova, que pode ser ratificado, ou infirmado, por outras provas a serem produzidas no processo instrutório, dilação probatória incabível no mandado de segurança. 4. Nesse contexto, a impetrante deve procurar as vias ordinárias para o reconhecimento de seu alegado direito, já que o laudo médico que apresenta, atestado por profissional particular, sem o crivo do contraditório, não evidencia direito líquido e certo para o fim de impetração do mandado de segurança. 5. A alegativa da impetrante – de que o pedido ao SUS para que forneça seringas, lancetas e fitas reagentes impõe um longo processo burocrático incompatível com a gravidade da doença – demanda dilação probatória não admitida no rito do mandado de segurança, já que autoridade coatora afirmou que fornece gratuitamente esses utensílios, mediante simples requerimento no posto credenciado. 6. Recurso ordinário não provido. (STJ – 2ª Turma – RMS 30.764 – Rel. Min. Castro Meira – DJE 26.12.2012).

A certeza da vitória em ações de medicamentos chega a mais de 90% (noventa por cento) dos casos,[15] ao que parece tendo o Poder Judiciário adotado uma política de "concessão de tudo para todos", com a adoção da máxima de que a vida humana não tem valor e entre as contas públicas e a saúde de quem está demandando em Juízo, este último direito sempre haverá de prevalecer.

Tal entendimento foi adotado pelo Ministro Celso de Melo em julgamento realizado no ano de 1997 e repetido à exaustão desde então:

> Entre proteger a inviolabilidade do direito à vida, que se qualifica como direito subjetivo inalienável assegurado pela própria Constituição da República (art. 5º, *caput*), ou fazer prevalecer, contra essa prerrogativa fundamental, um interesse financeiro e secundário do Estado, entendo – uma vez configurado esse dilema – que razões de ordem ético-jurídica impõem ao julgador uma só e possível opção: respeito indeclinável à vida.[16]

O raciocínio apontado pelo atual decano do Supremo Tribunal Federal parece irretocável do ponto de vista ético e moral e, evidentemente, o mais correto quando se trata de adoção de uma "microjustiça", no sentido de adoção de uma decisão isolada a ser adotada em um caso concreto. Contudo, em nosso entendimento os argumentos utilizados não podem resistir às mesmas ponderações quando colocados diante de um universo de milhões de ações judiciais[17] visando ao mesmo objetivo, e de

---

[15] Recente pesquisa realizada pela equipe formada pelo Professor da Queen Mary University of London Daniel Wang, ainda não publicada, aponta para um número ainda superior a esse em determinados entes federados.

[16] "Entre proteger a inviolabilidade do direito à vida, que se qualifica como direito subjetivo inalienável assegurado pela própria Constituição da República (art. 5º, *caput*), ou fazer prevalecer, contra essa prerrogativa fundamental, um interesse financeiro e secundário do Estado, entendo – uma vez configurado esse dilema – que razões de ordem ético-jurídica impõem ao julgador uma só e possível opção: respeito indeclinável à vida . Ministro Celso de Mello, voto vencedor, Pet .1246 /MC/SC, 31 de janeiro de 1.997 . STF/ Supremo Tribunal Federal

[17] Segundo a matéria jornalística do jornal "O tempo", somente no estado de Minas Gerais duas pessoas por hora ingressam com ações judiciais versando sobre tratamentos de saúde. Esse número passa da ordem de 77 mil ações somente naquele estado nos últimos três anos. Os números referentes à União, aos 26 estados e o Distrito Federal e aos mais de 5 mil municípios não são passíveis de um seguro dimensionamento, mas certamente já passaram da casa do milhão. O mais alarmante é que esses números crescem em velocidade impressionante, tendo em três anos subido 84,5% somente no estado mineiro. Conferir em: <http://www.otempo.com.br/cidades/duas-pessoas-cobram-aux%C3%ADliom%C3%A9dico-na-justi%C3%A7a-a-cada-hora-1.1467978>.

forma absolutamente desarrazoada e sem qualquer limite – como ocorre vinte anos após a sua prolação – em especial diante da realidade de que os recursos públicos são finitos e devem atender inúmeras demandas vindas de toda a população, em especial, quando se tem em mente que a prestação de saúde pública não se resume ao fornecimento de medicamentos, mas engloba um sem número de políticas como o saneamento básico, a saúde preventiva, além de toda estrutura hospitalar, de vacinação, de saúde da família e uma lista infindável de ações que extrapolam em muito a assistência farmacológica.

Por outro lado, a certeza da vitória judicial trouxe ao cenário da judicialização da saúde uma verdadeira rede de interesses. Por trás desse viciado sistema que adotou um *modus* de pacífica e repetitiva obtenção de liminares e provimentos jurisdicionais desponta o imenso interesse da indústria farmacêutica na obtenção de lucros bilionários, ávida por alavancar ainda mais as suas vendas e, ao lado dela, uma rede de representantes comerciais, associações, médicos e advogados que se utilizam dessa estrutura.

Surgiu com o fenômeno da judicialização o que se denominou de forma pejorativa de "fidelização" entre os médicos, indústria farmacêutica e associações de doentes, na busca não do melhor tratamento para os pacientes, mas daquele que atenderá aos anseios particularizados de cada um desses atores.[18]

Essa atuação médica parece ainda mais gravosa em se tratando de medicamentos experimentais. Conferir à declaração de apenas um médico a força capaz de afastar "entraves" como a obrigatoriedade de registro junto aos órgãos sanitários (leia-se aprovação da ANVISA) faz ruir todo o arcabouço jurídico-protetivo conquistado nos últimos setenta anos, colocando em evidente risco a vida e a saúde do paciente e de um sem número de pessoas que

---

[18] Esse movimento é denunciado pela própria comunidade médica e pelos conselhos dos profissionais da saúde. Por todas as denúncias que surgem em acelerada medida vejam: "PAPAGAIOS-CIENTÍFICOS. Profissionais criticam relação promíscua com laboratórios, calcada em benefícios pessoais. Médicos denunciam favores de laboratórios". De Cláudia Collucci. Disponível em: <http://www1.folha.uol.com.br/fsp/cotidian/ff2908200501.htm>. "Indústria farmacêutica age como o crime organizado, diz pesquisador" também de Cláudia Collucci, disponível em: <http://www1.folha.uol.com.br/equilibrioesaude/2016/11/1832841-industria-farmaceutica-age-como-o-crime-organizado-diz-pesquisador.shtml>.

pode ser afetado pelos deletérios e perigosos efeitos que um fármaco não testado pode causar.[19] Apesar de todo rigor técnico trazido pelo ordenamento jurídico, o número de medicamentos experimentais dispensados por meio de ordens judiciais só vem aumentando em curva geométrica a cada ano, gerando um fato sem precedentes históricos, a substituição do rigorismo médico científico das experiências farmacológicas pela cognição individualizada e sem técnica (ao menos do ponto de vista sanitário e farmacológico) da sentença judicial.

Nos dias atuais são incontáveis as ordens judiciais que exigem a realização de importações e a dispensação forçada de fármacos por parte dos entes públicos sem que esses medicamentos passem previamente por todas as fases e critérios exigidos pela cautela científica e pelas normas que regem as pesquisas em humanos e a comercialização de medicamentos, dando as costas para uma legislação internacional que teve como único objetivo a máxima proteção da dignidade humana.[20]

Somente com a dispensação de medicamentos importados e experimentais sem registro na ANVISA a União gastou no ano de 2016 a quantia espantosa de um bilhão de reais para o atendimento

---

[19] Em nosso artigo "A regulamentação de pesquisas envolvendo seres humanos, o registro de medicamentos experimentais pela ANVISA e judicialização da saúde pública" apontamos que após a Segunda Guerra Mundial diversos foram os avanços na busca de uma legislação internacional que protegesse a sociedade dos riscos que envolvem as pesquisas médicas, tanto no que tange às pessoas que se submetem às pesquisas, quanto aos possíveis efeitos danosos que são inerentes a todos os medicamentos. Em: Teoria Geral do Processo Administrativo, Verbatim, 2014, Org. SERRANO, Mônica de Almeida Magalhães. MORAES, José Luiz Souza de.

[20] Em 1964 na Finlândia durante a 18ª Assembleia Geral da World Medical Association – WMA, foi realizado o primeiro fórum internacional para a regulamentação de pesquisas médicas com seres humanos. A esta normatização internacional deu-se o nome de Declaração de Helsinque. Esse documento sofreu diversas alterações durante as últimas décadas sendo a mais recente datada de 2008 e, por muitos, é considerada ao lado do Código de Nuremberg a gênese da bioética e o principal instrumento de regulação internacional dos padrões mínimos da ética e controle científico de experiências em seres humanos. 59th WMA General Assembly, Seoul, Korea, em outubro de 2008. A corrente versão de 2008 substituiu todas as anteriores devendo ser a única citada, exceto por questões de ordem histórica. Em âmbito internacional também tratam sobre a proteção dos seres humanos e a medicina, ao menos de forma indireta, a Declaração dos Direitos do Homem (1948), o Acordo Internacional sobre Direitos Civis e Políticos (ONU, 1966, aprovado pelo Congresso Nacional Brasileiro em 1992), as Propostas de Diretrizes Éticas Internacionais para Pesquisas Biomédicas Envolvendo Seres Humanos (CIOMS/OMS 1982 e 1993) e as Diretrizes Internacionais para Revisão Ética de Estudos Epidemiológicos (CIOMS, 1991).

de menos de duzentos pacientes, gerando para um pequeno número de agentes (médicos, advogados, importadores e medicamentos e laboratórios fabricantes) um lucro sem precedentes e um acesso simplificado a uma grande soma de dinheiro público.

3 Os tratamentos experimentais e a judicialização da saúde[21]

O direito à saúde, como todo e qualquer direito, não pode ser exercido de forma absoluta e irrestrita, pois como é cada vez mais notório, nem mesmo o direito à vida se mostra um direito absoluto no ordenamento jurídico.

O Ministério da Saúde apresenta de forma constante e atualizada a Relação Nacional de Medicamentos Essenciais (Rename), uma lista de medicamentos que deve atender às necessidades de saúde prioritárias da população brasileira, como uma das estratégias da política de medicamentos da Organização Mundial da Saúde (OMS) para promover o acesso e uso seguro e racional de medicamentos. Foi adotada há mais de 25 anos, em 1978, pela OMS e continua sendo norteadora de toda a política de medicamentos da Organização e de seus países membros.[22]

No âmbito dos Estados, o fornecimento do Componente Especializado da Assistência Farmacêutica (CEAF) é uma estratégia

---

[21] Tratamos de forma mais aprofundada sobre o tema de medicamentos experimentais em nosso artigo "A regulamentação de pesquisas envolvendo seres humanos, o registro de medicamentos experimentais pela ANVISA e judicialização da saúde pública" in Teoria Geral do Processo Administrativo, Verbatim, 2014, Org. SERRANO, Mônica de Almeida Magalhães. MORAES, José Luiz Souza de.

[22] "A Relação Nacional de Medicamentos Essenciais (Rename) é uma lista de medicamentos que deve atender às necessidades de saúde prioritárias da população brasileira. Deve ser um instrumento mestre para as ações de assistência farmacêutica no SUS. Relação de medicamentos essenciais é uma das estratégias da política de medicamentos da Organização Mundial da Saúde (OMS) para promover o acesso e uso seguro e racional de medicamentos. Foi adotada há mais de 25 anos, em 1978, pela OMS e continua sendo norteadora de toda a política de medicamentos da Organização e de seus países membros. (...) , Esta Relação é constantemente revisada e atualizada pela Comissão Técnica e Multidisciplinar de Atualização da Rename (Comare), instituída pela Portaria GM nº 1.254/2005, e composta por órgãos do governo, incluindo instâncias gestoras do SUS, universidades, entidades de representação de profissionais da saúde." Disponível em: <http://www.cff.org.br/pagina.php?id=140>.

de acesso a medicamentos no âmbito do SUS, caracterizado pela busca da garantia da integralidade do tratamento medicamentoso, em nível ambulatorial.[23]

Portanto, há inúmeros casos em que o fornecimento de medicamentos e tratamentos são formalmente previstos pelo próprio Estado, por meio de atos administrativos que indicam drogas, dosagens e, em especial, protocolos de tratamento para cada doença listada.[24]

Diante de tais casos, a omissão estatal em não entregar ao particular aquilo que a própria Administração Pública prevê como necessário é patente e configura verdadeiro atentado ao direito fundamental previsto não só no artigo 196 da Constituição da República, mas também em todas as normas legais e infralegais que preveem a obrigação de fornecimento.

Contudo, o avanço da medicina parece caminhar em ritmo distinto daquele impresso pelo Poder Público. A indústria farmacêutica é pródiga na criação de novos medicamentos, com custos

---

[23] Sobre o programa de Componente Especializado da Assistência Farmacêutica no Estado de São Paulo "Componente Especializado da Assistência Farmacêutica (CEAF) é uma estratégia de acesso a medicamentos no âmbito do SUS, caracterizado pela busca da garantia da integralidade do tratamento medicamentoso, em nível ambulatorial, cujas linhas de cuidado estão definidas em publicados Protocolos Clínicos e Diretrizes Terapêuticas (PCDT), publicadas pelo Ministério da Saúde. Os medicamentos que fazem do Componente estão divididos em três grupos, com características, responsabilidades e formas de organização distintas. Estes grupos são definidos de acordo com os seguintes critérios: I – complexidade do tratamento da doença; II – garantia da integralidade do tratamento da doença no âmbito da linha de cuidado; e III – manutenção do equilíbrio financeiro entre as esferas de gestão do SUS. Grupo 1: I – maior complexidade da doença a ser tratada ambulatorialmente; II – refratariedade ou intolerância a primeira e/ou a segunda linha de tratamento; III – medicamentos que representam elevado impacto financeiro para o CEAF; IV – medicamentos incluídos em ações de desenvolvimento produtivo no complexo industrial da saúde. Este grupo subdivide-se em: Grupo 1A: medicamentos financiados e adquiridos pelo Ministério da Saúde; Grupo 1B: medicamentos financiados pelo Ministério da Saúde e adquiridos pela Secretaria de Estado da Saúde de São Paulo. Grupo 2: I – menor complexidade da doença a ser tratada ambulatorialmente em relação aos elencados no Grupo 1; II – refratariedade ou intolerância à primeira linha de tratamento. Estes medicamentos são financiados e adquiridos pela Secretaria de Estado da Saúde de São Paulo. Grupo 3: I – fármacos constantes na Relação Nacional de Medicamentos Essenciais vigente, considerados como a primeira linha de cuidado para o tratamento das doenças contempladas no CEAF. Estes medicamentos estão sob responsabilidade das Secretarias Municipais de Saúde, no âmbito do Componente Básico da Assistência Farmacêutica. O CEAF é regulamentado pelas Portarias GM/MS nº 1.554, de 30 de julho de 2013 e nº 1.996, de 11 de setembro de 2013". Disponível em: <http://www.saude.sp.gov.br/ses/perfil/gestor/assistencia-farmaceutica/medicamentos-dos-componentes-da-assistencia-farmaceutica/medicamentos-do-componente-especializado-da-assistencia-farmaceutica/o-que-e>.

[24] BANTA, H.D. The development of health technology assessment. Health Policy, v. 63, p. 121-132, 2003.

cada vez mais elevados e cuja melhoria da eficácia do tratamento muitas vezes é controversa, ínfima, ou não demonstra uma boa relação de custo/benefício ou benefício/riscos à saúde do paciente.

A Lei nº 12.401, de 28 de abril de 2011, criou a Comissão Nacional de Incorporação de Tecnologias no SUS. A Conitec foi criada para regular a assistência terapêutica e a incorporação de tecnologia em saúde no âmbito do Sistema Único de Saúde e tem por objetivo assessorar o Ministério da Saúde nas atribuições relativas à incorporação, exclusão ou alteração de tecnologias em saúde pelo SUS, bem como na constituição ou alteração de Protocolos Clínicos e Diretrizes Terapêuticas.

Cabe aos órgãos públicos, portanto, adotando critérios transparentes, analisar a incorporação de tecnologias baseadas em evidências, levando em consideração aspectos como eficácia, acurácia, efetividade e a segurança da tecnologia, além da avaliação econômica comparativa dos benefícios e dos custos em relação às tecnologias já existentes. A lei ainda estabelece a exigência do registro prévio do produto na Agência Nacional de Vigilância Sanitária (ANVISA) para que este possa ser avaliado para a incorporação no SUS.[25]

A Lei nº 12.401/2011 estabeleceu que a assistência terapêutica integral é limitada ao fornecimento dos medicamentos previstos nos protocolos clínicos incorporados ao SUS, pois ao se delinear uma política pública de saúde, é preciso avaliar se a prestação terapêutica em exame, além de segura e eficaz, é passível de extensão a toda a população, o que dependerá, dentre outros fatores, da avaliação do seu custo, do número de potenciais beneficiários, dos recursos disponíveis e do custo das demais prestações a serem oferecidas aos administrados. Esse juízo técnico, parece estar adstrito aos órgãos competentes para planejar e definir os contornos da política pública na área de saúde e não o magistrado.

Evidente que os direitos subjetivos da parte previstos no art.196 podem encontrar limites na legislação e em atos infralegais como os acima apontados, mas também é evidente que no caso em concreto o magistrado observando um descompasso, a

---

[25] Mais informações disponíveis no site <http://conitec.gov.br/>.

ausência de harmonia entre esses dispositivos, poderá declarar incidentalmente a inconstitucionalidade desses. Porém, tornou-se prática institucionalizada a omissão dessa "operação" de declaração de inconstitucionalidade, que deve ser expressa, fundamentada e, no caso de órgãos colegiados deve respeitar o Princípio da Reserva de Plenário. No dia a dia forense a prática é a denominada declaração em branco de inconstitucionalidade,[26] em que julgando apenas com base em princípios, o magistrado afasta ou omite a existência de norma infralegal e aplica aquilo que compreende ser a norma constitucional sem qualquer limitação.

Entretanto, a parte deve comprovar por meio amplo e fundamentado, a real necessidade de obter tratamentos que não foram incorporados pelos órgãos de regulação que têm competência constitucional para isso, vez que é proibida a comercialização de medicamentos experimentais por evidente risco à proteção da vida e à saúde pública, além de haver evidente afronta a Lei federal nº 9.782/99 que considera medicamentos de uso humano apenas os produtos submetidos a controle e fiscalização da ANVISA, com prática de uma infração sanitária.

O registro de novos medicamentos drogas e insumos farmacêuticos está condicionado à satisfação de diversos requisitos específicos, tendo como o mais importante a comprovação científica e de análise de sua segurança e eficácia para o uso proposto pelo fabricante, em especial para os produtos considerados novos.

Para o registro das drogas, medicamentos e insumos farmacêuticos importados dependerá da comprovação de que já é registrado no país de origem, além das exigências necessárias para a aprovação de novos fármacos. Além disso, deverão ser comprovadas as indicações, contraindicações e advertências apresentadas para efeito de registro no país de origem.

---

[26] Em nosso entendimento, há patente ilegalidade na prática acima apontada e não pode ser satisfatoriamente aplicada em razão do total desrespeito a normas constitucionais que regulam o exercício do controle de constitucionalidade difuso, isto é, realizado por qualquer juiz de forma incidental no processo, bem como, atenta à chamada cláusula de reserva de plenário, que exige que a maioria absoluta dos votos dos colegiados para a declaração de inconstitucionalidade. Tal regra está prevista no Art. 97 da Constituição da República: "Somente pelo voto da maioria absoluta de seus membros ou dos membros do respectivo órgão especial poderão os tribunais declarar a inconstitucionalidade de lei ou ato normativo do Poder Público".

Inspirado nos modelos das agências reguladoras norte americana FDA – Food and Drug Administration, e europeia EMA – European Medicines Agency foi criada em 1999, por meio de lei específica a Agência Nacional de Vigilância Sanitária, ANVISA, Lei n° 9782/99.[27] Todas as pesquisas clínicas a serem conduzidas no Brasil com medicamentos ou produtos para a saúde passíveis de registro sanitário necessitam de autorização da ANVISA para sua comercialização. Tanto é assim que a Lei federal nº 9.782/99 considera medicamentos de uso humano apenas os produtos submetidos a controle e fiscalização da ANVISA.

Não sendo o medicamento registrado no Brasil, não existe sobre ele qualquer controle ou estudo a respeito de seus benefícios ou malefícios, pois sendo um novo recurso terapêutico, sua eficiência e segurança ainda não foram sequer avaliadas pelo Ministério da Saúde, pela ANVISA ou qualquer outro órgão sanitário que garanta com a mínima evidência científica o grau de lesividade que o fármaco possa causar ao paciente ou a toda população.

Contudo, como diversas vezes aqui afirmado, não é essa a práxis das ações da judicialização da saúde, vez que, para a felicidade da indústria farmacêutica e de outros agentes envolvidos nesses casos, são bilionárias as cifras em ações versando[28] sobre medicamentos experimentais, que não se sujeitaram ou foram reprovados no registro da ANVISA.

4 A fidelização, as fraudes, e a atuação da Advocacia Pública no estado de São Paulo

Antes de tudo, é necessário ter a cautela de afirmar que as fraudes em ações de saúde são uma absoluta exceção à regra e que

---

[27] Art. 3º Fica criada a Agência Nacional de Vigilância Sanitária (ANVISA), autarquia sob regime especial, vinculada ao Ministério da Saúde, com sede e foro no Distrito Federal, prazo de duração indeterminado e atuação em todo território nacional. (Redação dada pela Medida Provisória nº 2.190-34, de 2001)
Parágrafo único. A natureza de autarquia especial conferida à Agência é caracterizada pela independência administrativa, estabilidade de seus dirigentes e autonomia financeira.

[28] Disponível em: <https://noticias.uol.com.br/saude/ultimas-noticias/redacao/2017/04/06/gasto-com-10-remedios-mais-pedidos-na-justica-para-o-sus-chega-a-r-1-bi.htm>.

a repetição de ações versando sobre o assunto, no mais das vezes, ocorre em razão de uma benéfica especialização de advogados nessa seara, que sempre se portam com honestidade e visando ao bem-estar de seus clientes na busca da efetivação de um direito constitucional expressamente reconhecido, fazendo frente a uma não rara omissão estatal.

Contudo, também não são raros os casos em que é reconhecida a repetição de inúmeros casos versando sobre as mesmas doenças, com prescrições de mesmos médicos[29] que de forma muito semelhante prescrevem os mesmos medicamentos. Essas ações são promovidas por um pequeno grupo de mesmos advogados também com alegações em tudo semelhantes. Dessa conjunção de agentes, sempre versando sobre os mesmos fatos, buscando os mesmos medicamentos surge o fenômeno da fidelização.

Para que possamos bem gizar o campo dessa forma deletéria de atuação é necessário trazermos à tona os dados revelados por uma pesquisa realizada pelo Conselho Regional de Medicina do Estado de São Paulo no ano de 2010, que revelou que 93% dos médicos afirmam ter recebido, nos últimos 12 meses, produtos, benefícios ou pagamento da indústria em valores até R$ 500,00 (quinhentos reais) e que outros 37% declaram que ganharam presentes de maior valor, desde cursos a viagens para congressos internacionais, gerando o absurdo fato de que quatro em cada cinco médicos recebem visita de fabricantes e desses, 48% indicam remédios sugeridos pela indústria.[30]

Há, portanto, um campo de difícil diferenciação daquilo que aparenta ser o exercício de um direito a obter a tutela ao dever do Estado em prestar uma obrigação constitucional de saúde, da realização de um conluio entre partes para obter vantagens indevidas em desfavor dos cofres públicos.

---

[29] Pesquisa realizada pela Cremesp (Conselho Regional de Medicina do Estado de SP) revelou que 93% dos médicos afirmam ter recebido, nos últimos 12 meses, produtos, benefícios ou pagamento da indústria em valores até R$ 500. Outros 37% declaram que ganharam presentes de maior valor, desde cursos a viagens para congressos internacionais.

[30] Os dados foram revelados em matéria do Jornal "A Folha de São Paulo" em 31 de maio de 2010, com o título "Quase metade dos médicos receita o que fábrica indica". Disponível em: <http://www1.folha.uol.com.br/fsp/cotidian/ff3105201001.htm>.

Apesar dessa difícil diferenciação, casos gritantes foram detectados pela Coordenadoria Judicial de Saúde Pública,[31] órgão da Procuradoria-Geral do Estado especializado em ações versando sobre a saúde.

A Coordenadoria foi criada diante da necessidade de atuação diferenciada dos órgãos estatais e da percepção de que o direito à saúde não se realiza individualmente, mas por meio da efetivação de políticas públicas que alcancem a população como um todo.

O órgão foi criado visando a estabelecer de forma permanente a parceria entre, a princípio, duas instituições: a Procuradoria-Geral do Estado e a Secretaria do Estado da Saúde com o fim de uma maior especialização na matéria da judicialização e uma leitura conjunta das obrigações estatais.

Desde o início dessa parceria foram estabelecidos mecanismos de controle dos produtos e de ações judiciais e a busca pela identificação dos motivos pelos quais a "judicialização" ocorre e quem são seus principais atores.

Por outro lado, a parceria entre entes da Administração Pública não parece se restringir apenas a essas duas pastas, sendo necessário o tratamento do tema da judicialização da saúde como uma verdadeira questão de Estado em que todos os órgãos devem atuar de forma conjunta e inteligente.

Não por outro motivo, senão o da cooperação entre órgãos do Estado, é que foi revelado um dos mais emblemáticos casos de fraude em ações visando a medicamentos, a operação policial denominada "Garra Rufa", deflagrada na região de abrangência do Departamento Regional de Saúde de Marília (DRS IX), no dia 31 de agosto de 2008 e cuja primorosa investigação foi realizada pela Polícia Civil da Delegacia Seccional daquele município.

Foi apurado nessa investigação que três laboratórios farmacêuticos pagavam vantagens em dinheiro (e outros favores como custeio de viagens, reformas em clínicas, e até pagamento do curso de medicina para um dos filhos de um dos envolvidos), a fim de que uma Organização não Governamental de tratamento a

---

[31] Esse órgão conta com a coordenação geral do Procurador do Estado Luiz Duarte de Oliveira que sem qualquer margem de dúvida é o maior idealizador da atuação estatal na atuação no fenômeno da judicialização da saúde.

pessoas com psoríase, um médico e diversos advogados criassem artificialmente e ilicitamente demandas para o fornecimento de caríssimos medicamentos imunobiológicos que eram custeadas pelo estado de São Paulo.

O esquema criminoso consistia no pagamento de propina por representantes comerciais dos laboratórios para um médico prescritor, funcionários de uma associação de doentes e para advogados que promoviam as ações.

A associação capitaneava pacientes por meio de programas e campanhas de auxílio a doentes e solicitava documentação pessoal, inclusive com a colheita de assinatura em procuração judicial a fim de que fossem propostas ações, omitindo o fato de essas seriam propostas para o fornecimento de medicamentos em seus nomes.

O médico dermatologista fornecia receitas médicas e relatórios padronizados, mesmo a realização de qualquer exame ou análise dos pacientes, tendo transformado estatisticamente (de forma falsa e artificial) a região de Marília em uma região epidêmica em psoríase devido ao elevadíssimo número de casos da doença que foram relatados.

Alguns advogados atuaram com total ciência de como se engendrou o esquema fraudulento e recebiam por cada ação proposta nesse jogo de cartas marcadas, em que o paciente na maioria das vezes nem sequer tomou ciência de que havia ação judicial em seu nome e contra o estado de São Paulo.

Os representantes comerciais dos laboratórios realizavam a coordenação de toda a operação, como a transmissão de pagamentos e outras vantagens a todos os envolvidos, o que era justificado pelo patente aumento das vendas dos medicamentos de elevado custo.[32]

Após a revelação de tais fatos, a Procuradoria-Geral do Estado, por meio da Coordenadoria Judicial de Saúde Pública, ingressou com três Ações Civis Públicas contra os laboratórios farmacêuticos com o pedido de devolução das quantias indevidamente recebidas, o pagamento de indenizações às vítimas desse esquema fraudulento e outras obrigações em valores que poderão chegar a cem milhões de reais em cada um dos casos, que ainda estão *sub-judice*.

---

[32] Vários réus foram condenados criminalmente em primeiro grau na região de Marília.

Outro caso de fraude que está sendo investigada criminalmente pela Polícia Civil do Estado de São Paulo e agora pela Polícia Federal e pelo Ministério Público Federal, refere-se ao medicamento Lomitapida criado para o tratamento da hipercolesterolemia familiar, em sua forma homozigótica. Essa raríssima doença alcança diminuta parte da população com estimativa de ocorrência em um paciente para cada 1.000.000 (um milhão) de habitantes

Apesar de haver no Estado de São Paulo[33] pouco mais de 42 milhões de habitantes, o que levaria a um universo de aproximadamente 42 pacientes, no ano 2013 em um espaço de pouquíssimos meses, foram propostas ações judiciais, em número suficiente para completar a quase totalidade do universo de portadores dessa doença, com o ajuizamento de ações requerendo o fornecimento do medicamento para 47 pacientes.[34]

Após investigações policiais preliminares foi demonstrado por exames médicos que apenas 2 dos 47 pacientes apresentados possuíam verdadeiramente essa patologia, tendo havido a juntada de documentos médicos que falsamente apontavam a existência da doença e a tentativa em vão de obtenção de outros tratamentos, tendo gerado um prejuízo aos cofres públicos no valor de R$ 4.836.704,82 apenas no curto período em que as liminares concedidas nas ações ainda prosperaram.

De forma parecida, inclusive com participação de alguns agentes em comum, ocorrem ações versando sobre o medicamento Soliris, considerado o mais caro fármaco do mundo.[35] A quase totalidade de ações sobre esse medicamento é promovida por um diminuto número de advogados que patrocinam causas de pacientes por todo território nacional. O fármaco utilizado para o tratamento paliativo da doença hemoglobinúria paroxística noturna, HPN, que atinge os glóbulos vermelhos do sangue, a

---

[33] No Estado de São Paulo há 42.673.386 habitantes de acordo com dados da Fundação SAEDE, de 2014.
[34] O que salta aos olhos nos presentes casos é que todos os relatórios médicos e prescrições apresentados eram absolutamente iguais, embora subscritas por médicos diferentes, com consultório em diferentes cidades, tendo sido "utilizados" médicos de São José dos Campos, Campinas e São Paulo, e propostas ações nas Varas da Fazenda Pública de São Paulo na Vara da Fazenda Pública de Taubaté.
[35] Disponível em: <http://emporiododireito.com.br/o-medicamento-mais-caro-do-mundo/>.

droga Soliris (Eculizumabe), é importada e não possui registro na Anvisa, e o tratamento supera o custo de um milhão de reais por ano, podendo superar os dois milhões a depender da dosagem apontada exclusivamente pelo médico que prescreve o medicamento.

Em razão da existência de casos em que há fortíssimos indícios da ocorrência de fraudes, a Procuradoria-Geral do Estado, a Advocacia-Geral da União da Procuradoria Regional da União da 3ª Região e a Secretaria do Estado da Saúde de São Paulo estão desenvolvendo[36] um grupo de trabalho para a análise e operação conjunta de ações judiciais na área da saúde, visando ao reconhecimento de demandas versando sobre determinados tratamentos em que ocorre o fenômeno da fidelização e a propositura de ações contra mais de um ente da federação.

Por fim, foram identificados casos de arquitetura um pouco diversa que ocorreram envolvendo pesquisas clínicas em seres humanos para a aprovação de medicamentos para tratamento de doenças raras. Nesses casos, os laboratórios farmacêuticos envolvidos, a fim de se eximirem do dever que todos patrocinadores de pesquisa têm de disponibilização do medicamento objeto de estudo aos pacientes envolvidos por tempo indeterminado, transferiram tal ônus ilegalmente ao Estado de São Paulo, patrocinando ações judiciais para a obtenção desses fármacos aos pacientes envolvidos e que deveriam receber os medicamentos gratuitamente. Houve assim, a transferência dos custos da pesquisa de empresas privadas multinacionais para os cofres públicos bandeirantes; isto é, foram transferidos os custos de pesquisas ao poder público, enquanto os lucros permaneceram em poder da indústria farmacêutica.

Com esse brevíssimo panorama, sem qualquer pretensão de aprofundamento sobre o tema e suas causas, tentamos demonstrar que as fraudes ocorrem devido à supervalorização das declarações médicas como elemento probatório nos processos judiciais, levando ao fenômeno da fidelização entre a indústria farmacêutica, médicos

---

[36] Graças aos esforços da Advogada da União Gladys Assumpção foi possível a reunião de órgãos que jamais operaram de forma conjunta, tornando possível a futura identificação de repetição de modos de operação com indícios de fraude, a busca por casos de duplicidade de ações existentes na Justiça Federal e na Justiça Estadual, assim como, a colheita de dados e documentos a possibilitar investigações criminais pelas Polícias Judiciárias Federal e Estadual.

e outros agentes, fato que é agravado em razão da falta de estrutura de inteligência e estratégia adequadas por parte dos órgãos públicos de todos os entes da federação.

5 Sobre o papel da Advocacia Pública na solução do problema

A Advocacia Pública tem papel essencial no combate às fraudes na judicialização da saúde devendo assumir a defesa do Estado não só formalmente e de forma burocrática nos autos judiciais, mas sim e, principalmente, como órgão central na coordenação estratégica de prevenção e repressão de condutas lesivas aos cofres públicos.

Essa atuação especializada reside na necessidade de uma atuação diferenciada pelos órgãos estatais ao tratar de um tema multidisciplinar como a judicialização da saúde e deve buscar sempre a percepção de que o direito à saúde não se realiza de forma individual, mas por meio da efetivação de políticas públicas que alcancem a população como um todo, sem descurar do fato de que há inúmeros casos em que a pretensão da parte em juízo é absolutamente legítima e deve ser efetiva e celeremente satisfeita.

Para que isso ocorra é indispensável o tratamento das ações judiciais de forma especializada e exclusiva pelos órgãos da advocacia, sempre em estreita parceria e operação conjunta e não burocratizada com outros órgãos do Estado, em especial junto ao Ministério da Saúde e às Secretarias da Saúde dos entes federados em todos os níveis.

Além disso, as parcerias entre órgãos da Administração Pública não devem se restringir apenas à Advocacia e à Saúde, sendo necessário o tratamento do tema como verdadeira questão de Estado em que todos devem atuar de forma conjunta, coordenada e inteligente, sendo imprescindível a atuação concatenada das Polícias Judiciárias Federal e Estaduais, dos Ministérios Públicos, do Poder Judiciário, da Ordem dos Advogados do Brasil, dos Conselhos Regionais de Medicina e Farmacologia e de toda sociedade.

Indispensável a construção de uma rede nacional de profissionais que utilizem instrumentos modernos e eficazes de compartilhamento de informações e cooperação para que o combate a essa modalidade de crime organizado seja combatido pelo Estado em todos os seus níveis.

Devemos ter em mente que a judicialização do direito à saúde tem um aspecto positivo de retirar da Administração Pública a possibilidade de se omitir a cumprir a norma constitucional, impedindo que os direitos previstos no texto da constituição cidadã se tornem meras promessas vazias e não efetivados os direitos da população.

Contudo, devemos ter em mente, também, que a falta de rigor e autocontenção do Poder Judiciário na concessão de tratamentos e medicamentos de forma indiscriminada possibilita a criação de verdadeiras organizações criminosas visando à dispensação judicial de equipamentos, próteses e medicamentos e a obtenção de lucros bilionários em desfavor de toda a população que padece carente diante das evidentes mazelas da saúde pública nacional.

Mais que nunca é necessário separar o joio do trigo. Sim, o Estado por inúmeras vezes se mostra omisso e desrespeitador das normas constitucionais, legais e infralegais que guiam a sua atuação na área da saúde e fora dela. Cabe ao Poder Judiciário com o auxílio de todos os outros parceiros coibir, evitar e punir essas práticas, com a tutela dos interesses individuais e metaindividuais de toda população.

Por outro lado, o direito à saúde não pode ser enxergado de forma desconectada e sem qualquer limite de ordem jurídica, econômica, social, sanitária ou fática,[37] sendo encarado de forma descontextualizada como um direito absoluto sem qualquer limite.

A proteção da dignidade humana, da vida e da saúde de toda população depende da melhor utilização dos finitos recursos públicos a atingir o maior número de pessoas, com a maior qualidade e efetividade. A única forma de fazer isso sem que omissões ou cortes orçamentários sejam realizados é a cooperação entre os órgãos públicos e a sociedade para que fraudes e desvios sejam de uma

---

[37] VIEIRA, Fabiola Sulpino. Ações judiciais e direito à saúde: reflexão sobre a observância aos princípios do SUS: (comentário) [Right to health litigations: a discussion on the observance of the principles of Brazil's Health System: (comment)]. 2008 e VIEIRA, Fabiola Sulpino; ZUCCHI, Paola. Distorções causadas pelas ações judiciais à política de medicamentos no Brasil. Revista Saúde Pública [online], v. 41, n. 2, p. 214-222, 2007.

vez por todas repelidos, apurados e punidos, cabendo à Advocacia Pública assumir o seu papel de destaque na efetiva mudança dessa danosa realidade.

Informação bibliográfica deste texto, conforme a NBR 6023:2002 da Associação Brasileira de Normas Técnicas (ABNT):

MORAES, José Luiz Souza de. A Advocacia Pública e o combate às fraudes na judicialização da saúde. In: MOURÃO, Carlos Figueiredo; HIROSE, Regina Tamami (Coord.). *Advocacia pública contemporânea*: desafios da defesa do Estado. Belo Horizonte: Fórum, 2019. p. 141-163. ISBN 978-85-450-0578-0.

A ADVOCACIA PÚBLICA COMO FUNÇÃO ESSENCIAL À JUSTIÇA

Marcos Fabio de Oliveira Nusdeo

1 Introdução

A Constituição Federal de 1988, chamada de Constituição Cidadã pelo então Presidente da Câmara dos Deputados, Dr. Ulisses Guimarães, um Procurador do Estado que, se estivesse vivo, teria completado cem anos em outubro do ano passado, trouxe inúmeras e benéficas alterações ao sistema constitucional brasileiro. Dentre outras, cabe trazer à colação as seguintes: ampliou significativamente o exercício da cidadania e o rol dos direitos individuais, coletivos, sociais e políticos; ampliou os mecanismos de participação popular no processo legislativo e decisório, bem como as prerrogativas do Parlamento; alargou a possibilidade de ingresso dos cidadãos perante o Poder Judiciário; ampliou a possibilidade de se questionar a inconstitucionalidade de normas jurídicas perante o Supremo Tribunal Federal, dando legitimidade, dentre outros, à nossa Ordem dos Advogados do Brasil, por meio de seu Conselho Federal, e às entidades de classe de âmbito nacional; criou um adequado sistema de controle interno e externo das atividades governamentais.

Mas, talvez, a mais significativa alteração feita pelo constituinte de 1988 foi redimensionar – para alargar – a ideia Justiça e o modo de se atingi-la.

Com efeito, até a Constituição de 1988, sempre que se tratava do termo "Justiça", sob o ponto de vista jurídico,[1] pensava-se em

---

[1] Deixa-se de tratar de outros enfoques sobre o termo "Justiça" (político, sociológico, filosófico etc.) por não ser esse o escopo desta obra. Igualmente, deixa-se de discorrer sobre os dispositivos constitucionais referentes ao Poder Judiciário, por também não ser esse o escopo desta obra.

duas situações; a) a criação de normas que procurassem, dentro do possível, aplicar seu conteúdo, visando a atribuir a cada pessoa aquilo que, em tese, lhe seria devido; b) atividade do Poder Judiciário, dentro da ideia de ser o Poder que, ao aplicar a Constituição e as leis, faria, nos diversos casos sob sua análise, essa Justiça.

Não obstante essas ideias não estivessem incorretas, tinha-se, à época, a plena consciência de que eram insuficientes para a implementação efetiva, sob o ponto de vista jurídico, de uma Justiça real, eis que se tinha inteira clareza de que para atingi-la, não se deveria formatar, em nível constitucional, apenas o Poder Judiciário, mas implementar um arcabouço institucional mais amplo, com outras Instituições, igualmente fundamentais a sua consecução.

Foi o que veio a ocorrer. Por iniciativa do hoje Presidente da Republica, Dr. Michel Temer, eleito deputado federal constituinte em 1986,[2] foi introduzido, no Título IV da Constituição Federal, o qual cuida da Organização dos Poderes, um Capítulo específico denominado "Das funções essenciais à Justiça" (Capítulo IV do Título IV,[3] da Constituição Federal). Esse Capítulo tratou de três gêneros de carreiras e de uma atividade profissional: Ministério Público, Advocacia Pública, Advocacia e Defensoria Pública.

Assim, a Constituição Federal de 1988 contemplou uma ampla visão de um sistema de Justiça, no qual, além do Poder Judiciário, foram formatados, com acurado senso de oportunidade, todos os participantes que contribuem, cada qual dentro de suas atribuições, para que essa Justiça se concretize.

Portanto, com a Constituição de 1988, iniciou-se no Brasil um novo patamar para a implementação da Justiça, no qual, além do Poder Judiciário, participam, de forma decisiva e permanente, o Ministério Público, a Advocacia Pública, a Advocacia e a Defensoria Pública.

---

[2] A Assembleia Nacional Constituinte foi instalada formalmente em fevereiro de 1987. Dela fizeram parte os deputados federais eleitos em 1986, para mandato de quatro anos, os senadores eleitos em 1986 para mandato de oito anos (dois por cada Estado) e os senadores eleitos em 1982 (um por Estado) que, em 1986, estavam na metade de seus mandatos.
[3] Nesse Título foram colocados os seguintes Capítulos: Capítulo I – Do Poder Legislativo (arts. 44 a 75 da CF); Capítulo II – Do Poder Executivo (arts. 76 a 91 da CF); Capítulo III – Do Poder Judiciário (arts. 92 a 126 da CF); Capítulo IV- Das funções essenciais à Justiça (arts. 127 a 135 da CF).

2 O Ministério Público

O Ministério Público foi tratado nos artigos 127 a 130 da Constituição Federal. Com a aprovação da Emenda Constitucional nº 45/2004[4] foi incluído o artigo 130-A.[5]

Nos termos da Constituição Federal de 1988, compete ao Ministério Público a defesa da ordem jurídica, do regime democrático e dos interesses sociais e individuais indisponíveis.[6] A própria Constituição Federal já previu os órgãos do Ministério Público dividindo-os entre o Ministério Público da União e os Ministérios Públicos dos Estados.[7] O Ministério Público da União abrange o Ministério Público Federal, o Ministério Público do Trabalho, o Ministério Público Militar e o Ministério Público do Distrito Federal e Territórios. O art. 130 da Constituição Federal previu um "terceiro Ministério Público" que é o Ministério Público junto aos Tribunais de Contas.

De acordo com o art. 129 da Constituição Federal, são funções institucionais do Ministério Público "I – promover, privativamente, a ação penal pública, na forma da lei; II – zelar pelo efetivo respeito dos Poderes Públicos e dos serviços de relevância pública aos direitos assegurados nesta Constituição, promovendo as medidas necessárias a sua garantia; III – promover o inquérito civil e a ação civil pública, para a proteção do patrimônio público e social, do meio ambiente e de outros interesses difusos e coletivos; IV – promover a ação de inconstitucionalidade ou representação para fins de intervenção da União e dos Estados, nos casos previstos nesta Constituição; V – defender judicialmente os direitos e interesses das populações indígenas; VI – expedir notificações nos procedimentos administrativos de sua competência, requisitando

---

[4] Essa Emenda Constitucional foi denominada, à época, de Emenda da Reforma do Poder Judiciário. Não obstante essa denominação, ela, alem de alterar diversos dispositivos relativos ao Poder Judiciário, alterou também dispositivos relativos ao Ministério Público e à Defensoria Pública.
[5] Esse dispositivo, incluído pela Emenda Constitucional nº 45/2004, criou o Conselho Nacional do Ministério Público.
[6] Art. 127 da Constituição Federal.
[7] Art. 128 da Constituição Federal.

informações e documentos para instruí-los, na forma da lei complementar respectiva; VII – exercer o controle externo da atividade policial, na forma da lei complementar mencionada no artigo anterior; VIII – requisitar diligências investigatórias e a instauração de inquérito policial, indicados os fundamentos jurídicos de suas manifestações processuais; IX – exercer outras funções que lhe forem conferidas, desde que compatíveis com sua finalidade, sendo-lhe vedada a representação judicial e a consultoria jurídica de entidades públicas".

Percebe-se que a Constituição Federal vedou expressamente ao Ministério Público as funções de representação judicial e a consultoria jurídica de entidades públicas, eis que essas atribuições não são próprias dessa carreira.

Nos termos do art. 127 da Constituição Federal, o Ministério Público possui autonomia funcional, administrativa (§2º) orçamentária e financeira (§3º a 5º). Tais autonomias são fundamentais para o adequado exercício de suas funções institucionais.

3 A Defensoria Pública

A Defensoria Pública foi tratada no artigo 134 da Constituição Federal e pelas Emendas Constitucionais nºs 45/2004, 74/2013 e 80/2014.[8]

Nos termos da Constituição Federal de 1988, compete à Defensoria Pública a orientação jurídica, a promoção dos direitos humanos e a defesa, em todos os graus, judicial e extrajudicial, dos direitos individuais e coletivos, de forma integral e gratuita, aos necessitados, na forma do inciso LXXIV do art. 5º desta Constituição Federal.[9] A própria Constituição Federal já previu os órgãos da Defensoria Pública dividindo-os entre a Defensoria Pública da União e do Distrito Federal e dos Territórios e as Defensorias Públicas dos Estados.[10]

---

[8] Essas Emendas Constitucionais ampliaram as garantias institucionais da Defensoria Pública. Tratou-se de importante passo, efetivado pelo constituinte derivado, para melhor formatar essa carreira.

[9] Art. 134 da Constituição Federal, com redação dada pela Emenda Constitucional nº 80, de 2014.

[10] Art. 134 §1º da Constituição Federal.

Ao definir o alcance das funções institucionais da Defensoria Pública, o Supremo Tribunal Federal reconheceu que tais funções não são exclusivas, pelo que podem ser desempenhadas concomitantemente por advogados devidamente credenciados pelas próprias Defensorias.[11]

Nos termos do art. 134 da Constituição Federal, a Defensoria Pública possui autonomia funcional, administrativa orçamentária e financeira (§2º e 3º).[12] Assim, como ocorre no âmbito do Ministério Público, essas autonomias são fundamentais para o adequado exercício de suas funções institucionais.

4 A Advocacia

O art. 133 da Constituição Federal assim dispõe:

> Art. 133. O advogado é indispensável à administração da justiça, sendo inviolável por seus atos e manifestações no exercício da profissão, nos limites da lei.

Assim, a atividade da advocacia – e, portanto, a profissão de advogado – também é uma Função Essencial à Justiça. Trata-se de fundamental reconhecimento de que o advogado concorre decisivamente para a realização da Justiça em nosso País.

Com efeito, o conhecimento jurídico é fundamental para que todos os casos submetidos ao Poder Judiciário possam ter adequada tramitação e solução. O advogado, sendo, por excelência, o detentor desse conhecimento, concorre diuturnamente para a realização da Justiça, na medida em que fornece, aos magistrados, os indispensáveis elementos técnico-jurídicos para a correta decisão judicial. Esse fato é fundamental para a implementação do princípio do contraditório, pelo qual as partes fazem chegar aos magistrados todos os fatos e os elementos relevantes para a solução da demanda.

---

[11] ADI 4163.
[12] §§2º e 3º do art. 134 da Constituição Federal, com redações dadas, respectivamente, pelas Emendas Constitucionais n. 45/2004 e 74/2013.

Modernamente, a própria ideia de o Poder Judiciário ser a única fonte de decisões, no âmbito dos conflitos sociais, foi superada pelas chamadas nas formas alternativas de solução de conflitos, dentro das quais se situam a arbitragem, a mediação e a conciliação. Em todas elas, deve-se sempre, ter presente a figura do advogado, como integrante de uma Função Essencial à Justiça.

5 A Advocacia Pública

A Constituição Federal de 1988 assegurou a presença da advocacia pública como Função Essencial à Justiça.

Em âmbito federal, até a Constituição Federal de 1988, as atribuições de advocacia da União eram exercidas pela Procuradoria da República. Tal carreira, portanto, possuía atividade híbrida, ora atuando com as funções de advocacia da União, ora com as de Ministério Público. No âmbito das matérias de cunho fiscal, as atribuições eram exercidas pela Procuradoria da Fazenda Nacional. Cada autarquia federal possuía quadro jurídico próprio, desvinculado tanto dos quadros da Procuradoria da República, quanto da Procuradoria da Fazenda Nacional.[13] Havia, também, uma função específica de Consultores.

Com a promulgação da nova Constituição, criou-se uma nova carreira, a Advocacia-Geral da União, a qual passou a exercer a atribuição de advocacia pública que foi retirada da Procuradoria da República. Assim, a carreira de Procurador da República passou a ter apenas as funções típicas de Ministério Público.[14] Dentro dessa nova formatação, como já consignado, Constituição Federal vedou expressamente ao Ministério Público as funções típicas de advocacia pública (representação judicial e extrajudicial a consultoria jurídica de entidades públicas). A mesma Constituição Federal manteve as atribuições da Procuradoria da Fazenda Nacional.

---

[13] Eram os Procuradores Autárquicos Federais.
[14] O Art. 29, §2º do Ato das Disposições Constitucionais Transitórias da Constituição Federal de 1988 permitiu aos Procuradores da República, em exercício na data da promulgação, a opção entre essa carreira e a Advocacia-Geral da União.

Em âmbito estadual, as Procuradorias dos Estados, órgãos que já faziam as atividades de advocacia pública no âmbito dos Estados, passaram a ter normatização, em nível constitucional.

Infelizmente, a Constituição Federal de 1988 não previu, em nível constitucional, as Procuradorias dos Municípios. Todavia, não vedou sua existência, de modo que diversos Municípios brasileiros possuem Procuradorias devidamente estruturadas.

A Advocacia Pública foi tratada nos artigos 131 e 132 da Constituição Federal. O art. 131, com três parágrafos, formatou, em nível constitucional, a Advocacia-Geral da União, enquanto o art. 132, com um único parágrafo, formatou, no mesmo nível, as Procuradorias dos Estados.

A Advocacia-Geral da União assim foi formatada, em nível constitucional:

> Art. 131. A Advocacia-Geral da União é a instituição que, diretamente ou através de órgão vinculado, representa a União, judicial e extrajudicialmente, cabendo-lhe, nos termos da lei complementar que dispuser sobre sua organização e funcionamento, as atividades de consultoria e assessoramento jurídico do Poder Executivo.
> §1º – A Advocacia-Geral da União tem por chefe o Advogado-Geral da União, de livre nomeação pelo Presidente da República dentre cidadãos maiores de trinta e cinco anos, de notável saber jurídico e reputação ilibada.
> §2º – O ingresso nas classes iniciais das carreiras da instituição de que trata este artigo far-se-á mediante concurso público de provas e títulos.
> §3º – Na execução da dívida ativa de natureza tributária, a representação da União cabe à Procuradoria-Geral da Fazenda Nacional, observado o disposto em lei."

Nos termos do *caput* ao art. 131 da Constituição Federal de 1988, cabe à Advocacia-Geral da União a representação da União, em nível judicial e extrajudicial, bem como as atividades de consultoria e assessoramento jurídico do Poder Executivo. Trata-se de carreira típica de Estado, Função Essencial à Justiça e à Administração Pública, na qual o ingresso se dá, sempre, por concurso público, a teor do §2º desse dispositivo.

Assim, percebe-se que a função constitucional da Advocacia-Geral da União é a representação judicial e extrajudicial da União, bem como as atividades de consultoria e assessoramento jurídico do Poder Executivo Federal. Foi mantida, em nível constitucional, as atribuições da Procuradoria da Fazenda Nacional, a teor do §3º do art. 131 da Constituição. Estando, todavia, tal dispositivo dentro do art. 131 da Carta, a melhor interpretação é no sentido de que ela é uma das carreiras que compõem a Advocacia-Geral da União.

Nos termos do §1º do art. 131 da Constituição, o Chefe da Advocacia-Geral da União é o Advogado-Geral da União, o qual, todavia, não necessita ser de carreira, bastando ter trinta e cinco anos de idade, notável saber jurídico e reputação ilibada.

De acordo com o *caput* do mencionado dispositivo, cabe à Lei Complementar Federal as normas sobre organização e funcionamento da Advocacia-Geral da União. Em 1993, foi editada a Lei Complementar Federal nº 73, a qual estabeleceu a seguinte organização para a carreira:

> Art. 2º – A Advocacia-Geral da União compreende:
> I – órgãos de direção superior:
> a) o Advogado-Geral da União;
> b) a Procuradoria-Geral da União e a da Fazenda Nacional;
> c) Consultoria-Geral da União;
> d) o Conselho Superior da Advocacia-Geral da União; e
> e) a Corregedoria-Geral da Advocacia da União;
> II – órgãos de execução:
> a) as Procuradorias Regionais da União e as da Fazenda Nacional e as Procuradorias da União e as da Fazenda Nacional nos Estados e no Distrito Federal e as Procuradorias Seccionais destas;
> b) a Consultoria da União, as Consultorias Jurídicas dos Ministérios, da Secretaria-Geral e das demais Secretarias da Presidência da República e do Estado-Maior das Forças Armadas;
> III – órgão de assistência direta e imediata ao Advogado-Geral da União: o Gabinete do Advogado-Geral da União;
> IV – (VETADO)
> §1º – Subordinam-se diretamente ao Advogado-Geral da União, além do seu gabinete, a Procuradoria-Geral da União, a Consultoria-Geral da União, a Corregedoria-Geral da Advocacia-Geral da União, a Secretaria de Controle Interno e, técnica e juridicamente, a Procuradoria-Geral da Fazenda Nacional.
> §2º – As Procuradorias Seccionais, subordinadas às Procuradorias da União e da Fazenda Nacional nos Estados e no Distrito Federal, serão criadas, no interesse do serviço, por proposta do Advogado-Geral da União.
> §3º – As Procuradorias e Departamentos Jurídicos das autarquias e fundações públicas são órgãos vinculados à Advocacia-Geral da União.

§4º – O Advogado-Geral da União é auxiliado por dois Secretários-Gerais: o de Contencioso e o de Consultoria.

§5º – São membros da Advocacia-Geral da União: o Advogado-Geral da União, o Procurador-Geral da União, o Procurador-Geral da Fazenda Nacional, o Consultor-Geral da União, o Corregedor-Geral da Advocacia da União, os Secretários-Gerais de Contencioso e de Consultoria, os Procuradores Regionais, os Consultores da União, os Corregedores-Auxiliares, os Procuradores-Chefes, os Consultores Jurídicos, os Procuradores Seccionais, os Advogados da União, os Procuradores da Fazenda Nacional e os Assistentes Jurídicos.

Percebe-se, pois, que referida lei, ao implementar a forma de organização da Advocacia-Geral da União, veio a unificar as diversas funções, antes exercidas por várias carreiras autônomas, dentro da nova carreira, mantidas, todavia, as carreiras existentes.

Já as Procuradorias dos Estados e do Distrito Federal assim foram formatadas, em nível constitucional:

Art. 132. Os Procuradores dos Estados e do Distrito Federal, organizados em carreira, na qual o ingresso dependerá de concurso público de provas e títulos, com a participação da Ordem dos Advogados do Brasil em todas as suas fases, exercerão a representação judicial e a consultoria jurídica das respectivas unidades federadas. (Redação dada pela Emenda Constitucional nº 19, de 1998)
Parágrafo único. Aos procuradores referidos neste artigo é assegurada estabilidade após três anos de efetivo exercício, mediante avaliação de desempenho perante os órgãos próprios, após relatório circunstanciado das corregedorias.(Redação dada pela Emenda Constitucional nº 19, de 1998)

Nos termos do *caput* do art. 132 da Constituição Federal de 1988, cabe às Procuradorias dos Estados e do Distrito Federal a representação judicial e as atividades de consultoria e assessoramento jurídico das respectivas unidades federadas. Trata-se, igualmente, de carreira típica de Estado, Função Essencial à Justiça e à Administração Pública, na qual o ingresso se dá por concurso público.

Importante ressaltar que esse dispositivo visou a juntar na mesma carreira tanto as atividades consultivas quanto as de natureza judicial, eis que havia Estados onde essas atribuições foram, no passado, alocadas em carreiras diversas. Foi o fenômeno da unificação das PGEs sob a égide do princípio da unicidade. Nesse sentido, a lição do Procurador do Estado aposentado

Dr. José Afonso da Silva quando assevera que "isso significa a institucionalização dos órgãos estaduais de representação e de consultoria dos Estados, uma vez que os Procuradores, a que se incumbe essa função no art. 132 daquela Carta Magna, hão de ser organizados em carreira dentro de uma estrutura administrativa unitária em que sejam todos congregados".[15]

Não obstante essa unificação, o art. 69[16] dos Atos das Disposições Constitucionais Transitórias da Constituição de 1988 possibilitou, excepcionalmente, a manutenção das atividades consultivas separadas da estrutura das PGEs, desde que essas atividades já estivessem delas separadas, quando da promulgação da Carta[17]. Nesse sentido, as sabias palavras do Procurador do Estado de Minas Gerais, Marco Túlio de Carvalho Rocha: "verificamos que a exceção ao princípio da unicidade somente incide sobre as atividades de consultoria jurídica e, mesmo assim, quando já exercidas por órgãos separados da Procuradoria de Estado na data da promulgação da Constituição Federal. A impedir qualquer entendimento extensivo da expressão consultoria jurídica, está também o fato de que essa função foi claramente distinguida da de representação judicial pela Constituição Federal".[18]

Ao definir o alcance das funções institucionais da Procuradoria-Geral do Estado, o Supremo Tribunal Federal reconheceu indelegáveis suas atribuições, pelo que são privativas de integrantes da carreira. Confira-se:

EMENTA: AÇÃO DIRETA DE INCONSTITUCIONALIDADE – LEI COMPLEMENTAR 11/91, DO ESTADO DO ESPÍRITO SANTO (ART. 12,

---

[15] Silva, José Afonso, Curso de Direito Constitucional Positivo, Malheiros Editores, 30ª Edição, pág. 634/635.

[16] Atos das Disposições Constitucionais Transitórias da Constituição Federal – "Art. 69. Será permitido aos Estados manter consultorias jurídicas separadas de suas Procuradorias-Gerais ou Advocacias-Gerais, desde que, na data da promulgação da Constituição, tenham órgãos distintos para as respectivas funções."

[17] Quando do julgamento da ADI 484, o Supremo Tribunal Federal reiterou o entendimento no sentido da excepcionalidade dessa possibilidade, asseverando, de maneira expressa, que ela apenas atinge quem já ocupava essas funções quando da promulgação da Constituição Federal.

[18] Rocha, Marco Tulio de Carvalho, A Unicidade Orgânica da Representação Judicial e da Consultoria Jurídica do Estado de Minas Gerais, Revista de Direito Administrativo, n. 223; jan./mar. 2001, Rio, de Janeiro, págs. 186-187.

CAPUT, E §§ 1º E 2º; ART. 13 E INCISOS I A V) – ASSESSOR JURÍDICO – CARGO DE PROVIMENTO EM COMISSÃO – FUNÇÕES INERENTES AO CARGO DE PROCURADOR DO ESTADO – USURPAÇÃO DE ATRIBUIÇÕES PRIVATIVAS – PLAUSIBILIDADE JURÍDICA DO PEDIDO – MEDIDA LIMINAR DEFERIDA. – O desempenho das atividades de assessoramento jurídico no âmbito do Poder Executivo estadual traduz prerrogativa de índole constitucional outorgada aos Procuradores do Estado pela Carta Federal. A Constituição da República, em seu art. 132, operou uma inderrogável imputação de específica e exclusiva atividade funcional aos membros integrantes da Advocacia Pública do Estado, cujo processo de investidura no cargo que exercem depende, sempre, de prévia aprovação em concurso público de provas e títulos. (MD-ADI 881, Relator Ministro Celso de Mello)[19]

Não há qualquer disposição na Constituição Federal prevendo uma lei federal para a organização e funcionamento das Procuradorias dos Estados e do Distrito Federal, pelo que essa matéria foi delegada às respectivas Constituições Estaduais e à Lei Orgânica do Distrito Federal. Caberá a elas a formação, em cada Estado, das Procuradorias dos Estados. Não podem, todavia, essas normas descumprir os princípios e as normas previstas na Constituição Federal.

Estando a formatação das Procuradorias dos Estados delegadas às respectivas normas estaduais, cabe mencionar um exemplo dessa formatação. Traz-se o modelo de nosso Estado.

A Constituição do Estado de São Paulo, assim dispôs:

> Artigo 98- A Procuradoria-Geral do Estado é instituição de natureza permanente, essencial à administração da justiça e à Administração Pública Estadual, vinculada diretamente ao Governador, responsável pela advocacia do Estado, sendo orientada pelos princípios da legalidade e da indisponibilidade do interesse público.
> §1º- Lei orgânica da Procuradoria-Geral do Estado disciplinará sua competência e a dos órgãos que a compõem e disporá sobre o regime jurídico dos integrantes da carreira de Procurador do Estado, respeitado o disposto nos artigos 132 e 135 da Constituição Federal.
> §2º- Os Procuradores do Estado, organizados em carreira, na qual o ingresso dependerá de concurso público de provas e títulos, com a

---

[19] MC-ADI 881 – Decisão tomada por maioria de votos. No mesmo sentido, ADI nº 4261, Rel. Min. AYRES BRITTO; ADI nº 159, Rel. Min. OCTAVIO GALLOTTI; ADI nº 824, Rel. Min. NELSON JOBIM; ADI nº 1557, Rel. Min. ELLEN GRACIE, ADI nº 1679, Rel. Min. GILMAR MENDES.

participação da Ordem dos Advogados do Brasil em todas as suas fases, exercerão a representação judicial e a consultoria jurídica na forma do "caput" deste artigo;

§3º- Aos procuradores referidos neste artigo é assegurada estabilidade após três anos de efetivo exercício, mediante avaliação de desempenho perante os órgãos próprios, após relatório circunstanciado das corregedorias.

Artigo 99- São funções institucionais da Procuradoria-Geral do Estado:

I- representar judicial e extrajudicialmente o Estado e suas autarquias, inclusive as de regime especial, exceto as universidades públicas estaduais;

II- exercer as atividades de consultoria e assessoramento jurídico do Poder Executivo e das entidades autárquicas a que se refere o inciso anterior;

III- representar a Fazenda do Estado perante o Tribunal de Contas;

IV- exercer as funções de consultoria jurídica e de fiscalização da Junta Comercial do Estado;

V- prestar assessoramento jurídico e técnico-legislativo ao Governador do Estado;

VI- promover a inscrição, o controle e a cobrança da dívida ativa estadual;

VII- propor ação civil pública representando o Estado;

VIII- prestar assistência jurídica aos Municípios, na forma da lei;

IX- realizar procedimentos administrativos, inclusive disciplinares, não regulados por lei especial;

X- exercer outras funções que lhe forem conferidas por lei.

Artigo 100 – A direção superior da Procuradoria-Geral do Estado compete ao Procurador-Geral do Estado, responsável pela orientação jurídica e administrativa da instituição, ao Conselho da Procuradoria-Geral do Estado e à Corregedoria-Geral do Estado, na forma da respectiva Lei Orgânica.

Parágrafo único – O Procurador-Geral do Estado será nomeado pelo Governador, em comissão, entre os Procuradores que integram a carreira e terá tratamento, prerrogativas e representação de Secretário de Estado, devendo apresentar declaração pública de bens, no ato da posse e de sua exoneração.

Artigo 101- Vinculam-se à Procuradoria-Geral do Estado, para fins de atuação uniforme e coordenada, os órgãos jurídicos das universidades públicas estaduais, das empresas públicas, das sociedades de economia mista sob controle do Estado, pela sua Administração centralizada ou descentralizada, e das fundações por ele instituídas ou mantidas.

Parágrafo único – As atividades de representação judicial, consultoria e assessoramento jurídico das universidades públicas estaduais poderão ser realizadas ou supervisionadas, total ou parcialmente, pela Procuradoria-Geral do Estado, na forma a ser estabelecida em convênio.

Artigo 102 – As autoridades e servidores da Administração Estadual ficam obrigados a atender às requisições de certidões, informações, autos de processo administrativo, documentos e diligências formuladas pela Procuradoria-Geral do Estado, na forma da lei. (redação atual)

Com efeito, a própria Constituição Estadual já fixou a competência da Procuradoria do Estado. O rol de atribuições, todavia, não é taxativo, na medida em que a própria Constituição Estadual previu a possibilidade de lhe serem conferidas outras atribuições previstas em lei.

Assim, percebe-se caber à Procuradoria do Estado de São Paulo fundamentais competências tanto de consultoria e assessoramento técnico-jurídico aos órgãos públicos do Estado de São Paulo, quanto à defesa do erário nas mais diversas medidas judiciais que ou são propostas em face deles, ou são propostas em defesa do interesse público.

Com relação aos Procuradores-Gerais do Estado, os Chefes das respectivas Procuradorias Estaduais e do Distrito Federal, inexiste, igualmente, disposição expressa na Constituição Federal sobre requisitos de sua investidura, pelo que a melhor interpretação é no sentido de caber, a cada Constituição Estadual, o regramento dessa matéria.

Assim, há Constituições Estaduais, como a do Estado de São Paulo, que fixaram norma no sentido de o Procurador-Geral do Estado dever ser, sempre, um integrante da carreira (art. 100, Parágrafo único). Igualmente, há Constituições Estaduais, como a do Estado do Amapá, que permitem seja o Procurador-Geral do Estado um não integrante da carreira.[20] Ambas as normas foram submetidas ao crivo do Supremo Tribunal Federal e, em ambos os casos, a Corte julgou constitucional essas disposições.[21]

---

[20] Constituição do Estado do Amapá – "Artigo 153:..... §1º. A Procuradoria-Geral do Estado será chefiada pelo Procurador-Geral do Estado, com prerrogativas de Secretário de Estado, sendo o cargo provido em comissão, pelo Governador, preferencialmente, entre os membros da carreira, devendo o nomeado apresentar declaração de bens no ato da posse e quando for exonerado"

[21] Na ADI 2581, o Supremo Tribunal Federal decretou, por maioria de votos, a constitucionalidade da norma do Parágrafo único do art. 100 da Constituição Estadual do Estado de São Paulo. Na ADI 2682, o Supremo Tribunal Federal decretou, também por maioria de votos, a constitucionalidade de norma da Constituição do Estado do Amapá que previa a possibilidade de o Procurador Geral daquele Estado não ser integrante da carreira.

Cabem, por fim, algumas considerações em relação às Procuradorias Municipais. Como acima consignado, elas não foram incluídas na Constituição Federal como obrigatórias, pelo que não há obrigação constitucional de sua implantação em todos os Municípios brasileiros.

Não obstante esse fato, não há vedação constitucional de sua instituição, pelos Municípios que assim o desejarem, eis que tal fato se situa dentro da autonomia municipal, constitucionalmente reconhecida.

Portanto, onde constituídas, as Procuradorias dos Municípios exercem a representação judicial do Poder Executivo Municipal e lhe prestam consultoria e assessoramento jurídico, tal como, em suas respectivas esferas, o fazem a Advocacia-Geral da União e as Procuradorias dos Estados e do Distrito Federal.

Diversos Municípios brasileiros possuem suas Procuradorias Municipais. Onde implantadas, elas são exemplos de boa formatação institucional, na medida em que dão aos Prefeitos Municipais a indispensável segurança jurídica para a tomada de apropriadas decisões e bem defendem o erário e o patrimônio municipais.

Tome-se, como exemplo, a Procuradoria do Município de São Paulo, onde há muito tempo foi implantada.

A Lei Orgânica do Município de São Paulo previu expressamente essa Procuradoria. Confira-se:

> Art. 87 – A Procuradoria-Geral do Município tem caráter permanente, competindo-lhe as atividades de consultoria e assessoramento jurídico do Poder Executivo, e, privativamente, a representação judicial do Município a inscrição e a cobrança judicial e extra-judicial da dívida ativa e o processamento dos procedimentos relativos ao patrimônio imóvel do Município, sem prejuízo de outras atribuições compatíveis com a natureza de suas funções.
> Parágrafo único – Lei de organização da Procuradoria-Geral do Município disciplinará sua competência, dos órgãos que a compõe e, em especial, do órgão colegiado de Procuradores e definirá os requisitos e a forma de designação do Procurador-Geral.

Assim, percebe-se, igualmente, caber à Procuradoria do Município de São Paulo fundamentais competências tanto de consultoria e assessoramento técnico-jurídico aos órgãos públicos do Município, quanto de defesa do erário. Ao contrário do modelo da

Constituição Estadual, que já fixou a competência da Procuradoria do Estado, no modelo da Lei Orgânica do Município de São Paulo, o rol de atribuições da Procuradoria não foi nela colocado, de maneira detalhada, mas delegada à sua Lei Orgânica.

A Procuradoria do Município de São Paulo é atualmente regida pela Lei Municipal nº 10.182, de 30 de outubro de 1986, anterior, portanto, à Constituição Federal. Recentemente, o Prefeito do Município de São Paulo encaminhou à Câmara Municipal projeto de nova Lei Orgânica da Instituição.

6 Conclusão

O fato de a Constituição Federal ter previsto o Ministério Público, a Advocacia Pública, a Advocacia e a Defensoria Pública como Funções Essenciais à Justiça foi sumamente importante para um melhor desenvolvimento da Justiça em nosso País, nesses mais de vinte e oito anos de sua vigência.

No que se refere à Advocacia Pública, pode-se afirmar, com absoluta certeza, de que sua atuação foi decisiva para esse resultado. Nesses quase vinte e nove anos, a Advocacia Pública pode se orgulhar do trabalho realizado, tanto na área consultiva, como na área judicial. Seja em âmbito federal, seja no dos Estados e no Distrito Federal, seguramente, as carreiras que compõem a Advocacia Pública realizaram importante trabalho no assessoramento jurídico dos diversos projetos do Poder Executivo, dando aos gestores a indispensável segurança para a implementação de políticas públicas em prol da população. Da mesma forma, em âmbito judicial, a extraordinária recuperação de rendas públicas e a defesa intransigente dos entes públicos em ações judiciais são exemplos concretos da sabedoria do constituinte de 1988 em apostar na Advocacia Pública.

Nos Municípios onde estão instaladas, as Procuradorias dos Municípios são também protagonistas desse resultado.

No entanto, sabe-se que, com frequência, a realidade se altera, muitas vezes de maneira bastante rápida, o que impõe aos operadores do Direito, aos formuladores de políticas públicas e aos legisladores uma permanente necessidade de análise das instituições, de modo a, se necessário, aprimorá-las.

Esse parece ser o caso da Advocacia Pública. Não obstante o sucesso de sua atuação, é patente a necessidade de um aprimoramento no modelo implantado, de modo a se alcançar resultados ainda mais expressivos.

Três aperfeiçoamentos, em nível institucional, parecem ser indispensáveis a curto prazo: i) a constitucionalização das Procuradorias Municipais; ii) a previsão, em nível constitucional, de autonomias às carreiras que compõem a Advocacia Pública, nos termos em que já concedidas ao Ministério Público e à Defensoria Pública; iii) criação de regra prevendo que o cargo da Chefia da Instituição, nas carreiras da Advocacia Pública, só poderá ser ocupado por integrantes das respectivas carreiras.

I – Constitucionalização das Procuradorias dos Municípios:

Tramita no Senado Federal a Proposta de Emenda Constitucional nº 17 (PEC 17), que altera a redação do art. 132 da Constituição Federal para incluir, dentro do dispositivo em vigor, as Procuradorias dos Municípios.

Trata-se de importante aprimoramento constitucional, na medida em que dará aos Procuradores dos Municípios, a mesma disciplina hoje existente para os Procuradores do Estado e do Distrito Federal. Com isso, todos os Municípios deverão implantar suas Procuradorias, o que, à evidência, será inteiramente benéfico a eles.

II – Autonomias para as carreiras da Advocacia Pública:[22]

Tramita na Câmara dos Deputados a Proposta de Emenda Constitucional nº 82 (PEC 82), na forma de um Substitutivo, já devidamente aprovado por Comissão Especial. Tal substitutivo possui três dispositivos: i) Art. 1º, que acrescenta o art. 132-A na Constituição Federal; ii) Art. 2º, que altera a redação do art. 168 da Constituição Federal; iii) Art. 3º, que determina a entrada em vigor da Emenda Constitucional na data de sua publicação.

---

[22] O texto relativo a este tópico foi elaborado em consonância com o constante da Cartilha "Mais Advocacia Pública Menos Corrupção" (fls. 6/8), lançada no dia 14 de outubro de 2016, em Vitória, Espírito Santo, pelo Movimento Nacional pela Advocacia Pública. A APESP foi uma das apoiadoras dessa Cartilha.

O texto proposto para o *caput* do Art. 132-A da Constituição Federal cuida da Advocacia-Geral da União, das Procuradorias dos Estados, do Distrito Federal e dos Municípios, trazendo as seguintes inovações: a) estabelece caber a tais Instituições "a orientação jurídica e a defesa, em todos os graus, dos entes públicos"; b) assegura as "autonomias, administrativa, orçamentária e técnica, além da iniciativa de organização dos seus quadros e de propostas orçamentárias anuais, dentro dos limites estabelecidos na Lei de Diretrizes Orçamentárias".

O item "a" não traz grande novidade, apenas aperfeiçoa a redação existente; já o item "b" é de fundamental importância para a advocacia pública. O objetivo da proposta é claro no sentido de conceder, à Advocacia-Geral da União, às Procuradorias dos Estados e do Distrito Federal e às Procuradorias Municipais, as autonomias, nos mesmos termos já concedidas ao Ministério Público e à Defensoria Pública.

As autonomias previstas no *caput* do art. 132-A estão sendo concedidas às Instituições e não a seus membros, pelo que não se pode deduzir que a "autonomia técnica", prevista na proposta, possa ser entendida como uma independência funcional irresponsável, apta a permitir a diversidade de entendimentos e atuações diversas ou conflitantes dentro da mesma Instituição. Visa ela apenas afastar indesejadas interferências de terceiros.

No texto proposto, esse novo art. 132-A possui um Parágrafo Único, o qual estabelece as seguintes prerrogativas aos membros da Advocacia Pública:

a) inviolabilidade no exercício de suas funções. O texto constitucional já assegura tal inviolabilidade profissional a certas categorias, como os Parlamentares (art. 53) e os Advogados (art. 133). Pode-se, assim, deduzir-se que os advogados públicos já são invioláveis no exercício da profissão, nos termos do art. 133 da CF. Portanto, o dispositivo proposto apenas pretende explicitar algo que já existe, para a correta atuação profissional dos Advogados Públicos.

b) atuação "com independência, observada a juridicidade, racionalidade, uniformidade e a defesa do patrimônio público, da justiça fiscal, da segurança jurídica e das políticas públicas, nos limites estabelecidos na Constituição e nas leis pertinentes". Com efeito, a independência do Advogado Público é inerente à função. Ninguém pode obrigá-los a escrever algo com o que não esteja de acordo. Não deflui do texto proposto que essa "independência" tornará os órgãos da Advocacia Pública ingovernáveis, na medida em que quem dará a palavra final será sempre a chefia da Instituição, que aprovará – ou não – os Pareceres proferidos. Assim, o texto proposto garantirá algo que já deveria ocorrer, mas talvez não ocorra em todos os entes federados. Por outro lado, o texto teve o cuidado de afirmar que tal atuação estaria condicionada à Constituição e às "leis pertinentes", pelo que as respectivas leis orgânicas disciplinarão como se dará a tramitação e o procedimento de aprovação dos Pareceres e manifestações jurídicas.

O dispositivo proposto visou a possibilitar às Procuradorias uma atuação parecida com a constante do artigo 4º, inciso X, da Lei Complementar Federal nº 73/93, o qual concede ao Advogado-Geral da União a prerrogativa de "fixar a interpretação da Constituição, das leis, dos tratados e demais atos normativos, a ser uniformemente seguida pelos órgãos e entidades da Administração Federal".

O texto proposto para o art. 2º apenas incluiu a Advocacia-Geral da União, as Procuradorias do Estado, do Distrito Federal e dos Municípios na regra já existente do art. 168 da Constituição Federal, dando a elas o mesmo tratamento orçamentário já concedido ao Poder Legislativo, ao Poder Judiciário, ao Ministério Público e às Defensorias Públicas.

Com efeito, como consignado, a Constituição Federal já considera o Ministério Público, a Advocacia Pública e Defensoria Pública Funções Essenciais à Justiça. Tal dispositivo está apenas concedendo, a todas essas Instituições, o mesmo tratamento orçamentário.

Já se fez ouvir uma crítica no sentido de que a PEC 82 dará aos órgãos da Advocacia Pública uma independência demasiada em relação aos respectivos Chefes do Poder Executivo. Tal fato está longe de acontecer. Com a independência proposta, os Advogados Públicos terão maior confiança e segurança para afirmar possíveis inconstitucionalidades, ilegalidades, ou mesmo, irregularidades que, algumas vezes, ocorrem no âmbito dos Poderes.

Como bem acentuou a Procuradora do Estado aposentada Dra. Maria Sylvia Zanella Di Pietro, "o interesse público nem sempre coincide com o interesse da autoridade pública"[23]. Assim, a independência funcional, corretamente formatada pela PEC 82, será inteiramente benéfica à sociedade, permitindo uma melhor atuação da advocacia pública, "com a independência necessária e indispensável para atuar na defesa do interesse público tutelado pelo Estado, e não na defesa das autoridades públicas a que se subordinam".[24]

III – Impossibilidade de o cargo da Chefia da Instituição, nas carreiras da Advocacia Pública, poder ser ocupado por pessoas não pertencentes às respectivas carreiras:

Nesta obra serão mostradas várias facetas do sucesso da atuação das carreiras que compõem a Advocacia Pública, ao longo desses mais de vinte o oito anos. Tal sucesso deveu-se à sua bem sucedida profissionalização, caracterizada pela exigência da regra do concurso público, prevista tanto pelo art. 131, quanto pelo art. 132 da CF.

Em consequência, nos termos em que formatado pela própria Constituição Federal, apenas podem exercer as funções de advogado público o profissional que veio a ser aprovado em concurso público específico.

A fim de aperfeiçoar a atuação das carreiras da advocacia pública, é inteiramente conveniente a fixação, em nível constitucional, de regra prevendo que tanto o Advogado-Geral da União, quanto os Procuradores-Gerais dos Estados, do Distrito Federal e dos Municípios sejam integrantes das respectivas carreiras.

Referências

Cartilha "Mais Advocacia Pública Menos Corrupção", lançada no último dia 14 de outubro em Vitória, Espírito Santo, pelo Movimento Nacional pela Advocacia Pública.

DI PIETRO, Maria Sylvia Zanella. *A Advocacia Pública como função essencial à Justiça*, artigo publicado no sítio eletrônico do consultor jurídico (www. conjur.com.br) em 18 de agosto de 2016.

---

[23] DI PIETRO, Maria Sylvia Zanella. A Advocacia Pública como função essencial à Justiça, artigo publicado no sitio eletrônico do consultor jurídico (www. conjur.com.br) em 18 de agosto de 2016.
[24] DI PIETRO, Maria Sylvia Zanella, *op. cit.*

ROCHA, Marco Tulio de Carvalho. A Unicidade Orgânica da Representação Judicial e da Consultoria Jurídica do Estado de Minas Gerais, *Revista de Direito Administrativo*, n. 223; jan./mar. 2001, Rio, de Janeiro, p. 186-187.

SILVA, José Afonso. *Curso de Direito Constitucional Positivo*. 30. ed. Malheiros p. 634/635.

Informação bibliográfica deste texto, conforme a NBR 6023:2002 da Associação Brasileira de Normas Técnicas (ABNT):

NUSDEO. Marcos Fabio de Oliveira. A Advocacia Pública como função essencial à Justiça. In: MOURÃO, Carlos Figueiredo; HIROSE, Regina Tamami (Coord.). *Advocacia pública contemporânea*: desafios da defesa do Estado. Belo Horizonte: Fórum, 2019. p. 165-184. ISBN 978-85-450-0578-0.

ADVOCACIA PÚBLICA: FUNÇÃO TÍPICA DE ESTADO NA DEFESA DA *RES PUBLICA*

Ricardo Sahara

Introdução

O presente artigo tem por pretensão tecer algumas colocações acerca da Advocacia Pública, tratando inicialmente de sua tutela constitucional, onde fora alçada à condição de instituição democrática, revestindo-se como função essencial à realização de justiça.

Também serão abordadas algumas inovações trazidas pelo Código de Processo Civil de 2015, que cuidou por tratar expressamente de situações até então negligenciadas, criando prerrogativas que fortalecem a defesa da Fazenda Pública em juízo.

Serão feitas algumas distinções entre o regime deferido aos agentes políticos e aos servidores públicos, quando então ficará evidenciado que os integrantes da Advocacia Pública devem ser titulares de vínculo de estabilidade com os Entes Públicos, integrando a estrutura organizacional do Estado.

Nesse mesmo encadeamento, serão apontadas as razões que evidenciam que a Advocacia Pública configura função típica de Estado, deixando realçado o seu papel na defesa da *res publica*, fazendo prevalecer sempre o interesse público em sua atuação, o que se desdobra sob a forma preventiva e também repressiva.

Ao final, será chamado atenção ao importante papel dispensado à Advocacia Pública no combate à corrupção e demais desvios que retiram recursos financeiros do Estado, e que, por isso mesmo, deixam de ser empregados na execução das políticas públicas pertinentes.

1 Advocacia Pública

O capítulo inaugural se destina justamente a tecer algumas considerações acerca da *Advocacia Pública*. Tal função essencial à administração da justiça, ao lado das demais carreiras insertas no texto constitucional (Ministério Público, Defensoria Pública e Magistratura), tem por vocação institucional promover a defesa do *interesse público* tutelado pela União, Estados, Distrito Federal e Municípios.

Tal atuação, inserida no campo de atuação dos advogados públicos, se reveste sob as formas preventiva e repressiva. Em todas as vertentes, a voz da Advocacia Pública espelha a própria vontade do Ente Público.

Exatamente por isso, tal carreira, que, como se verá, reveste-se como típica função de Estado, vem paulatinamente despertando para seu papel de destaque na defesa do patrimônio público, eis que oferece premência no combate à corrupção e desvios que podem comprometer a execução das políticas públicas, especialmente por conta de tristes episódios de malversação dos recursos públicos.

1.1 Missão constitucional

Como se viu linhas acima, a Advocacia Pública constitui-se como instituição democrática, que possui assento constitucional, que a alçou à condição de *função essencial à justiça*.

Em âmbito federal, estabelece o art. 131, da Constituição Federal, que cabe à Advocacia-Geral da União representar "a União, judicial e extrajudicialmente, cabendo-lhe, nos termos da lei complementar que dispuser sobre sua organização e funcionamento, as atividades de consultoria e assessoramento jurídico do Poder Executivo".

Estabelece, o mesmo dispositivo, ainda ao tratar da Advocacia Pública Federal, que "o ingresso nas classes iniciais das carreiras da instituição de que trata este artigo far-se-á mediante concurso público de provas e títulos".

Disso não destoa o regramento dado à esfera estadual, dispondo o art. 132, da Constituição Federal, que "os Procuradores dos Estados e do Distrito Federal, organizados em carreira (...), exercerão a representação judicial e a consultoria jurídica das respectivas unidades federadas".

Malgrado o constituinte tenha silenciado sobre a Advocacia Pública Municipal, fato é que por simetria mesmo papel é assegurado aos Advogados e Procuradores Municipais, conforme, aliás, os tribunais pátrios vêm decidindo de forma uníssona.

Aliás, sobre o tema há proposta de emenda à Constituição Federal (PEC nº 17/2012), que após discussão e aprovação na Câmara dos Deputados, aguarda posicionamento do Senado Federal.

Sobre a constitucionalização da Advocacia Pública Municipal, Maurício da Silva Miranda e Rafael Assed de Castro[1] assim se manifestam:

> A Constituição Federal de 1988 trouxe novo parâmetro estrutural e administrativo aos Municípios, atribuindo a mesma autonomia político-administrativa determinadas aos estados e à União. Logo, como existe previsão das procuradorias estaduais e da União na Carta Magna, certo seria constar também no texto constitucional a carreira de Procurador do Município.
> Sob esse prisma, a omissão legislativa constitucional, que deixou de fora o cargo de Procurador do Município ao art. 132, apresenta-se como uma falha em nosso ordenamento jurídico, merecendo reparos.
> Nesse diapasão, com intuito de inserir o cargo de Procurador do Município na Constituição Federal, surgiu o Projeto de Emenda à Constituição (PEC) nº 153/2003 na Câmara dos Deputados. Hodiernamente, tal projeto tem numeração nº 17/2012 e está tramitando no Senado Federal.

De toda forma, ainda que ausente regulamentação expressa, seguindo a trilha do regramento conferido à Advocacia Pública pelo texto constitucional, o Tribunal de Justiça do Estado de São Paulo[2] já teve oportunidade de se manifestar em sede de controle concentrado de constitucionalidade quanto a necessidade de que, em âmbito municipal, se respeite as mesmas diretrizes, exigindo-se, portanto,

---

[1] *Manual do Procurador do Município*, p.18-19.
[2] Acórdão proferido no julgamento da Ação Direta de Inconstitucionalidade nº 2022500-07.2015.8.26.0000, pelo Órgão Especial, Relator Marcio Bartoli, julgamento em 29 de julho de 2015. Disponível em: <http://www.tjsp.jus.br>.

os mesmos requisitos para ingresso na carreira, e ressalvando o mesmo campo de atuação à Advocacia Pública Municipal.
Confira-se:

> (...) 4. A leitura dos dispositivos legais acima transcritos afirmar que o ocupante do cargo exercerá atividade de advocacia pública. Ocorre que, por previsão expressa dos arts. 98 a 100 da Constituição do Estado de São Paulo aplicáveis aos municípios por força do art. 144 da Constituição Estadual a advocacia pública, bem como suas respectivas chefias, deverá ser exercida por profissional cuja investidura no cargo dependerá de prévio concurso público.

Como se vê, no que pertine à Advocacia Pública, a Constituição Federal é estritamente clara ao determinar que o seu exercício está ressalvado àqueles que tenham ingressado por concurso público de provas e títulos aos quadros do respectivo Ente, ostentando, assim, vínculo jurídico dotado de estabilidade (servidor público).

Não se aceita, assim, que haja, em âmbito municipal, a previsão de que determinados agentes públicos, sem vínculo de estabilidade, exerçam atividades típicas da Advocacia Pública, tal como consultoria e assessoramento, por envolver atividade técnica não inserida nas hipóteses constitucionais de dispensa ao concurso público, como mais uma vez se extrai de acórdão emanado do Colendo Tribunal de Justiça do Estado de São Paulo:[3]

> AÇÃO DIRETA DE INCONSTITUCIONALIDADE – ARTS. 33,1, "E", DA LEI Nº 4.804/99 E ART. 77, DA LEI Nº 5.365/01, DE SÃO BERNARDO DO CAMPO – DISPOSITIVOS QUE CRIAM O CARGO DE "CONSULTOR TÉCNICO JURÍDICO" – PROVIMENTO EM COMISSÃO – INCONSTITUCIONALIDADE MATERIAL – EXCEÇÃO AO PRINCÍPIO DO CONCURSO PÚBLICO RESTRITA ÀS ATIVIDADES DE DIREÇÃO, CHEFIA E ASSESSORAMENTO – ATIVIDADES MERAMENTE TÉCNICAS – VIOLAÇÃO DOS ARTS. 111, 115, I, II E V, E 144, DA CONSTITUIÇÃO DO ESTADO DE SÃO PAULO.
> 1. A possibilidade de criação de cargos de provimento por comissão não é aferida pela denominação que se lhe dá, mas sim pela natureza das atribuições respectivas.

---

[3] Acórdão proferido no julgamento da Ação Direta de Inconstitucionalidade nº 0084239-54.2011.8.26.0000, pelo Órgão Especial, Relator Artur Marques, julgamento em 16 de novembro de 2011. Disponível em: <http://www.tjsp.jus.br>.

2. No caso concreto, a descrição das atividades desenvolvidas pelo Consultor Técnico Jurídico são de auxiliar o Secretário e o Assessor da Secretaria de Assuntos Jurídicos nas decisões, despachos e demais atividades referentes a assuntos técnicos da Pasta; e auxiliar de modo geral a ação administrativa diante da Secretaria, compreendendo matéria jurídica, técnico-legislativa, administrativa, orçamentária e econômico-financeira. As atividades constituem, na verdade, funções meramente técnicas, burocráticas ou operacionais, sem necessidade alguma de que sejam desempenhadas por pessoa com vínculo de confiança, de modo que não se poderia afastar a exigência de concurso público.

3. Não se afigura razoável que haja assessoria de assessoria, com a possibilidade de que essa cadeia de "assessoramento técnico" se prolongue quanto mais queira o Administrador Público. A Administração local não pode criar cargos em comissão tantos quantos forem os possíveis nomes e descrições vagas e abstratas, procedendo a uma verdadeira contratação direta de cargos de chefia cuja necessidade sequer se procurou justificar.

4. Ação procedente.

E não poderia ser diferente, já que a regra preconizada pelo art. 37, inciso I, da Constituição Federal, é a de que o acesso aos cargos públicos de provimento em caráter efetivo, com vínculo de estabilidade, deva se dar após aprovação em concurso público.

Sobre a regra de acesso aos cargos públicos, assim leciona Celso Antônio Bandeira de Mello:[4]

> O que a Lei Magna visou com os princípios da acessibilidade e do concurso público foi, de um lado, desejar a todos iguais oportunidades de disputar cargos ou empregos na Administração direta e indireta. De outro lado, propôs-se a impedir tanto o ingresso sem concurso, ressalvadas as exceções previstas na Constituição, quanto obstar a que o servidor habilitado por concurso para cargo ou emprego de determinada natureza viesse depois a ser agraciado com cargo ou emprego permanente de outra natureza, pois esta seria uma forma de fraudar a razão de ser do concurso público.

Quanto ao espectro de atuação, fica firmado, também, que o papel desempenhado pelos advogados públicos é o de representação judicial e extrajudicial dos Entes Públicos, cabendo-lhes,

---

[4] *Curso de Direito Administrativo*, p. 286-287.

ainda, o exercício de consultoria e assessoramento jurídico, com exclusividade.

Atuação judicial pressupõe que haja lide, processo em trâmite perante o Poder Judiciário, em que se tutela interesses dos Entes Públicos. No ambiente do processo judicial, portanto, os Procuradores e Advogados Públicos irão produzir manifestações em defesa dos interesses das Fazendas Públicas, seja como ocupantes do polo ativo, seja como ocupantes do polo passivo da relação jurídica processual.

Por outro lado, na vertente extrajudicial, a Advocacia Pública tem como incumbência representar os Entes nos expedientes administrativos, produzindo pareceres, e dando diretrizes (assessoramento) às diversas unidades administrativas.

Digno de nota que tais atividades são tipicamente ressalvadas à Advocacia Pública em suas três esferas, não havendo meios de que essa incumbência seja delegada a terceiros por força de contrato, convênio ou qualquer relação bilateral que seja, por se tratar de atuação essencialmente deferida aos advogados e procuradores.

1.2 Advocacia Pública e o Código de Processo Civil de 2015

Já afinado com a tutela constitucional acima retratada, o Código de Processo Civil em vigência cuidou por dar regramento específico à Advocacia Pública, o que é algo que merece destaque, já que tal situação fora tangenciada pelos diplomas normativos pregressos.

Para realçar que cabe à Advocacia Pública a representação dos Entes Públicos, assim prevê o art. 182, do Código de Processo Civil de 2015:

> Art. 182. Incumbe à Advocacia Pública, na forma da lei, defender e promover os interesses públicos da União, dos Estados, do Distrito Federal e dos Municípios, por meio da representação judicial, em todos os âmbitos federativos, das pessoas jurídicas de direito público que integram a administração direta e indireta.

O art. 242, do Código de Processo Civil, preconiza, ainda, que a citação dos Entes Públicos, e suas respectivas autarquias e fundações de direito público, far-se-á "perante o órgão da Advocacia Pública responsável por sua representação judicial".

Isso deixa realçada a exclusividade da Advocacia Pública na representação dos Entes Públicos em suas três esferas.

A propósito, para o exercício de seu papel, desnecessário que os membros da Advocacia Pública recebam qualquer tipo de instrumento procuratório ou de mandato: sua representatividade decorre de efeito *ope legis*, conforme preconiza o art. 75, do Código de Processo Civil.

Basta, assim, estar investido no cargo público para estar apto a postular em socorro dos interesses do respectivo Ente Público.

Acerca das intimações originadas das ações em que os Entes Públicos figuram, o art. 183, do Código de Processo Civil, é essencialmente claro ao prever que tais intimações serão feitas na pessoa de seus representantes, o que poderá se dar inclusive por meio digital (para processos que tramitem em suporte eletrônico), ou mediante carga (para processos que ainda estejam vinculados a meio físico de tramitação).

Outra inovação que foi albergada ao texto do Código de Processo Civil diz respeito ao direito acometido aos membros da Advocacia Pública, de perceberem os honorários advocatícios nos termos do art. 85, da Lei Adjetiva Civil em vigor.

Tal regramento veio para reforçar entendimento já consolidado jurisprudencialmente,[5] no sentido de que os honorários advocatícios pertencem ao advogado que patrocina a causa, não havendo meios de se negar tal direito aos advogados públicos, ficando realçado, ademais, que tal verba configura verba de natureza alimentar, gozando das mesmas garantias e privilégios dos créditos de natureza trabalhista.

Nesse encadeamento, prezando pela solução compositiva do litígio, o Código de Processo Civil prevê, também, a figura do

---

[5] Súmula Vinculante 47: Os honorários advocatícios incluídos na condenação ou destacados do montante principal devido ao credor consubstanciam verba de natureza alimentar cuja satisfação ocorrerá com a expedição de precatório ou requisição de pequeno valor, observada ordem especial restrita aos créditos dessa natureza.

instrumento de transação referendado pela Advocacia Pública como título executivo extrajudicial (art. 784, inciso IV, do *Codex*).

Dessas breves considerações, o que se extrai é que o Código de Processo Civil em plena vigência se mostrou essencialmente atento ao papel desempenhado pela Advocacia Pública, tutelando nuances que as legislações processuais pregressas simplesmente tangenciaram, mostrando-se, exatamente por isso, como diploma normativo arrojado.

1.3 Fazenda Pública e a *presentação* do Ente Público

Um dos papéis mais proeminentes na atuação da Advocacia Pública em todas as esferas é, sem sombra de dúvidas, a representação da *Fazenda Pública*.

A expressão Fazenda Pública oferta significação ampla. Pode expressar o que tradicionalmente se denomina gestão de finanças públicas, ou política econômica (órgão despersonalizado responsável pela política econômica).

De outra banda, na acepção que aqui tem maior importância, indigitado vocábulo deve expressar a atuação do Estado em juízo. Em verdade, sua significação espelha a própria personificação do Estado (todas as pessoas jurídicas de direito público, suas fundações e autarquias) nos processos judiciais em que sua presença se faça.

Pouco importa qual a matéria que seja objeto de embate, mesmo que não seja de natureza fiscal ou financeira. Pouco importa, igualmente, qual a posição ocupada na relação jurídica processual, se no polo ativo, se no passivo, ou até mesmo se na condição de interveniente, assistente, ou mero terceiro interessado.

Presente, pois, a interesse jurídico da União, Estados, Distrito Federal, Municípios, e respectivas autarquias e fundações, presente deverá se fazer a aplicação do regramento processual deferido às fazendas públicas.

É de se registrar que a organização da Administração Pública, em âmbito nacional, é dada pelo Decreto-lei nº 200/1967, que dá os conceitos basilares para se diferenciar a Administração em direta (Entes Políticos) e indireta (autarquias e fundações públicas).

Em linhas gerais, a expressão Fazenda Pública abrange as pessoas jurídicas de direito público que, uma vez condenadas judicialmente, desencadearão o desembolso de valores pelos cofres públicos. Daí porque a atuação da Advocacia Pública está diretamente atrelada à defesa do erário, donde serão retirados recursos para suportar o pagamento de indenizações e demais condenações, ou, noutra visão, para onde serão remetidos os recursos auferidos com a sua atuação no bojo de ações executivas, ou que persigam ressarcimento aos cofres públicos.

Sob o aspecto processual, há, ainda, um componente processual que não pode ser tangenciado.

A prática de atos processuais no ambiente do processo judicial exige a comprovação de determinados pressupostos para sua existência e validade. Requisito essencial de validade é a demonstração da capacidade postulatória (possibilidade de postular em juízo em nome de outrem).

Quando se encontra em jogo interesses das fazendas públicas, a capacidade postulatória é deferida aos advogados públicos e procuradores que, enquanto ocupantes de cargo público de provimento em caráter efetivo, e legalmente habilitados (com inscrição nos quadros da Ordem dos Advogados do Brasil), estão aptos a postular em juízo em seu nome por decorrência de lei (representação que dispensa a apresentação de instrumento de procuração).

Sobre a representatividade deferida à Advocacia Pública, assim se posiciona Leonardo Carneiro da Cunha:[6]

> Na verdade, a Procuradoria Judicial e seus procuradores constituem um órgão da Fazenda Pública. Então, o advogado público quando atua perante órgãos do Poder Judiciário é a Fazenda Pública presente em juízo. Em outras palavras, a Fazenda Pública se faz presente em juízo por seus procuradores. Segundo clássica distinção feita por Pontes de Miranda, os advogados públicos presentam a Fazenda Pública em juízo, não sendo correto aludir-se a representação.
> (...)
> Já se vê que, uma vez investido no cargo ou função, o procurador público adquire representação (leia-se presentação) da Fazenda Pública, estando incluídos nessa presentação os poderes para o foro.

---

[6] *A Fazenda Pública em juízo*, p.10-11.

Mais do que representar os Entes Públicos em juízo, os advogados públicos *presentam* a Fazenda Pública, personificando, em seus atos e manifestações, a própria vontade do Estado (em sua acepção *lato sensu*).

Conforme leciona Nilton Carlos de Almeida Coutinho,[7] a presença do Estado em juízo desencadeia um especial regime jurídico, que deve se sujeitar a alguns princípios.

O primeiro é o princípio da indisponibilidade do interesse público,[8] que "é, na verdade, o interesse do corpo social, da coletividade, razão pela qual o administrador não pode dele dispor, uma vez que a ele não pertence".

Projeta efeitos, ademais, o princípio da supremacia do interesse público sobre o privado, eis que numa situação de embate entre interesses públicos (coletividade) e o particular, deverá aquele ter premência.

Outro princípio que reconhecidamente tem lugar, é o da igualdade processual material, que, diante do agigantamento do Estado, e da dificuldade decorrente da comezinha falta de estrutura (recursos humanos, tecnológicos e estruturais), justificam a criação de prerrogativas processuais deferidas às fazendas, que buscam, em última análise, atingir a igualdade substancial.

2 Advocacia Pública e a defesa do Estado Democrático de Direito

O art. 1º, da Constituição Federal, deixa esculpido que a República Federativa do Brasil é "formada pela união indissolúvel dos Estados e Municípios e do Distrito Federal, constitui-se em Estado Democrático de Direito e tem como fundamentos".

Sendo assim, estruturalmente, o Estado Brasileiro é formado pela aglutinação de entes federados, todos autônomos e independentes entre si, gozando, aliás, de igualdade jurídica, nos termos do que preconizam os arts. 2º e 18, ambos da Carta Federal.

---

[7] *Advocacia pública e o novo CPC: a fazenda pública em juízo* (Lei 13.105, de 16 de março de 2015), p. 8.
[8] Id. Ibid.

A cada Ente Público é ressalvado um campo de atuação/competência. À União cabe tratar dos interesses e assuntos de caráter nacional (segurança nacional, estabelecimento de relações internacionais, etc.), com amparo nas disposições dos arts. 21 e 22, da Constituição Federal.

Aos Estados é acometido o papel de zelar pelos interesses regionais (que transpassam, assim, os lindes de determinado município, de forma a atingir região predeterminada), tendo como diretriz o quanto firmado nos arts. 25, 26 e 27, todos da Carta Federal.

Por fim, aos Municípios, aqueles entes que são os mais próximos dos cidadãos, é ressalvada atuação para tutela dos interesses de índole local, nos termos do que preveem os arts. 29 e 30, ambos da Constituição Federal de 1988.

Ao Distrito Federal, por fim, é deferida atuação conjugando-se as competências que são deferidas aos Municípios e aos Estados, por força do que dispõe o enunciado do art. 32, da Carta Magna.

Com efeito, essa distribuição de competências feita pelo constituinte projeta efeitos no que pertine à execução das políticas públicas. Assim, a cada um dos direitos sociais estampados na Constituição Federal há, em contrapartida, um dever que acomete cada um dos entes federados para atuação.

É o que se dá, por exemplo, com os direitos sociais arrolados no art. 6º, da Constituição Federal, que assim dispõe:

> Art. 6º São direitos sociais a educação, a saúde, a alimentação, o trabalho, a moradia, o transporte, o lazer, a segurança, a previdência social, a proteção à maternidade e à infância, a assistência aos desamparados, na forma desta Constituição.

Daí porque se exige, para implementação de ditas políticas públicas, que haja implantação de uma estrutura técnico-burocrática, composta por agentes públicos que possuam vínculo de estabilidade (servidores efetivos), para que se consiga acudir com os encargos constitucionais, e assim atuar nos segmentos acima indicados.

Deve haver, assim, um núcleo duro, uma estrutura mínima composta por servidores públicos, cuja atribuição é justamente atuar de forma a implementar *in concretu* as políticas públicas, e assim dar vazão às incumbências acometidas pelo constituinte.

Nesse esteio, ganha destaque a atuação da Advocacia Pública, que possui como atribuição efetuar o controle preventivo de legalidade dos atos administrativos, e assim viabilizar com segurança a implementação das diversas políticas que são carreadas aos Entes Públicos em suas três esferas.

2.1 Agentes políticos

É máxima constitucional que "todo poder emana do povo, que o exerce por meio de representantes eleitos ou diretamente" (art. 1º, parágrafo único, da Constituição Federal).

Exatamente por isso, é ressalvado que os chefes do poder executivo, em todas as esferas, serão eleitos pela escolha do voto popular, sendo certo que emerge desse sufrágio a legitimação social dos gestores para conduzir a coisa pública.

Isso decorre do espírito democrático que nutre o texto constitucional, que urge a participação popular e estabelece que a gestão pública seja exercida por representantes escolhidos pela maioria dos cidadãos.

Dessa forma, os agentes políticos ocupam cargos pertencentes à estrutura organizacional política do Brasil. Por exercerem poder de gestão, constituem elementos formadores da vontade superior do Estado, como acontece com o Presidente da República, Governadores, Prefeitos, respectivos vices e auxiliares imediatos.[9]

Os atos praticados pelos agentes políticos espelham manifestação de juízo discricionário, como típico exercício de gestão da coisa pública. Abarcam, assim, juízo de conveniência e oportunidade, tendo como elemento marcante a vontade do gestor (elemento subjetivo).

Acerca da discricionariedade, assinala Celso Antônio Bandeira de Mello:[10]

> Discricionariedade é a margem de "liberdade" que remanesça ao administrador para eleger, segundo critérios consistentes de razoabilidade, um, dentre pelo menos dois comportamentos, cabíveis perante cada caso

---

[9] BANDEIRA DE MELLO, Celso Antônio. *Curso de Direito Administrativo*, p. 252
[10] Id. Ibid., p.988.

concreto, a fim de cumprir o dever de adotar a solução mais adequada à satisfação da finalidade legal, quando, por força da fluidez das expressões da lei ou da liberdade conferida no mandamento, dela não se possa extrair objetivamente uma solução unívoca para a situação vertente.

Exatamente por essas nuances, os agentes políticos não possuem vínculo profissional como Estado, mas meramente político. Noutras palavras, o que lhes qualifica para o exercício de seu *munus* não é habilitação técnico-profissional, mas meramente o fato de serem cidadãos, e estarem aptos a exercer a representação da vontade popular.

2.2 Servidores públicos

Passada a análise do perfil dos agentes políticos, convém agora incursionar sobre a natureza e campo de atuação dos servidores públicos.

Ao revés dos agentes políticos, os servidores públicos têm pouco (ou quase nenhum) exercício de juízo discricionário.

Os servidores públicos, à luz do texto constitucional, são aqueles que detém vínculo profissional com o Estado, titularizando cargo ou emprego na estrutura organizacional da União, Estados, Distrito Federal, e Municípios.

Sua atuação espelha, portanto, relação não eventual, repercutindo diretamente na atuação concreta do Estado.

Os integrantes da Advocacia Pública, como já se teve oportunidade de dizer, são aqueles servidores públicos que têm como incumbência o exercício de função que é essencial à administração da justiça. Por isso mesmo, detém vínculo efetivo, e devem gozar de estabilidade para que possam exercer com autonomia e denodo sua função de zelar pela legalidade.

Sobre a característica que se faz presente na atuação dos servidores públicos, Cristiane da Costa Nery[11] assinala:

> O corpo funcional que compõe a estrutura efetiva do serviço público é que garante o conteúdo técnico-jurídico da Administração Pública.

---

[11] *A constitucionalização da carreira do procurador municipal – função essencial e típica de Estado*, p. 3.

Principalmente porque esse corpo funcional obedece a forma de ingresso diferenciada, à capacidade, habilitação e à especialização, que são instrumentos da moralidade e eficiência, e garantem a impessoalidade e legalidade, princípios expressamente arrolados no artigo 37 da Constituição Federal.

Destarte, o regime constitucional deferido ao servidor público, assim entendido como o profissional que detém vínculo efetivo (de estabilidade) com a Administração Pública, e que deve se lastrear pelos princípios contidos no art. 37, da Constituição Federal, denota a sua vocação para realizar, *in concretu*, atos que espelham a atuação do próprio Estado.

2.3 Advocacia Pública como típica função de Estado

Os integrantes da Advocacia Pública, muito além de servidores públicos, exercem típica função de Estado.

Como já se teve oportunidade de firmar, a consecução das políticas públicas, que tendem a dar vazão aos direitos sociais esculpidos na Constituição Federal, exige a presença de servidores públicos qualificados, que estejam aptos cumprir tais postulados.

Na sua atuação, aliás, justamente por enquadrar-se como função de Estado, os integrantes da Advocacia Pública estão desvinculados de possíveis influências político-partidárias.[12] Sua atuação, assim, se lastreia nos princípios e mandamentos constitucionais, tendo como papel inarredável a promoção do interesse público.

Esses atributos diferenciam e caracterizam uma carreira de Estado.

Analisando o papel desempenhado pelos Procuradores Municipais, e realçando a nítida função de Estado desempenhada pela Advocacia Pública, assim leciona Cristiane da Costa Nery:[13]

> No Estado Democrático de Direito as instituições têm tarefas públicas na implementação dos direitos, em especial os direitos sociais. E nesta

---

[12] *Id. Ibid.*, p. 3.
[13] *Id. Idib.*, p. 5.

perspectiva, as Procuradorias Municipais, como estruturas de Estado, permanentes e que garantem a continuidade da Administração Pública, vem desempenhado um enorme papel no cumprimento desse mister.

Procuradores participam de conselhos municipais das políticas públicas, representando o órgão; incorporam os grupos de trabalho da Administração, que têm por tarefa dar cumprimento às competências municipais nessas novas tarefas pós Constituição de 88. São criados mecanismos administrativos de solver questões, as chamadas concertações administrativas: Juntas Administrativas de Indenizações; papel ativo no ajustamento de condutas pelos Termos de Ajustamento de Condutas (TAC). O gerenciamento de precatórios, participação na municipalização da saúde, a legitimação ativa do Município para propor Ação Civil Pública, entre outros. Todos com a participação de Procuradores a exigir qualificação e compreensão técnica.

É de se dizer que algumas legislações, atentas a tal papel acometido à Advocacia Pública, vêm acolhendo textualmente que a função exercida pelos Procuradores é tipicamente de Estado. Confira-se, a propósito, o teor do art. 22, da Lei Municipal nº 4.804/1999, do Município de São Bernardo do Campo:

> Art.22. São atribuições do Procurador do Município:
> (...)
> VI – representar judicial e extrajudicialmente o Município, exercendo função exclusiva de Estado;

Dessa forma, é inegável que a Advocacia Pública, quando cumpre seu papel, defendendo a legalidade dos atos administrativos, e possibilitando com segurança jurídica que a Administração Pública atue assegurando concretamente os direitos sociais previstos constitucionalmente, exerce típica função de Estado.

Aliás, esse seu papel de premência: a defesa do interesse público.

Exatamente por isso não é viável que a Advocacia Pública defenda atos de gestão, ou mesmo o gestor, caso ele seja objeto de questionamento no exercício de sua atividade política.

Os atos de gestão, por estarem afeitos a juízo discricionário, e espelharem a vontade do representante popular, legitimado pela voz do sufrágio, refogem à atuação da Advocacia Pública, que deve se ater aos aspectos de legalidade.

Obviamente, como se verá adiante, se o gestor agir com desvio de finalidade, fraude ou incúria no exercício de seu *munus*, a Advocacia Pública deverá laborar para cessar o estado de irregularidade, adotando inclusive as medidas pertinentes para a responsabilização pessoal do agente, e ressarcimento dos prejuízos suportados pelo erário.

3 Atuação da Advocacia Pública na defesa da *res publica*

A humanidade, desde os primórdios do processo de civilização, apercebeu-se que para viver em sociedade deveria criar regras para a solução dos conflitos, bem como delinear direitos e obrigações aos integrantes de seu corpo social.

Surgia, então, a noção de Estado, cuja organização e soberania decorreram da constatação de que é inaceitável a realização de justiça privada, movida puramente pela vingança, a exigir a existência de uma instituição etérea incumbida de perseguir o bem da coletividade.

Outro conceito que remonta à fase embrionária da civilização humana é o de *coisa pública*, que, em sua acepção hodierna, é assim tratada por Luiz Carlos Bresser-Pereira:[14]

> No último quartel do século vinte, entretanto, um quarto tipo de direitos está surgindo: os direitos dos cidadãos de que o patrimônio público seja efetivamente de todo e para todos. Este trabalho concentrar-se-á na análise destes novos direitos, que estamos propondo chamar de direitos públicos ou de "direitos republicanos" – direitos dos cidadãos contra aqueles que buscam capturar privadamente os bens que são ou devem ser de todos – e particularmente a uma categoria desses direitos: o direito à *res publica* ou ao patrimônio econômico público. Poderíamos dizer, a partir de uma perspectiva histórica, que estes direitos sempre existiram. No plano da história, entretanto, estes são direitos que só recentemente começaram a ganhar contorno definido entre os interesses difusos. São direitos que cada vez mais deverão merecer a atenção de filósofos políticos e juristas.

---

[14] *Revista de Filosofia Política* – v.1, p.109.

Sob o ideário republicano, portanto, emergem os contornos da *res publica*, que em linhas gerais é tratada como *patrimônio público*, assim concebido sob a ótica econômica, histórico-cultural, ambiental, dentre outros que tenham essa mesma conotação difusa.

A Advocacia Pública, por sua vocação institucional, tem por dever a defesa do patrimônio público.

Cláudio Smirne Diniz[15] chama atenção à posição estratégica da Advocacia Pública para coibir episódios de lesão à coisa pública:

> A Advocacia Pública deve estar comprometida com a prevenção da corrupção, considerando a posição estratégica que ocupa perante a Administração. Sabe-se que evitar a malversação de recursos públicos é a forma mais eficiente de controle, pois reduz a possibilidade de o agente ímprobo, ao desviar recursos, destiná-los a outros países ou conferir-lhes aparência de licitude, dificultando a recomposição dos danos.
>
> Em sentido mais amplo, quer-se fazer referência ao controle da gestão pública e à missão conferida à Advocacia Pública nesse segmento. Sabe-se que controlar é impor limites aos governantes e orientar no sentido da melhor utilização dos recursos disponíveis.

Isso, aliás, muito em razão da atuação preventiva que a Advocacia Pública desempenha, realizando diuturnamente o controle de legalidade dos atos administrativos, inclusive determinando a constante verificação, inspeção e revisão, por aplicação do princípio da autotutela.

Grande exemplo de atuação no segmento preventivo é o controle urgido pelo art. 38, da Lei Federal nº 8.666/1993, que determina que minutas, editais, contratos, acordos, convênios e demais documentos afeitos aos certames licitatórios sejam previamente aprovadas por assessoria jurídica da administração, exercida por integrantes da Advocacia Pública.

Há, assim, sob a vertente preventiva, o controle interno dos atos administrativos acometido aos membros da Advocacia Pública, que devem, a propósito, ao desempenhar seu papel (que é eminentemente técnico), gozar de autonomia, estando imunes a possíveis ingerências que possam partir dos mandatários do poder.

---

[15] *ADVOCACIA PÚBLICA NOS MUNICÍPIOS: participação no controle interno e estruturação da carreira*, p.2.

Sob esse enfoque, cabe aqui mais uma vez fazer menção que em âmbito do Município de São Bernardo do Campo, o art. 24, da Lei Municipal nº 4.804/1999 (Lei Orgânica da Procuradoria-Geral do Município), prevê:

> Art. 24. Constituem garantias do Procurador do Município:
>
> I – independência profissional e científica na elaboração de manifestações, pareceres, consultas e petições;
>
> II – inviolabilidade administrativa por atos e manifestações, no estrito exercício das funções;
>
> III – ofício em procedimentos administrativos ou judiciais em quantidade que não prejudique a qualidade dos serviços que lhe forem cometidos;
>
> IV – inamovibilidade no âmbito da Procuradoria-Geral do Município (PGM), salvo com sua expressa concordância;
>
> V – ser processado disciplinarmente por comissão constituída de pelo menos um Procurador do Município.

Noutro giro, como a história recente revela, infelizmente desvios acontecem em âmbito da Administração Pública. Nesse diapasão, é de se lembrar que a atuação da Advocacia Pública também pode se dar pela vertente repressiva.

Ou seja, uma vez ocorrido o desvio, os membros da Advocacia Pública deverão laborar para que haja a punição do agente público responsável pelos atos praticados contrariamente ao interesse público, inclusive propondo as medidas judiciais cabíveis à espécie.

Será a Advocacia Pública a entidade responsável pela propositura de ação civil pública pretendendo a aplicação das penalidades esculpidas na Lei Federal nº 8.429/1992, que trata da prática de atos de improbidade decorrentes de *enriquecimento ilícito* (art. 9º, da lei de regência), daqueles que *causam prejuízo ao erário* (art. 10, da lei de regência), bem como daqueles que *atentam contra os princípios da Administração Pública* (art. 11, da Lei de Improbidade Administrativa).

Assim, além do mero pleito ressarcitório e de perda de bens ou valores acrescidos ilicitamente ao patrimônio do agente público, em tais ações a Advocacia Pública poderá deduzir pleito para que o responsável pelo desvio sofra a perda do cargo público (se for servidor), fique impossibilitado de contratar com a Administração

Pública ou receber benefícios fiscais e subvenções, bem como suspensão dos direitos políticos e pagamento de multa civil, tudo com amparo no art. 12, da Lei Federal nº 8.429/1992.

É de se registrar que o pedido de ressarcimento de danos e responsabilidade pessoal do agente para recomposição do dano pode ser também tutelado em ação popular, cuja característica é assim delineada por Adriano Andrea, Cleber Masson e Landolfo de Andrade:[16]

> A ação popular é um instrumento de democracia participativa (CF, art. 1º, parágrafo único), uma ferramenta por meio da qual o cidadão pode participar do controle dos atos da Administração, fiscalizando sua idoneidade. Além disso, ela permite ao cidadão atuar judicialmente em defesa do meio ambiente, seja nos seus aspectos naturais, seja nos artificiais ou culturais (patrimônio histórico e cultural).
> Assim como a ação civil pública (que, para nós, é gênero que inclui a ação de improbidade administrativa) e o mandado de segurança coletivo, a ação popular é um mecanismo de tutela de interesses transindividuais, pois permite impugnar atos lesivos a bens difusos.

Com efeito, no bojo de ação popular, defendendo o patrimônio público, é possível que o Ente Político exerça a faculdade inserta no art. 6º, da Lei Federal nº 4.717/1965, e assim se alie ao pleito exordial como assistente do autor, pugnando, destarte, pela anulação do ato sindicado e responsabilização dos agentes responsáveis, o que fatalmente se instrumentalizará por intermédio da atuação dos Procuradores e Advogados Públicos.

Diga-se, aliás, que medidas ressarcitórias podem ser adotadas pela Advocacia Pública no bojo das mais diversas ações, tais como aquelas que persigam direito de regresso contra licitante que tenha agido com desídia e causado prejuízos a terceiros, bem como em face de servidores públicos que com incúria tenham igualmente causado lesão a bens e pessoas.

Infere-se, destarte, que a Advocacia Pública tem papel de premência na defesa do patrimônio público, agindo de forma preventiva (controle prévio dos atos administrativos) e repressiva (em juízo, buscando o ressarcimento de danos e responsabilização

---

[16] *Interesses Difusos e Coletivos Esquematizado*, p.295.

dos agentes públicos causadores do desvio), em claro exercício de função que é típica de Estado.

Conclusão

A partir de tudo o quanto se viu, infere-se que a Advocacia Pública se constitui como importantíssima instituição democrática que tem por escopo, nos dizeres da Constituição Federal, prezar pela defesa do interesse público e efetuar o controle preventivo e repressivo da legalidade dos atos administrativos em âmbito da União, Estados, Distrito Federal, Municípios e respectivas autarquias e fundações.

Além disso, é dever da Advocacia Pública *presentar* a Fazenda Pública, sendo que os atos praticados no ambiente do processo judicial correspondem à concretização da vontade do próprio Estado, o que impacta diretamente na defesa do erário.

Pôde-se ver, igualmente, que o Código de Processo Civil de 2015 cuidou por inserir em seu corpo uma série de inovações em aspectos que tinham sido deixados de lado pelas legislações processuais pregressas. Cuidou a novel legislação por deixar claramente assentado que a representação dos Entes, com exclusividade, deverá ser feita pelo órgão de Advocacia Pública. No mais, foram insertas regras atinentes à citação e intimação pessoal de seus membros, quebrando, ademais, outro paradigma, deixando claro que é possível a realização de solução compositiva dos conflitos envolvendo o Estado, contemplando também a realização do termo de ajustamento ou de transação feito com a participação da Advocacia Pública, o que é agora enquadrado como título executivo extrajudicial.

Após traçar as linhas que marcam a distinção entre agentes políticos e servidores públicos, pôde-se verificar que os membros da Advocacia Pública devem estar investidos em suas funções detendo vínculo de estabilidade com o Ente Público, integrando o mínimo irredutível que compõe a máquina administrativa/ estrutura estatal, devendo, por isso mesmo, ingressar na carreira mediante aprovação em concurso público, de acordo com a regra do art. 37, da Constituição Federal.

Aliás, muito além de papel ressalvado por lei aos servidores públicos, exercem os Advogados Públicos e Procuradores função típica de Estado, agindo como a voz do Ente em juízo ou fora dele, garantindo que o Estado execute concretamente as políticas públicas, e assim auxiliam na implementação dos direitos sociais previstos na Constituição Federal.

Exatamente nesse contexto emerge o relevantíssimo papel desempenhado pelos Advogados Públicos, no sentido de defender a *res publica*.

Num viés preventivo, a Advocacia Pública exerce a verificação, inspeção e revisão dos atos da administração, por aplicação do princípio da autotutela, garantindo, assim, a higidez do trâmite administrativo, impedindo subjetivismos e exercício desmedido de discricionariedade, que podem favorecer a prática de desvios.

Sob a ótica repressiva, a Advocacia Pública adotará em juízo as providências necessárias para que os episódios de corrupção recebam punição segundo o arcabouço legislativo existente, especialmente em relação ao agente infrator (penas cominadas aos atos de improbidade), adotando medidas tendentes também ao ressarcimento dos danos impingidos ao erário.

Em linhas gerais, esses são alguns aspectos ligados à atuação da Advocacia Pública, e que revelam o quão promissor será o seu futuro próximo, especialmente em tempos em que muito se fala sobre o combate à corrupção sistêmica, e de reafirmação das instituições democráticas.

Somente com a conscientização do corpo social quanto a tais aspectos é que, com maior controle social, e exigindo-se a estruturação das carreiras de Estado, que sejam dotadas de capacidade de exercer seu *munus* (estruturação sob o aspecto legislativo, técnico, de recursos humanos, etc.), haverá a cabal defesa da *res publica* dos indesejáveis ataques de corrupção e desvios de todo tipo.

Assim, mais profícuo do que exasperar as penalidades aplicáveis aos agentes infratores, como alguns projetos em discussão no Congresso Nacional pretendem, soa mais eficiente (e democrático!) que seja ampliado o controle social, firmando-se, de outra banda, as carreiras de Estado em bases sólidas, a partir das quais poderão exercer seu papel com efetividade e assim contribuir para o fortalecimento do Estado Democrático de Direito, arquitetado pela Constituição Federal.

Referências

ANDRADE, Adriano; MASSON, Cleber; ANDRADE, Landolfo. *Interesses difusos e coletivos esquematizado*. 6. ed. Rio de Janeiro: Método, 2016.

BANDEIRA DE MELLO, Celso Antônio. *Curso de Direito administrativo*: 30. ed. São Paulo: Malheiros, 2013.

COUTINHO, Nilton Carlos de Almeida. *Advocacia pública e o novo CPC: a fazenda pública em juízo (lei 13.105, de 16 de março de 2015)*. Rio de Janeiro: Lumen Juris, 2015.

CUNHA, Leonardo Carneiro da. *A Fazenda Pública em juízo*: 13. ed. Rio de Janeiro: Forense, 2016.

DINIZ: Cláudio Smirne. *Advocacia Pública nos municípios: participação no controle interno e estruturação da carreira*. Paraná: Centro de Estudos e Aperfeiçoamento Profissional do Ministério Público do Estado do Paraná. Disponível em: <http://www.ceaf.mppr.mp.br>. Acesso em: 03 out. 2016.

MIRANDA, Maurício da Silva; CASTRO, Rafael Assed de. *Manual do Procurador do Município – teoria e prática*: 2. ed. Salvador: Jus Podivm, 2014.

NERY, Cristiane da Costa. A constitucionalização da carreira de procurador municipal – função essencial e típica de Estado. *Revista da Procuradoria-Geral do Município de Porto Alegre* nº 23. CEDIM, 2009.

PEREIRA, Luiz Carlos Bresser. Cidadania e res publica: a emergência dos direitos republicanos. *Revista de Filosofia Política*. v.1. Porto Alegre: Departamento de Filosofia da Universidade Federal do Rio Grande do Sul, 1997.

Informação bibliográfica deste texto, conforme a NBR 6023:2002 da Associação Brasileira de Normas Técnicas (ABNT):

SAHARA, Ricardo. Advocacia Pública: função típica de Estado na defesa da res publica. In: MOURÃO, Carlos Figueiredo; HIROSE, Regina Tamami (Coord.). *Advocacia pública contemporânea*: desafios da defesa do Estado. Belo Horizonte: Fórum, 2019. p. 185-206. ISBN 978-85-450-0578-0.

A ADVOCACIA PÚBLICA NO TRIBUNAL DE CONTAS DO ESTADO DE SÃO PAULO

Evelyn Moraes de Oliveira
Jorge Eluf Neto

1 Introdução

A questão que se coloca é indagar qual a missão do advogado público no Tribunal de Contas do Estado de São Paulo, no desempenho de suas funções constitucionalmente estabelecidas, diante das políticas públicas, mormente as desenvolvidas pelo Poder Executivo Estadual.

A atuação da Procuradoria da Fazenda do Estado junto ao Tribunal de Contas do Estado de São Paulo, denominação que respeita a tradição, está prevista na Constituição do Estado de São Paulo, no artigo 93, III, atuando o procurador da Fazenda, integrante da Procuradoria-Geral do Estado de São Paulo, na qualidade de advogado público, realizando a defesa do erário e buscando a economicidade e eficiência das despesas públicas.

A Procuradoria-Geral do Estado de São Paulo é uma instituição de natureza permanente, que tem as funções de representação do Estado em juízo e de prestação de assessoria e consultoria jurídica ao Poder Executivo. Na atuação na área da consultoria, sendo multifuncional, exerce papel importante no controle interno da Administração Pública.

Conforme a Lei Orgânica da Procuradoria-Geral do Estado de São Paulo, Lei Complementar nº 1.270, de 25 de agosto de 2015, a Procuradoria da Fazenda, exercendo as atribuições previstas nos artigos 1º, inciso III, e 40, atua junto ao Tribunal de Contas, órgão auxiliar do Poder Legislativo no controle externo dos atos de despesa do Estado de São Paulo, portanto, em defesa do erário estadual.

De vital importância, a Advocacia Pública constitui função essencial à administração da Justiça, conforme dispõe a Constituição Federal no Capítulo IV (Das Funções Essenciais à Justiça), Seção II (Da Advocacia Pública), nos artigos 131 e 132. O âmbito de atuação do advogado público é multifuncional, porém pouco conhecida é a sua atuação na Corte de Contas.

Em razão do desconhecimento de grande parte da sociedade sobre a atuação da Advocacia Pública, inclusive até por parte dos profissionais do direito, sobremaneira da advocacia pública exercida pela Procuradoria-Geral do Estado de São Paulo e da existência da Procuradoria da Fazenda do Estado como integrante da Procuradoria-Geral, atuando junto ao Tribunal de Contas do Estado, o presente artigo tem por escopo examinar essa atuação, considerando que desempenha relevante atuação na defesa dos interesses da Fazenda do Estado, cabendo a ela a defesa da entidade pública e dos atos expedidos, conforme parecer ou orientação da Procuradoria-Geral do Estado, nos atos de despesa que envolvam recursos públicos, recursos do Estado de São Paulo, especialmente nos procedimentos licitatórios.

2 Origem

A atuação Procuradoria da Fazenda do Estado junto ao Tribunal de Contas do Estado permeia a história desse Tribunal e decorre de previsão da Constituição Estadual, no artigo 99, que regula as atribuições da Procuradoria Geral do Estado, cujo inciso III estabelece a atribuição de "representar o Estado perante o Tribunal de Contas". Importante ressaltar essa condição de *"representar o Estado"* e não *"o governo"*.

Cabe ao Tribunal de Contas do Estado de São Paulo, portanto, a fiscalização de inúmeras ações governamentais pertinentes ao uso das tecnologias da informação e comunicação, que estão colocadas em destaque dentre as demais políticas públicas a serem avaliadas. O Tribunal de Contas é organizado segundo a Lei Complementar nº 709/93, que prevê os procedimentos dos processos de competência do Tribunal, medidas e recursos cabíveis, bem como a forma de julgamento, cujo artigo 5º da Seção

II (Das Organizações) contém previsão de que a Procuradoria da Fazenda atuará na Corte de Contas.

Todavia, consoante Celio Debes,[1] a Procuradoria da Fazenda funcionando junto à Corte de Contas remonta ao Decreto-Lei nº 16.690, de 7 de janeiro de 1947, que recriou o Tribunal de Contas do Estado, então composto pelo Corpo Deliberativo, pelo Corpo Instrutivo e pela Representação da Fazenda, sendo o primeiro o Tribunal propriamente dito.

O Corpo Deliberativo era formado por cinco membros (ministros), nomeados pelo chefe do Executivo. O Corpo Instrutivo era dividido em três Diretorias (serviço de preparo, exame e instrução dos processos), além do de expediente, comunicação, publicações, contabilidade, escrituração e pessoal; tais Diretorias atendiam às denominações de "expediente e pessoal", de "fiscalização financeira" e de "tomada de contas".

De igual modo, a edição comemorativa de 85 anos do Tribunal de Contas do Estado de São Paulo[2] registra o funcionamento da Procuradoria da Fazenda do Estado junto ao Tribunal de Contas, desde a sua remota origem.

O Corpo de Representação da Fazenda junto ao Tribunal se dava através de um procurador fiscal, designado pelo chefe do Executivo, podendo ser auxiliado por outro procurador, sendo esse o embrião da Procuradoria da Fazenda do Estado junto ao Tribunal de Contas do Estado.

Incumbia ao representante da Fazenda junto ao Tribunal de Contas a promoção, instrução e elaboração de requerimentos, visando aos interesses da Administração e da Fazenda, na condição de "guarda da lei e fiscal da sua execução", além de intervir em outros procedimentos.

Na Constituição do Estado de 9 de julho de 1947, o Tribunal de Contas foi inserido no capítulo intitulado "Da Fiscalização",

---

[1] DEBES, Célio. *Tribunal de Contas*: uma instituição. Edição comemorativa do centenário da criação do Tribunal de Contas no Brasil. São Paulo: Tribunal de Contas do Estado de São Paulo, 1990. Ver também: SANCHEZ, Oswaldo. Tribunal de Contas do Estado de São Paulo: primeira fase – 1924 a 1930. *Revista do Tribunal de Contas do Estado de São Paulo*, n. 60, p. 27-36, ago./set. 1989.

[2] Procuradoria da Fazenda do Estado junto ao Tribunal de Contas do Estado. *Revista do Tribunal de Contas do Estado de São Paulo*, 85 anos, TCESP, Edição Histórica, n. 123, p. 63-64, 2009. Disponível em: <http://www4.tce.sp.gov.br/sites/tcesp/files/downloads/rtce-123.pdf>. Acesso em: 29 jul. 2016.

pertencente ao título "Da Organização Financeira", cujos ministros (em número de sete) eram nomeados pelo governador, mediante aprovação da Assembleia, e todos equiparavam-se aos desembargadores do Tribunal de Justiça.

A fiscalização era prévia, recaindo sobre a execução orçamentária diretamente ou por delegações criadas por lei; os contratos ficavam sujeitos a registro prévio; a negativa de registro seria absoluta por falta de saldo ou utilização de crédito impróprio. Não se enquadrando nessas situações, o governador podia promover o registro sob reserva, cabendo recurso *ex officio* para a Assembleia Legislativa.

O marco formal da Procuradoria no Tribunal de Contas do Estado foi a Lei nº 1.666, de 31 de julho de 1952, que regulou a organização do Tribunal, mantendo sua composição anterior e declarando que funcionam junto a ele a Procuradoria da Fazenda do Estado, como serviço autônomo, e a Secretaria, como parte integrante de sua organização.

Dessa forma, a Procuradoria foi designada como órgão auxiliar da fiscalização da administração financeira e da execução orçamentária, representando a Fazenda do Estado, mas consagrada sua autonomia.

À época, na hipótese de parecer contrário à aprovação pela Procuradoria do Estado, o exame ficava atribuído ao Tribunal Pleno.

Essa reorganização do Tribunal de Contas conferiu o caráter de jurisdição contenciosa, cujas decisões tinham força de sentença judicial, conservando os poderes de punição anteriores; as revisões comportavam *reformatio in pejus* e a execução dos julgados do Tribunal de Contas caberia ao Poder Judiciário.

Portanto, a Procuradoria da Fazenda junto ao Tribunal passou a ter suas atribuições institucionalizadas, como representante da Fazenda do Estado.

Foi dedicada, na Constituição Estadual de 13 de maio de 1967, uma Seção ao Tribunal de Contas, tendo sido editada a Lei nº 10.319, de 16 de dezembro de 1968, Lei Orgânica do Tribunal de Contas do Estado de São Paulo, subordinada aos princípios enunciados na nova Constituição, com alterações dadas pela Lei n. 3.202, de 23 de dezembro de 1981.

No artigo 3º do Capítulo I (Da Sede, Jurisdição e Constituição) da Primeira Parte do Título I (Da Organização do Tribunal de

Contas do Estado de São Paulo) constava que funcionará junto ao Tribunal de Contas a Procuradoria da Fazenda e, no Capítulo III (Da Procuradoria da Fazenda), o artigo 12 dispunha que a Procuradoria da Fazenda do Estado representaria a Fazenda Pública Estadual, cujas atribuições constavam no artigo 13.[3]

3 O Tribunal de Contas

O controle externo exercido pelo Tribunal de Contas é realizado por órgão estranho e independente em relação à Administração, conforme previsão da Constituição Federal, no capítulo que cuida da fiscalização contábil, financeira e orçamentária, cujo artigo 70 estabelece que a fiscalização contábil, orçamentária e financeira fica a cargo do Congresso Nacional, com auxílio do Tribunal de Contas.

Os Tribunais de Contas fazem parte das instituições de Estado que fortalecem a democracia, que pressupõe, segundo Norberto Bobbio,[4] o governo do poder público em público.

---

[3] Lei 10.319 de 16 de dezembro de 1968: "Artigo 13 – Compete à Procuradoria da Fazenda: I – defender perante o Tribunal os interêsses da Fazenda Pública, promovendo e requerendo o que fôr de direito; II – requerer a medida prevista no artigo 25, item I, desta lei, quando, no exercício de suas funções, verificar a ocorrência de ilegalidade de qualquer ato determinativo de despesa, inclusive na hipótese de contrato; III – opinar verbalmente, ou por escrito, a requerimento próprio, por deliberação do Plenário, das Câmaras ou mediante despacho da Presidência ou de qualquer Ministro, nos processos sujeitos à fiscalização e ao julgamento do Tribunal; IV – comparecer às sessões do Tribunal Pleno e das Câmaras com a faculdade, nos têrmos regimentais, de falar e de declarar, ao pé das decisões, a sua presença; V – levar ao conhecimento das entidades da Administração direta ou indireta do Estado e ao Tribunal, para os fins de direito, qualquer falsidade, concussão, peculato ou outro delito, ilegalidade ou irregularidade de que venha a ter ciência; VI – remeter à autoridade competente cópia autêntica dos atos da imposição de multa e das decisões condenatórias de responsáveis em alcance ou de restituição de quantias em processo de tomada de contas; VII – velar supletivamente pela execução das decisões do Tribunal; VIII – interpor recurso e requerer revisão e rescisão de julgado; IX – encaminhar ao Presidente do Tribunal, via do relatório anual de suas atividades, e, concomitantemente, informar sôbre a posição da execução das decisões a que se referem os itens VI e VII; e, X – opinar em todas as matérias de interesse do Estado sujeitas à jurisdição e competência do Tribunal. Parágrafo único – Independem de audiência da Procuradoria da Fazenda do Estado as matérias de natureza administrativa interna do Tribunal, salvo se o Plenário ou as Câmaras assim entenderem."

[4] BOBBIO, Norberto. *O futuro da democracia*: uma defesa das regras do jogo. Tradução de Marco Aurélio Nogueira. 6. ed. Rio de Janeiro: Paz e Terra, 1997. p. 83. (Pensamento crítico, 63). Disponível em: <http://www.libertarianismo.org/livros/nbofdd.pdf>. Acesso em: 12 ago. 2016.

Na Constituição Federal, o controle financeiro e orçamentário está disciplinado nos artigos 70 a 75, normas aplicáveis, por simetria, aos Tribunais de Contas dos Estados e do Distrito Federal, bem como aos Tribunais de Contas e Conselhos Municipais.

O Tribunal de Contas, como já ressaltado, é um órgão independente de qualquer dos poderes, mas auxilia o Poder Legislativo e colabora com o Poder Executivo no controle externo da administração financeira e orçamentária e da gestão fiscal.

Nos termos do referido artigo 70, são atribuições dos Tribunais de Contas:

> a) quanto à atividade controlada, ao Tribunal de Contas é permitida a verificação da contabilidade, de receitas e despesas, da execução do orçamento, dos resultados e dos acréscimos e diminuições patrimoniais;
> b) quanto aos aspectos controlados, a verificação da legalidade dos atos de que resultem a arrecadação da receita ou a realização da despesa, o nascimento ou a extinção de direitos e obrigações;
> c) quanto ao controle de legitimidade, permitindo exame de mérito, a fim de verificar se determinada despesa, embora não ilegal, fora legítima, tal como atender à ordem de prioridade estabelecida no plano plurianual;
> d) quanto ao controle de economicidade, que envolve também questão de mérito, para verificar se o órgão procedeu, na aplicação da despesa pública, de modo mais econômico;
> e) quanto ao controle de fidelidade funcional dos agentes da administração responsáveis por bens e valores públicos;
> f) quanto aos controles de resultados de cumprimento de programas de trabalhos e metas, expressos em termos monetários e em termos de realização de obras e prestação de serviços.

Ainda no pertinente às pessoas controladas, estão abrangidas a União, Estados, Municípios, Distrito Federal e entidades da Administração Direta e Indireta, bem como qualquer pessoa física ou entidade pública que utilize, arrecade, guarde, gerencie ou administre dinheiro, bens e valores públicos, ou pelos quais a União responda, ou que, em nome desta, assuma obrigações de natureza pecuniária.

Dentre as atribuições dos Tribunais de Contas, temos:

> a) parecer prévio sobre as contas prestadas anualmente pelo presidente da República;
> b) julgamento das contas dos administradores e demais responsáveis por dinheiro, bens e valores públicos da Administração Direta e Indireta e, ainda, das de todo aquele que der causa a perda, extravio ou outra irregularidade de que resulte prejuízo ao erário público;

c) aplicação das sanções previstas em lei aos responsáveis pelas ilegalidades apuradas;
d) fixar prazo para que o órgão ou entidade adote as providências necessárias ao exato cumprimento da lei, bem como sustar, se não atendido, a execução do ato impugnado, comunicando a decisão ao Legislativo.

No âmbito estadual e municipal, as normas sobre fiscalização contábil, financeira e orçamentária aplicam-se aos respectivos Tribunais e Conselhos de Contas.

Com relação aos Municípios, o artigo 31 da Constituição Federal prevê o controle externo da Câmara Municipal, com o auxílio do Tribunal de Contas dos Estados ou do Município ou dos Conselhos ou Tribunais de Contas, onde houver, deixando de prevalecer o parecer prévio, emitido por órgão competente, somente por decisão de 2/3 dos membros da Câmara de Vereadores.

O Tribunal de Contas, nos termos do artigo 49, V, da Constituição Federal, tem o poder de sustar o ato administrativo, portanto ato individual e concreto.

A possibilidade de sustação está circunscrita à existência de impugnação pela Corte de Contas, ciência do ocorrido à Administração e que esta não adote providencias, de sorte que o Tribunal de Contas susta diretamente o ato e comunica ao Poder Legislativo.

No caso, ao Poder Legislativo só cabe a ciência da decisão, não podendo ele rever o ato de sustação, por constituir competência originária do Tribunal de Contas, nos termos do artigo 71, inciso X, da Constituição Federal, aplicável a todos os Tribunais de Contas, conforme o artigo 75.

A possibilidade de revisão do ato de sustação fica cometida ao Poder Judiciário, por força do inciso XXXV da Constituição Federal, que só age mediante provocação.

As decisões dos Tribunais de Contas, conforme Paulo Gustavo Gonet Branco[5] não geram coisa julgada nos moldes do Judiciário, mas constituem título executivo extrajudicial quando imputam débito ou ressarcimento do erário, bem como quando aplicam sanções administrativas, o que lhes confere força executória.

---

[5] BRANCO, Paulo Gustavo Gonet. Organização dos poderes: Poder Legislativo. In: MENDES, Gilmar Ferreira; BRANCO, Paulo Gustavo Gonet. *Curso de direito constitucional*. 8. ed., 2. tiragem rev. e atual. São Paulo: Saraiva; Brasília: IDP, 2014. Capítulo 9, p. 850.

4 O Ministério Público no Tribunal de Contas

O Ministério Público de Contas Estadual foi criado pela Lei nº 11.110, de 10 de maio de 2010, todavia, o artigo 5º da Lei Complementar nº 709/93 disciplina: "Artigo 5º – Junto ao Tribunal de Contas, funcionarão a Procuradoria da Fazenda do Estado e o Ministério Público, nos moldes estabelecidos em lei e segundo as regras do Regimento Interno."

O Ministério Público de Contas integra o Tribunal de Contas e atua na qualidade de fiscal da lei junto ao Tribunal de Contas do Estado de São Paulo, emitindo pareceres, com legitimidade para atuar no contencioso administrativo e receber denúncias de irregularidades, entre outras atribuições no desempenho do seu relevante mister que, todavia, não se confunde com a atuação da Procuradoria da Fazenda como Advocacia Pública.

5 A Procuradoria da Fazenda junto ao Tribunal de Contas e a Advocacia Pública

O controle externo dos atos de despesa pública representa importante papel no Estado de Direito e nesse contexto reside a atuação em defesa do Erário da Procuradoria da Fazenda do Estado junto ao Tribunal de Contas.

Foi a Emenda Constitucional nº 19/98 que alterou a Seção II para "Da advocacia Pública", ao invés do que constava anteriormente, "Da Advocacia-Geral da União", abrangendo a Advocacia Pública da União e Estados, todavia não se referiu à Advocacia Pública nos Municípios.

A Advocacia Pública constitui, portanto, função essencial à Justiça, não se inserindo no Capítulo II, que trata do Poder Executivo, mas em tópico próprio, no Capítulo IV, que alberga as seções que disciplinam o Ministério Público, a Advocacia da União, a Advocacia e a Defensoria Pública.

A Advocacia Pública deve deter certa independência para exercer seu mister de representar judicial e extrajudicialmente o Poder Público, inclusive assessorar juridicamente, emitindo pareceres, abrangendo a representação da Fazenda Estadual no Tribunal de Contas, no âmbito do Estado de São Paulo.

No âmbito estadual, a respeito da atuação da Procuradoria-Geral do Estado, Antonio Roque Citadini[6] coloca a necessidade do controle interno não se submeter ao Executivo, sob pena da atividade não ser útil à Administração. Destaca o autor que no Estado de São Paulo os procuradores que opinam são vinculados à Procuradoria Geral do Estado de São Paulo e "não ao secretário ou administrador que tem seu ato analisado", de forma que podem emitir parecer contra ou a favor, "sem retaliação".

A Advocacia Pública do Estado de São Paulo é exercida pela Procuradoria-Geral do Estado, cabendo à atuação junto ao Tribunal de Contas do Estado, nos termos da Lei Complementar nº 1.270, de 25 de agosto de 2015, Lei Orgânica da Procuradoria-Geral do Estado de São Paulo, as seguintes atribuições:

SUBSEÇÃO VI
Dos Órgãos de Execução da Área da Consultoria-Geral
Da Procuradoria da Fazenda junto ao Tribunal de Contas

Artigo 40 – São atribuições da Procuradoria da Fazenda junto ao Tribunal de Contas, entre outras:
I – representar e defender, com exclusividade, os interesses da Fazenda do Estado perante o Tribunal de Contas;
[O inciso abarca as atribuições da Procuradoria da Fazenda junto ao Tribunal de Contas, conforme disposto na Constituição do Estado, no artigo 99, III, devendo opinar em todos os feitos e questões do interesse do Estado, na defesa dos interesses e defesa do Estado, afetos ao exame do Tribunal de Contas do Estado]
II – requerer as medidas previstas na Lei Orgânica do Tribunal de Contas quando verificar a ocorrência de ilegalidade de ato determinativo de despesas, inclusive na hipótese de contratos, em relação aos quais não tenha havido manifestação anterior da Procuradoria Geral do Estado ou a manifestação tenha sido contrária ao ato;
[Na Lei Orgânica do Tribunal de Contas existe previsão específica para intervir e recorrer, todavia este inciso confere ampla

---

[6] CITADINI, Antonio Roque. *O controle externo da administração pública*. São Paulo: Max Limonad, 1995. p. 90, nota 136.

atuação, considerando a natureza dos interesses envolvidos, o interesse público, para a consecução do desempenho de suas funções]

III – opinar verbalmente, ou por escrito, a requerimento próprio, por deliberação do Plenário, das Câmaras ou mediante despacho da Presidência ou de qualquer Conselheiro, nos processos sujeitos a fiscalização e julgamento do Tribunal, desde que presente interesse estadual;

IV – participar das sessões do Tribunal Pleno e das Câmaras, manifestando-se nos termos legais e regimentais;

V – levar ao conhecimento dos órgãos da Administração Direta e Indireta do Estado e do Tribunal de Contas, para os fins de direito, a ocorrência de qualquer crime, ilegalidade ou irregularidade de que venha a ter ciência;

VI – remeter à autoridade competente para execução cópia autêntica dos atos de imposição de multa e das decisões condenatórias de responsáveis em alcance ou de restituição de quantias em processo de tomada de contas;

VII – velar, supletivamente, pela execução das decisões do Tribunal de Contas;

VIII – interpor os recursos cabíveis e requerer a revisão e rescisão de julgados;

IX – opinar nas matérias de interesse do erário sujeitas à jurisdição e à competência do Tribunal de Contas;

X – representar ao Subprocurador-Geral da Consultoria Geral a respeito de mudança de entendimento ou reiterada divergência entre a orientação jurídica da Procuradoria-Geral do Estado e as decisões daquela Corte.

Parágrafo único – A atuação dos Procuradores do Estado junto ao Tribunal de Contas observará as orientações fixadas pelo Procurador-Geral e pelo Subprocurador-Geral da Consultoria-Geral.

6 A obrigatoriedade de intervenção da Procuradoria da Fazenda junto ao Tribunal de Contas, na jurisprudência

A jurisprudência do Tribunal de Contas do Estado reconhece como obrigatória a intervenção da Procuradoria da Fazenda

e, havendo interesse do Estado, a falta de intervenção acarreta nulidade absoluta:
TRIBUNAL PLENO – SESSÃO DE 03/07/2013
EXAME PRÉVIO DE EDITAL – ESTADUAL
PROCESSO: 1240.989.13-7
REPRESENTANTE: Alan Zaborski
REPRESENTADA: DER – Departamento de Estradas de Rodagem do Estado de São Paulo
ASSUNTO: Representação formulada contra edital da concorrência n.º 62/13-CO, certame processado pelo DER para *"contratação de obras e serviços na SP-501 de implantação de um dispositivo de acesso em desnível ao Jardim Prudentino (km 5,0) e de reforma e ampliação de um dispositivo em desnível no cruzamento do Km 6,30 com a Avenida Comendador Alberto Bonfiglioli, no município de Presidente Prudente".*

RELATÓRIO

Alan Zaborski, portador da Cédula de Identidade n.º 24.724.219-6 e inscrito no CPF/MF sob o n.º 168.770.028/14, subscreveu impugnação contra edital da concorrência n.º 62/13-CO, certame processado pelo DER para contratar obras e serviços de engenharia na SP-501, no Município de Presidente Prudente.

Em síntese, questionou o término do prazo para recolhimento da garantia da proposta, fixado antes da sessão de abertura dos envelopes e em desrespeito à legislação e jurisprudência deste Tribunal de Contas.

De outra parte, criticou a necessidade de realização de visita técnica por profissional habilitado em engenharia civil, tornando a impugnar a estipulação de data limite para efetivação de tal providência.

Na sessão de 19 de junho do corrente, este E. Plenário referendou medida liminar concedida para efeito de receber a matéria no rito do Exame Prévio de Edital, com as providências de estilo.

Em resposta, a Administração apresentou justificativas elaboradas pelos membros da comissão permanente de licitações, alegando que a antecipação de apenas 01 (um) dia útil na prestação da garantia de participação favorece a conferência para checagem e aprovação dos documentos.

De outra parte, defendeu a legalidade da visita técnica para conhecimento do local de execução da obra, como forma de assegurar a adequada execução do objeto, podendo ser realizada, inclusive, no período de 30 (trinta) dias após a publicação do edital.

Chefia de ATJ, PFE, Procurador-Chefe da Fazenda, MPC e SDG convergiram opiniões no sentido da procedência.

É o relatório.

VOTO

De fato, o encurtamento do prazo para concretização da garantia de licitar (ou da proposta) está em desacordo com o procedimento legal de qualificação econômico-financeira.

Sob tal aspecto, anoto que a norma de regência obriga a demonstração de cumprimento apenas no momento da entrega dos documentos, segundo inteligência do inciso III, do art. 31 da Lei nº 8666/93, não tendo, aliás, nenhum sentido lógico a estipulação de limite para data para realização desse tipo de caução.

Sendo assim, as análises pertinentes à fase de habilitação, incluindo a qualificação econômico-financeira, devem obedecer ao procedimento prescrito em lei e se iniciam na própria sessão pública de abertura dos envelopes, não antes como pretende a representada (cf. inciso I, do art. 46 da Lei nº 8666/93), razão pela qual deve o instrumento ser retificado nesse sentido.

Quanto ao regramento da vistoria técnica, destaco que a jurisprudência deste Tribunal é firme no sentido de que sua realização limitada a profissional de engenharia não conta com expressa autorização legal.

Quando ao prazo de realização, observo que entre a republicação do edital – com o adiamento da sessão de abertura dos envelopes – e a nova data de entrega das propostas, com a correção determinada por este Tribunal, houve e haverá tempo suficiente para que eventuais interessadas possam realizar a vistoria técnica exigida pela Administração.

INTERESSADOS:

- Fundação para o Desenvolvimento Científico e Tecnológico – FDCT
- Responsável pela admissão: José Bento Ferreira

- Admitido: Wagner da Costa Godoi
ASSUNTO: Admissão de Pessoal

RELATÓRIO

Cuidam os autos do exame de ato de admissão de pessoal para o cargo de Contador, praticado pela Fundação para o Desenvolvimento Científico e Tecnológico (FDTC), durante exercício de 2009.

UR-14, após análise dos documentos constantes do processo, propôs a aplicação do disposto no inciso XIII, do artigo 2º da Lei Complementar nº 709/93, tendo em vista as seguintes ocorrências:
- não consta do Edital o prazo de validade do concurso e/ou processo seletivo;
- não houve publicação do Edital e sim divulgação do processo seletivo no Jornal Notícias;
- exigência de habilitação, no ato de inscrição, situação vedada pelo Enunciado da Súmula 266 do Superior Tribunal de Justiça;
- ausência dos critérios de classificação;
- análise curricular com finalidade de pré-seleção para participação da prova de competência: fere o princípio da impessoalidade;
- etapa da entrevista sendo eliminatória e classificatória fere o Princípio da Impessoalidade;
- não houve publicação da lista de classificação e homologação ferindo os princípios da Transparência, Publicidade, Moralidade e Legalidade.

Salientou, ainda, que, conforme declaração de fls.06 o cargo de Contador foi criado através das Atas 61ª Reunião da Diretoria, realizada em 14/09/2009 e 42ª Reunião do Conselho de Curadores, ocorrida em 23/04/2010.

Isto posto, tendo ocorrido abertura do processo seletivo em 16/10/2009 e a contratação do profissional em 23/11/2009 data anterior à criação do cargo na ata de reunião ocorrida em 23/04/2010, caracteriza a contratação do profissional irregular.

Foi concedido prazo de 30 (trinta) dias aos interessados, para oferecimento de justificativas, o qual transcorreu "in albis".

Assessoria Técnica, Chefia e PFE, diante do silêncio da origem e das falhas apontadas, opinaram pela irregularidade da admissão e consequente acionamento dos incisos XV e XXVII, do artigo 2º da Lei Orgânica deste Tribunal.

É o relatório.

DECISÃO

Acolho as manifestações de ATJ, Chefia e PFE.

Diante das falhas apontadas e do silêncio dos interessados, julgo ilegal a admissão de Wagner da Costa Godoi, para o cargo de Contador, negando seu registro.

Aplico, ainda, os incisos XV e XXVII, do artigo 2º da Lei Complementar nº 709/93, consignando, que a invocação dos ditames do inciso XXVII, importa que o atual Superintendente da Fundação para o Desenvolvimento Científico e Tecnológico (FDCT) informe a esta Egrégia Corte as providências administrativas adotadas em função das imperfeições anotadas, comunicando, a rescisão e desligamento providenciado e, se for o caso, a abertura de sindicância para apurar responsabilidades.

Ao Cartório para providenciar as comunicações de estilo, ao atual Superintendente da Fundação para o Desenvolvimento Científico e Tecnológico – FDCT, fixando o prazo de 60 (sessenta) dias para encaminhamento das providências adotadas a respeito.

Comunique-se o Chefe do Poder Executivo esta decisão.

Publique-se por extrato.

G.C., 27 de setembro de 2013.

RENATO MARTINS COSTA

CONSELHEIRA CRISTIANA DE CASTRO MORAES
PRIMEIRA CÂMARA SESSÃO DE 25.09.12 ITEM Nº 015
TC-039977/026/06

Recorrente(s): Secretaria de Estado da Saúde – Instituto Adolfo Lutz.

Assunto: Contrato entre o Instituto Adolfo Lutz e Essencial Sistema de Segurança Ltda., objetivando a prestação de serviços de vigilância e segurança patrimonial nas dependências do contratante.

Responsável(is): Marta Lopes Salomão (Diretora Técnica de Departamento de Saúde).

Em Julgamento: Recurso(s) Ordinário(s) interposto(s) contra a sentença publicada no D.O.E. de 13-01-10, que julgou irregulares os termos de retirratificação, bem como ilegais os atos determinativos das despesas decorrentes, acionando o disposto no artigo 2º, incisos XV e XXVII, da Lei Complementar nº 709/93.

Fiscalização atual: GDF-6 – DSF-I.

Cuidam os autos nesta oportunidade de Recurso Ordinário interposto, em 27.01.2010, pela Secretaria de Estado da Saúde, assinado pelo então Secretário de Estado Dr. Luiz Roberto Barradas Barata, contra a decisão singular proferida pelo eminente Conselheiro Fulvio Julião Biazzi, publicada em 13.01.2010, que julgou irregulares os termos de retirratificação, de fls. 589/591, 582/583, 578/579, ao contrato celebrado entre a Secretaria de Estado da Saúde – Instituto Adolfo Lutz e a empresa Essencial Sistema de Segurança Ltda., objetivando a prestação de serviços de segurança/ vigilância patrimonial no âmbito do Instituto Adolfo Lutz.

A decisão foi motivada pelo fato do termo de retirratificação de fls. 589/591, datado de 20.04.2002, ter estendido a prestação de serviços objeto do contrato ao Instituto Clemente Ferreira, no período de 03 (três) meses, com valor de R$ 42.424,26.

Restou destacado na decisão que o Instituto Clemente Ferreira tem sede e UGE diversa da inicialmente pactuada, restando contrariada a norma de regência em seu artigo 65.

Os outros dois termos de retirratificação foram assinados posteriormente, em 02.07.2007 e 31.07.2007, prestando-se, respectivamente, a retificar a planilha orçamentária para fazer constar o valor de R$ 42.475,32 e para corrigir o valor fixando-o em R$ 41.824,80.

Nas razões de recurso a Secretaria de Estado da Saúde esclarece que em atendimento à solicitação do Instituto Clemente Ferreira foi aditado o contrato para incluir 04 (quatro) novos postos de vigilância.

Essa situação foi motivada para atendimento da necessidade premente da Unidade solicitadora, em face da rescisão do contrato que mantinha com a empresa Phanton Security Vigilância, ocorrida em face de a mesma ter entrado em estado pré-falimentar, ficando impossibilitada de arcar com os compromissos assumidos.

Esclarece a peticionária que foi ultrapassado o limite de acréscimo de 25% imposto pela Lei de Licitações, sendo devidamente justificado, ante a indispensável necessidade de evitar a ocorrência de consequência prejudicial ao Estado, que poderia ficar sem a proteção do patrimônio público.

Assevera ainda que "a falta de amparo ou a ausência de previsão legal não pode impor à Administração atuação que exige sacrifícios dos interesses públicos que estão sob sua guarda", pelo que deve promover medidas de cautela, para afastar riscos e lesões irreparáveis ao patrimônio.

Salienta que o Instituto Clemente Ferreira, assim como o Instituto Adolfo Lutz, está vinculado à Coordenadoria de Controle de Doenças, que é a instância da Secretaria da Saúde, a quem compete o planejamento das ações que proporcionam o conhecimento, a detecção e a prevenção de mudanças nos fatores determinantes do processo de saúde individual e coletiva, tendo a finalidade de recomendar e adotar medidas de prevenção e controle de doenças e agravos.

E, mais que é o Instituto Adolfo Lutz quem coordena no Estado de São Paulo, a Rede de Laboratórios de Saúde Pública para Tuberculose, sendo, de outro lado, o Instituto Clemente Ferreira, um Centro de Referência Ambulatória, para o Estado de São Paulo, na abordagem diagnóstica, na terapêutica e o desenvolvimento de pesquisas para o combate à tuberculose e demais doenças pulmonares, abrigando um dos mais importantes laboratórios de tuberculose do país.

Menciona que o Instituto Clemente Ferreira se localiza na área central da cidade de São Paulo, região em que rotineiramente são realizadas manifestações populares e incidentes de repercussão nacional.

Nesse sentido esclarece que, dias antes do aditamento ao contrato em exame, edifícios públicos da cidade foram invadidos por manifestantes sem teto, inclusive um edifício localizado nas proximidades do Instituto Clemente Ferreira.

SENTENÇA

Processo: TC-039.977/026/06
Contratante: Instituto Adolfo Lutz
Contratada: Essencial Sistema de Segurança Ltda.
Assunto: Prestação de serviços de vigilância e segurança patrimonial nas dependências do contratante
Em Exame: Termo de Reti-Ratificação, fls. 589/591
Termo de Reti-Ratificação, fls. 582/583

Termo de Reti-Ratificação, fls. 578/579
Autoridade Responsável: Dra. Marta Lopes Salomão
Diretora Técnica de Departamento de Saúde
Competência: Singular, nos termos do art. 50, inciso III do Regimento Interno deste Tribunal. Trata o presente processo do exame dos Termos de Reti-Ratificação, acima mencionados, que foram firmados ao contrato celebrado entre o Instituto Adolfo Lutz, vinculado à Coordenadoria de Controle de Doenças da Secretaria de Estado da Saúde e a empresa Essencial Sistema de Segurança Ltda. visando à prestação de serviços de vigilância e segurança patrimonial nas dependências do contratante. O termo constante às fls. 589/591 foi assinado em 20/04/07, para inclusão no objeto contratual de postos no Instituto Clemente Ferreira pelo período de 03 (três) meses, incidindo o valor total de R$ 42.424,26 (quarenta e dois mil, quatrocentos e vinte e quatro Reais e vinte e seis centavos). O termo de fls. 582/583 foi realizado em 02/07/07, para retificar a planilha orçamentária passando o valor para R$ 42.475,32 (quarenta e dois mil, quatrocentos e setenta e cinco Reais e trinta e dois centavos).

E o termo de fls. 578/579, assinado em 31/07/07 para corrigir os valores para R$ 41.824,80 (quarenta e um mil, oitocentos e vinte e quatro Reais e oitenta centavos).

A fiscalização de DF-4.4 apontou que a matéria encontra-se irregular tendo em vista as seguintes falhas: o ajuste inicial estabeleceu como local da prestação dos serviços o Instituto Adolfo Lutz e agora foi incluído o Instituto Clemente Ferreira com sede e UGE diversa daquela inicialmente pactuada, infringindo o art. 66 Lei de Licitações; ausência de parecer jurídico, consoante os termos do art. 38, parágrafo único da mesma lei; nas publicações dos termos de 02/07/07 e de 31/07/07 não constaram, respectivamente, a retificação do valor contratual e a especificação do valor contratado corrigido.

PROCURADORIA – FALTA DE MANIFESTAÇÃO
D.O.E. de 02/11/2012 PAG.42
CONSELHEIRA CRISTIANA DE CASTRO MORAES
PRIMEIRA CÂMARA SESSÃO DE 25.09.12 ITEM Nº 015
TC-039977/026/06
EMENTA: Acolhimento da arguição de Nulidade, por inobservância da disposição do artigo 60, do Regimento Interno

deste Tribunal. Ausência de pronunciamento da Procuradoria da Fazenda do Estado. Declarada nula a Decisão.
Retorno dos autos ao Relator Originário. Prejudicada a análise do Recurso Ordinário.
Sobrevindo os autos ao meu Gabinete, determinei a oitiva da douta PFE, nos termos regimentais. O Procurador da Fazenda, após analisar os autos, requer a nulidade da decisão combatida, em face do não cumprimento ao artigo 60 do Regimento Interno deste Tribunal que tem por obrigatória a manifestação da PFE em todos os feitos, exceção feita aos de natureza municipal.
D.O.E de 12-07-13 – pag.37
PROCURADORIA – FALTA DE MANIFESTAÇÃO
(FOI DECLARADA NULA EM 20/09/2013 – DOE de 24/09/2013)
PROCESSO: TC-000808/014/10
INTERESSADOS:
- Fundação para o Desenvolvimento Científico e Tecnológico (FDCT)
- Responsável pela admissão: José Bento Ferreira
- Admitido: Wagner da Costa Godoi
ASSUNTO: Admissão de Pessoal

7   A Advocacia Pública como função essencial à administração do Estado

O advogado público, enquanto profissional especializado do gênero *advocacia*, escusado dizer, *é indispensável à administração da justiça*, nos termos do artigo 133 da Constituição Federal. Para o cumprimento de sua missão constitucional, o advogado público goza das mesmas prerrogativas, direitos e deveres de todo advogado, qualquer que seja o liame que o vincule ao seu representado. Em relação ao advogado público, especificamente, lhe são asseguradas pela Constituição e pelo Estatuto e Código de Ética da Advocacia a independência técnica e a autonomia funcional, a fim de atuar com desassombro em defesa do interesse público primário do Estado (*lato sensu*). É advogado de Estado e não de Governo.

Maria Sylvia Zanella Di Pietro define de forma magistral a função primordial exercida pelo advogado público:

Se a Administração não é titular dos interesses que administra, ela não pode deles dispor. Daí a distinção entre interesses públicos primários e secundários, feita por Renato Alessi: "Estes interesses públicos coletivos, cuja satisfação está a cargo da Administração, não são simplesmente o interesse da Administração entendida como "aparato organizativo", mas o que se chamou de interesse coletivo primário, formado pelo conjunto de interesses individuais preponderantes em uma determinada organização da coletividade, enquanto o interesse do aparelhamento (se é que se pode conceber um interesse do aparelhamento unitariamente considerado) seria simplesmente um dos interesses secundários que se fazem sentir na coletividade, e que podem ser realizados somente em caso de coincidência com o interesse coletivo primário e dentro dos limites de dita coincidência. A peculiaridade da posição da Administração Pública reside precisamente nisto, em que sua função consiste na realização do interesse coletivo público, primário."

Em consequência, havendo conflito, o interesse público primário deve prevalecer sobre o interesse público secundário, que diz respeito ao aparelhamento administrativo do Estado. Por isso mesmo, é possível afirmar, sem medo de errar, que a advocacia pública, no exercício de suas atribuições constitucionais, não atua em defesa do aparelhamento estatal ou dos órgãos governamentais, mas em defesa do Estado, pois este é que titulariza o interesse público primário.[7]

8 Considerações finais

A atuação da Procuradoria da Fazenda do Estado no Tribunal de Contas está relacionada à própria criação do Tribunal e a sua tradição, e desempenha papel importante na Advocacia Pública.

---

[7] DI PIETRO, Maria Sylvia Zanella. A Advocacia Pública como função essencial à Justiça. *Revista Consultor Jurídico*, de 18 ago. 2016. Disponível em: <http://www.conjur.com.br/2016-ago-18/interesse-publico-advocacia-publica-funcao-essencial-justica>. Acesso em: 22 ago. 2016.

A Procuradoria da Fazenda junto ao Tribunal de Contas encontra-se no rol das atribuições da Procuradoria Geral do Estado de São Paulo, constituindo o exercício da Advocacia Pública junto ao órgão de controle externo, atua no contencioso administrativo, não se limitando a emitir pareceres, mas também agindo ativamente, através dos instrumentos disponibilizados no regimento interno, inclusive com legitimidade ativa para recorrer.

A jurisprudência do Tribunal de Contas reconhece a obrigatoriedade e a indispensabilidade da intervenção da Procuradoria, considerando nulo o processo em que não tenha se manifestado, conforme evidenciam as decisões apontadas.

Referências

BOBBIO, Norberto. *O futuro da democracia*: uma defesa das regras do jogo. Tradução de Marco Aurélio Nogueira. 6. ed. Rio de Janeiro: Paz e Terra, 1997. (Pensamento crítico, 63). Disponível em: <http://www.libertarianismo.org/livros/nbofdd.pdf>. Acesso em: 12 ago. 2016.

BRANCO, Paulo Gustavo Gonet. Organização dos poderes: Poder Legislativo. In: MENDES, Gilmar Ferreira; BRANCO, Paulo Gustavo Gonet. *Curso de direito constitucional*. 8. ed., 2. tiragem rev. e atual. São Paulo: Saraiva; Brasília: IDP, 2014. Capítulo 9, p. 847-895.

CITADINI, Antonio Roque. *O controle externo da administração pública*. São Paulo: Max Limonad, 1995.

DEBES, Célio. *Tribunal de contas*: uma instituição. Edição comemorativa do centenário da criação do Tribunal de Contas no Brasil. São Paulo: Tribunal de Contas do Estado de São Paulo, 1990.

DI PIETRO, Maria Sylvia Zanella. A Advocacia Pública como função essencial à Justiça. *Revista Consultor Jurídico*, de 18 ago. 2016. Disponível em: <http://www.conjur.com.br/2016-ago-18/interesse-publico-advocacia-publica-funcao-essencial-justica>. Acesso em: 22 ago. 2016.

PROCURADORIA DA FAZENDA DO ESTADO junto ao Tribunal de Contas do Estado. *Revista do Tribunal de Contas do Estado de São Paulo*, 85 anos, TCESP, Edição Histórica, n. 123, p. 63-64, 2009. Disponível em: <http://www4.tce.sp.gov.br/sites/tcesp/files/downloads/rtce-123.pdf>. Acesso em: 29 jul. 2016.

SANCHEZ, Oswaldo. Tribunal de Contas do Estado de São Paulo: primeira fase – 1924 a 1930. *Revista do Tribunal de Contas do Estado de São Paulo*, n. 60, p. 27-36, ago./set. 1989.

Informação bibliográfica deste texto, conforme a NBR 6023:2002 da Associação Brasileira de Normas Técnicas (ABNT):

OLIVEIRA, Evelyn Moraes de.; ELUF NETO, Jorge. A Advocacia Pública no Tribunal de Contas do Estado de São Paulo. In: MOURÃO, Carlos Figueiredo; HIROSE, Regina Tamami (Coord.). *Advocacia pública contemporânea*: desafios da defesa do Estado. Belo Horizonte: Fórum, 2019. p. 207-226. ISBN 978-85-450-0578-0.

A ATUAÇÃO DA ADVOCACIA PÚBLICA NO COMBATE À CORRUPÇÃO E AOS ATOS DE IMPROBIDADE ADMINISTRATIVA: UMA ANÁLISE PROPOSITIVA A PARTIR DA COMPREENSÃO DA TEORIA DO CICLO DAS POLÍTICAS PÚBLICAS

Patricia Ulson Pizarro Werner

1 Introdução

O presente artigo tem a finalidade de destacar a importância do estudo do ciclo das políticas públicas como referencial teórico para melhor compreensão e aprimoramento do papel institucional da Advocacia Pública no combate à corrupção e aos atos de improbidade administrativa.

2 Corrupção: democracia, moralidade, controle e transparência

A corrupção é um fenômeno antigo, Aristóteles já a definia como a decadência, a transição de um estado de virtude (*Areté* forma grega do latim *virtu*) para o estado do vício (*kakós* forma grega do latim *adjectio*), separando as formas legítimas sujeitas às forças da virtude, equilíbrio e harmonia das demais formas desviantes e corrompidas pelos vícios da tirania.[1] Atualmente, deve ser vista

---

[1] ARISTOTLE (1984) The Complete Works of Aristotle. Ed.Princeton University Press – Oxford; Aristóteles – 1984: 512-515 e 2009-2023. *Apud* WERNER, Guilherme Cunha. *CLEPTOCRACIA: corrupção Sistêmica e criminalidade organizada*. In: Criminalidade Organizada: investigação, direito e ciência. Lisboa: Almedina, 2017. p. 17-58.

como um dos novos mecanismos de escolhas e análise dos riscos operacionais das organizações criminosas estruturadas em redes difusas e fluidas de atuação econômica. Nota-se assim, a partir do conceito desenvolvido por Guilherme Cunha Werner que:[2]

> A corrupção encontra terreno fértil em Estados que apresentam pouca ou nenhuma transparência e não conseguem impor a necessária responsabilidade democrática aos detentores do poder, os quais não se veem obrigados a informar os motivos e fundamentos das decisões tomadas nem tampouco das ações executadas, dificultando qualquer responsabilização pelo desvio de conduta, nasce a corrupção sistêmica, só combatida pela atuação livre e autônoma dos órgãos de controle estatais [...] (os quais) possuem o importante papel de informar a população de forma transparente possibilitando a formação de uma opinião pública sólida e qualificada sobre a exata ação de governo, e fomentando o controle popular de tais ações, impossibilitando o apoderamento do Estado e consolidação da cleptocracia.[3]

A atuação da Advocacia Pública no controle direto da legalidade dos atos administrativos é relevante no combate dos atos de corrupção, de forma preventiva e repressiva, por defender a supremacia do interesse público com a base nos princípios constitucionais da legalidade, impessoalidade, moralidade, publicidade e eficiência (art. 37, *caput*, da Constituição Federal).

Nesse condão, José Afonso da Silva desenvolve a ideia de que a moralidade administrativa não é um dado meramente subjetivo ao acrescentar a perspectiva de que a lei pode ser cumprida de forma moral ou imoral, pois: "quando sua execução é feita, por exemplo, ou com o intuito de favorecer alguém, por certo que se está produzindo um ato formalmente legal, mas materialmente comprometido com a moralidade administrativa".[4] Por sua vez entende improbidade administrativa como uma forma de moralidade que a Constituição Federal puniu de forma rigorosa com a suspensão dos direitos

---

[2] WERNER, Cunha Guilherme. *Teoria Interpretativa das Organizações Criminosas: Conceito e Tipologia*. In: Organizações Criminosas Teoria e Hermenêutica da Lei nº 12.850/2013. Porto Alegre: Nuria Fabris, p. 72-77.

[3] WERNER, Guilherme Cunha. Cleptocracia: corrupção sistêmica e criminalidade organizada. In: PEREIRA, Eliomar da Silva; WERNER, Guilherme Cunha; VALENTE, Manuel M. G (org.). *Criminalidade Organizada: investigação, direito e ciência*. Lisboa: Almedina, 2017, p 17-58.

[4] SILVA, José Afonso da. *Curso de Direito Constitucional Positivo*. São Paulo: Malheiros, 2006. p. 668.

políticos (art. 37, §4º), sendo uma "imoralidade administrativa qualificada" regida pela Lei nº 8.429/92.

O desafio da Advocacia Pública é buscar sempre em sua atuação a eficácia real dos princípios da moralidade e da probidade para assim combater corrupção de forma concreta, uma vez que os atos de improbidade são os verdadeiros incentivadores dos atos de corrupção, em um movimento simbiótico.

Patente é a importância de se criar a cultura contra a corrupção nos setores públicos e privados, de forma pedagógica, fomentando-se padrões ético-jurídicos superiores. Nesse sentido, ressalta Juarez de Freitas:

> 2.9.4. Faz-se imprescindível, bem menos por temor e muito mais por sadia persuasão, interiorizar padrões ético-jurídicos superiores se se quiser a pauta democrática e republicana dos que lidam com a coisa pública como acatamento cabal dos princípios regentes das relações de administração. O agente público deve tratar com seriedade e diligência o leal cumprimento de seus deveres, conciliando princípios e responsabilidades. Indubitavelmente, a moralidade apenas será um bem universalizado, com o afastamento do improbus administrator, se vivificada – sem ingenuidade ou ceticismo niilista – a noção de cidadania plena, empática e cooperativa. Apenas desse modo o Estado – Administração, nas suas múltiplas facetas, reunirá as forças necessárias para atuar com previsibilidade e segurança, numa concretização transparente, eficaz e efetiva dos princípios constitucionais, relidos e vivenciados em dimensão moral superior, em favor da acolhida honesta do direito fundamental a boa administração pública.[5]

Nota-se que o Princípio da Moralidade deve ser analisado em conformidade com os demais princípios, de modo a fundir e mesclar os valores determinados em relação a cada opção administrativa. Nesse contexto, detacam-se as palavras de Emerson Garcia e Rogério Pacheco Alves:

> Partindo da premissa de que o alicerce ético do bom administrador é extraído do próprio ordenamento jurídico, é possível dizer que o princípio da moralidade administrativa atua como um verdadeiro mecanismo aglutinador, extraindo o sumo de todos os princípios

---

[5] FREITAS, Juarez. *O Controle dos Atos Administrativos e os princípios fundamentais*. São Paulo: Malheiros, 2013. p. 164-165.

regentes da atividade estatal e condensando-os em *standards* que podem ser mais facilmente percebidos do que definidos.

Talvez seja por esse motivo que a jurisprudencia pátria, ao fundamentar suas decisões com base no princípio da moralidade administrativa o faz em conjunto com outros princípios dotado de maior especificidade para o caso concreto (v.g., moralidade e impessoalidade, moralidade e publicidade, etc.). Tal, longe de arranhar a autonomia do princípio da moralidade, demonstra apenas que os valores extraídos do outro princípio utilizado concorreram de maneira mais incisiva na conformação do *standard* adotado como padrão de bom administrador naquela situação.[6]

2.1 Corrupção, atos de improbidade, crimes contra a Administração Pública

O Brasil assinou a Convenção das Nações Unidas contra a Corrupção, adotada pela Assembleia das Nações Unidas de outubro de 2003, convertida no Decreto nº 5.687/2006, quando assumiu o compromisso formal de criar políticas e práticas de prevenção à corrupção, com ênfase em: *(i)*formular e manter em vigor políticas coordenadas e eficazes contra a corrupção que promovam a participação da sociedade e reflitam os princípios do Estado de Direito, a devida gestão dos assuntos e bens públicos, a integridade, a transparência e a obrigação de render contas; *(ii)* fomentar práticas eficazes encaminhadas a prevenir a corrupção; *(iii)* avaliar periodicamente os instrumentos jurídicos e as medidas administrativas pertinentes a fim de determinar se são adequadas para combater a corrupção e, *(iv)* colaborar em programas e projetos internacionais destinados a prevenir a corrupção.

Criou um amplo rol legislativo para coibir a prática da corrupção e de atos de improbidade administrativa, como a Lei nº 8.429/1992 (Lei de Improbidade Administrativa), a Lei nº 1.079/1950 e o Decreto-Lei nº 201/1967, que definem os denominados crimes de responsabilidade, a LC nº 135/2010, conhecida como "Lei da Ficha Limpa", Lei nº 12.846/2013 (Lei de Responsabilização das Pessoas Jurídicas ou Lei Anticorrupção); Lei nº 12.813/2013 (Lei de Conflito

---

[6] GARCIA, Emerson; ALVES, Rogério Pacheco. *Improbidade Administrativa*. São Paulo: Saraiva, 2015. p. 140-141.

de Interesses) e Lei nº 13.019/2014 (Lei das Parcerias Voluntárias), legislação complexa que precisa ser conhecida, estudada e aplicadas com rigor pela Advocacia Pública.

Os *atos de improbidade administrativa* estão definidos na Lei nº 8.429/1992 e têm como sujeito ativo aqueles que exercem cargo, mandato, função, emprego ou outras atividades nos termos do seu artigo 1º,[7] os quais praticam condutas que: *(i)* importam enriquecimento ilícito (art. 9º); *(ii)* causem prejuízo ao erário (art. 10), *(iii)* sejam decorrentes de concessão ou aplicação de benefício financeiro ou tributário (art. 10-A);[8] *(iv)* atentam contra os princípios da Administração Pública.

Nota-se que as sanções previstas pela prática de atos de improbidade são independentes das sanções penais, civis e administrativas previstas em legislação específica (art. 12). A regra geral é que a conduta deve ser dolosa, mas quanto ao ressarcimento ao dano no caso de lesão ao patrimônio público, admite-se a forma culpa (art. 5º).

Por sua vez, a legislação penal prevê extenso rol de crimes contra a Administração,[9] cabendo destacar que além dos crimes

---

[7] Art. 1º Os atos de improbidade praticados por qualquer agente público, servidor ou não, contra a administração direta, indireta ou fundacional de qualquer dos Poderes da União, dos Estados, do Distrito Federal, dos Municípios, de Território, de empresa incorporada ao patrimônio público ou de entidade para cuja criação ou custeio o erário haja concorrido ou concorra com mais de cinquenta por cento do patrimônio ou da receita anual, serão punidos na forma desta lei.
Parágrafo único. Estão também sujeitos às penalidades desta lei os atos de improbidade praticados contra o patrimônio de entidade que receba subvenção, benefício ou incentivo, fiscal ou creditício, de órgão público bem como daquelas para cuja criação ou custeio o erário haja concorrido ou concorra com menos de cinqüenta por cento do patrimônio ou da receita anual, limitando-se, nestes casos, a sanção patrimonial à repercussão do ilícito sobre a contribuição dos cofres públicos.

[8] Acrescentado pela Lei Complementar nº 157/2016.

[9] estão previstos na legislação penal, dentre os quais, crimes contra a inviolabilidade de segredos de sistemas de informação ou banco de dados da Administração Pública (art. 153, §§ 1º e 2º); violar segredo profissional na condição (art. 154-A, § 5.º e 154-B); falsidade documental (art. 296, § 1.º, inciso III); fraudes em certames públicos (Art. 311-A, § 2.º); Peculato (art. 312); Inserção de dados falsos em sistema de informação (Art. 313-A); Modificação ou alteração não autorizada de Sistemas de Informações (Art. 313-B); Extravio, sonegação ou inutilização de livro ou documento (Art. 314); Emprego irregular de verbas ou rendas públicas (Art. 315); Concussão e excesso de exação (art. 316); Corrupção Passiva (Art. 317); Facilitação de contrabando ou descaminho (Art. 318); Prevaricação (Art. 319 e 319-A); Condescendência Criminosa (Art. 320); Advocacia Administrativa (Art. 321); Violência Arbitrária (Art. 322); Abandono de função (Art. 323); Exercício funcional ilegalmente antecipado ou prolongado (Art. 324); Violação de sigilo funcional (Art. 325); Violação de sigilo de proposta de concorrência (Art. 326); Usurpação de função pública (Art. 328); Resistência (Art. 329); Desobediência (Art. 330); Desacato (Art. 331); Tráfico de influência (Art. 332); Corrupção Ativa (Art. 333); Descaminho (Art. 334); Contrabando

de corrupção ativa e passiva em relação à Administração Pública, a legislação utiliza o termo "corrupção" de forma genérica, como, por exemplo: Corrupção de menores (Art. 218/CP); Corrupção ou poluição de água potável (Art. 271); Falsificação, corrupção, adulteração ou alteração de substância ou produtos alimentícios (Art. 272); Falsificação, corrupção, adulteração ou alteração de produto destinado a fins terapêuticos ou medicinais (Art. 273); Corrupção ativa em transação comercial internacional (Art. 337-B); assim como, há o Crime de Corrupção Eleitoral (Art. 299/ Código Eleitoral).

É importante estimular o investimento em estudos e aprimoramento da infraestrutura interna dos entes da Advocacia Pública, inclusive na forma de cooperação e integração, para o efetivo sucesso no ressarcimento aos cofres públicos dos danos cometidos por agentes corruptos.[10]

3 Políticas públicas: uma teoria jurídica e seus ciclos

A contribuição do estudo das políticas públicas no âmbito jurídico vem se revelando pouco a pouco fundamental diante das dificuldades em se trabalhar com os limites entre discricionariedade, arbitrariedade e legalidade em um ambiente legislativo no qual a interpretação está sendo predominada por princípios jurídicos, vagos

---

(Art. 335); Impedimento, perturbação ou fraude de concorrência (Art. 335); Inutilização de edital ou de sinal (Art. 336); Subtração ou inutilização de livro ou documento (Art. 337); Sonegação de contribuição previdenciária (Art. 337-A); dentre outros.

[10] Nota-se que no Estado de São Paulo, por exemplo, o Conselho Superior do Ministério Público Estadual fixou a Súmula 28 que visa regular a *"sobrecarga do Ministério Público na área dos interesses difusos, conceito no qual se insere o da probidade administrativa"*, neste contexto, prevê que a sua função é *"apenas verificar se o co-legitimado tomou as medidas adequadas à hipótese, já que eventual omissão dolosa constitui ato de improbidade."*, excluindo-se apenas as hipóteses de enriquecimento ilícito previstas no art. 9,.º da Lei de Improbidade, argumentos que reforçam a ideia da necessidade de reformulação e promoção das ações da Advocacia Pública, uma vez que a União, Estados, Distrito Federal e Municípios têm o poder-dever de buscar a reparação do dano causado ao erário, conforme expresso no artigo 23, inciso I da Constituição Federal. Não é objetivo do presente trabalho discutir o teor da orientação, uma vez que o artigo 17, §1º da Lei nº 8.429/92 é claro ao prever que o ente público pode *"representar ao Ministério Público"*, pretendem-se, sim, destacar o contraponto, ou seja, que a legitimidade ativa é concorrente, cabendo enfatizar para seguimento do raciocínio que a atuação eficaz e organizada da Advocacia neste sentido irá somente fortalecer seu papel Institucional.

e abertos, o que induz a um grande desafio na área hermenêutica. Nesse sentido, alerta Felipe Faiwichow Estefan:

> As normas de Direito infraconstitucional, pois, ficam "impregnadas" pelo conteúdo material e axiológico dos valores, fins públicos e princípios constitucionais, rendendo ensejo ao condicionamento da validade e do sentido destas normas. Quer-se, logo, que o agente, antes de agir, apreenda o significado e a dimensão axiológicos do retrato constitucional e a partir daí aplique as normas infraconstitucionais.[11]

As dificuldades tão debatidas sobre a judicialização e ativismo judicial acabam por atingir diretamente o processo administrativo, as decisões administrativas estão sendo judicializadas com maior frequência e, consequentemente, o fenômeno tem gerado um grande número de decisões judiciais que adentram no âmbito da discricionariedade da Administração; na prática, tem-se a abordagem direta do mérito do ato discricionário via judicial, desestruturando toda a lógica da separação dos Poderes, dos parâmetros democráticos e republicanos.

Nesse contexto, torna-se necessária a análise formal da atuação da Instituição Advocacia Pública como um importante ator na construção das diversas fases das políticas públicas, com destaque ao seu papel de proteção do interesse público e combate à corrupção, motivo pelo qual o referencial teórico dos *ciclos das políticas públicas*[12] passa a ser um instrumento muito útil e pedagógico, conforme se demonstrará a seguir.

3.1 Uma teoria jurídica sobre as políticas públicas

Há alguns anos tenho a honra de acompanhar o trabalho da Professora Maria Paula Dallari Bucci em seu árduo e

---

[11] ESTEFAM, Felipe Faiwichow. *A configuração e a reconfiguração do Princípio da Legalidade*. Rio de Janeiro: Lumen Juris, 2013. p. 85.

[12] Por outro lado, têm-se os questionamentos do processo administrativo, seja de licitação, PAD ou PPI, questionados por órgãos de controle e questionados judicialmente em todas as fases, sendo comum hoje em dia, pelo menos no Estado de São Paulo, termos grande processos licitatórios debatidos passo a passo, com a suspensão de edital seja pelo TCE, seja pelo Poder Judiciário, com liminares contraditórias muitas vezes, concedidas a diferentes licitantes, o que gera um caos, sendo necessária atuação conjunta PJ e CJ.

exitoso caminho na construção da sua "Teoria Jurídica sobre as Políticas Públicas" com o fim de criar fórmulas de organização e estruturação do Poder Público capazes de intervir de forma mais efetiva, racional e compreensível, de modo a "[...] acelerar o processo de modernização, de redução da desigualdade e de inclusão social".[13]

A comunhão de interesses surgiu justamente da angústia em se procurar racionalizar e compreender o papel das políticas públicas na visão do Poder Executivo, e, neste campo, gostaria de transpor a reflexão para o âmbito de atuação da Advocacia Pública.

É interessante refletir sobre qual é o papel do Advogado Público na construção jurídica do núcleo das políticas públicas, justamente no processo administrativo no qual será realizada a atividade do Estado e a organização governamental, papel distinto da direção política e de suas estruturas políticas. Para melhor compreensão da questão, a jurista formula três planos de análise das políticas públicas:

> *(i) Plano Macroinstitucional:* analisa o Governo como motor da política, com reflexos que particularmente nos interessam no presente estudo que é a separação dos Poderes e o federalismo;
> *(ii) Plano Mesoinstitucional:* compreende o estudo dos arranjos e modelos institucionais da política pública, com enfoque nas categorias das Instituições;
> *(iii) Plano Microinstitucional:* investiga a ação governamental como núcleo das políticas públicas, onde se insere um tópico especial do controle judicial das políticas públicas e os aspectos processuais específicos subjacentes ao problema.

O Advogado Público em seu legado atua nos diversos planos apresentados, motivo pelo qual a compreensão da organização e dos arranjos na formação das políticas públicas traça balizas sólidas para percepção de seu papel constitucional.

---

[13] BUCCI, Maria Paula Dallari. *Fundamentos para uma Teoria Jurídica das Políticas Públicas*. São Paulo: Saraiva, 2013. p. 37.

3.2 Teoria dos ciclos e subsistemas da Política Pública

Atores, Instituições e Ideias são os três elementos fixados por Howlett, Ramesh e Perl[14] em seus estudos sobre os ciclos e subsistemas das políticas públicas para entender como os processos políticos lidam com problemas públicos, seja a partir de uma análise estática do problema, seja na compreensão de seu movimento dinâmico,[15] visando justamente a estabelecer o aprendizado político (*policy learming*).

Os 'Atores' (*policy actors*) são aqueles que interagem com o objetivo de determinar o conteúdo e o processo da execução da política pública (*policy making*); as "Instituições" (*Institutions*) analisadas serão aquelas necessárias para dar contornos e limites ao caso concreto, com enfoque no sucesso e falhas de articulação entre eles e, por fim, as "*Ideias*" (*Ideas*) são as noções e critérios que geram as decisões.[16]

A Advocacia Pública atua diariamente com problemas que lidam com diversas inter-relações entre atores, ideias e instituições, questões concretas a serem enfrentadas e que necessitam de uma resposta jurídica,[17] com as seguintes características: *(i)* legalmente correta (com base na interpretação da legislação e na mais atualizada doutrina); *(ii)* clara (lembrando-se sempre que as orientações jurídicas são destinadas a diversos atores, grande parte sem formação jurídica – sendo essencial que a linguagem seja acessível, principalmente no âmbito da consultoria jurídica); *(iii)* que dimensione de forma técnica as consequências de cada orientação (com ênfase nos temas que envolvem direitos fundamentais sociais, sob o ângulo da justiça distributiva, revelando o descompasso entre previsão de direitos

---

[14] HOWLETT, Michel. RAMESH, M; PERL, Anthony. *Política Pública: seus ciclos e subsistemas: uma abordagem integradora*. Rio de Janeiro: Elsevier, 2013.
[15] O tema foi abordado pela autora também no artigo: WERNER, Patricia Ulson Pizarro. Políticas Públicas e o direito fundamental à saúde: a experiência das Jornadas de Direito da Saúde do Conselho Nacional de Justiça. In: Judicialização da Saúde: a visão do Poder Executivo. Organizado por Maria Paula Dallari Bucci e Clarice Seixas Duarte. São Paulo: Saraiva, 2017. p. 240-275.
[16] *Ob. cit.*, Parte I, em especial Capítulo 3.
[17] *Ob. cit.*, p. 98.

fundamentais e orçamento), permeando-a pelos paradigmas da ética da responsabilidade no sentido concebido por Weber.[18] Cabe destacar que ao analisar o tema "Atores", especial atenção foi dada à 'burocracia',[19] aqui entendida como o coletivo de servidores públicos que lidam com a política e a administração pública, ou seja, aqueles que são, muitas vezes, "a chave do processo político e as figuras centrais em muitos subsistemas político-administrativos",[20] neste contexto, a Advocacia Pública é vista como uma Instituição que detém poder e influência para comandar uma ampla gama de recursos políticos, com influência na configuração do contexto da política pública, uma vez que: *(i)* toma decisão em nome do Estado, *v.g.*, Súmulas da AGU,[21] Pareceres Administrativos no Estado; *(ii)* possui habilidades e expertises que a tornam "uma organização de máxima importância na sociedade [...] Ela emprega um grande número de profissionais de quase todos os tipos, contratados por sua expertise especializada [...] O fato de lidarem com problemas semelhantes em base continua favorecem esses experts com insights únicos sobre muitos problemas",[22] ainda que sociedade não saiba diferenciar as diversas instituições jurídicas.

3.3 O ciclo das políticas públicas e a Advocacia Pública

A partir desse ciclo maior que analisa a sequência de fenômenos que levam à construção de cada política pública e inter-relação entre elas (por exemplo, saúde, assistência social e educação, limiares difíceis de se estabelecer no Brasil), é essencial a classificação das etapas da política pública, divididas em cinco fases, para fins didáticos, seguindo as lições dos autores mencionados:[23] (1) Montagem da

---

[18] WEBER, Max. *Ciência e Política: duas vocações*. São Paulo: Cultrix, 2013. p. 55-124.
[19] *Ob. cit.* p. 74-76.
[20] *Ob. cit.*, p. 74.
[21] FANTIN, Adriana Aghinoni; ABE, Nilma de Castro. *Súmulas da AGU comentadas*. São Paulo: Saraiva, 2013.
[22] *Ob. cit.*, p. 74.
[23] HOWLETT, Michel. RAMESH, M; PERL, Anthony. *Política Pública: seus ciclos e subsistemas: uma abordagem integradora*. Rio de Janeiro: Elsevier, 2013.

agenda; (2) Formulação da política; (3) Tomada da decisão política; (4) Implementação de políticas e (5) Avaliação de políticas.

(1) Montagem da agenda: o que faz determinado tema adentrar ou não na agenda pública é uma questão complexa que possui estudos profundos e teorias diversas sobre a sua montagem.[24] Para fins dessa singela reflexão basta fixar que é um processo sociológico, no qual atuam governos e atores não governamentais, donde sobressai a força da "ideia" (visões do mundo, crenças fundamentais e principais e ideias causais).

O Advogado Público deverá estar preparado tanto para as mudanças advindas do fluxo político (como por exemplo, a mudança de gestão), como as mudanças do fluxo de problemas (novos problemas que devem ser solucionados, advindos dos mais diversos influxos, mobilização social, decisão judicial, decisão da Autoridade, cumprimento de determinações legais, etc.), fator que no Brasil tem um alto grau de instabilidade e imprevisibilidade diante do problema crônico da falta de planejamento sistemático, em especial, a médio e longo prazo.

A atuação da Advocacia Pública pode estar presente nesse momento de montagem da agenda quando é chamada para estudar e apresentar as opções jurídicas para uma possível modelagem jurídica; torna-se, assim, um ator forte ao ajudar a articular as instituições e suas ideias, com foco nos parâmetros legais, para a construção inicial ou aperfeiçoamento da política pública, mas, em geral, a sua atuação começa nas etapas seguintes.

(2) Formulação da Política: a formulação da política pública é a fase da identificação de restrições técnicas e políticas à ação do governo. Resta analisar a capacidade administrativa, financeira e jurídica do Estado. É uma fase ainda polêmica, com forte influência de grupos de pressão, perspectivas e abordagens conflitantes.

---

[24] Como os clássicos estudos de John Kingdon que fixa quatro tipos principais de janelas: "-*janelas políticas de fluxo rotineiro*: em que os eventos com procedimentos institucionalizados desencadeiam aberturas de janela previsíveis; – *janelas políticas discricionárias*: em que o comportamento dos atores políticos individuais leva à abertura menos previsível de janelas; – *janelas de problemas de externalidade (spollover)*, em que as questões conexas são atraídas para uma janela já aberta; – *janelas de problemas aleatórios*, em que as crises ou os eventos aleatórios abrem janelas imprevísívies." Kingdon, John W. Agendas, Alternatives and Public Policies. Boston: Little, Brown, 1984 *apud* HOWLETT, Michel. RAMESH, M; PERL, Anthony. *Política Pública: seus ciclos e subsistemas: uma abordagem integradora*. Rio de Janeiro: Elsevier, 2013. p. 117.

Os detalhes do processo de formulação e os instrumentos escolhidos passam a ser considerados neste momento quando se pergunta além do *"O que fazer?"*, *"Como fazer?"*. Adentra à concepção do *design*, com a formulação de propostas e soluções.

Registra-se que essa é uma fase muita rica, alimentada por diversos estudos específicos e extensos sobre quais são os instrumentos políticos disponíveis para serem utilizados, abrange desde a coleta de informações pelos governos, passando pela análise dos instrumentos regulatórios (regras, padrões, licenças, etc.), orçamentários, modelos jurídicos, análise do mercado, dentre outros, aqui há a participação de um grande número de instituições e ideias, o sistema pode ser mais ou menos permeável, favorecendo ou não a participação de um maior número de atores.

A Advocacia Pública tem papel fundamental nessa fase quando é chamada para ajudar na análise das opções dos modelos e instrumentos jurídicos existentes, assim como, das especificações legais de cunho programático que devem ser seguidas.

(3) Tomada da decisão política: é a fase da decisão formal ou informal pela Autoridade de qual será a política pública a ser seguida, dentre as várias alternativas apresentadas, motivo pelo qual se diminui o número de atores envolvidos.

A dificuldade dos estudos nesse momento é justamente analisar o quão uma decisão é racional e razoável. Muitas vezes, a decisão de uma autoridade do Poder Executivo pode ser baseada em estudos técnicos e precisos sobre a formação das políticas ou, em outros casos, derivar da urgência, como no caso do cumprimento de uma decisão judicial, pressão social ou, até mesmo, como se tem visto no Brasil ultimamente, pode surgir em um ambiente corrupto, na defesa de anseios particulares.

(4) Implementação de políticas: uma vez definida a política pública é necessário gerenciar as ações necessárias para se colocar a decisão em prática. Há necessidade de verificar alocação de recursos financeiros, humanos e desenvolver regras procedimentais.[25] Nesse ponto, se a Advocacia Pública não foi chamada a atuar até então, seja através da atividade consultiva ou judicial (diante da constante

---

[25] *Ob. cit.*, p. 179.

judicialização das políticas públicas), passará a exercer seu papel por meio da consultoria jurídica, com a manifestação formal sobre o caso concreto – aqui será fixada a orientação jurídica que deve ser seguida com o norte: análise dos instrumentos e composições políticas escolhidas para a implementação da política pública são legais (*legal policy design*).

Em alguma dessas fases – ou em todas – a Advocacia Pública será chamada a apontar e construir caminhos legais para a construção da política pública almejada, analisando formalmente os caminhos jurídicos possíveis e os passos que devem ser seguidos (responder questões como: adotar a forma de convênio ou contrato, rescindir ou não o instrumento jurídico anterior, possibilidade ou não de criação de organização social, necessidade de formalização do ato por decreto ou lei; concessão, PPP, etc.).

O sucesso da implementação da política pública depende da escolha de objetivos consistentes e boas ferramentas jurídicas, econômicas e sociais uma vez que:

> [...] a seleção de instrumentos é uma atividade complexa influenciada por fatores como a natureza do subsistema envolvido e, especialmente, a sua propensão para permitir que novos atores e novas ideias entrem nas deliberações políticas. Se o instrumento selecionado será ou não realmente capaz de resolver um problema, isso depende tanto das opções particulares escolhidas pelos governantes quanto do contexto de implementação, incluindo jogos de assentimento (*compliance*) e problemas do agente principal, além também da maneira como as escolhas de implementação atuais se relacionam com os objetivos particulados e com os objetivos e meios já implementados nas complexas composições de políticas e programas.[26]

É importante notar que a Advocacia Pública atua nesse contexto em um liminar muito estreito ao ter que se posicionar legalmente, sem adentrar no âmbito discricionário da autoridade competente, que representa a posição democraticamente eleita. Aqui se revelam condições complexas que devem ser constantemente analisadas internamente sobre os limites de atuação do Advogado Público, ainda mais em um contexto

---

[26] *Ob. cit.*, p. 192.

hermenêutico no qual se sobressaem princípios com a criação de um campo amplíssimo para interpretação. Constantemente deve ser feita a reflexão, principalmente no campo da área consultiva, sobre o que é um bom parecer, aquele que realmente analisa a questão em todos os aspectos legais, evitando-se os extremos do "não-parecer" (que somente analisa de forma superficial aspectos legais dos fatos) e os "excessivos", que invadem o campo de discricionariedade da Autoridade. Os limites da boa atuação da Advocacia Pública é um tema que carece de constante reflexão interna das Instituições.

Não se pode perder o parâmetro de proteção do interesse público, conceito por si só complexo e polêmico, mas como princípio constitucional deve nortear as relações originárias do binômio autoridade-liberdade, que fundamentam as prerrogativas da Administração e devem ser sopesadas pelo princípio da razoabilidade, guiada pela proporção e adequação entre meios e fins, conforme ensina Maria Sylvia Zanella Di Pietro:

> não há dúvidas de que qualquer conceito jurídico indeterminado (não apenas o de interesse público), ao ser aplicado aos casos concretos, exige ponderação de interesses, avaliação do custo-benefício, utilização de critérios de interpretação na tentativa de diminuir ou mesmo acabar com a indeterminação e encontrar a solução mais adequada.[27]

O Advogado Público, como intérprete, tem função essencial na construção do processo administrativo e no estabelecimento das relações interinstitucionais – no que pese o respeito à pré-compreensão do intérprete e aos espaços de interpretação – há de se notar a importância das regras de interpretação constitucional para se fixar balizas seguras, ainda mais quando há necessidade de se recorrer ao referencial dos princípios da proporcionalidade (adequação, necessidade e proporcionalidade em sentido estrito) e da razoabilidade.[28]

---

[27] DI PIETRO, Maria Sylvia Zanella. *O princípio da Supremacia do Interesse Público: sobrevivência diante dos ideais do neoliberalismo*. In: DI PIETRO, Maria Sylvia Zanella. RIBEIRO, Carlos Vinicius Alves. Supremacia do Interesse Público e outros temas relevantes do Direito Administrativo. São Paulo: Atlas, 2010. p. 100.

[28] Conforme ensinam Claudio Pereira de Souza Neto e Daniel Sarmento : "Há na doutrina nacional, um debate relevante sobre a existência de possíveis diferenças entre os princípios da proporcionalidade e da razoabilidade. Um expressivo segmento de juristas, em que se

(5) Avaliação de políticas públicas e das orientações da Advocacia Pública:

Por fim, revela-se o campo da avaliação e aprendizagem sobre as políticas públicas, e acrescento aqui, incluo uma lição para a própria Advocacia Pública que deve avaliar sempre a sua própria atuação, sucessos e pontos que necessitam de aprimoramento.

Assim como a política pública deve ser bem gerida, monitorada, avaliada, chegando-se a um posicionamento sobre seu sucesso ou insucesso, cabe à Advocacia Pública a função de monitorar e acompanhar sua atuação com foco na qualidade de suas orientações internamente, mas, também, analisando juntamente com Autoridades e técnicos se os modelos jurídicos propostos atendem ao objetivo fixado com qualidade e economicidade.

Há de se agir com temperança. As mudanças no mundo jurídico não podem ser excessivamente rápidas, nem lentas demais, motivo pelo qual investir em setores que façam o controle de atuação em cada ente federal, além do estímulo à troca de experiências entre os entes da Advocacia Pública, é um caminho que assegura o bom desempenho institucional.

Necessário também abrir espaço de diálogo entre os Poderes para que todos ajam, cada qual dentro de sua competência, de maneira cooperativa, com a compreensão das escolhas feitas e do sistema em sua integralidade. Afinal, o Poder é único e não faz sentido continuarmos a construir e/ou desconstruir políticas públicas – que devem ter metas a curto, médio e longo prazo – de maneira inconsequente, através de uma insana construção de políticas para atender fins particulares, decisões judiciais sem fundamentação real, leis complexas e díspares. A política pública bem definida pressupõe a articulação e compreensão entre os Poderes de todas as fases das escolhas feitas democraticamente, devendo todo e qualquer desvio ser afastado.

---

incluem autores como Gilmar Ferreira Mendes, Luiz Roberto Barroso, Suzana de Toledo Barros e Fábio Correa Souza de Oliveira, afirma que tais princípios seriam equivalente, apesar da origem histórica diversa – a proporcionalidade originária do direito alemão, e a razoabilidade do anglo-saxão. Outros autores, como Willis Santiago Correa Guerra Filho, Virgilio Afonso da Silva, Humberto Ávila, José Adércio Sampaio e Wilson Steinmetz, negam esta equivalência, atribuindo conteúdos diferentes à razoabilidade, que não basearia nos três subprincípios em que se divide a proporcionalidade.". In: *Direito Constitucional: Teoria, história e métodos de trabalho*. Belo Horizonte: Fórum, 2013. p. 483.

Cabe notar aqui, para finalizar, que a política pública pode ser construída de forma paralela, sem consulta aos órgãos da Advocacia Pública e, neste caso, onde se notar condutas de corrupção e/ou improbidade, cabe à Advocacia Pública atuar de forma firme e lutar sempre pela proteção do interesse público:

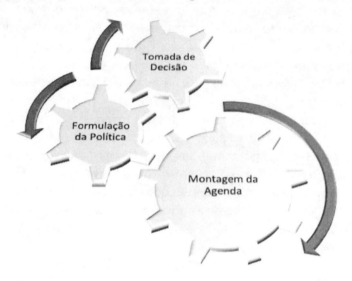

Compreensão da atuação da Advocacia Pública em cada etapa do Ciclo da Política Pública:(1) Montagem da agenda; *(2)* Formulação da Política; *(3)* Tomada da decisão política; *(4)* Implementação de políticas e *(5)* Avaliação de políticas.

4 A atuação da Advocacia Pública no combate à improbidade administrativa e à corrupção: desafios e propostas.

Através desse breve quadro sobre a teoria jurídica das políticas públicas e seus ciclos é possível notar a importância da atuação da Advocacia Pública em cada etapa, sequencialmente ou não, assim como, enumerar alguns desafios a serem enfrentados diante da detecção da corrupção sistêmica no Estado brasileiro:

4.1 Combate à corrupção sistêmica

A atuação da Advocacia Pública é essencial para o combate à corrupção sistêmica uma vez que sua missão institucional abrange diversos momentos processuais na construção das políticas públicas, de forma preventiva e repressiva, ao ajudar a formatá-la juridicamente e, assim, torna-se uma instituição indispensável para ajudar a coibir o indevido apoderamento do Estado e a ajudar a superar fenômemos históricos que retroalimentam o sistema político-administrativo de forma incorreta:

> clientelismo, *patronagem*, particularismo e assistencialismo assumem o poder e determinam a distribuição dos recursos públicos em favor de determinados grupos ou indivíduos que se obrigam na garantia e manutenção deste *status*, demonstrando como o Estado é apoderado, a democracia é deturpada, corrompida e substituída pela *cleptocracia*.[29]

4.2 Compartilhamento de experiências: Advocacia Pública e o federalismo

A troca de experiências entre os entes da Advocacia Pública nos âmbitos da União, Estados, Distrito Federal e Municípios é essencial para o aprimoramento de seu mister. Cada qual no seu âmbito de competência, mas com abertura para compartilhar e aperfeiçoar experiências exitosas, como, por exemplo, a conciliação entre estes públicos, processo eletrônico de licitação, construção de súmulas e orientações gerais, assim como estabelecer metas comuns para delinear direitos e garantias do Advogado Público, tanto no campo da legislação comum, na regulamentação interna de cada Instituição e de forma complementar no âmbito da Ordem dos Advogados do Brasil, considerando as peculiaridades da Advocacia Pública.

A Advocacia Pública absorve o impacto das dificuldades da forma do Estado na construção das políticas públicas uma vez que o

---

[29] WERNER, Cunha Guilherme, *Teoria Interpretativa das Organizações Criminosas: Conceito e Tipologia*. In: Organizações Criminosas Teoria e Hermenêutica da Lei nº 12.850/2013. Porto Alegre: Nuria Fabris, p. 72-77.

federalismo é considerado um vetor que dificulta o desenvolvimento das atividades administrativas e, no Brasil, poderíamos acrescentar as atividades judiciárias também, como bem salientado na dissertação de Carlos Figueiredo Mourão.[30] O fato de a forma de um Estado ser federal ou unitário é posto como uma diferença essencial para o estudo das políticas públicas segundo Howlett, Ramesh e Perl,[31] uma vez que, como regra, nos sistemas unitários não há quem desafie o papel do governo central da Nação,[32] ao contrário do sistema federal, no qual há níveis autônomos de governo dentro de um país.[33] Concluem assim que o federalismo é considerado uma das razões "da baixa capacidade política de muitos setores político-administrativos", de modo a:

> Em países federais, os governos acham difícil desenvolver políticas consistentes e coerentes, porquanto as políticas nacionais, na maioria das áreas, exigem acordo intragovernamental, envolvendo negociações complexas, extensas e consumidoras de tempo que nem sempre são bem-sucedidas. [...]
> Além disso, ambos os níveis de governo estão sujeitos à revisão judicial imprevisível de suas medidas, o que restringe ainda mais a habilidade do governo de realizar seus objetivos.
> Assim, o federalismo torna a *policy-making* um *affair* prolongado e muitas vezes rancoroso, na medida em que os governos disputam questões judiciais ou estão envolvidos em extensas negociações intergovernamentais ou de litígio constitucional. É possível que diferentes governos em um mesmo país tomem decisões contraditórias que podem enfraquecer ou anular os efeitos de uma política. [...] "[34]

Nota-se que a problemática exposta pode ser diretamente transportada para âmbito da Advocacia Pública que precisa lidar com os problemas peculiares de sua atuação em cada ente federal e, ao mesmo tempo, deve fortalecer-se através da troca de experiências e de dados institucionais, com especial atenção aos Municípios, o elo mais fraco nesta cadeia de atuação. A atuação do

---

[30] MOURÃO, Carlos Figueiredo. *Uma interpretação do fenômeno jurídico-político do município e sua inserção constitucional*. Dissertação defendida na PUC/SP em 20.05.2010, orientada pela Professora Doutora Maria Garcia.
[31] Obra citada, p. 67-69.
[32] Analisam os governos da Grã-Bretanha, França, Japão e Tailândia.
[33] Analisam como exemplo Austrália, Índia, Brasil, Nigéria e Estados Unidos.
[34] *Ob. cit.*, p. 68.

Procurador Municipal é delicada, seja pelas dificuldades enfrentadas naturalmente pelo Município na federação brasileira, seja pela carência de uma sólida estrutura institucional.

Nessa dimensão revela-se essencial, também, a atuação de Instituições que agregam a Advocacia Pública, como entidades de classe[35] e, a própria Ordem dos Advogados do Brasil, que têm como meta o fortalecimento de direitos e garantias em todas as Instâncias. Recentemente, o Código de Ética da OAB passou a contemplar inédito capítulo sobre a Advocacia Pública, com enfoque na independência técnica.[36] Ainda assim, há muito o que aperfeiçoar, principalmente o dilema ético diário em se estabelecer a proteção ao interesse público e o bem comum, com dignidade, zelo e respeito aos princípios morais com o fim de evitar qualquer conflito de interesses.[37]

Especial destaque deve ser dado para a atuação relevante da Comissão do Advogado Público (CAP), com ênfase na experiência do Estado de São Paulo, que tem cumprido sua missão constante no Regimento Interno da OAB, com o diferencial de agregar e fortalecer a Advocacia Pública em todos os âmbitos da federação.[38]

4.3 Advocacia Pública: independência, autoridade moral e autoridade técnica

É essencial criar equipes especializadas em cada Instituição e, concomitantemente, formar uma rede de apoio e troca de informações

---

[35] v.g. Anape, APESP, Anajur, Anauni, Anpaf, Anpprev, Ppbc, Sinprofaz, e Unafe, etc.

[36] Art. 8º As disposições deste Código obrigam igualmente os órgãos de advocacia pública, e advogados públicos, incluindo aqueles que ocupem posição de chefia e direção jurídica.
§1º O advogado público exercerá suas funções com independência técnica, contribuindo para a solução ou redução de litigiosidade, sempre que possível.
§2º O advogado público, inclusive o que exerce cargo de chefia ou direção jurídica, observará nas relações com os colegas, autoridades, servidores e o público em geral, o dever de urbanidade, tratando a todos com respeito e consideração, ao mesmo tempo em que preservará suas prerrogativas e o direito de receber igual tratamento das pessoas com as quais se relacione.

[37] Ver *Código de Ética da Administração Pública do Estadual*, Decreto Estadual nº 60.428/2014, artigo 2º.

[38] Comissão da Advocacia Pública, Regimento Interno, artigos 10 a 109. Disponível em: <http://www.oabsp.org.br/sobre-oabsp/regimento-interno/secao-x-da-comissao-do-advogado-publico>. Acesso em: 4.abr.2017.

entre os entes da Advocacia Pública, visando ao aperfeiçoamento da atuação profissional, aprimorar a infraestrutura operacional e agilizar convênios para compartilhamento de dados e boas práticas.

O Brasil comprometeu-se internacionalmente a adotar medidas eficazes de ordem legislativa e administrativa para promover a integridade e prevenir, detectar e punir a corrupção dos agentes públicos, cabendo ao Estado conferir às autoridades independência suficiente para impedir qualquer influência indevida sobre a sua atuação, com destaque para a atuação essencial da Advocacia Pública.[39]

Além da independência e da autonomia, a Advocacia Pública deve organizar-se para respeitar a autoridade moral e técnica no exercício de suas funções, conforme apontamentos feitos por Maria Paula Dallari Bucci, ao propor um "Decálogo para a advocacia pública":[40]

> *6) Autoridade Moral.* Destacar-se pela retidão de conduta. Evitar os conflitos de interesses. Escapar ao equívoco do corporativismo. Evitar as comparações com outras categorias jurídicas. É princípio constitucional a posição isonômica de advogados, juízes ou promotores, sendo insustentável, por injusta, argumentação que pretenda defender a superioridade de qualquer dessas classes em relação a outros profissionais que exercem função pública.
>
> *7) Autoridade Técnica.* Buscar autoridade na competência técnica e na habilidade do desempenho profissional e não na posição corporativa. Dominar as referências do conhecimento jurídico estabelecido em sua área de atuação. Conferir segurança e confiabilidade às soluções construídas, estabelecendo as conexões com essas referências.

A recente experiência da Advocacia-Geral da União que criou a *Equipe de Trabalho Remoto/Probidade (ETR/Probidade)* é uma referência importante, considerando que chegou a ajuizar, entre 2014 e 2016,

---

[39] Artigo 9 – Medidas contra a corrupção – 1. Para além das medidas enunciadas no Artigo 8 da presente Convenção, cada Estado Parte, na medida em que seja procedente e conforme ao seu ordenamento jurídico, adotará medidas eficazes de ordem legislativa, administrativa ou outra para promover a integridade e prevenir, detectar e punir a corrupção dos agentes públicos.
2. Cada Estado Parte tomará medidas no sentido de se assegurar de que as suas autoridades atuam eficazmente em matéria de prevenção, detecção e repressão da corrupção de agentes públicos, inclusivamente conferindo a essas autoridades independência suficiente para impedir qualquer influência indevida sobre a sua atuação.

[40] Disponível em: <http://www.migalhas.com.br/dePeso/16,MI70022,31047-Um+decalogo+para+a+advocacia+publica>. Acesso em: 4 abr. 2017.

cerca de 200 (duzentas) ações de improbidade administrativa contra pessoas e empresas envolvidas em irregularidades. Somente no âmbito da Procuradoria-Geral Federal (PGF), órgão da Advocacia-Geral da União responsável pela defesa judicial e assessoramento jurídico das autarquias e fundações federais, ajuizou-se "305% mais ações de combate à corrupção em 2016 do que no ano anterior. O crescimento é resultado da criação da Equipe de Trabalho Remoto/Probidade (ETR/Probidade), uma força-tarefa especializada neste tipo de processo que começou a atuar em maio"[41]

Por fim, cabe ao Advogado Público orientar a Administração a estabelecer e controlar a eficácia de regras de boas práticas também no âmbito interno (boas práticas, código de ética,[42] através da criação de um programa de integridade, similar ao fixado nos artigos 41 e 42 do Decreto 8.420/2015, que regulamenta a Lei nº 12.486/2013, que prevê a responsabilização administrativa e civil de pessoas jurídicas pela prática de atos contra a administração pública:

> [...] conjunto de mecanismos e procedimentos internos de integridade, auditoria e incentivo à denúncia de irregularidades e na aplicação efetiva de códigos de ética e de conduta, políticas e diretrizes com objetivo de detectar e sanar desvios, fraudes, irregularidades e atos ilícitos praticados contra a administração pública, nacional ou estrangeira.

4.4 Investir no aperfeiçoamento de formas alternativas de solução de conflitos

Outro desafio essencial para o fortalecimento da Advocacia Pública em sua missão de proteger o interesse público é aperfeiçoar

---

[41] BRUNO, Rafael. Combate à corrupção: nova Equipe da AGU cobra ressarcimento de R$ 54 mi ao erário. Disponível em: <http://www.agu.gov.br/page/content/detail/id_conteudo/414775>. Acesso em: 4 abr. 2017.

[42] Por exemplo: Decreto Federal nº 6.029/2007, que institui o Sistema de Gestão de Ética do Poder Executivo Federal; Código de Conduta da Alta Administração Federal, de 2014, Código de conduta do Servidor, Decreto nº 1.171/1994; Lei n.º 12.813/2013 (conflito de interesses no exercício de cargo ou emprego do Poder Executivo Federal); Decreto nº 4.405/2002, dentre outros. Disponível em: <http://etica.planalto.gov.br/sobre-a-cep/legislacao>. Acesso em: 4 abr. 2017. No Estado de São Paulo: Decreto Estadual nº 60.428/2014 – Código de Ética da Administração Pública do Estadual.

os meios de solução de conflitos envolvendo entes públicos, sejam as controvérsias entre órgãos jurídicos do mesmo ente federal, seja no conflito entre entes federais.

Como referencial destaco a experiência da AGU que estabeleceu as atribuições da "Câmara de Conciliação e Arbitragem da Administração Federal (CCAF)",[43] nos termos do Decreto nº 7.392/2010.[44]

Sobre o tema ensina Luciane Moessa de Souza que pesar de ainda uma falta de metodologia predefinida: "a CCAF vem dando conta de construir uma solução consensual para conflitos de grande complexidade"[45] e, logo a seguir, cataloga propostas de aprimoramento para o modelo, cabendo destacar alguns pontos:

> a) Incluir em sua composição representantes dos Estados e dos Municípios;
> b) Promover a capacitação em mediação para seus integrantes, definindo conteúdo teórico e forma de supervisão da atuação dos conciliadores iniciantes;
> c) Criar turmas especializadas em determinados tipos de conflitos e definir hipóteses de comediação; [...]
> e) Nos conflitos que envolvam questões relativas a prestação de contas, prever-se claramente a necessidade de participação dos órgãos de controle interno e externo na esfera de cada um dos entes envolvidos;[...]
> m) Criação de sistemas de avaliação da eficiência do procedimento conciliatório.[46]

---

[43] Brasil. Advocacia-Pública da União. Consultoria-Geral da União. Câmara de Conciliação e Arbitragem da Administração Federal (CCAF). Referencial de Gestão. CCAF. Brasília: AGU, 2012, atualizada.

[44] Art.18. A Câmara de Conciliação e Arbitragem da Administração Federal compete: I-avaliar a admissibilidade dos pedidos de resolução de conflitos, por meio de conciliação, no âmbito da Advocacia-Geral da União; II-requisitar aos órgãos e entidades da Administração Pública Federal informações para subsidiar sua atuação; III-dirimir, por meio de conciliação, as controvérsias entre órgãos e entidades da Administração Pública Federal, bem como entre esses e a Administração Pública dos Estados, do Distrito Federal, e dos Municípios; IV-buscar a solução de conflitos judicializados, nos casos remetidos pelos Ministros dos Tribunais Superiores e demais membros do Judiciário, ou por proposta dos órgãos de direção superior que atuam no contencioso judicial; V-promover, quando couber, a celebração de Termo de Ajustamento de Conduta nos casos submetidos a procedimento conciliatório; VI-propor, quando couber, ao Consultor-Geral da União o arbitramento das controvérsias não solucionadas por conciliação; e VII-orientar e supervisionar as atividades conciliatórias no âmbito das Consultorias Jurídicas nos Estados.

[45] SOUZA, Luciane Moessa de. *Meios Consensuais de Solução de Conflitos envolvendo entes Públicos: negociação, mediação e conciliação na esfera administrativa e judicial*. Belo Horizonte: Fórum, 2012. p. 285-286.

[46] SOUZA, Luciane Moessa de. *Ob cit*. p. 285-286.

Nessa seara, buscando efetivamente a proteção do interesse público, é essencial trazer a experiência da aplicação dos meios consensuais de solução dos conflitos para as controvérsias que envolvem as políticas públicas de concretização dos direitos fundamentais.

A Advocacia Pública tem um papel essencial na busca da efetivação dos direitos fundamentais, seja para construir soluções de interpretação e aplicação da lei ao caso concreto, em um parecer ou em uma defesa judicial, seja ao construir soluções alternativas para a solução dos conflitos, como a aplicação da técnica dos meios consensuais à solução de conflitos às controvérsias que envolvam direitos fundamentais, visando romper a judicialização de forma inconsequente e construir contornos sólidos para a construção de políticas públicas operacionalizadas pela lógica da Justiça Distributiva, tempo razoável do processo e economia.[47]

4.5 Articulação da Advocacia Pública: criação e integração dos grupos de estudos temáticos

Criar grupos de estudos temáticos para análise de casos complexos e inovadores visando aperfeiçoar a atuação da Advocacia Pública, não só no âmbito interno de cada Instituição, mas também de forma integrada, com o compartilhamento de experiências.

Ressalto quão rica foi a experiência da atuação conjunta no Estado de São Paulo, a ação conjunta entre Advocacia-Geral da União, Procuradoria-Geral do Estado de São Paulo e a Procuradoria-Geral do Município de São Paulo que, juntas, compartilharam experiências e, ainda, convidaram para um diálogo e troca de experiências membros dos Tribunais do Contas da União, Estado

---

[47] Nesse particular recomenda-se a leitura da obra de Luciane Moessa de Souza que dispõe sobre como operacionalizar da mediação em conflitos coletivos que envolvam direitos fundamentais: *Mediação de Conflitos Coletivos: a aplicação dos meios consensuais à solução de controvérsias que envolvem políticas públicas de concretização de direitos fundamentais*. Belo Horizonte: Fórum, 2012, p. 99-169.

e Munícipio, em curso coordenado pela Escola da Advocacia-Geral da União, Escola Superior da PGE/SP (ESPGE) e Centro de Estudos Jurídicos do Município de São Paulo (CEJUR).

Outra experiência marcante foi o Curso Luso-Brasileiro de Direito Regulatório, realizado nos dias 23/9, 30/9; 7/10 e 14/10/2011, com a presença de quase cinquenta palestrantes, entre juristas brasileiros e portugueses, organizado em conjunto pela Escola Superior da Procuradoria-Geral do Estado de São Paulo, Escola da Advocacia-Geral da União, Faculdade de Direito da Universidade de Lisboa, Faculdade de Direito da Universidade de São Paulo e Escola da Magistratura Federal da 3ª Região, justamente com a finalidade de compartilhar experiência na inovadora área do direito regulatório.[48]

Por fim, destaco a experiência histórica da *Jornada de Estudos sobre o Juizado Especial da Fazenda Pública*, realizado no dia 26.8.2010, no Salão Nobre da Faculdade de Direito da Universidade de São Paulo, quando houve a reunião da AGU, PGE-SP e PGM/SP para trocar experiências com a União, que já tinha iniciado o novo procedimento, com o Estado e Município que estavam tentando entender as novidades processuais.[49]

Desse encontro, nasceu o primeiro convênio entre a Escola da AGU, à época Coordenada pelo Procurador Federal Fábio Victor da Fonte Monnerat e o Centro de Estudos das PGE, Dirigido pelo Procurador do Estado Carlos José Teixeira de Toledo e Escola Superior da PGE, da qual eu era Diretora e a Marily Diniz do Amaral Chaves, a Vice-Diretora, visando a promover um Curso de Pós-Graduação *lato sensu*, Especialização em Direito Processo Civil, o que possibilitou formar uma turma de altíssimo padrão, com excelentes alunos e docentes e ênfase exclusiva no aprimoramento da atuação do Advogado Público. A experiência foi ampliada para outros cursos, cabendo registrar o êxito da troca de experiências acadêmicas e práticas riquíssimas, ou seja, este é o caminho para o efetivo fortalecimento da Advocacia Pública.

---

[48] Disponível em: <http://www.agu.gov.br/page/content/detail/id_conteudo/168289>. Acesso em: 4 abr. 2017.
[49] Disponível em:<http://centrodeestudospgesp.blogspot.com.br/2010/08/>. Acesso em: 4 abr. 2017.

4.6 Modernização institucional – *accountability*

Investir na criação de modelos (*design*) que ajudem a construir sistemas legais, transparentes, padronizados a partir de estudos jurídicos, econômicos e técnicos, *v.g*, a Bolsa Eletrônica de Compras de São Paulo/SP, que contém minutas de editais, e-sanções e cadernos técnicos, além do cadastramento de empresas pelo sistema Caufesp, um controle que cresce a cada dia e proporciona que a Advocacia Pública promova a avaliação e eficácia da sua atuação na defesa do interesse público.

A Advocacia Pública tem a missão de viabilizar o processo de *accountability*, seja ao fomentar a fundamentação jurídica das políticas públicas através da colheita de informações e justificativas das ações das autoridades públicas, assim como é um órgão fiscalizador, no sentido filosófico do termo, conforme reconstrução proposta por Andreas Schedler, que destaca duas conotações básicas:

> [...] a obrigação de informar e justificar ações (em inglês, *answerability*), ou seja, a necessidade de autoridades públicas informarem sobre e explicarem o que estão fazendo, e a aplicação efetiva (em inglês, *enforcement*), que é a capacidade de agentes fiscalizadores de impor sanções aos detentores do poder que violaram suas responsabilidades públicas. Essa estrutura bidimensional do significado torna o conceito amplo e abrangente, de modo que englobe (ou ao menos se sobreponha) a vários outros termos (como supervisão, monitoramento, vigilância, controle, verificação, restrição, exposição pública, punição) que podem ser usados para descrever iniciativas que busquem aplicar regras ao exercício do poder.[50]

Um dos instrumentos do *accountability* é a modernização do processo administrativo – não no sentido utilizado pela teoria que defende a existência de um direito administrativo pós-moderno – mas, sim, no sentido de desenvolver novas ferramentas de controle, transparência atualização de teses diante da evolução do Estado e dos institutos do Direito Administrativo.

---

[50] SCHEDLER, Andreas. Por um conceito de accountability. In: DIAMOND, Larry (org.). *Para entender democracia*. 2. Coletânea de Democracia. Curitiba: Atuação, 1. ed. 2017, p. 363.

Com as palavras de Maria Sylvia Zanella Di Pietro ao responder à pergunta: *Existe um novo Direito Administrativo?*, pode-se concluir que:

> Respondendo à pergunta que serviu de título à Introdução deste livro, pode-se afirmar que não existe um novo direito administrativo, no sentido de que seus institutos básicos estão sendo substituídos por outros antes inexistentes. Os temas fundamentais do direito administrativo continuam sendo objeto de estudo e tratados em praticamente todos os manuais pertinentes a esse ramo do direto, inclusive no direito europeu continental. O que existe, na feliz expressão de Odete Medauar, é um direito administrativo em evolução. O direito administrativo se renova e se enriquece pela ampliação de seu objeto de estudo. Mas o binômio que sempre caracterizou esse ramo do direito – autoridade/liberdade – continua presente. No momento atual de seu desenvolvimento, pende para o lado da liberdade, em decorrência da constitucionalização do direito administrativo e a consequente valorização dos direitos individuais. O direito administrativo humaniza-se. Mas não perde as características inerentes ao exercício da autoridade e ao próprio conceito de Estado.[51]

O aperfeiçoamento do Direito Administrativo passa pela atualização e melhor sistematização da legislação, criação de ferramentas modernas de informática para agilizar a troca rápida de dados (v.g. controle de empresas sancionadas, cartéis, monitoramento da formulação de preço; etc.); compreensão e desenho correto do termo de referência no processo licitatório, em especial apoio técnico para lidar com objetos específicos; estudo e controle dos casos em andamento (cuidado com as alterações do objeto, acréscimos, decréscimos, cláusulas de reequilíbrio econômico-financeiro, etc.); criação de mecanismos de monitoração e avaliação dos modelos jurídicos que regulamentam cada tipo de política pública, em especial, quando há o problema de oferta de determinado em escala, como que devem ser ofertados nas áreas de saúde, educação, segurança, por exemplo.

Eis aqui temas de suma importância a serem debatidos nas Escolas entre os entes da Advocacia Pública.

---

[51] DI PIETRO, Maria Sylvia Zanella. Introdução: Existe um Novo Direito Administrativo? In: DI PIETRO, Maria Sylvia Zanella. RIBEIRO, Carlos Vinicius Alves (coord). *Supremacia do Interesse Público*, São Paulo: Atlas, 2010. p. 9.

4.7 Atuação consciente no combate à corrupção: compreensão do fenômeno

Criar mecanismos de acompanhamento e controle dos contratos, convênios e de outras tantas figuras jurídicas, visando a evitar a formação de cartéis, não permitindo que grupos econômicos e políticos rejam a formatação da relação com a Administração.

A evolução do conceito de corrupção impõe o desafio de analisá-la como um fenômemo que necessita de inovação nos mecanismos de escolhas e análise dos riscos operacionais das organizações criminosas, com efetivo controle da ação do mercado. Nesse sentido:

> A criminalidade oculta, dissimulada e imperceptível, coberta pelo manto da aparente legalidade, começa a ser descoberta, a percepção da corrupção deixa de estar vinculada apenas aos integrantes das organizações criminosas, expande-se e torna possível a compreensão de práticas deturpadas do mundo político, os desvios e malversações dos recursos públicos, a confusão entre patrimônio público e privado, a disputa e exercício do poder influenciam na degeneração do Estado.[52]

Nesse contexto, a Advocacia Pública torna-se essencial para previamente zelar pelo respeito ao interesse público, de forma institucional e não político-partidária; com respeito ao âmbito do poder discricionário e democrático; com zelo ao binômio economicidade e qualidade dos serviços e bens; apta a dar um passo além ao compreender o ciclo da políticas e agir de forma ética, no sentido da ética da responsabilidade, ao ajudar a construir um Estado efetivamente republicano, transparente, igualitário, regido pelo princípio da legalidade, material e formalmente.

5 Conclusão

A partir do estudo da teoria das políticas públicas como referencial teórico é possível compreender de forma mais profunda

---

[52] WERNER, Cunha Guilherme. Teoria Interpretativa das Organizações Criminosas: Conceito e Tipologia. In: *Organizações Criminosas Teoria e Hermenêutica da Lei nº 12.850/2013*. Porto Alegre: Nuria Fabris. p. 72-77.

e pedagógica a atuação da Advocacia Pública como uma instituição fundamental para o combate à corrupção sistêmica considerando a sua atuação efetiva participação nos planos macro, meso e microinstitucional, assim como, nas diversas etapas do ciclo político-administrativo: *(1)* Montagem da agenda; *(2)* Formulação da Política; *(3)* Tomada da decisão política; *(4)* Implementação de políticas e *(5)* Avaliação de políticas.

Nesse contexto, pode-se concluir que para o sucesso nessa tarefa é essencial:

(i) A articulação, o apoio reciproco e a constante troca de experiências entre os entes da Advocacia Pública nos âmbitos da União, Estados, Distrito Federal e Municípios para o aprimoramento de seu mister. Cada qual no seu âmbito de competência, mas com abertura para compartilhar e aperfeiçoar experiências exitosas, como por exemplo, aprimorar o processo eletrônico de licitação, construção de súmulas e orientação da Administração para estabelecer e controlar a eficácia das regras de boas práticas.

(ii) O fortalecimento da Advocacia Pública em sua missão de proteger o interesse público requer o aperfeiçoamento dos meios alternativos de solução de conflitos envolvendo entes públicos, seja nas controvérsias entre órgãos jurídicos do mesmo ente federal, seja no conflito entre diversos entes federais, com o fim de romper o ciclo de judicialização de forma inconsequente e modelar contornos sólidos para a construção de políticas públicas operacionalizadas pela lógica da Justiça Distributiva, tempo razoável do processo e economia.

(iii) A Advocacia Pública tem a missão de fomentar o processo de *accountability* estatal, em sua dupla dimensão, ao promover que seja feita a devida motivação jurídica das políticas públicas (aspectos técnicos, orçamentários e jurídicos), assim como, ao atuar como órgão fiscalizador e de controle. Nesse contexto, deve investir na criação de modelos (*design*) que ajudem a construir ferramentas tecnológicas de controle, transparência e de atualização de teses, considerando o progresso do Estado e dos institutos do Direito Administrativo.

(iv) A evolução do conceito de corrupção impõe o desafio de analisá-la como um fenômemo que necessita de inovação nos mecanismos de escolhas e análise dos riscos operacionais das organizações criminosas, com efetivo controle da ação do

mercado. Nesse contexto, a Advocacia Pública torna-se essencial para previamente zelar pelo respeito ao interesse público, de forma institucional e não político-partidária; com respeito ao âmbito do poder discricionário e democrático; com zelo ao binômio economicidade e qualidade; apta a dar um passo além ao compreender o seu papel em cada fase do ciclo da políticas e, por fim, agir de forma ética, no sentido da ética da responsabilidade, ao ajudar a construir um Estado efetivamente republicano, transparente, igualitário, regido pelo princípio da legalidade, material e formalmente.

Referência

BRASIL. Advocacia-Pública da União. Consultoria-Geral da União. Câmara de Conciliação e Arbitragem da Administração Federal (CCAF). Referencial de Gestão. CCAF. Brasília: AGU, 2012, atualizada.

BUCCI, Maria Paula Dallari. *Fundamentos para uma Teoria Jurídica das Políticas Públicas*. São Paulo: Saraiva, 2013.

_____. Um decálogo para a Advocacia Pública. Disponível em: <http://www.migalhas.com.br/dePeso/16,MI70022,31047-Um+decalogo+para+a+advocacia+publica>. Acesso em: 4 abr. 2017.

DI PIETRO, Maria Sylvia Zanella. Introdução: Existe um Novo Direito Administrativo? In: DI PIETRO, Maria Sylvia Zanella. RIBEIRO, Carlos Vinicius Alves (coord). *Supremacia do Interesse Público*, São Paulo: Atlas, 2010.

_____. O princípio da Supremacia do Interesse Público: sobrevivência diante dos ideais do neoliberalismo. In: DI PIETRO, Maria Sylvia Zanella. RIBEIRO, Carlos Vinicius Alves. *Supremacia do Interesse Público e outros temas relevantes do Direito Administrativo*. São Paulo: Atlas, 2010.

ESTEFAM, Felipe Faiwichow. *A configuração e a reconfiguração do Princípio da Legalidade*. Rio de Janeiro: Lumen Juris, 2013.

FANTIN, Adriana Aghinoni. ABE, Nilma de Castro. *Súmulas da AGU comentadas*. São Paulo: Saraiva, 2013.

FREITAS, Juarez. *O Controle dos Atos Administrativos e os princípios fundamentais*. São Paulo: Malheiros, 2013.

GARCIA, Emerson. ALVES, Rogério Pacheco. Improbidade Administrativa. São Paulo: Saraiva, 2015.

HOWLET, Michel. RAMESH, M; PERL, Anthony. *Política Pública: seus ciclos e subsistemas: uma abordagem integradora*. Rio de Janeiro: Elsevier, 2013.

MOURÃO, Carlos Figueiredo. *Uma interpretação do fenômeno jurídico-político do município e sua inserção constitucional*. Dissertação de mestrado defendida na PUC/SP em 20/05/2010, orientada pela Professora Doutora Maria Garcia.

SILVA, José Afonso da. *Curso de Direito Constitucional Positivo*. São Paulo: Malheiros, 2006.

SOUZA NETO, Claudio Pereira. SARMENTO, Daniel. *Direito Constitucional: Teoria, história e métodos de trabalho*. Belo Horizonte: Fórum, 2013.

SOUZA, Luciane Moessa de. *Meios Consensuais de Solução de Conflitos envolvendo entes Públicos: negociação, mediação e conciliação na esfera administrativa e judicial*. Belo Horizonte: Fórum, 2012.

WEBER, MAX. *Ciência e Política: duas vocações*. São Paulo: Cultrix, 2013.

WERNER, Cunha Guilherme. *Teoria Interpretativa das Organizações Criminosas: Conceito e Tipologia*. In: Organizações Criminosas Teoria e Hermenêutica da Lei nº 12.850/2013. Porto Alegre: Nuria Fabris, p. 72-77.

_____. *Cleptocracia: corrupção sistêmica e criminalidade organizada*. In: PEREIRA, Eliomar da Silva, WERNER, Guilherme Cunha. VALENTE, Manuel M. G. (org.). *Criminalidade Organizada: investigação, direito e ciência*. Lisboa: Almedina, 2017, p 17-58.

WERNER, Patricia Ulson Pizarro. Políticas Públicas e o direito fundamental à saúde: a experiência das Jornadas de Direito da Saúde do Conselho Nacional de Justiça. In: *Judicialização da Saúde*: a visão do Poder Executivo. Organizado por Maria Paula Dallari Bucci e Clarice Seixas Duarte. São Paulo: Saraiva, 2017, p 240-275.

Informação bibliográfica deste texto, conforme a NBR 6023:2002 da Associação Brasileira de Normas Técnicas (ABNT):

WERNER, Patricia Ulson Pizarro. A atuação da Advocacia Pública no combate à corrupção e aos atos de improbidade administrativa: uma análise propositiva a partir da compreensão da teoria do ciclo das políticas públicas. In: MOURÃO, Carlos Figueiredo; HIROSE, Regina Tamami (Coord.). *Advocacia pública contemporânea*: desafios da defesa do Estado. Belo Horizonte: Fórum, 2019. p. 227-256. ISBN 978-85-450-0578-0.

A ATUAÇÃO DA PROCURADORIA DA FAZENDA NACIONAL NA REDUÇÃO DE LITIGIOSIDADE

Maria Regina Dantas de Alcântara

Introdução

Este trabalho tem por objetivo demonstrar as diversas iniciativas que vêm sendo implementadas pela Procuradoria da Fazenda Nacional com vistas a reduzir a litigiosidade que permeia a sua atuação na representação judicial da União. Trata-se de natural desdobramento de fenômeno de espectro mundial, quer seja, a criação de formas alternativas à excessiva judicialização dos conflitos.

O Conselho Nacional de Justiça (CNJ), por sua vez, tem divulgado relatórios estatísticos anuais,[1] através dos quais se pode obter uma visão mais realística do Poder Judiciário brasileiro. Já países mais avançados possuem estatísticas há mais tempo e de forma mais acurada.[2]

A população cresce e se vale do direito constitucional do acesso à Justiça. Esta, por vez, parece não conseguir acompanhar a contento a demanda oriunda da Carta de 1988, que trouxe o princípio da inafastabilidade do Judiciário na solução dos litígios,[3] encontrando-se abarrotada de processos que, quando logram chegar ao seu fim, não raras vezes só produzem frustração aos jurisdicionados.

---

[1] Disponível em: <http://www.cnj.jus.br/programas-e-acoes/pj-justica-em-numeros>.
[2] CEPEJ – European Commission for the Efficiency of Justice (Comissão europeia para a eficiência da Justiça) e seu relatório "European judicial systems Edition 2010 (data 2008): Efficiency and quality of justice"; nos Estados Unidos temos os relatórios do NCSC - National Center for State Courts (www.ncsc.org).
[3] CF, artigo 5º, inciso XXXV que, *"a lei não excluirá da apreciação do Poder Judiciário lesão ou ameaça a direito"*.

A sociedade clama por justiça, uma Justiça, de fato, justa, célere e eficaz.

Fala-se em processo com período razoável de duração. Mas, o que significa período razoável? E o que seria "razoável"?

Atente-se que a Convenção Americana dos Direitos Humanos, tratando do tema (art. 8º, item 1), assegura que:

> [...] toda pessoa tem direito a ser ouvida, com as devidas garantias e *dentro de um prazo razoável*, por um juiz ou tribunal competente, independente e imparcial, estabelecido anteriormente por lei, na apuração de qualquer acusação penal formulada contra ela, ou para que se determinem seus direitos ou obrigações de natureza civil, trabalhista, fiscal ou de qualquer outra natureza.[4] (sem grifo no original)

O Brasil é signatário dessa Convenção, de modo que o juiz brasileiro tem o dever de prestar a tutela jurisdicional dentro de um prazo razoável; além disso, o art. 5º, inciso LXXVIII, da CF/1988, alterado pela Emenda Constitucional nº 45/2004, dispõe que "a todos, no âmbito judicial e administrativo, são assegurados a *razoável duração do processo e os meios que garantam a celeridade de sua tramitação*" (sem grifo no original).

O Poder Judiciário, por sua vez, passou a absorver uma nova função, originalmente atípica: a jurisdição voluntária, graciosa ou administrativa, ou seja, a administração pública de interesses privados, onde há interessados e não partes. Porém, soluções advindas dessa novel atividade serão sempre passíveis de discussão através do contencioso judicial, já que não fazem "coisa julgada material".

Números revelam que o maior "gargalo" existente não reside na desproporção do fluxo de demandas, mas no grande volume de processos pendentes de julgamento. Não obstante, o país despende consideráveis recursos financeiros com o sistema judicial, mas, ainda assim, insuficientes.

Por outro lado, diante desse panorama, seria mesmo a via judicial o caminho mais eficaz para a resolução dos conflitos? E, nessa esteira, como situar-se a Fazenda Pública no contexto de ineficiência da "máquina judiciária"?

---

[4] Disponível em: <http://www.cidh.org/Basicos/Portugues/c.Convencao_Americana.htm>.

Ante essas e outras indagações, e após o devido repensar, fiel à sua verdadeira missão, a Procuradoria da Fazenda Nacional, em atitude destemida, toma nova feição e passa a protagonizar relevantes ações em prol da redução da litigiosidade e da efetividade de sua atuação na defesa da União, sem os ranços do "recorrismo" inobjetivo e inconsequente, o qual acometia a antiga estratégia dessa gigante banca da advocacia pública federal.

1 O conflito e a judicialização

O conflito é próprio da natureza humana. As crianças brigam entre si pelos brinquedos, pelas guloseimas e por tudo quanto entendem fazer jus. Os animais lutam para manter seu território e sua sobrevivência.

Nos bancos escolares, os estudos de Charles Darwin[5] são de leitura obrigatória, ao defender a teoria da "sobrevivência do mais apto" (ou seleção natural), em razão da constante luta dos seres vivos pela preservação da espécie, dentro da cadeia ecológica.

Com relação aos humanos, o surgimento do Estado, por meio do consentimento de seus integrantes, decorre justamente da necessidade de manejo dos conflitos de interesse.

A História registra a ocorrência das lides primitivas de outrora e a evolução para soluções mais conciliadoras, em um contexto de maior humanização.

Há que se atentar ao conceito mais recente de paz, que se observa no cenário mundial, através de princípios como a cooperação, ajuda mútua, educação e interdependência dos povos, objetivando o fim da violência crônica e atávica, tudo isso aliado a um profundo questionamento acerca do verdadeiro papel do Estado democrático.

Ora, fala-se na atualidade em "direito espiritual", no direito à paz para a manutenção da dignidade humana. A solução dos conflitos é algo que interessa a qualquer sociedade organizada, já

---

[5] Disponível em: <https://pt.wikipedia.org/wiki/Sobreviv%C3%AAncia_do_mais_apto>.

que extingue o mal que ameaça a paz interior de cada cidadão (em seu aspecto psicológico) e a paz social (aspecto sociológico).

A quem aproveita a beligerância, a "briga pela briga"?

Sem dúvida alguma, trata-se de novo paradigma a partir do reconhecimento do Amor como decorrência da Democracia,[6] já que respaldada no conceito de igualdade (justiça) e na contemporização dos interesses envolvidos, sem embates.

2 Os diversos sistemas judiciais no mundo

O fenômeno relativo à desjudicialização tem espectro universal. Vale ressaltar as *ADRs (Alternative Dispute Resolution)*, enquanto forma alternativa de solução de conflito, o que foi seguido pelo Brasil e muitos outros países. (FIGUEIRA; TOURINHO, 2007).

Com efeito, os Estados Unidos são pioneiros no que respeita ao estudo e criação de métodos alternativos. As ADRs, conforme mencionado, são anteriores aos anos 60.

Em 1958, foi redigida a Convenção de Nova Iorque para o Reconhecimento e a Execução de Sentenças Arbitrais Estrangeiras, a fim de auxiliar na execução, em tribunais nacionais, de prêmios outorgados em países estrangeiros. Em agosto de 2007, havia 142 países participantes da convenção. Em 1970, os Estados Unidos aderiram à Convenção das Nações Unidas sobre o Reconhecimento e Execução de Sentenças Arbitrais Estrangeiras.[7]

Em suas grades universitárias, já estão incorporadas disciplinas de técnicas e estratégias de mediação dos conflitos, como é o caso de Harvard.

O sistema norte-americano, em que pesem as peculiaridades do *Common Law*, tem apresentado altos níveis de solução antes do julgamento final do processo.

Pode-se citar, igualmente, a Alemanha que, em 2001, recepcionou em seu código processual civil a audiência de conciliação

---

[6] Disponível em: <http://www.ambito-juridico.com.br/site/index.php?n_link=revista_artigos_leitura&artigo_id=263>.

[7] Disponível em: <https://www.law.cornell.edu/wex/alternative_dispute_resolution>.

(Güteverhandlung) como obrigatória em todos os processos cíveis de primeira instância a qual é conduzida por juiz togado. Na hipótese de restar frustrada a tentativa de conciliação, segue o processo, desta feita judicial, conduzido por outro juiz, para se preservar a integridade dos autos e a não contaminação do que foi discutido na fase conciliatória.

Com relação à Inglaterra e País de Gales, é o Ministério da Justiça o responsável pela política de mediação civil e familiar, enquanto garantidor da qualidade da mediação. Para isso existem os Conselhos de Mediação Civil e Mediação Familiar.[8]

Os primeiros, por sua vez, possuem dois tipos diferentes de processos para solução dos litígios: ações de pequeno montante e os processos em que se discute valor mais elevado.

Por fim, observa-se, tanto na mediação civil quanto na familiar, a atuação de entidades prestadoras de serviços devidamente cadastradas.

As normas processuais inglesas possuem um código de conduta processual, que prescrevem a diligência e equidade, incentivando-se as partes a se valerem dos meios alternativos de solução de conflitos. Já neste sistema, o que foi discutido pelas partes durante a mediação pode ser levado em conta pelo julgador, na hipótese de ausência de conciliação prévia.

3 Linhas regulatórias que regem os métodos consensuais enquanto soluções para a excessiva litigiosidade

3.1 Estratégia do CNJ na redução da litigiosidade

Conquanto medidas como a criação dos Juizados Especiais, que serão objeto de capítulo próprio, tenham sido desenvolvidas, garantindo-se o acesso à Justiça, a falta de prévia estrutura do Judiciário acabou por provocar novos gargalos a par dos já existentes.

---

[8] Disponível em: <https://e-justice.europa.eu/content_mediation_in_member_states-64-ew-pt.do?member=1>.

Assim, valendo-se de ideias criativas, incrementou-se ainda mais a Conciliação, implementando-se, dentre outras, a Mediação, por iniciativa pioneira do Conselho Nacional de Justiça (CNJ), através da edição da Resolução nº 125, de 25.11.210,[9] criando-se um leque de novas alternativas para a solução dos litígios.

Dita Resolução, em que pese o fato de consistir norma de caráter administrativo, permite que tanto a Conciliação quanto a Mediação possam ser veículos utilizados não somente na fase de conhecimento, quanto na fase recursal.

O texto da Resolução fixa como corolários:

> o acesso à ordem jurídica justa e a soluções efetivas; a responsabilidade social do Judiciário como medida estratégica; o aperfeiçoamento dos mecanismos consensuais de solução de litígios; a organização dos serviços de conciliação, mediação e outros métodos consensuais de solução de conflitos como base para a criação de Juízos de resolução alternativa de conflitos, verdadeiros órgãos judiciais especializados na matéria; a conciliação e a mediação enquanto instrumentos efetivos de pacificação social, solução e prevenção de litígios.[10]

Inegavelmente, a inserção de tais mecanismos através da mencionada Resolução e de forma disciplinada pelo próprio Poder Judiciário, chamando a si a responsabilidade, foi a grande tomada de posição para as iniciativas que se sucederam,[11] criando-se uma inusitada mudança de paradigma a todos os operadores do direito e à própria sociedade.

3.2 O novo Código de Processo Civil – nCPC

O nCPC, por sua vez, vem reforçar sobremaneira a aplicação dos métodos consensuais de solução de conflitos (conciliação e mediação), que se valem de uma terceira pessoa para que as partes interessadas cheguem à solução do conflito e à devida pacificação. A expectativa é de que realmente consiga reduzir a quantidade de processos acumulados há décadas.

---

[9] Disponível em: <http://www.cnj.jus.br/busca-atos-adm?documento=2579>.
[10] Disponível em: <http://www.cnj.jus.br/busca-atos-adm?documento=2579>.
[11] Cite-se o sucesso de programas como *Conciliar é Legal* e *Semana Nacional de conciliação*, com maciça adesão maciça do judiciário.

Sua importância pode ser verificada logo em seu início, nos parágrafos do artigo 3º, estabelecendo como dever do Estado promover, desde que possível, a solução consensual dos conflitos, a ser incentivada por todas as instituições ligadas à justiça, antes ou durante o processo.[12]

Com seu advento, pode-se citar como principais mudanças, nesse particular, o incentivo à autocomposição, institucionalizando-se a mediação em processos judiciais e delimitando-se o papel do conciliador e do mediador, já que institutos distintos.

Importante observar que os métodos para a solução de conflitos previstos pelo nCPC coexistirão com outras formas conciliatórias e de mediação extrajudiciais que já eram realizadas através de órgãos ou profissionais independentes.

A arbitragem, regulamentada pela Lei nº 9.307/96, enquanto método de solução de conflito, visa igualmente a desobstruir o judiciário e possui relevante papel, surgindo em momento subsequente à frustrada tentativa de conciliação, de modo que as partes permitam que um terceiro (árbitro) decida a questão, por meio de convenção de arbitragem (cláusula compromissória ou compromisso arbitral).

Assim, pelo nCPC, a conciliação, a mediação e a arbitragem deverão ser práticas estimuladas por todos os operadores do direito, seja judicial ou extrajudicialmente.[13]

Conforme foi dito, a audiência de composição é obrigatória. É a regra, de modo que o réu não é mais intimado para responder, mas para comparecer a uma audiência de conciliação ou de mediação que passa a ser obrigatória.

Constata-se que o objetivo do legislador é intensificar-se a autocomposição, notadamente quando, a *contrario sensu*, dispõe que

---

[12] nCPC: Art. 3º Não se excluirá da apreciação jurisdicional ameaça ou lesão a direito.
§1º É permitida a arbitragem, na forma da lei.
§2º O Estado promoverá, sempre que possível, a solução consensual dos conflitos.
§3º A conciliação, a mediação e outros métodos de solução consensual de conflitos deverão ser estimulados por juízes, advogados, defensores públicos e membros do Ministério Público, inclusive no curso do processo judicial.

[13] Vale aqui destacar seu art. 175, que determina que a União, os Estados, o Distrito Federal e os Municípios criem câmaras de mediação e conciliação, com atribuições relacionadas à solução consensual de conflitos no âmbito administrativo, por reconhecer ser o Estado como um dos maiores litigantes.

não se realizará a audiência de conciliação ou mediação se ambas as partes manifestarem, expressamente, desinteresse no acordo, conforme prescreve o parágrafo 4º do artigo 334.[14]

3.3 A sanção da Lei nº 13.140/2015 (Lei de Mediação)

Com efeito, a partir do advento da Lei nº 13.140/2015, o instrumento da mediação "ganhou um marco legal próprio, vez que a citada lei regulamenta a mediação entre particulares como meio de solução de controvérsias, e sobre a autocomposição de conflitos no âmbito da administração pública".[15]

De acordo com a doutrina, "dentre os meios alternativos para resolução de conflitos, é a que vem chamando maior atenção dos estudiosos, e que está sendo mais enfatizada pelo legislador, merecendo a total atenção pelos aplicadores do Direito".[16]

4 Métodos consensuais em espécie como soluções para a excessiva litigiosidade

A doutrina costuma diferenciar os métodos consensuais utilizados para a solução de conflitos em institutos de autocomposição e de heterocomposição, sendo o primeiro realizado entre os próprios interessados e o segundo através da intervenção de algum agente exterior à relação conflituosa original.

---

[14] *§4º A audiência não será realizada:*
I – se ambas as partes manifestarem, expressamente, desinteresse na composição consensual;
II – quando não se admitir a autocomposição.
§5º O autor deverá indicar, na petição inicial, seu desinteresse na autocomposição, e o réu deverá fazê-lo, por petição, apresentada com 10 (dez) dias de antecedência, contados da data da audiência.
§6º Havendo litisconsórcio, o desinteresse na realização da audiência deve ser manifestado por todos os litisconsortes.

[15] Disponível em: <https://jus.com.br/artigos/45285/a-mediacao-como-meio-alternativo-para-resolucao-de-conflitos-uma-analise-sobre-a-lei-n-13-140-2015-e-o-novo-codigo-de-processo-civil>.

[16] *Op.cit.*

Cumpre aqui tratar dos métodos de heterocomposição previstos no ordenamento, bem como naqueles que ainda não tiveram qualquer positivação, mas que já são utilizados.

4.1 Conciliação

A conciliação é um processo utilizado ao longo do tempo e que visa a possibilitar um diálogo entre as partes conflitantes de modo a provocar uma negociação, um acordo, em linhas gerais. Pressupõe-se, portanto, a existência da figura de uma terceira pessoa (conciliador), cuja função precípua é promover a aproximação entre as partes, em posição neutra, independente e imparcial, mas reunindo condições para propor soluções alternativas ao impasse, respeitados os princípios da confidencialidade, respeito à ordem pública e às leis vigentes, dentre outros.

A retromencionada Resolução nº 125 do CNJ estabelece o Código de ética dos conciliadores,[17] disciplinando sua forma de atuação, através das seguintes regras:

> I – Informação – dever de esclarecer os envolvidos sobre o método de trabalho a ser empregado, apresentando-o de forma completa, clara e precisa, informando sobre os princípios deontológicos referidos no Capítulo I, as regras de conduta e as etapas do processo;
> II – Autonomia da vontade – dever de respeitar os diferentes pontos de vista dos envolvidos, assegurando-lhes que cheguem a uma decisão voluntária e não coercitiva, com liberdade para tomar as próprias decisões durante ou ao final do processo e de interrompê-lo a qualquer momento;
> III – Ausência de obrigação de resultado – dever de não forçar um acordo e de não tomar decisões pelos envolvidos, podendo, quando muito, no caso da conciliação, criar opções, que podem ou não ser acolhidas por eles;
> IV – Desvinculação da profissão de origem – dever de esclarecer aos envolvidos que atuam desvinculados de sua profissão de origem, informando que, caso seja necessária orientação ou aconselhamento afetos a qualquer área do conhecimento poderá ser convocado para a sessão o profissional respectivo, desde que com o consentimento de todos;

---

[17] §4º Os mediadores, conciliadores e demais facilitadores de diálogo entre as partes ficarão sujeitos ao código de ética estabelecido nesta Resolução (Anexo III). *(Redação dada pela Emenda nº 2, de 08.03.16)*

V – Compreensão quanto à conciliação e à mediação – Dever de assegurar que os envolvidos, ao chegarem a um acordo, compreendam perfeitamente suas disposições, que devem ser exequíveis, gerando o comprometimento com seu cumprimento.

O cerne dessa técnica está no princípio de que não há perdedores, nem ganhadores ao final, já que a decisão deu-se através da legítima participação de todas as partes envolvidas, produzindo uma norma individual e concreta, diferentemente das decisões judiciais, em que há sempre uma parte sucumbente.

4.1.1 Conciliação e Transação

Há que se fazer uma breve digressão acerca dos dois institutos, eis que, por vezes, são utilizados como sinônimos, o que se trata de um equívoco.

A doutrina costuma defini-la como uma solução contratual da lide, enquanto o Código Civil, em seu artigo 840, conceitua a transação como "o contrato pelo qual as partes terminam ou previnem um litígio mediante concessões mútuas".

Assim, diversamente do que ocorre com a conciliação, é essencial que na transação existam concessões mútuas, vale dizer, cada uma das partes perde e ganha um pouco, ainda que tais concessões sejam desproporcionais, pouco importando que uma parte perca mais que a outra.

Já na conciliação não há qualquer concessão das partes em relação ao direito em discussão.

4.2 Mediação

Segundo o artigo 1º da Lei nº 13.140/2015, considera-se mediação "a atividade técnica exercida por terceiro imparcial sem poder decisório, que, escolhido ou aceito pelas partes, as auxilia e estimula a identificar ou desenvolver soluções consensuais para a controvérsia".

O nCPC, igualmente traz a figura do mediador no parágrafo 3º de seu artigo 164:

[...]

§3º. O mediador, que atuará preferencialmente nos casos em que houver vínculo anterior entre as partes, auxiliará aos interessados a compreender as questões e os interesses em conflito, de modo que eles possam, pelo restabelecimento da comunicação, identificar, por si próprios, soluções consensuais que gerem benefícios mútuos.

A mediação possui, igualmente, disciplina na Resolução nº 125 do CNJ, tratando-se, portanto, de medida de solução de conflito baseada no *diálogo e na composição participativa* em que as partes protagonizam construção de solução benéfica aos interesses de todos os envolvidos, o que é realizado através da participação de terceira pessoa, o mediador, encarregado de garantir o desenvolvimento pacífico da composição, em postura de neutralidade, o que propicia um ambiente de maior equilíbrio emocional.

Consoante Larissa Peixoto Valente, em sua tese de mestrado:

> Constitui-se em recurso eficaz na solução de controvérsias originadas de situações que envolvem diversos tipos de interesses. É processo confidencial e voluntário, em que a responsabilidade pela construção das decisões cabe às partes envolvidas. Os recursos técnicos da mediação são utilizados, inclusive, como estratégia preventiva, promovendo ambientes propícios à colaboração recíproca, com o objetivo de evitar a quebra da relação entre as partes. Flexível, ágil, estruturada para atender à complexidade dos conflitos e particularidades dos envolvidos, a mediação certamente é meio extremamente rápido e eficiente de gestão da controvérsia.[18]

4.3 Arbitragem

Já a arbitragem é um método de solução de divergências em que as partes entregam a um terceiro, denominado árbitro, e geralmente escolhido por elas próprias. Aqui não se trata de método alternativo para solução de conflitos em geral, mas uma forma para ser resolvido certo tipo específico de controvérsia.

Cuidam-se de temas especialíssimos em questões complexas, que exigiriam dos juízes profundos conhecimentos técnicos, uma

---

[18] Disponível em: <https://repositorio.ufba.br/ri/bitstream/ri/19515/1/Disserta%C3%A7%C3%A3o%20Larissa%20Peixoto%20Valente%20revisada.pdf>.

certa *expertise*, com possível necessidade de designação de peritos, o que acaba por aumentar o "custo processual", sem mencionar o usual dispêndio de tempo que envolve a atividade de peritagem.

Não obstante sua constitucionalidade tenha sido questionada no STF, mas considerada válida, o interessante da lei de arbitragem é que, através dela, criou-se uma equiparação da sentença arbitral à sentença estatal, inclusive a sentença arbitral estrangeira. Ademais, o legislador deixou de adotar o sistema da *double exaquatur*, ou seja, da dupla homologação, em que se exige a prévia homologação do laudo arbitral no Estado de origem.[19]

A partir de decisão plenária, o Supremo Tribunal Federal decidiu por maioria, pela validade a lei de arbitragem, no que se refere à desnecessidade de homologação judicial do laudo estrangeiro, adotando a teoria monista, isto é, como se houvesse uma ordem jurídica única, sem distinção entre o direito interno e o direito internacional.

Desde então, o Brasil teve uma alavancagem na utilização do instrumento, ocupando a 3ª posição no *ranking* mundial das nações que mais utilizam o procedimento.[20]

5 Soluções consensuais, direitos indisponíveis em cotejo com a Advocacia-Geral da União (AGU)

Embora no passado inexistisse previsão legal para a promoção de acordos judiciais entre particulares e a Fazenda Pública, aqui compreendidos os órgãos da administração pública direta, indireta e as empresas públicas, somando-se ao fato da pretensa "indisponibilidade" dos bens públicos, com o advento da Lei Complementar nº 73, de 10 de fevereiro de 1993, que Instituiu a Advocacia-Geral da União, surgiu a possibilidade ao Advogado-Geral da União de desistir, transigir, acordar e firmar

---

[19] SCAVONE JUNIOR, Luiz Antonio. *Manual de Arbitragem*. 3. ed. São Paulo: Revista dos Tribunais, 2009. p. 191
[20] Disponível em: <http://www.conjur.com.br/2015-nov-03/resolucao-litigios-tecnicos-melhor-arbitragem-ministro>.

compromisso nas ações de interesse da União,[21] posteriormente regulamentada pela Lei nº 9.469/97, viabilizando a desistência, transação ou acordo, mediante autorização do Advogado-Geral da União ou os dirigentes máximos das autarquias, fundações ou empresas públicas, em determinadas situações.

Contudo, sua aplicação por muitos anos foi bastante tímida, possivelmente em razão de toda uma cultura então existente.

Com o advento da Lei nº 10.250/2001, que instituiu os Juizados Especiais Federais, doravante tratados, bem como da inserção do parágrafo 3º no art. 100, da CF/88,[22] através da Emenda Constitucional nº 20/98, afastando a exigência dos precatórios, bastando a expedição de "ofícios requisitórios de pequeno valor" para quantias de até 60 (sessenta) salários mínimos, o comportamento da Fazenda Pública Federal passou a experimentar mudanças, de molde a se adequar à nova realidade, quando, então, a Advocacia-Geral da União deu início à edição de Súmulas administrativas sobre temas já pacificados nos tribunais, autorizando a advocacia pública a dispensa de interposição de recursos, o que importou grande avanço na celeridade processual e na redução de litigiosidade.

Vale aqui ressaltar a relativização do conceito da indisponibilidade do bem público, desde que pela via política e na forma da lei, já que traz intrinsecamente o pressuposto de inegociabilidade.

Ora, o próprio ordenamento jurídico brasileiro já prevê a possibilidade de realização de arbitragem, enquanto método de solução de conflitos de ordem patrimonial, em temas que envolvam a Administração Pública, como dispõe a Lei nº 9.037/96, o que de

---

[21] Art. 4º – São atribuições do Advogado-Geral da União:
[...]
VI – desistir, transigir, acordar e firmar compromisso nas ações de interesse da União, nos termos da legislação vigente; (Regulamento)
[...]

[22] Art. 100: Os pagamentos devidos pelas Fazendas Públicas Federal, Estaduais, Distrital e Municipais, em virtude de sentença judiciária, far-se-ão exclusivamente na ordem cronológica de apresentação dos precatórios e à conta dos créditos respectivos, proibida a designação de casos ou de pessoas nas dotações orçamentárias e nos créditos adicionais abertos para este fim. (...)
§3º O disposto no caput deste artigo relativamente à expedição de precatórios não se aplica aos pagamentos de obrigações definidas em leis como de pequeno valor que as Fazendas referidas devam fazer em virtude de sentença judicial transitada em julgado.

per si demonstra a mens do legislador no sentido da relativização do dogma da indisponibilidade do bem público.

Por fim, ainda nesta seara, embora não seja escopo deste trabalho, cabe mencionar uma das maiores discussões no meio advocatício, bem como dos membros da Procuradoria da Fazenda Nacional e da Procuradoria dos Estados e Municípios, quer seja a possibilidade de transigir, mediante concessões mútuas, entre Fisco e Contribuinte, na seara tributária.

Trata-se de densa dialética, mas que a cada momento parece perder espaço em prol do processo de desjudicialização e pacificação. Além disso, o Projeto de Lei nº 5.082/2009, atualmente em trâmite no Congresso Nacional, vem abrindo o debate com muita força.[23]

6 Dos Juizados Especiais

Ante a constatação da existência de uma "Justiça injusta", inflada, onerosa e ineficaz, nos idos de 1980, surgiu, no Brasil, a ideia da criação de uma nova instância judicial com o fim precípuo de administrar conflitos de menor expressão, de forma mais célere e simplificada, de modo a descongestionar o Judiciário, já que este não suportava seu próprio "peso".[24]

O primeiro embrião de Juizado de Pequenas Causas implantado no País, por meio da instituição do Conselho de Conciliação e Arbitramento, no Rio Grande do Sul, surgiu em 1980, ancorado no modelo norte-americano das *Small Claims Courts*,[25] criadas em 1934, cuja tarefa era a promoção do acesso das pessoas hipossuficientes à Justiça, em razão das dificuldades materiais experimentadas pelo alto custo de um processo judicial.

À época, era comum ouvir-se a expressão "Justiça Alternativa" em referência a esse Conselho, mas ainda assim ele ganhou força,

---

[23] A propósito do tema, sugere-se a leitura de excelente obra *A Transação em Matéria Tributária*, Quartier Latin, Série Doutrina Tributária Vol. XVIII, 2015, de autoria do Procurador da Fazenda Nacional Phelippe Toledo Pires de Oliveira.

[24] ALCÂNTARA, Maria Regina Dantas de. *2º Curso de Introdução ao Direito Americano: Fundamentals of US Law Course*, Publicações da Escola da AGU, v.2, 2012, p.174, da mesma autora.

[25] LEITE, Angela Moreira. *Em tempo de conciliação*. Niterói: EdUFF, 2003. p. 47-53.

culminando com um anteprojeto do Juizado Especial de Pequenas Causas (JEPC), destinado a solucionar a crise do Judiciário, para, em curto prazo, diminuir os graves efeitos sociais, econômicos e políticos reinantes em face da dificuldade de acesso à Justiça.

Após diversas críticas decorrentes das inovações e do enxugamento de vários recursos entendidos como desnecessários, o projeto sofreu alterações, transformando-se na Lei nº 7.244/1984, cujo principal objetivo era a informalização da Justiça e o barateamento de seu acesso.

Com o sucesso auferido na prática forense, já agora com maior bagagem de experiência mediante a criação de diversas unidades estaduais em todo o País, sem desconsiderar a mudança paradigmática trazida pela Constituição Federal de 1988 que, no art. 98, inciso I, previu a criação dos Juizados Especiais Cíveis e Criminais, a Lei nº 7.244/1984 foi revogada pela Lei nº 9.099/1995. Essa nova Lei trouxe, por sua vez, diversas e importantes alterações estruturais, ocorrendo verdadeira revolução no sistema".[26]

Com efeito, o advento dos Juizados Especiais pode ser considerado o marco inicial da utilização de métodos consensuais de solução de conflitos, com forte mudança cultural.

Surgiu, a partir daí, o procedimento genuinamente sumaríssimo, dotado de natureza especialíssima e direcionado exclusivamente à satisfação dos interesses dos jurisdicionados, com vistas à efetivação da justiça social.

E para que não pairassem dúvidas acerca de sua aplicabilidade com relação à Justiça Federal,[27] a Emenda Constitucional nº 22/1999 acrescentou o parágrafo único ao citado art. 98 da CF, atual §1º (renumerado pela Emenda Constitucional nº 45/2004). Nele, restou estabelecido que lei federal disporia acerca da criação dos Juizados Especiais no âmbito da Justiça Federal. Isso ocorreu com o advento da Lei nº 10.250/2001, que acabou por compor o ordenamento jurídico nesse campo, constituindo mais um relevante passo para se viabilizar o acesso à jurisdição, no âmbito federal, amenizando-se, por consequência, o peso das demandas existentes na Justiça Federal comum.

---

[26] Op cit.
[27] TOURINHO NETO, Fernando da Costa; FIGUEIRA JR., Joel Dias. *Juizados Especiais Federais Cíveis e Criminais*. 3. ed. São Paulo: Revista dos Tribunais, 2010. p. 54.

A sociedade civil é a representação viva dos interesses e valores da cidadania, quando organizados pelos atores dos movimentos sociais.

O modelo, sem sombra de dúvida, traduz importante avanço social, de balizas eminentemente constitucionais que, por meio de uma forma alternativa ou não ortodoxa, assegura uma Justiça capaz de proporcionar uma prestação jurisdicional simples, econômica, rápida e segura e, por fim, efetiva, servindo de eficiente canal para que os econômica e politicamente hipossuficientes possam manifestar seus anseios e tenham seus interesses tutelados.

Em se tratando de Direito Comparado, o Brasil possui um sistema único no mundo.

Consoante Marcelo da Fonseca Guerreiro:[28]

> Assim é que a maioria dos Juizados de Pequenas Causas funciona em sistemas judiciais na *common law*. O nosso, embora criado no mundo jurídico da *civil law*, pode o juiz adotar, em cada caso, a decisão que reputar mais justa e equânime, atendendo aos fins sociais da lei e as exigências do bem comum (arts. 2º e 6º da lei nº 9.099/95).[29]
> [...]
> Como foi dito, nos países da *common law* a existência de cortes especializadas para causas pequenas é antiga. Na Inglaterra já existe há mais de um século. Nos EUA, a partir dos anos 30, surgiram *as small claims Courts*. A Austrália passa por modificações profundas no sistema judiciário, especializando as cortes.
> Várias iniciativas, nesses países, buscam soluções alternativas à jurisdição.
> Existem experiências muito interessantes com mediação no Canadá e na França. O Canadá desenvolveu um sistema de mediação obrigatória em algumas causas, segundo a qual não se entra em Juízo sem passar por escritório especializado em mediação. Além disso, a conciliação e a mediação são cadeiras obrigatórias nas Universidades.
> [...]
> Nos países de *civil law*, para combater o problema da morosidade da justiça, buscou-se a simplificação das leis do processo, como única solução (exemplos: Alemanha e Itália).

---

[28] GUERREIRO, Marcelo da Fonseca. *Como postular nos Juizados Especiais Federais Cíveis*. Niterói: Impetus, 2007. p. 17/18.

[29] É pertinente fazer um aparte acerca da afirmação do autor, especificamente no tocante às ações de índole tributária, tendo em vista que o princípio da legalidade estrita aplicável neste campo limita a atividade jurisdicional, muito embora já se observe um início de flexibilização nos JEFs.

Na Ibero América, a *justicia de minima cuantia* vem sendo realizada basicamente, pelos juízes de paz, exercitada na fase pré-processual (México, Costa Rica, Colômbia)."
Não há respostas inovadoras, à exceção dos Juizados Especiais, no tema do acesso à justiça".

Quando se fala em Juizados Especiais Federais, o processo eletrônico, introduzido pela Lei nº 11.419/2006, foi, de um lado, uma solução, ao mesmo tempo em que provocou inúmeros outros "gargalos". Isso porque o avanço tecnológico experimentado nos últimos 20 anos não foi garantia de desafogamento de trabalho, nas mais variadas áreas da atividade humana, como se supunha inicialmente, mas, ao contrário, acabou por provocar um efeito "bumerangue", exigindo sucessivos e frequentes ajustes e mudanças.

A garantia do acesso à Justiça não é, assim, suficiente para a efetivação da justiça, exigindo-se outras soluções, sem prejuízo dos esforços em andamento. Citem-se a realização dos mutirões, projetos e campanhas de conciliação, bem como os diversos estudos em torno do tema.

Não se pode ignorar a necessidade da participação dos demais atores no processo de efetivação da justiça enquanto anseio dos jurisdicionados, em particular no âmbito dos JEFs, quer sejam os advogados, públicos ou privados, quer sejam os entes públicos, os quais também não podem furtar-se à sua responsabilidade social.

Por fim, observe-se que há severas críticas com relação ao sistema recursal dos Juizados Especiais Federais, porquanto distante das suas reais necessidades, "importando-se" o modelo recursal do procedimento ordinário, com muito poucas alterações, e acompanhado de todas as suas incômodas intempéries.

Grosso modo, com relação ao tempo do processo no JEF, ainda que no primeiro e no segundo graus o processo tenha um trâmite mais célere, a partir da interposição dos recursos excepcionais (PU e RE), ter-se-á um longo decurso temporal, muito semelhante àquele do procedimento ordinário. O que reclama atitudes mais concretas e efetivas para a concretização de sua missão.[30]

---

[30] *Op cit.*

7 Das iniciativas da Procuradoria da Fazenda Nacional especificamente no tocante aos Juizados Especiais Federais

Sensível a toda essa problemática, a Procuradoria-Geral da Fazenda Nacional, através da Portaria nº. 985, de 18 de outubro de 2016, com o objetivo de reduzir, ainda mais,[31] a litigiosidade da Instituição, dispôs sobre a atuação judicial dos Procuradores da Fazenda Nacional especificamente no âmbito do microssistema dos Juizados Especiais Federais, acrescendo novas diretrizes, a saber:

> Art. 2º. Além das hipóteses regidas pelo art. 2º da Portaria PGFN nº 502, de 12 de maio de 2016, fica dispensada a interposição de recursos, o *oferecimento de contrarrazões*, bem como recomendada a *desistência dos recursos já interpostos*, nas seguintes hipóteses:
> I – tema sobre o qual exista enunciado de súmula da Turma Nacional de Uniformização dos Juizados Especiais Federais em sentido desfavorável à Fazenda Nacional;
> II – tema definido em sentido desfavorável à Fazenda Nacional pela Turma Nacional de Uniformização – TNU dos Juizados Especiais Federais em sede de incidente repetitivo processado nos termos do art. 17 do Regimento Interno da Turma Nacional de Uniformização;
> III – tema sobre o qual tenha se consolidado jurisprudência na TNU em sentido desfavorável à Fazenda Nacional; ou
> IV – quando for possível antever, fundamentadamente, que o ato processual resultaria em prejuízo aos interesses da Fazenda Nacional.
> §1º Não se aplicam as hipóteses de dispensa de interposição e de desistência de recursos de que trata o presente artigo quando:
> I – o entendimento desfavorável à Fazenda Nacional acerca de questão de direito material contrariar súmula ou jurisprudência dominante no Superior Tribunal de Justiça – STJ;
> II – cabível o ajuizamento de reclamação, nos termos do art. 988 do Código de Processo Civil; ou
> III – houver orientação em sentido diverso por parte da Coordenação Geral de Representação Judicial da Fazenda Nacional – CRJ, da Coordenação de atuação perante o STF e o TSE – CASTF ou da Coordenação de atuação perante o STJ, TST e TNxU – CASTJ.

---

[31] Cite-se a Portaria PGFN nº.502/2016, a ser tratada em capítulo próprio.

§2º *Aplica-se o disposto neste artigo, no que couber, aos demais meios de impugnação às decisões judiciais.*

§3º Ressalvadas as hipóteses elencadas nos incisos do §1º, *fica também dispensada a apresentação de contestação nos casos dos incisos I e II do caput.*

§4º Também se considera inadmissível, para efeito do disposto no art. 2º, VIII, da Portaria PGFN nº 502/2016, a interposição de pedido regional ou nacional de uniformização quando não estiver presente o pressuposto da divergência.

Já não era sem tempo!

Em um país de dimensões continentais, a necessidade de desenvolver-se uma estratégia mínima de atuação do Procurador da Fazenda Nacional voltada à Justiça especialíssima era premente.

Atente-se ao fato de que inexiste fixação de honorários advocatícios em sede de primeira instância, diversamente do que ocorre a partir da segunda.

Fazia-se mister a expedição de ato autorizativo à dispensa de recursos ou ainda de contestações para situações com alto potencial sucumbencial, casos estes que atravancam a Justiça e a própria Instituição, gerando prejuízos de toda a ordem à máquina judiciária *amplo sensu*.

A valiosa atuação do Procurador da Fazenda acabava por desvirtuar-se de sua missão institucional, em prática de advocacia meramente protocolar.

Evidentemente, trata-se de um primeiro passo e outros tantos há que serem dados, porquanto os processos que possuem trâmite nos Juizados Especiais Federais, representam em grande parte ações que outrora tramitavam na Justiça Comum.

Do acervo atual, onde a maciça maioria das ações é promovida por contribuintes pessoas físicas, constata-se como recorrentes os temas envolvendo nulidade de lançamentos do Imposto de Renda (anulatórias), alegações de isenção e não incidência diversas, questões aduaneiras de menor valor, contribuições previdenciárias, dentre outras.

Não raro, as questões discutidas são derivadas de dificuldades pretéritas não resolvidas na via administrativa e seus valores envolvidos são diminutos, o que não as torna, entretanto, menos relevantes. Isso tudo exige vontade política para chegar-se a bom termo.

Registre-se, por oportuno, o disposto no artigo 20-A da Lei nº 10.522, de 19 de julho de 2002, autorizando a PGFN a não opor Embargos em execuções abaixo de determinado valor.[32] Como desdobramento dessa autorização legislativa, o Ministério da Fazenda editou a PORTARIA MF nº 249 de 23 de julho de 2012, que autoriza a Procuradoria-Geral da Fazenda Nacional a não opor embargos nos casos de execução contra a Fazenda Nacional, quando o valor pleiteado pelo exequente for inferior a R$ 20.000,00 (vinte mil reais) ou desde que a diferença entre o cálculo apresentado pelo exequente e o cálculo apurado pela Fazenda Nacional seja inferior a 2%, limitada tal diferença a R$20.000,00 (vinte mil reais).[33]

Dessa forma, o regramento se coaduna com a legislação processual retrocitada, uma vez que outorga ao Procurador da Fazenda Nacional a autorização de *não impugnar a conta apresentada pelo credor*. Desse modo, uma vez intimada a União para manifestar-se acerca dos cálculos apresentados pelo autor ou pela contadoria judicial, e após a devida verificação, aplica-se a dispensa, como mais uma forma de agilizar o trâmite dos processos já em seu deslinde final, com efetivo "ganho" para todos os atores do processo.

---

[32] Art. 20-A. Nos casos de execução contra a Fazenda Nacional, é a Procuradoria-Geral da Fazenda Nacional autorizada a não opor embargos, quando o valor pleiteado pelo exequente for inferior àquele fixado em ato do Ministro da Fazenda. (Incluído pela Lei nº 12.649, de 17 de maio de 2012)

[33] MINISTÉRIO DA FAZENDA
GABINETE DO MINISTRO
DOU de 24/07/2012 *(nº 142, Seção 1, pág. 12)*
Dispõe sobre os limites acerca dos quais a Procuradoria-Geral da Fazenda Nacional está autorizada a não opor embargos nos casos de execução contra a Fazenda Nacional.
O MINISTRO DE ESTADO DA FAZENDA, INTERINO e o ADVOGADO-GERAL DA UNIÃO, no uso da atribuição que lhes confere o parágrafo único, inciso II, do art. 87 da Constituição da República Federativa do Brasil e tendo em vista o disposto no art. 20-A da Lei nº 10.522, de 19 de julho de 2002, com a redação dada pela Lei nº 12.649, de 17 de maio de 2012, resolvem:
Art. 1º – Autorizar a Procuradoria-Geral da Fazenda Nacional – PGFN, nos casos de execução contra a Fazenda Nacional, a não opor embargos quando o valor pleiteado pelo exequente for inferior a R$ 20.000,00 (vinte mil reais).
Art. 2º – Autorizar a PGFN, nos casos de execução contra a Fazenda Nacional, a não opor embargos quando o valor pleiteado pelo exequente for superior a R$ 20.000,00 (vinte mil reais), desde que a diferença entre o cálculo apresentado pelo exequente e o cálculo apurado pela Fazenda Nacional seja inferior a 2%, limitada tal diferença a R$ 20.000,00 (vinte mil reais).
Art. 3º – Fica revogada a Portaria MF nº 219, de 11 de junho de 2012.
Art. 4º – Esta Portaria entra em vigor na data de sua publicação. (grifo nosso)

A par de tais iniciativas isoladas, cumpre, por fim, mencionar-se as mais recentes e inovadoras iniciativas da PGFN no âmbito da Justiça Comum.

8 PGFN – Defesa e Dívida (Cobrança)

É inegável que o excessivo número de recursos seja extremamente nocivo e perverso, consistindo em conduta danosa ao bom funcionamento da Justiça, enquanto deturpação do sistema. Todas essas reformas, portanto, traduzem a tentativa de atender-se ao clamor social, ou seja, às expectativas da sociedade, que no presente momento histórico se resumem à celeridade e à efetividade, afastando-se a ideia de uma Justiça meramente protocolar, dentro de balizas da moralidade.

Ronald Dworkin, um dos mais importantes filósofos do direito na atualidade e crítico da Jurisprudência Positivista, não aceita a tese que trata o direito como um conjunto de regras passíveis de análise independentemente da moralidade. Sustenta que o Direito possui relevante finalidade social ao realizar-se a Justiça, dando um salto em excelência e importância, a partir do momento em que as decisões jurídicas adequadas se baseiam na melhor interpretação moral possível das práticas em vigor em determinada comunidade, o que traz uma solução única, exclusiva. Em suma, a "incerteza jurídica seria, portanto, uma simples derivação da incerteza moral ou política".[34] Vale dizer, o reflexo da sociedade.

Nessa esteira, sem prejuízo das sucessivas e arrojadas iniciativas da PGFN a seguir mencionadas, vale citar a Lei nº 10.522, de 19 de julho de 2002, que dispõe sobre o Cadastro Informativo dos créditos não quitados de órgãos e entidades federais (CADIN), com dispositivos que versam explicitamente sobre a litigiosidade da PGFN, em contribuição em prol de sua redução.[35]

---

[34] DWORKIN, Ronald. Direito, filosofia e interpretação. Tradução: Raíssa R. Mendes. *Caderno da Escola Legislativa*, Belo Horizonte, p. 45-71, jan./jun. 1997.

[35] Cite-se os artigos 19 e 20 da Lei:
Art. 19. Fica a Procuradoria-Geral da Fazenda Nacional autorizada a não contestar, a não interpor recurso ou a desistir do que tenha sido interposto, desde que inexista outro

fundamento relevante, na hipótese de a decisão versar sobre:(Redação dada pela Lei nº 11.033, de 2004)
I – matérias de que trata o art. 18;
II – matérias que, em virtude de jurisprudência pacífica do Supremo Tribunal Federal, do Superior Tribunal de Justiça, do Tribunal Superior do Trabalho e do Tribunal Superior Eleitoral, sejam objeto de ato declaratório do Procurador-Geral da Fazenda Nacional, aprovado pelo Ministro de Estado da Fazenda; (Redação dada pela Lei nº 12.844, de 2013)
III – (VETADO). (Incluído pela Lei nº 12.788, de 2013)
IV – matérias decididas de modo desfavorável à Fazenda Nacional pelo Supremo Tribunal Federal, em sede de julgamento realizado nos termos do art. 543-B da Lei nº 5.869, de 11 de janeiro de 1973 – Código de Processo Civil; (Incluído pela Lei nº 12.844, de 2013)
V – matérias decididas de modo desfavorável à Fazenda Nacional pelo Superior Tribunal de Justiça, em sede de julgamento realizado nos termos dos art. 543-C da Lei nº 5.869, de 11 de janeiro de 1973 – Código de Processo Civil, com exceção daquelas que ainda possam ser objeto de apreciação pelo Supremo Tribunal Federal.(Incluído pela Lei nº 12.844, de 2013)
§1º Nas matérias de que trata este artigo, o Procurador da Fazenda Nacional que atuar no feito deverá, expressamente: (Redação dada pela Lei nº 12.844, de 2013)
I – reconhecer a procedência do pedido, quando citado para apresentar resposta, inclusive em embargos à execução fiscal e exceções de pré-executividade, hipóteses em que não haverá condenação em honorários; ou (Incluído pela Lei nº 12.844, de 2013)
II – manifestar o seu desinteresse em recorrer, quando intimado da decisão judicial. (Incluído pela Lei nº 12.844, de 2013)
§2º A sentença, ocorrendo a hipótese do §1º, não se subordinará ao duplo grau de jurisdição obrigatório.
§3º Encontrando-se o processo no Tribunal, poderá o relator da remessa negar-lhe seguimento, desde que, intimado o Procurador da Fazenda Nacional, haja manifestação de desinteresse.
§4º A Secretaria da Receita Federal do Brasil não constituirá os créditos tributários relativos às matérias de que tratam os incisos II, IV e V do caput, após manifestação da Procuradoria-Geral da Fazenda Nacional nos casos dos incisos IV e V do caput.(Redação dada pela Lei nº 12.844, de 2013)
§5º As unidades da Secretaria da Receita Federal do Brasil deverão reproduzir, em suas decisões sobre as matérias a que se refere o *caput*, o entendimento adotado nas decisões definitivas de mérito, que versem sobre essas matérias, após manifestação da Procuradoria-Geral da Fazenda Nacional nos casos dos incisos IV e V do *caput*. (Redação dada pela Lei nº 12.844, de 2013)
§6º – (VETADO). (Incluído pela Lei nº 12.788, de 2013)
§7º Na hipótese de créditos tributários já constituídos, a autoridade lançadora deverá rever de ofício o lançamento, para efeito de alterar total ou parcialmente o crédito tributário, conforme o caso, após manifestação da Procuradoria-Geral da Fazenda Nacional nos casos dos incisos IV e V do caput.(Incluído pela Lei nº 12.844, de 2013)
Art. 20. Serão arquivados, sem baixa na distribuição, mediante requerimento do Procurador da Fazenda Nacional, os autos das execuções fiscais de débitos inscritos como Dívida Ativa da União pela Procuradoria-Geral da Fazenda Nacional ou por ela cobrados, de valor consolidado igual ou inferior a R$ 10.000,00 (dez mil reais). (Redação dada pela Lei nº 11.033, de 2004)
§1º Os autos de execução a que se refere este artigo serão reativados quando os valores dos débitos ultrapassarem os limites indicados.
§2º Serão extintas, mediante requerimento do Procurador da Fazenda Nacional, as execuções que versem exclusivamente sobre honorários devidos à Fazenda Nacional de valor igual ou inferior a R$ 1.000,00 (mil reais). (Redação dada pela Lei nº 11.033, de 2004)
§4º No caso de reunião de processos contra o mesmo devedor, na forma do art. 28 da Lei nº 6.830, de 22 de setembro de 1980, para os fins de que trata o limite indicado no *caput*

Alguns anos após, a já mencionada Portaria PGFN nº 294, de março de 2010, trouxe as chamadas "Notas Justificativas", com o principal objetivo de reduzir a litigiosidade, autorizando o Procurador da Fazenda Nacional a não apresentar contestação ou interpor recursos, bem como a desistir dos já interpostos,[36] o que constituiu um avanço às tímidas iniciativas anteriores.

Mencionado normativo criou alguns casos de dispensa de interposição de recursos, o que foi muito oportuno, uma vez que o sistema judiciário brasileiro é moroso e os custos processuais muito elevados. Ao desistir-se de recursos nos casos já consolidados e contrários à tese defendida pela Procuradoria, otimizou-se a atividade profissional, com vistas a voltar-se o foco aos processos mais relevantes e rentáveis.

Já a Portaria PGFN nº 502, de 12 maio de 2016, com nova redação dada pela recente Portaria PGFN nº 565, de 26 de maio de 2017, dispondo

---

deste artigo, será considerada a soma dos débitos consolidados das inscrições reunidas. (Incluído pela Lei nº 11.033, de 2004)
Art. 20-A. Nos casos de execução contra a Fazenda Nacional, é a Procuradoria-Geral da Fazenda Nacional autorizada a não opor embargos, quando o valor pleiteado pelo exequente for inferior àquele fixado em ato do Ministro da Fazenda. (Incluído pela Lei nº 12.649, de 2012).

[36] Como se observa em seu artigo Art. 1º:
Art. 1º Os Procuradores da Fazenda Nacional ficam autorizados a não apresentar contestação, a não interpor recursos, bem como a desistir dos já interpostos, nas seguintes situações: (Redação dada pela Portaria PGFN nº. 716, de julho de 2010)
I – quando a demanda e/ou a decisão tratar de questão elencada no art. 18 da Lei nº 10.522, de 19 de julho de 2002, ou sobre a qual exista Ato Declaratório de Dispensa, elaborado na forma do inc. II do art. 19 da Lei nº 10.522, de 2002;
II – quando a demanda e/ou a decisão tratar de questão sobre a qual exista Súmula ou Parecer do Advogado-Geral da União – AGU, ou Súmula do Conselho Administrativo de Recursos Fiscais aprovada pelo Ministro de Estado da Fazenda, que concluam no mesmo sentido do pleito do particular; (Redação dada pela Portaria PGFN nº. 716, de julho de 2010)
III – quando a demanda e/ou a decisão tratar de questão jurídica sobre a qual exista Parecer aprovado pelo Procurador-Geral da Fazenda Nacional ou por Procurador-Geral Adjunto da Fazenda Nacional, elaborado nos termos, respectivamente, dos arts. 72 e 73 do Regimento Interno da Procuradoria-Geral da Fazenda Nacional, aprovado pela Portaria nº 257, de 2009, e este Parecer conclua no mesmo sentido do pleito do particular;
IV – quando a demanda e/ou a decisão tratar de questão sobre a qual exista Súmula Vinculante ou que tenha sido definida pelo Supremo Tribunal Federal – STF em decisão proferida em sede de controle concentrado de constitucionalidade;
V – quando a demanda e/ou a decisão tratar de questão já definida, pelo STF ou pelo Superior Tribunal de Justiça – STJ, em sede de julgamento realizada na forma dos arts. 543-B e 543-C do CPC, respectivamente.
Parágrafo único – Os Procuradores da Fazenda Nacional deverão apresentar contestação e recursos sempre que, apesar de configurada a hipótese prevista no inciso V deste artigo, houver orientação expressa nesse sentido por parte da Coordenação-Geral de Representação Judicial da Fazenda Nacional – CRJ ou da Coordenação de Atuação Judicial perante o Supremo Tribunal Federal – CASTF.

sobre a atuação contenciosa judicial e administrativa dos procuradores da PGFN, foi a principal e mais importante medida para a redução da litigiosidade, ampliando sobremaneira as hipóteses de dispensa de recursos *lato sensu*, bem como a apresentação de contestações e de outros institutos processuais, estabelecendo, em seus diversos artigos, verdadeiras diretrizes para o aperfeiçoamento da defesa da União, cuja *expertise* de seus representantes voltou-se às causas de maior relevância, consistindo revolucionária e corajosa inovação.[37]

---

[37] Essa intenção fica bem evidente em seu Art. 2º:
Art. 2º. Sem prejuízo do disposto no artigo precedente, fica dispensada a apresentação de contestação, oferecimento de contrarrazões, interposição de recursos, bem como recomendada a desistência dos já interpostos, nas seguintes hipóteses:
I – tema elencado no art. 18 da Lei nº 10.522, de 19 de julho de 2002, ou sobre o qual exista Ato Declaratório de Dispensa, elaborado na forma do inc. II do art. 19 da Lei nº 10.522, de 2002;
II – tema sobre o qual exista Súmula ou Parecer do Advogado-Geral da União – AGU, ou Súmula do Conselho Administrativo de Recursos Fiscais – CARF, aprovada ou não pelo Ministro de Estado da Fazenda, que concluam no mesmo sentido do pleito do particular;
III – tema sobre o qual exista Nota ou Parecer vigente e aprovado pelo Procurador-Geral da Fazenda Nacional ou por Procurador-Geral Adjunto da Fazenda Nacional, elaborado nos termos, respectivamente, dos arts. 82 e 83 do Regimento Interno da Procuradoria-Geral da Fazenda Nacional – PGFN, aprovado pela Portaria MF nº 36, de 2014, e este ato da PGFN conclua no mesmo sentido do pleito do particular;
IV – tema fundado em dispositivo legal que tenha sido declarado inconstitucional pelo Supremo Tribunal Federal – STF em sede de controle difuso e tenha tido sua execução suspensa por Resolução do Senado Federal (art. 52, inc. X, da Constituição Federal de 1988) ou por ato da Presidência da República (artigo 1º, §3º, do Decreto nº 2.346, de 10 de outubro de 1997), ou tema que tenha sido definido pelo STF em sentido desfavorável à Fazenda Nacional em sede de controle concentrado de constitucionalidade;
V – tema definido em sentido desfavorável à Fazenda Nacional pelo Supremo Tribunal federal – STF, pelo Superior Tribunal de Justiça – STJ ou pelo Tribunal Superior do Trabalho – TST, em sede de julgamento de casos repetitivos, inclusive o previsto no art. 896-C do Decreto-Lei nº 5.542/1943;
VI – tema sobre o qual exista enunciado de súmula vinculante, de súmula do STF em matéria constitucional ou de súmula dos Tribunais Superiores em matéria infraconstitucional, em sentido desfavorável à Fazenda Nacional;
VII – tema sobre o qual exista jurisprudência consolidada do STF em matéria constitucional ou de Tribunais Superiores em matéria infraconstitucional, em sentido desfavorável à Fazenda Nacional;
VIII – quando esgotadas as vias recursais e, bem assim, quando o recurso não puder ser interposto por lhe faltar requisito de admissibilidade;
IX – quando for possível antever, fundamentadamente, que o ato processual resultaria em prejuízo aos interesses da Fazenda Nacional;
X – quando peculiaridades do direito material ou processual discutidos no caso concreto indicarem a total inviabilidade do ato processual cabível;
XI – quando se tratar de decisão interlocutória:
a) que, embora se amolde a uma das hipóteses de cabimento de agravo (artigo 1.015 do novo CPC), verse sobre questão não preclusiva, ou cujo interesse recursal se mostre prejudicado diante das circunstâncias fáticas;
b) proferida em execução fiscal, versar sobre questão não preclusiva ou cujo intento recursal possa ser obtido por outro meio ou noutra oportunidade.

§1º A Coordenação do Contencioso Administrativo Tributário – COCAT deverá dar ciência à CRJ sempre que aprovada súmula do CARF ou tema seja incluído em lista de teses superadas pela Câmara Superior de Recursos Fiscais – CSRF.

§2º As Coordenações-Gerais da PGFN deverão encaminhar à Coordenação-Geral de Representação Judicial – CRJ, para ciência, a nota, parecer ou ato que contenha qualquer dispensa de contestar e/ou recorrer na forma do inciso III deste artigo, ou que possa, de qualquer forma, impactar a atuação fazendária em juízo.

§3º Na hipótese prevista no inciso V, a autorização mencionada no caput será aplicável a partir da orientação da CRJ, ou, conforme o caso, da Coordenação de Atuação Judicial perante o STF – CASTF ou da Coordenação de Atuação Judicial perante os Tribunais Superiores – CASTJ, que deverá ser expedida tão logo finalizado o julgamento, ressalvada a desistência dos recursos já interpostos, que somente deverá ocorrer após a inclusão do tema em lista, conforme parágrafo subsequente.

§4º A CRJ disponibilizará lista atualizada e exemplificativa de temas que ensejam a aplicação dos incisos V e VII, podendo os Procuradores da Fazenda Nacional auxiliar na sua atualização, encaminhando àquela Coordenação-Geral críticas ou sugestões.

§5º Para fins de aplicação do inciso VII, reputa-se jurisprudência consolidada, além daquela referida em lista disponibilizada pela CRJ, caso ausente orientação em sentido diverso por parte da CRJ, CASTF ou CASTJ, aquela fundada em precedente(s) aplicável(is) ao caso, não superado(s) e firmado(s):

I – pelo Plenário do STF, em matéria constitucional, ou pela Corte Especial do STJ, em matéria infraconstitucional;

II – pela Seção ou Seções do STJ regimentalmente competentes para apreciar a matéria, desde que infraconstitucional; ou,

III – do STJ regimentalmente competentes para apreciar a matéria, desde que infraconstitucional.

§6º O disposto no parágrafo anterior não se aplica à dispensa de apresentação de contestação e a autorização de desistência dos recursos já interpostos, hipóteses em que a lista referida no §4º, é exaustiva; a adequação do julgado à definição de jurisprudência pacificada na hipótese do inciso III exige a demonstração da existência de julgados reiterados e recentes das turmas vinculadas a mesma seção, quais sejam, 1ª e 2ª Turmas, 3ª e 4ª Turmas e 5ª e 6ª Turmas.

§7º Nas hipóteses §5º:

I – o Procurador, por meio de Nota-justificativa, deverá comunicar a postura adotada à chefia imediata, fazendo constar proposta de encaminhamento à CRJ, que deverá avaliar a inclusão do tema em lista ou orientar a Carreira;

II – em se tratando de tema de acompanhamento especial nacional, presume-se a existência de orientação em sentido contrário à inclusão em lista, devendo o Procurador propor, por meio do respectivo Procurador-Chefe de Defesa a revisão do tema, de modo a, caso excluído, restar inserido na lista de que trata o §4º. (parágrafo com a redação dada pela Portaria PGFN Nº 565, de 26 de maio de 2017)

§8º Nas hipóteses dos incisos V a VII do caput, o disposto neste artigo não se aplica, no que couber, caso ainda seja possível a submissão da controvérsia ao STF, ou quando houver ressalva constante da lista de que trata o §4º. (redação dada pela Portaria PGFN Nº 565, de 26 de maio de 2017)

§9º Também se enquadra no disposto no inciso IX do caput a hipótese de desproporção entre benefício almejado com o ato e os riscos e custos a este inerentes.

§10º Aplica-se o disposto neste artigo, no que couber:

I – às informações em mandado de segurança a serem prestadas pelo membro da Procuradoria-Geral da Fazenda Nacional, na qualidade de autoridade coatora, bem como à manifestação da pessoa jurídica mencionada no art. 7º, inc. II, da Lei nº 12.016/2009;

II – aos demais meios de impugnação às decisões judiciais.

§11 Não se enquadra no disposto no inciso III do presente artigo a manifestação da PGFN que examina a juridicidade de proposições normativas. (parágrafo incluído pela Portaria PGFN Nº 565, de 26 de maio de 2017)

Nesse sentido, a PGFN, coerentemente com o espírito de não banalização de sua atuação judicial e de respeito aos precedentes judiciais desde a vigência do CPC/73, tem adotado uma postura de vanguarda em sua atuação judicial.[38] Outras medidas têm sido implementadas tanto pelo órgão central, através da Coordenação de Representação Judicial-CRJ, com edição de Pareceres e Mensagens Eletrônicas para as projeções em todo o país, assim como pelas próprias unidades descentralizadas.

A propósito, e a título de ilustração, vale citar as iniciativas desenvolvidas pela Divisão de Defesa na 2ª Instância-DIDE2, da Procuradoria Regional da Fazenda Nacional – 3ª Região, em São Paulo, que, somente no ano de 2017, procedeu cerca de 12.000 (doze mil) Notas Justificativas em um universo de 65.000 (sessenta e cinco mil) recursos, ou seja, o equivalente a cerca de 20% (vinte por cento) do total de processos recebidos na carga ordinária no período, sem mencionar-se os mutirões e cargas extraordinárias realizados em parceria com o TRF3 em igual período, em prol da redução de litigiosidade.

Por fim, não menos relevante e arrojada foi a iniciativa da PGFN ao criar o Regime Diferenciado de Cobrança de Créditos (RDCC), através da Portaria PGFN 396, de 20 de abril de 2016, que consiste em um conjunto de medidas mais efetivas visando a maior eficiência na recuperação do crédito inscrito em Dívida Ativa da União (DAU).[39]

Por meio de tais medidas, tem sido possível automatizar-se o trabalho de coleta de dados sobre bens dos devedores, centralizando-os em um único sistema. Além disso, a utilização de meios extrajudiciais para realizar-se a cobrança, após algumas experiências com o protesto, mostrou-se exitosa, gerando redução dos litígios. Some-se a isso os procedimentos de Acompanhamento de Parcelamentos (PEAP) e Acompanhamento de Execuções Garantidas ou Suspensas por Decisão Judicial (PAEG).

O projeto é ambicioso e envolve um sem-número de ações, como é o caso da maciça suspensão de cobranças judiciais absolutamente inviáveis, voltando-se a atenção aos créditos realmente passíveis de recebimento. Tudo isso, fatalmente, produzirá o

---

[38] *Novo Código de Processo Civil comentado na prática da Fazenda Nacional*, Revista dos Tribunais, São Paulo, p.1112, maio.2017, comentário da mesma autora.

[39] Disponível em: <http://www.pgfn.fazenda.gov.br/arquivosdenoticias/Portaria%20PGFN%20no%20396%20de%2020%20de%20abril%20de%202016.pdf>. Acesso em: 25 set. 2017 às 23:57.

desafogamento do Judiciário e a otimização da atividade, trazendo enorme benefício a todos.[40]

9 Conclusão

Como se demonstrou, o mundo jurídico, em verdadeiro "choque de realidade", depara-se, perplexo, com o resultado da intolerância da proliferação de expedientes protelatórios de toda a sorte, que só fizeram com que se retardasse o andamento do processo, gerando a frustração dos jurisdicionados, notadamente ao se apurar o custo material e emocional que o contencioso provocou.

Se é verdade que a ideia de litígio "a todo o custo" acabou por distorcer o conceito original da busca pela justiça por aqueles que se sentiam vitimizados, por outro lado, a evolução do pensamento jurídico trouxe um novo olhar, abrindo-se o horizonte para formas inusitadas de solução de conflitos.

Fala-se no direito do amor, como requisito de pacificação social e jurídica, com soluções amigáveis e menos traumáticas. Otimiza-se o potencial humano e racionaliza-se o acesso à Justiça, com fins mais efetivos, em detrimento de conflitos intermináveis e custosos.

Assim, não poderia ser diferente na PGFN, que, mediante implementação de relevantes e inovadoras medidas de redução de litigiosidade, vem moldando nova feição à atuação da Fazenda Pública em juízo, conferindo mais racionalidade, celeridade e eficiência à representação judicial da União.

Referências

ALCANTARA, Maria Regina Dantas de. Novo Código de Processo Civil comentado na Prática da fazenda Nacional. Coords. CAMPOS, Rogério; SEEFELDER FILHO Cláudio Xavier; ADÃO, Sandro Brandi; GOMES, Leonardo Rufino de Oliveira, DAMBROS, Cristiano Dressler. São Paulo: Revista dos Tribunais, 2017.

---

[40] Vale assistir palestra proferida pela Procuradora da Fazenda Nacional sobre o RDCC na Fundação Getúlio Vargas, Dra. Ânelize Lenzi Ruas de Almeida, então Diretora de Gestão da Dívida da União: Disponível em: <https://www.youtube.com/watch?v=LkNNmeyYZzc>. Acesso em: 27 set. 2017 às 00:26.

ALCÂNTARA, Maria Regina Dantas de. 2º Curso de Introdução ao Direito Americano: Fundamentals of US Law Course. Brasília: Publicações da Escola da AGU, 2012.

AZEVEDO, Bernardo Montalvão Varjão de. Disponível em: <http://www.ambito-juridico.com.br/site/index.php?n_link=revista_artigos_leitura&artigo_id=263> Acesso em: 07 maio 2018.

BRASIL. Câmara dos Deputados. Projeto de Lei Geral da Transação (PL nº 5.082/2009). Distrito Federal, 2009.

BRASIL. Conselho Nacional de Justiça. Disponível em: <http://www.cnj.jus.br/programas-e-acoes/pj-justica-em-numeros>. Acesso em: 07 maio 2018.

BRASIL. Conselho Nacional de Justiça. Resolução nº 125, de 29/11/2010. Brasília. Disponível em: <http://www.cnj.jus.br/busca-atos-adm?documento=2579> Acesso em: 07 maio 2018.

BRASIL. CONSTITUIÇÃO (1988). Câmara dos Deputados. ECs nºs.1/992 a 67/2010, Dec Leg nº 186/2008 e pelas EC de Revisão nºs .1 a 6/1994. 34. Ed. Brasília. Câmara. 2011

BRASIL. Ministério da Fazenda. Portaria PGFN nº 396/2016. Disponível em: <http://www.pgfn.fazenda.gov.br/noticias/arquivos/2016/Portaria%20PGFN%20no%20396%20de%20 20%20de%20abril%20de%202016.pdf/view> Acesso em: 07 maio 2018.

BRASIL. Ministério da Fazenda. Portaria MF nº 249 de 23 de julho de 2012. Diário Oficial da República Federativa do Brasil, Poder Executivo, Brasília, DF, 24/07/2012, nº 142, Seção 1, pág. 12.

BRASIL. Ministério da Fazenda. Portaria PGFN nº 502, de 12 maio de 2016 (alterada pela Portaria PGFN nº 565, de 26 de maio de 2017). Disponível em: <http://www.pgfn.fazenda.gov.br/assuntos/legislacao-e-normas/Portaria%20502%20-%20texto%20compilado.pdf/view> Acesso em 07/05/2018>.

BRASIL. Lei nº 10.522, de 19 de julho de 2002. Brasília: Presidência da República do Brasil, 2002. Disponível em: < http://www.planalto.gov.br/ccivil_03/leis/2002/L10522.htm> Acesso em: 07 maio 2018.

CHAVES, André Severo. Disponível em: <https://jus.com.br/artigos/45285/a-mediacao-como-meio-alternativo-para-resolucao-de-conflitos-uma-analise-sobre-a-lei-n-13-140-2015-e-o-novo-codigo-de-processo-civil> Acesso em: 07 maio 2018.

Comissão Interamericana de Direitos Humanos. Disponível em: <http://www.cidh.org/Basicos/Portugues/c.Convencao_Americana.htm> Acesso em: 07 maio 2018.

Consultor Jurídico. Disponível em: <http://www.conjur.com.br/2015-nov-03/resolucao-litigios-tecnicos-melhor-arbitragem-ministro> Acesso em: 07 maio 2018.

Cornell Law School. Disponível em : <https://www.law.cornell.edu/wex/alternative_dispute_resolution> Acesso em: 07 maio 2018.

DWORKIN, Ronald. Direito, filosofia e interpretação. Tradução: Raíssa R. Mendes. *Caderno da Escola Legislativa*, Belo Horizonte, 1997.

European Justice. Disponível em: <https://e-justice.europa.eu/content_mediation_in_member_states-64-ew-pt.do?member=1> Acesso em: 07 maio 2018.

Fundação Getúlio Vargas. Macrovisão do Crédito Tributário. Disponível em: <https://www.youtube.com/watch?v=LkNNmeyYZzc> Acesso em: 07 maio 2018.

GUERREIRO, Marcelo da Fonseca. Como postular nos Juizados Especiais Federais Cíveis. Niterói: Impetus, 2007.

LEITE, Ângela Moreira. Em tempo de conciliação. Niterói: EdUFF, 2003. Novo Código de Processo Civil comentado na prática da Fazenda Nacional, Revista dos Tribunais, São Paulo, maio 2017.

NCSC – National Center for State Courts. Disponível em: <https://www.ncsc.org>. Acesso em: 07 maio 2018.

OLIVEIRA, Phelippe Toledo Pires de, A Transação em Matéria Tributária, São Paulo, Quartier Latin, Série Doutrina Tributária v. XVIII, 2015.

SCAVONE JUNIOR, Luiz Antonio. Manual de Arbitragem. 3. ed. São Paulo: Revista dos Tribunais, 2009.

TOURINHO NETO, Fernando da Costa; FIGUEIRA JR., Joel Dias. Juizados Especiais Federais Cíveis e Criminais. 3. ed. São Paulo: Revista dos Tribunais, 2010.

VALENTE, Larissa Peixoto. A aplicabilidade dos meios alternativos de solução de conflitos no direito tributário. Disponível em: <https://repositorio.ufba.br/ri/bitstream/ri/19515/1/Disserta%C3%A7%C3%A3o%20Larissa%20Peixoto%20Valente%20revisada.pdf>. Acesso em: 07 maio 2018.

Wikipedia <https://pt.wikipedia.org/wiki/Sobreviv%C3%AAncia_do_mais_apto> Acesso em: 07 maio 2018.

Informação bibliográfica deste texto, conforme a NBR 6023:2002 da Associação Brasileira de Normas Técnicas (ABNT):

ALCÂNTARA. Maria Regina Dantas de. A atuação da Procuradoria da Fazenda Nacional na redução de litigiosidade. In: MOURÃO, Carlos Figueiredo; HIROSE, Regina Tamami (Coord.). *Advocacia pública contemporânea*: desafios da defesa do Estado. Belo Horizonte: Fórum, 2019. p. 257-285. ISBN 978-85-450-0578-0.

A ATUAÇÃO ESTRATÉGICA DA PROCURADORIA-GERAL DA FAZENDA NACIONAL (PGFN) NA PREVENÇÃO E NO COMBATE À CORRUPÇÃO E À SONEGAÇÃO FISCAL

Regina Tamami Hirose

Introdução

De acordo com o índice anual da ONG Transparência Internacional, o Brasil figura na 79ª posição no *ranking* de corrupção, que foi elaborado com base em pesquisas de opinião de analistas e agentes econômicos que avaliaram a percepção da corrupção em 176 países no ano de 2016.[1][2]

Conforme relatório da FIESP (Federação das Indústrias de São Paulo), amplamente divulgado em 2010, o custo médio anual da corrupção no Brasil representa de 1,38% a 2,3% do Produto Interno Bruto (PIB),[3] valendo destacar que, no ano de 2016, segundo o IBGE, o PIB do Brasil chegou a R$ 6,3 trilhões, o que revela que o desperdício de recursos públicos está num patamar alarmante e preocupante.[4]

---

[1] Dados disponíveis nos *sites* <http://www.transparency.org> e <https://noticias.uol.com.br/ultimas-noticias/agencia-estado/2017/01/25/brasil-cai-tres-posicoes-em-ranking-mundial-da-corrupcao.htm >. Acesso em: 23 abr. 2017

[2] O índice da Transparência Internacional presta-se a mensurar a corrupção nos partidos políticos, na polícia, na justiça e nas administrações públicas, sendo, hodiernamente, uma referência mundial. O índice atribui uma nota de 0 a 100, na qual 0 significa um país com um setor público considerado muito corrupto e 100 a transparência total, sendo que, nessa escala, o Brasil ostenta 40 pontos, o que, certamente, não é motivo de satisfação ou orgulho à nação brasileira.

[3] Dados disponíveis no *site* <http://www.fiesp.com.br/noticias/custo-da-corrupcao-no-brasil-chega-a-r-69-bi-por-ano/>

[4] Dados disponíveis no *site* <http://saladeimprensa.ibge.gov.br/noticias.html?view=noticia&id=1&idnoticia=3384&busca=1&t=pib-recua-3-6-2016-fecha-ano-r-trilhoes>. Acesso em: 23 abr. 2017

Não há dúvidas de que o Brasil é um país com enorme potencial econômico, mas que, lamentavelmente, ano após ano, ainda está cambaleante quanto ao Índice de Desenvolvimento Humano (IDH).

Consoante previsões do Fundo Monetário Internacional (FMI),[5] depois de ter perdido posições no *ranking* das maiores economias do globo, o Brasil deve voltar a avançar nesse quadro, ocupando a 8ª posição a partir de 2017, E, de outra margem, conforme Relatório do Desenvolvimento Humano 2016, divulgado pelo PNUD (Programa das Nações Unidas para o Desenvolvimento), o Brasil apresenta um Índice de Desenvolvimento Humano (IDH) de 0,754, aparecendo em 79º entre os 188 países e territórios reconhecidos pela ONU.[6]

A sonegação fiscal, que mantém relação direta com a corrupção, alcança elevado montante que equivale, aproximadamente, a 10% do PIB do Brasil. Em 2016, foram sonegados mais de 530 bilhões de reais ao longo do ano, sendo que, entre janeiro e agosto de 2017, a sonegação já ultrapassou a marca de 370 bilhões de reais, conforme estimativa do SINPROFAZ (Sindicato Nacional dos Procuradores da Fazenda Nacional).[7] Trata-se de exorbitante quantia que deixou de ingressar nos cofres públicos e que, infelizmente, deixou de ser investida em políticas públicas de interesse da sociedade brasileira.

A propósito, a CEPAL (Comissão Econômica para a América Latina e o Caribe)[8] estimou que, no âmbito da América Latina, a evasão fiscal das empresas e das pessoas físicas está na ordem de 220 bilhões de dólares, o equivalente a 4,3% do Produto Interno Bruto (PIB) da

---

[5] Dados disponíveis no *site* <http://www.brasil.gov.br/economia-e-emprego/2016/10/fmi-brasil-volta-ao-posto-de-8-maior-economia>. Acesso em 23 abr. 2017

[6] Dados disponíveis no *site* <http://www.br.undp.org/content/brazil/pt/home/idh0.html> e <http://www1.folha.uol.com.br/cotidiano/2017/03/1868352-idh-brasileiro-para-de-avancar-e-brasil-mantem-79-posicao-em-ranking.shtml>. Acesso em: 23 abr. 2017

[7] Dados disponíveis no *site* <http://www.quantocustaobrasil.com.br >. Acesso em: 30 ago. 2017.

[8] A CEPAL é uma das cinco comissões regionais das Nações Unidas, tendo sua sede em Santiago, Chile. Foi fundada para contribuir ao desenvolvimento econômico da América Latina, coordenar as ações encaminhadas à sua promoção e reforçar as relações econômicas dos países entre si e com as outras nações do mundo. Posteriormente, seu trabalho foi ampliado aos países do Caribe e se incorporou o objetivo de promover o desenvolvimento social. Mais informações podem ser obtidas no site < http://www.cepal.org/pt-br/about>. Acesso em: 23 abr. 2017.

região em 2015. Se também for considerada a evasão do Imposto de Valor Agregado (IVA), de 120 bilhões de dólares, a cifra total alcança 340 bilhões de dólares, o equivalente a 6,7% do PIB. Considerando esses perniciosos dados estatísticos, a CEPAL alertou que frear a sonegação fiscal, assim como os fluxos ilícitos, é requisito essencial para potencializar o investimento de recursos financeiros necessários aos objetivos da Agenda 2030 para o Desenvolvimento Sustentável.[9]

Outrossim, insta acentuar que, em setembro de 2017, o Brasil foi um dos 40 países citados por Zeid Al Hussein, alto comissário da ONU, ao abrir os trabalhos do Conselho de Direitos Humanos. A menção ao Brasil foi feita explicitamente no contexto da corrupção e seus impactos, apontando-se que o desvio de recursos públicos ameaça a democracia e promove a "erosão da confiança pública."[10]

Levando em alta consideração os pontos e os aspectos abordados nas linhas precedentes, o presente trabalho tem por fim precípuo, ainda que de forma sucinta, tratar da missão institucional da Procuradoria-Geral da Fazenda Nacional (PGFN) como órgão estratégico e essencial que, para além de representar judicialmente a União em demandas que envolvem matérias tributária e fiscal, também exerce importante papel no sentido de prevenir, de coibir e de combater a sonegação fiscal que, como é evidenciado no contexto nacional e na órbita internacional, acaba por financiar a corrupção, num círculo vicioso que prejudica o desenvolvimento sustentável e o real crescimento do Brasil.

1 Considerações sobre alguns aspectos da corrupção no Brasil e no plano internacional

Consoante lição de José Fernando Ehlers de Moura, o termo "corrupção" ganhou novos contornos ao longo do tempo, afastando-se

---

[9] Dados disponíveis no site <https://nacoesunidas.org/combate-a-sonegacao-fiscal-e-essencial-para-financiar-metas-da-onu-diz-cepal/>. Acesso em: 23 fev. 2017.
[10] Notícia disponível no site <http://politica.estadao.com.br/noticias/geral,citando-escandalono-brasil-representante-da-onu-diz-que-corrupcao-ameaca-democracia,70001985420>. Acesso em: 11 set. 2017.

do seu sentido original que indicava deterioração ou putrefação de substâncias como, por exemplo, alimentos. A expressão passou, de forma geral, a ser utilizada "na qualificação dos costumes que se afastam dos sadios objetivos de convivência com justiça, na sociedade, implicando locupletamento individual em detrimento do patrimônio alheio, comum ou público".[11]

No plano internacional, a ampla democratização global após a Guerra Fria trouxe à baila os abusos praticados por ditadores corruptos em vários países, fazendo com que houvesse um aumento exponencial de ações preventivas e repressivas ao fenômeno da corrupção. As questões tormentosas que giram em torno da corrupção tornaram-se transnacionais com o surgimento da globalização e, por conseguinte, esses problemas passaram a ser observados e debatidos em escala mundial, exigindo mais cooperação para o combate às redes criminosas e à lavagem de dinheiro e mais colaboração para a recuperação de ativos.[12]

A partir da década de 1980, as pesquisas científicas sobre a corrupção, que anteriormente se limitavam às áreas da sociologia, do direito criminal, da história e da ciência política, passaram a revelar os reais impactos econômicos que decorreram de práticas corruptas em diversos países e empresas. Os pesquisadores constataram e concluíram que as fraudes e os desvios de recursos públicos deveriam ser combatidos não apenas porque são reprováveis sob o prisma ético, mas também em virtude dos deletérios e danosos efeitos econômicos detectados.

Na sequência, a partir da década de 1990, foram intensificados os estudos científicos sob o aspecto econômico, merecendo menção as pesquisas realizadas pelo Banco Mundial (BIRD) e pelo Fundo Monetário Internacional (FMI).[13]

O historiador Jaime Pinsky relata que a corrupção no Brasil tem se manifestado num fluxo contínuo que remonta aos tempos coloniais, havendo um histórico de condescendência com

---

[11] MOURA, José Fernando Ehlers de. *Ensaio sobre a Corrupção*, p. 7
[12] NUNES, Antonio Carlos Ozório. Corrupção: O Combate através da Prevenção. In: PIRES, Luis Manuel Fonseca; ZOCKUN, Maurício; ADRI, Renata Porto (Org.). *Corrupção, Ética e Moralidade Administrativa*, p. 23
[13] FURTADO, Lucas Rocha. *As Raízes da Corrupção no Brasil*, p. 23-24

a corrupção. Não significa afirmar que todos os brasileiros são corruptos, mas sim que há uma convivência pacífica com ela.[14] [15]

Com o fim da ditadura militar e a promulgação da Constituição Federal em 1988, houve sensível aumento de denúncias de casos de corrupção. A proliferação de notícias de desvios de dinheiro público não decorre da multiplicação acelerada de práticas corruptas, mas, ao contrário, é consequência da redemocratização, que abriu caminho para maior liberdade de imprensa, fortalecimento de instituições voltadas às atividades de fiscalização e maior participação política da população, que, paulatinamente, vem exigindo mais transparência nas decisões dos governantes e agentes públicos. [16]

No Brasil, a propósito, costuma-se fazer referência ao famoso jeitinho brasileiro, que, na percepção de Mario Sergio Cortella, pode ser analisado sob duas vertentes: o jeitinho como flexibilidade e o jeitinho como infração ética. Sob o enfoque da flexibilidade, que é positivo, o jeitinho brasileiro traduz a criatividade e a facilidade de adaptação a situações que inicialmente se apresentam como de improvável solução. É, em suas palavras, "a nossa capacidade de ter jogo de cintura, de não ficarmos amarrados dentro de uma situação. Aliás, a ideia de jeitinho se aproxima muito mais da expressão francesa 'savoir-faire', o saber-fazer, mais no sentido de molejo de cintura, do que, de fato, da mesma expressão em inglês,

---

[14] A ética da corrupção. Disponível no *site* <http://www.editoracontexto.com.br/blog/a-etica-da-corrupcao-jaime-pinsky/>. Acesso em: 03 set. 2017.

[15] Jaime Pinsky, historiador e professor da Unicamp, faz menção à pequena corrupção, à média corrupção e à megacorrupção em seu artigo intitulado "A ética da corrupção". A pequena corrupção é cotidiana e muito difundida, podendo ser citado o exemplo da secretária da repartição pública que potencializa e aumenta seu salário digitando trabalhos "para fora", valendo-se de máquina, papel e tempo que deveriam servir à instituição. Os chefes justificam esses pequenos desvios ao argumento de que os salários de algumas categorias são baixos. Nesse caso, o investimento é social, o benefício, individual. Segundo o autor, há também a média corrupção, bastante frequente, que ocorre, por exemplo, na relação travada entre o comerciante sonegador e o agente fiscal. O corrupto médio tem sua ética, na qual ele despreza o pequeno corrupto e inveja o grande corrupto. Por fim, o megacorrupto, na descrição do autor, é hábil, insinuante, extremamente articulado, manipulador, generoso com os amigos, implacável com os adversários. É poderoso, infiltrando-se tanto no serviço público – Legislativo, Executivo e Judiciário – como na sociedade civil, onde detém influência nas organizações aparentemente alheias e até avessas ao seu poder. Disponível no *site* <http://www.editoracontexto.com.br/blog/a-etica-da-corrupcao-jaime-pinsky/>. Acesso em: 03 set. 2017.

[16] *Ibidem*, p. 108-109

que é 'know-how'." [17] O jeitinho brasileiro sob o viés da infração ética, por seu turno, "é a fragilidade de princípios e, mais do que isso, a intenção de desviar e de pegar atalhos, ao invés de seguir caminho que é correto, certo, socialmente admitido. Quando nós olhamos a ideia do jeitinho como infração ética, ele é extremamente negativo, porque ele enfraquece as nossas instituições, a nossa vida coletiva e mais do que isso, ele quebra as nossas pontes para um futuro mais sólido."[18]

A ONG Transparência Internacional avaliou que esquemas de corrupção como o da Petrobras, cujas investigações ocorrem no âmbito da Operação Lava Jato, contribuíram para aumentar as desigualdades no Brasil. A corrupção se faz presente em vários níveis governamentais e acarreta impactos desastrosos para o desenvolvimento do país, de modo que a relação entre corrupção e desigualdade foi um dos destaques do Índice de Percepção da Corrupção Global divulgado por essa organização em janeiro de 2017.[19]

Dia após dia, a corrupção tende a ser compreendida, simultaneamente, como fator e como justificativa de desvios de conduta. Sonegação fiscal, comércio ilegal e informalidade são lembrados como manifestações ou desdobramentos de diversas formas de corrupção, ativa ou passiva.[20]

Indubitavelmente, sendo mazela de natureza político-social-econômica, a corrupção deve ser duramente combatida, pois, como é público e notório, os recursos públicos desviados do erário deixam de ser investidos nas diversas políticas públicas direcionadas à concretização dos direitos fundamentais constitucionalmente previstos, notadamente nas searas da educação, saúde, segurança, entre tantas outras demandas sociais.

---

[17] CORTELLA, Mario Sergio. *Pensar Bem nos Faz Bem* – Família Carreira Convivência Ética v. 2, p. 14

[18] Entrevista disponível no *site* < http://www.responsabilidadesocial.com/entrevista/mario-sergio-cortella/>. Acesso em: 23 fev. 2017.

[19] Dados disponíveis no *site* <http://www1.folha.uol.com.br/poder/2017/01/1852909-esquemas-de-corrupcao-reforcam-desigualdade-no-brasil-diz-transparencia-internacional.shtml >. Acesso em: 23 fev. 2017

[20] ABDENUR, Roberto. Corrupção Emperra Economia. In: PILAGALLO, Oscar (Org.), *Corrupção – Entrave ao Desenvolvimento do Brasil*, p. 28.

Como é cediço, a dignidade da pessoa humana constitui um dos princípios fundamentais da República (art. 1º, inciso III, CF), que também tem entre os seus objetivos a construção de uma sociedade livre, justa e solidária, a erradicação da pobreza e a redução das desigualdades sociais (art. 3º, incisos I e III, CF). Portanto, pode-se concluir, de forma inequívoca, que a corrupção viola frontalmente os direitos humanos consagrados na Constituição Federal, como bem observa Regis Fernandes de Oliveira:

> Consequência evidente da corrupção é a agressão aos direitos humanos. Na medida em que os recursos públicos são desviados para pagamento de propinas, para extorsão de servidores, para fraudes, para compra de consciências, para liberação acelerada de verbas, para ganho em licitações, para não pagamento de tributos, para sonegação, enfim, para deturpação de qualquer espécie, o lesado não é o governo, mas o ser humano.[21]

Nessa linha de raciocínio, é ponto pacífico que a corrupção deve ser enfrentada e combatida.

De outra banda, sem embargo, impõe-se ter cautela quanto aos discursos pessimistas e de profundo desalento que tendem a ganhar vulto em tormentosos momentos.

Sem dúvida, antes de decretar o estado de corrupção endêmica no Brasil, há que se ter em mente a regra da lógica clássica para saber se um juízo ou raciocínio é falso, haja vista que, ao se considerar um evento particular como algo universal, chega-se a uma conclusão equivocada. Nesse sentido, conforme pontua José Antônio Martins, "não se deve universalizar o que não é de fato universal, pois basta que haja um único exemplo contrário para falsear a sentença 'todos são corruptos'."[22]

O fato de haver casos de corrupção no Brasil não pode e nem deve conduzir à simplista e açodada conclusão de que a sociedade brasileira é totalmente corrupta e que nada pode ser feito para mudar e melhorar o panorama nacional ora permeado de múltiplos escândalos de desvios de recursos públicos.

---

[21] *Curso de Direito Financeiro*, p. 284
[22] *Corrupção*, p. 106

Como pondera José Antônio Martins, "esse simplismo de generalizar coisas que não pertencem ao todo é o que mais atrapalha na busca de uma sociedade mais justa e sem corrupção",[23] ainda mais considerando que o Brasil é um país complexo e de dimensão continental, no qual a corrupção não é facilmente identificável e que, por consequência, exige reflexão e prudência, sem que isso signifique passividade nem impunidade.

2 A sonegação fiscal e a corrupção como desvios de conduta e de recursos públicos

O chamado Estado de Direito contemporâneo objetiva oferecer à coletividade as condições necessárias à concretização do bem comum, da paz e da ordem social, respeitando e aplicando, para tanto, um ordenamento jurídico. Em outras palavras, busca atender às necessidades públicas de uma sociedade.[24]

Para bem atender as necessidades públicas, o Estado depende de recursos financeiros gerados pelo seu próprio patrimônio ou decorrentes do patrimônio dos cidadãos que o integram. Nesse particular, pode-se afirmar que o Estado não é um fim em si mesmo, sendo, na realidade, um mero instrumento da própria sociedade para possibilitar a sua existência. E, segundo Marcus Abraham, "quanto mais complexa for essa sociedade, maior será a dependência a suas normas jurídicas, face à diversidade de relações que se instauram e os possíveis conflitos que, por decorrência, surgem."[25]

Como bem expressa o artigo 1º da Carta Constitucional de 1988, a República Federativa do Brasil tem por fundamentos (i)

---

[23] *Ibidem*, p. 106
[24] Marcus Abraham, em sua obra "Curso de Direito Financeiro Brasileiro", explicita que as necessidades públicas compreendem as (i) necessidades individuais, entre as quais estão a alimentação, a habitação e o vestuário; (ii) necessidades coletivas, entre as quais se enquadram o policiamento, o transporte coletivo, os hospitais, as escolas e o sistema judiciário; e (iii) necessidades transindividuais, que abarcam a manutenção da ordem interna, a defesa nacional, o fomento e o desenvolvimento econômico, social e regional, a tutela dos direitos fundamentais e a proteção do meio ambiente. (p. 4-5)
[25] *Curso de Direito Financeiro Brasileiro*, p. 5-6

a soberania; (ii) a cidadania; (iii) a dignidade da pessoa humana; (iv) os valores sociais do trabalho e da livre iniciativa; e (v) o pluralismo político.

No Brasil, o exercício da atividade econômica é reservado à iniciativa privada e, consoante o artigo 73, *caput*, da Carta Republicana, a exploração direta de atividade econômica pelo Estado só será permitida quando necessária aos imperativos da segurança nacional ou relevante interesse coletivo, assim definidos em lei.

Nessa perspectiva, tem-se que o Estado exercita apenas atividade financeira, que se traduz como "o conjunto de atos que o Estado pratica na obtenção, na gestão e na aplicação dos meios de pagamento de que necessita para atingir os seus fins."[26]

As receitas públicas são classificadas em receitas originárias e em receitas derivadas. No primeiro caso, as receitas decorrem essencialmente da exploração dos bens e rendas do Estado como se particular fosse, como ocorrem, por exemplo, com a exploração das empresas públicas, com os seus bens móveis e imóveis, terras, lagos, rios ou mar e riquezas em geral. No segundo caso, as receitas se originam do patrimônio da coletividade a partir do exercício do poder coativo de cobrança inerente ao Estado, com característica, pois, de obrigatoriedade no pagamento. Os tributos e as multas são as espécies típicas de receitas públicas derivadas.

Indiscutivelmente, o tributo é, na atual conjuntura, a principal fonte de receita pública, tendo sido o Estado moderno concebido para oferecer bens e prestar serviços à coletividade por meio de receitas tributárias, dispondo cada vez menos de patrimônio próprio.[27]

O artigo 3º da Constituição Federal preconiza que a República Federativa do Brasil tem por objetivos fundamentais (i) construir uma sociedade livre, justa e solidária; (ii) garantir o desenvolvimento nacional; (iii) erradicar a pobreza e a marginalização e reduzir as desigualdades sociais e regionais; e (iv) promover o bem de todos, sem preconceitos de origem, raça, sexo, cor, idade e quaisquer outras formas de discriminação.

---

[26] MACHADO, Hugo de Brito. *Curso de Direito Tributário*, p. 24
[27] ABRAHAM, Marcus. *Curso de Direito Financeiro Brasileiro*, p. 115-117.

Deveras, a solidariedade social é um princípio albergado pela Constituição da República e, para a construção de uma sociedade livre, justa e solidária, admite-se a utilização da tributação para a redistribuição de renda, sem perder de vista o princípio da legalidade.[28] Centrando foco sobre a relação entre os princípios da solidariedade e da legalidade, Hugo de Brito Machado assim preleciona:

> O princípio da solidariedade constitui fundamento para a atuação do Estado, que há de promover a solidariedade social. E, para tanto, pode mesmo utilizar a tributação como mecanismo para a redistribuição de renda. Tudo isto, há de ser feito sem desconsideração alguma pelo princípio da legalidade, até porque um não se contrapõe ao outro princípio.
> É exatamente porque devemos construir uma sociedade justa que admitimos a atuação do Estado promovendo a redistribuição de renda. Mas a nossa Constituição preconiza também uma sociedade livre – e, assim, não se pode prescindir da legalidade.[29]

Com efeito, para a realização dos objetivos fundamentais elencados no artigo 3º da Carta Magna, especialmente no sentido de formação de uma sociedade justa e solidária, com redução das desigualdades sociais e garantia de desenvolvimento nacional, mister se faz que todos contribuam para gerar as necessárias receitas públicas.

Ocorre que, todavia, nem todos cumprem com suas obrigações, acarretando, consequentemente, distorções e desequilíbrios sociais e econômicos altamente prejudiciais.

A sonegação fiscal provoca a desigualdade e a concorrência desleal no mercado, porquanto aquele que deixa de cumprir as obrigações tributárias certamente tem um custo reduzido

---

[28] Em sua obra "Direito Tributário", Luís Eduardo Schoueri assevera que a tributação, por um lado, pode gerar ineficiências, distorcendo um mercado em funcionamento e, por outro lado, pode gerar efeito inverso, corrigindo falhas de mercado e acarretando maior eficiência. O papel do tributo ultrapassa sua função arrecadadora, exigindo, assim, um ganho de eficiência econômica. É o que leva à busca da chamada tributação ótima, em que se "procura uma estrutura tributária que permita ao governo arrecadar a receita requerida para o financiamento dos seus gastos e, ao mesmo tempo, alcançar determinados objetivos distributivos, ao menor custo possível em termos de perda de eficiência econômica." (p. 44)

[29] Curso de Direito Tributário, p. 46

se comparado ao do contribuinte que paga regularmente os tributos devidos. Há, nesse quadro de desequilíbrio, desvantagem competitiva dos contribuintes formais e regulares, com consequentes prejuízos para a expansão do mercado formal, geração de empregos e desenvolvimento sustentável da economia.

Ao refletir sobre a sonegação fiscal e a corrupção pública, observa Marcos de Aguiar Villas-Bôas que "a sociedade brasileira é mestra em imputar os problemas do país, como a corrupção, à classe política ou a partidos determinados, porém ela própria é, de um modo geral, corrupta e conivente com a corrupção. O crime de sonegação, dentro da cultura brasileira, é visto por boa parte da sociedade como uma proteção, um troco do cidadão perante os desmandos do Estado Brasileiro."[30]

É perceptível, no cotidiano da sociedade brasileira, um comportamento coletivo ancorado em ideias distorcidas, em que muitos cidadãos tentam justificar as suas atitudes com um discurso fatalista ou de autodefesa a partir de falsa premissa, repetida exaustivamente como um mantra, de que não vale a pena pagar tributos por existir, nas diversas instituições e nos inúmeros órgãos públicos, corrupção descontrolada e generalizada. Parte-se da ideia de que a carga tributária é elevada e que, ao pagar a sua cota de tributo, o contribuinte acaba por pagar escorchante quantia, sem, contudo, obter retorno social adequado e proporcional ao montante repassado aos cofres públicos. Há, dessa maneira, constante tentativa de se justificar um erro com outro erro, num ciclo infindável que, na prática, gera graves e custosos danos à sociedade como um todo.

André Franco Montoro Filho enfatiza que "fica evidente que a grande vítima da impunidade da sonegação e de outras transgressões não é o setor público, que perde receitas tributárias, mas toda a economia, que perde investimentos, e toda a sociedade, que perde dignidade."[31]

É inegável que, no mundo da corrupção, tudo gira em torno do dinheiro, inclusive aquele oriundo das práticas de sonegação fiscal.

---

[30] VILLAS-BÔAS, Marcos de Aguiar. *Sonegação fiscal supera em muito os valores da corrupção pública*. Disponível em: <http://www.conjur.com.br/2015-nov-17/villas-boas-sonegacao-fiscal-supera-valores-corrupcao-publica>. Acesso em: 23 fev. 2017.

[31] *Corrupção, Ética e Economia*, p. 93

Nesse aspecto, enfocando a corrupção como desvio de recursos públicos, Regis Fernandes de Oliveira assim pontua:

> O normal na vida das pessoas é o pagamento de tributos, quando devidos. (...)
> Ocorre que, de uma forma ou de outra, as pessoas procuram caminhos (ou descaminhos) de elisão, evasão ou quaisquer outros meios, de não arcar com a carga tributária. Não só a elisão ou evasão, repita-se, mas valem-se dos meandros, dos desvãos comportamentais para não pagarem os impostos. Sonegam seu pagamento, desviam mercadorias, buscam receber serviços em moeda estrangeira, mantendo contas no exterior ou, cooptam agentes públicos para que evitem exigir o imposto, quando devido ou, por fim, valem-se, em colaboração com estes, dos mais diversos meios para ilaquear a boa-fé, obter vantagem indevida, e sempre causam danos ao erário. É a corrupção.[32] [33]

Com espeque em abalizado estudo que revela a sangria dos cofres públicos em montante superior a R$ 530 bilhões em 2016, o SINPROFAZ (Sindicato Nacional dos Procuradores da Fazenda Nacional) alerta para a existência de uma minoria que vive muito bem ao abrigo do caos tributário e fiscal que se perpetua há muitos anos no Brasil.[34]

Em 2017, entre os meses de janeiro e agosto, foram sonegados mais de R$ 370 bilhões. Significa dizer, em suma, que essa exorbitante quantia deixou de ingressar nos cofres públicos, o que é dado extremamente impactante, pois, trata-se de precioso recurso financeiro que deixou de ser arrecadado e que, por conseguinte, não foi investido em políticas públicas de relevante interesse para a sociedade brasileira como, por exemplo, nas áreas da saúde, da educação, da segurança pública, entre outras.

Uma das formas de enfrentar a sonegação fiscal, entre diversas medidas, é robustecer a atuação da Procuradoria-Geral da Fazenda Nacional (PGFN), órgão de Estado, não de governo, composto por

---

[32] *Curso de Direito Financeiro*, p. 273
[33] Na obra "Improbidade Administrativa", Emerson Garcia e Rogério Pacheco Alves afirmam que "As políticas públicas, ademais, são sensivelmente atingidas pela evasão fiscal, que consubstancia uma das facetas dos atos de corrupção. Com a diminuição da receita tributária, em especial daquela originária das classes mais abastadas da população, diminui a redistribuição de renda às classes menos favorecidas e aumenta a injustiça fiscal." (p. 75)
[34] Dados disponíveis no *site* <http://www.quantocustaobrasil.com.br >. Acesso em: 30 ago. 2017.

advogados públicos concursados, especializados em demandas e em atividades que envolvem questões altamente relevantes nas searas tributária e fiscal.

Nesse contexto, considerando a profunda crise financeira vivenciada pela sociedade brasileira, Allan Titonelli ressalta a importância de se promover investimentos para a adequada estruturação da PGFN, visto que "a cobrança dos créditos inscritos em dívida ativa da União garantirá a isonomia entre o devedor e o cidadão que paga seus tributos, evitando, também, a concorrência desleal e todas as suas consequências nefastas, como o desemprego", além de que "um órgão de recuperação bem aparelhado e independente propiciará a diminuição da sonegação, garantindo, consequentemente, maior disponibilidade de caixa para a execução das políticas públicas."[35]

3 O papel da PGFN na recuperação de créditos públicos e no combate à corrupção e à sonegação fiscal

Na Constituição da República, no capítulo das "Funções Essenciais à Justiça", há quatro seções que versam, respectivamente, sobre o Ministério Público, a Advocacia Pública, a Advocacia e a Defensoria Pública.

A Advocacia-Geral da União está inserida na seção da Advocacia Pública e, à luz do artigo 131, *caput*, da Carta Magna, é a instituição que, diretamente ou por meio de órgão vinculado, representa a União, judicial e extrajudicialmente, cabendo-lhe, nos termos da lei complementar, as atividades de consultoria e assessoramento jurídico do Poder Executivo.

A representação judicial da União engloba os atos praticados pelos Poderes Legislativo, Executivo e Judiciário, na administração direta

---

[35] *Fortalecer a PGFN é um caminho para superar a crise*. Disponível em: <http://www.conjur.com.br/2015-ago-10/allan-titonelli-fortalecer-pgfn-caminho-superar-crise>. Acesso em: 23 fev. 2017.

e indireta (autarquias e fundações públicas, agências reguladoras ou executivas). As funções de consultoria e assessoramento, por sua vez, são restritas ao Poder Executivo, de modo que se pode afirmar que a advocacia pública "é inerente ao próprio Estado federativo, pois auxilia direta e obrigatoriamente o Poder Executivo na administração".[36]

Calha assinalar, nesse horizonte, que o parágrafo 3º do artigo 131 da Constituição da República preconiza que "na execução da dívida ativa de natureza tributária, a representação da União cabe à Procuradoria-Geral da Fazenda Nacional, observado o disposto em lei."

No âmbito da advocacia pública federal, podem ser destacadas, sem prejuízo das demais carreiras da Advocacia-Geral da União (AGU), as específicas atribuições dos integrantes da PGFN (Procuradoria-Geral da Fazenda Nacional), que têm as missões de defender e de recuperar crédito público, bem como de prevenir, de coibir e de combater a sonegação fiscal e a corrupção, assegurando, assim, os necessários recursos para as políticas públicas de variadas ordens e, em última análise, buscando concretizar a justiça fiscal.

Consoante a expressa dicção do artigo 12 da Lei Complementar nº 73/93,[37] a PGFN tem as seguintes atribuições: (i) apuração da liquidez e certeza da dívida ativa da União de natureza tributária,

---

[36] GONÇALVES, Alexsander Aparecido. A advocacia pública e suas funções institucionais. *Fórum Administrativo – Direito Público – FA*, Belo Horizonte, ano 10, nº 108, fev. 2010. Disponível em: <http://bid.editoraforum.com.br/bid/PDI0006.aspx?pdiCntd=65463>. Acesso em: 23 jul. 2017.

[37] Art. 12 – À Procuradoria-Geral da Fazenda Nacional, órgão administrativamente subordinado ao titular do Ministério da Fazenda, compete especialmente:
I – apurar a liquidez e certeza da dívida ativa da União de natureza tributária, inscrevendo-a para fins de cobrança, amigável ou judicial;
II – representar privativamente a União, na execução de sua dívida ativa de caráter tributário;
III - (VETADO)
IV – examinar previamente a legalidade dos contratos, acordos, ajustes e convênios que interessem ao Ministério da Fazenda, inclusive os referentes à dívida pública externa, e promover a respectiva rescisão por via administrativa ou judicial;
V – representar a União nas causas de natureza fiscal.
Parágrafo único – São consideradas causas de natureza fiscal as relativas a:
I – tributos de competência da União, inclusive infrações à legislação tributária;
II – empréstimos compulsórios;
III – apreensão de mercadorias, nacionais ou estrangeiras;
IV – decisões de órgãos do contencioso administrativo fiscal;
V – benefícios e isenções fiscais;
VI – créditos e estímulos fiscais à exportação;
VII – responsabilidade tributária de transportadores e agentes marítimos;
VIII – incidentes processuais suscitados em ações de natureza fiscal.

inscrevendo-a para fins de cobrança, amigável ou judicial; (ii) representação da União, na execução de sua dívida ativa de caráter tributário; (iii) exame prévio da legalidade dos contratos, acordos, ajustes e convênios que interessem ao Ministério da Fazenda, inclusive os referentes à dívida pública externa, e promoção da respectiva rescisão por via administrativa ou judicial; e (iv) representação da União nas causas de natureza fiscal.

A PGFN é órgão singular integrante da estrutura administrativa do Ministério da Fazenda, bem como é órgão técnico-jurídico subordinado à Advocacia-Geral da União, que, em 2016, contava com 2.117 (dois mil, cento e dezessete) Procuradores da Fazenda Nacional.

Ressalte-se, nessa passagem, que a recuperação de créditos públicos vencidos e não pagos espontaneamente é de suma importância para o país, visto que esses créditos integram o orçamento da União e têm a finalidade de financiar, além da estrutura da administração pública, o planejamento e a execução de vitais e relevantes políticas públicas de interesse da sociedade brasileira.

Os créditos públicos não pagos na forma e no prazo legal poderão ser inscritos em Dívida Ativa da União (DAU) para a cobrança na esfera administrativa ou, se necessário, para a cobrança por meio do ajuizamento de execuções fiscais.

Na PGFN, o Departamento de Gestão de Dívida Ativa (DGDAU) é responsável por formular estratégias de atuação de toda a instituição e dos Procuradores da Fazenda Nacional no que tange à administração e à cobrança da Dívida Ativa da União e do FGTS.

O relatório "PGFN em Números – Dados de 2016" contém expressivos dados referentes à atuação e aos resultados obtidos no ano de 2016,[38] podendo ser alinhadas, entre outras, as seguintes informações:
   a) O montante recuperado totalizou R$14.540.000.000,00 (quatorze bilhões e quinhentos e quarenta milhões de reais);
   b) Foram recuperados R$712.010.612,63 (setecentos e doze milhões, dez mil, seiscentos e doze reais e sessenta e três centavos) em títulos executivos protestados;

---

[38] Dados disponíveis no *site* <http://www.fazenda.gov.br/noticias/2017/fevereiro/pgfn-disponibiliza-edicao-2017-do-201cpgfn-em-numeros201d/201cpgfn-em-numeros201d-2017.pdf>. Acesso em: 01 set. 2017.

c) Nos processos judiciais em que se discutem créditos inscritos e não inscritos em Dívida Ativa da União, houve a realização de depósitos judiciais que atingiram o montante de R$11 bilhões;
d) Em atuação perante o Supremo Tribunal Federal (STF), a PGFN evitou perdas de mais de R$272 bilhões aos cofres da União;
e) Em atuação perante o Superior Tribunal de Justiça (STJ), a PGFN evitou perdas de mais de R$323 bilhões aos cofres da União e
f) Nos processos administrativos fiscais de alta relevância no âmbito do Conselho Administrativo de Recursos Fiscais (CARF), foram evitadas perdas fiscais na ordem de R$97 bilhões.

Esses dados estatísticos evidenciam que a PGFN é um órgão estratégico e essencial para a recuperação de créditos públicos, que tem adotado postura combativa em relação à corrupção e à sonegação fiscal.

As fraudes e as manobras para sonegação e blindagem de patrimônio estão cada vez mais audaciosas e criativas, o que exige uma atuação mais eficiente, eficaz e estratégica por parte dos órgãos responsáveis pela cobrança e recuperação de créditos públicos.

Na PGFN, os critérios para seleção de devedores são o potencial lesivo das fraudes às contas públicas, observando-se, com minúcia, o elevado valor envolvido, a chance real de recuperação e o grau de sofisticação da fraude.

Os Procuradores acompanham as atividades dos fraudadores, com especial atenção aos mecanismos usados, como, por exemplo, a remessa de dinheiro para o exterior, as manobras societárias, o uso de laranjas para transferência e blindagem de patrimônio, entre outros.

Exemplar também é o trabalho de rastreamento de grupos econômicos que atuam ao arrepio da lei. A Procuradoria, nos últimos anos, vem obtendo promissores resultados em ações cautelares fiscais, pleiteando a desconsideração da personalidade jurídica das empresas devedoras para bloquear ativos financeiros e bens móveis e imóveis de outras empresas do mesmo grupo e dos sócios.

A PGFN, em parceria com o Fundo Nacional de Desenvolvimento da Educação (FNDE), deu início, no ano de 2014, ao trabalho específico para recuperação de créditos relativos às Instituições de Ensino Superior (IES) devedoras da União e do Fundo de Garantia do Tempo de Serviço (FGTS). Os exitosos resultados alcançados pelo órgão registram aumento superior a 400% em apenas três anos de implementação da estratégia, tendo em vista que, até 2103, a marca de recuperação atingiu o patamar de R$83 milhões/ano e, após o início do trabalho diferenciado de acompanhamento dos devedores, o montante recuperado chegou a R$423 milhões em 2016. [39]

Outro ponto que merece destaque é que, visando a mais eficiência e efetividade na administração e na cobrança das dívidas dos grandes devedores, houve a instalação do Grupo de Operações Especiais de Combate à Fraude Fiscal Estruturada (GOEFF) e do Laboratório de Tecnologia da PGFN (LAB-PGFN) no ano de 2016, com caráter essencialmente operacional e objetivo de atuar nos casos concretos de alta complexidade, envolvendo fraudes fiscais sofisticadas e de valores vultosos de créditos tributários inscritos ou não em Dívida Ativa da União. Os primeiros casos envolveram valores na ordem de R$7,2 bilhões, com bloqueio judicial de mais de R$3 bilhões, o que demonstra e corrobora o imenso potencial da atividade de investigação e inteligência na Procuradoria.[40]

No mesmo ano, seguindo a linha de inovações, foi lançada a nova versão da Lista de Devedores, com implantação de melhorias em relação ao sistema anterior, como a inclusão dos devedores de FGTS, a possibilidade de consulta dos devedores por Estado, Município e atividade econômica. Também houve a inclusão do filtro de pesquisa por faixa de valor de débitos acima de R$1 bilhão, que aponta os maiores devedores da União e do FGTS.

Por meio da Portaria Conjunta RFB/PGFN nº 1.525/2016, houve a criação dos Grupos de Atuação Especial no Combate à Fraude à Cobrança Administrativa e à Execução Fiscal (GAEFIS), compostos por representantes da Secretaria da Receita Federal do Brasil (RFB) e da Procuradoria-Geral da Fazenda Nacional (PGFN), com atribuição para identificar, prevenir e reprimir fraudes fiscais que ponham em risco a recuperação de créditos tributários constituídos ou inscritos em Dívida Ativa da União (DAU).

---

[39] Notícia disponível no *site* <http://www.pgfn.fazenda.gov.br/noticias_carrossel/estrategia-da-pgfn-aumenta-em-400-a-recuperacao-de-creditos-relativos-as-instituicoes-de-ensino-superior-ies/>. Acesso em: 17 set. 2017.

[40] Notícia disponível no *site* <http://www.valor.com.br/legislacao/4852804/fazenda-bloqueia-r-3-bi-de-grandes-devedores-da-uniao>. Acesso em: 09 set. 2017.

A Portaria PGFN nº 663/2016 instituiu, no âmbito da Procuradoria, a Força Tarefa da Operação Lava Jato, para fins de propositura de medidas administrativas e judiciais de acautelamento, salvaguarda e recuperação de créditos tributários constituídos ou em fase de constituição. A Procuradoria tem atuado em conjunto com a Receita Federal do Brasil, cujos lançamentos perfazem, aproximadamente, o considerável montante de R$10 bilhões.

Nesse particular, vale sublinhar que a PGFN obteve decisão favorável para manter o bloqueio de valores que seriam levantados por réus em processos da Operação Lava Jato. Além disso, como representante da vítima dos crimes de sonegação fiscal (União), passou a pleitear judicialmente que parte dos recursos indisponibilizados nos processos criminais seja destinada ao pagamento dos tributos devidos.[41]

Também foi iniciado, no ano de 2016, com financiamento do Banco Interamericano de Desenvolvimento (BID), o trabalho de revisão de todas as atividades de monitoramento de transações sensíveis nos sistemas de administração da Dívida Ativa da PGFN, tendo sido implantada a Área de Monitoramento de Transações Sensíveis. Houve, nesse ponto, expressivo aprimoramento do projeto de inteligência antifraude, o que permite atuação proativa da PGFN no importante trabalho de combate à corrupção.[42]

4 A educação Fiscal como medida de prevenção aos atos de corrupção e de sonegação fiscal

O Observatório da Equidade do Conselho de Desenvolvimento Econômico e Social (CDES) elaborou, no ano de 2009, o relatório nominado "Indicadores de Equidade do Sistema Tributário Nacional – Relatório de Observação nº 01", visando a apresentar a análise

---

[41] Notícia disponível no *site* <http://politica.estadao.com.br/blogs/fausto-macedo/quais-os-papeis-da-receita-federal-e-da-procuradoria-da-fazenda-nacional-nos-processos-da-lava-jato/>. Acesso em: 10 set. 2017.

[42] Dados disponíveis no *site* <http://www.fazenda.gov.br/noticias/2017/fevereiro/pgfn-disponibiliza-edicao-2017-do-201cpgfn-em-numeros201d/201cpgfn-em-numeros201d-2017.pdf>. Acesso em: 01 set. 2017.

dos resultados da observação dos problemas existentes no sistema tributário nacional sob o ângulo da injustiça tributária.

Nos termos do aludido relatório, "cidadania tributária significa a conscientização do cidadão para o fato de que a necessária arrecadação de tributos deve reverter-se em benefícios que cumpram o papel de atender às necessidades da coletividade, reduzindo distâncias sociais. Transparência, tanto no que diz respeito às fontes quanto aos usos dos recursos públicos, é palavra-chave e primeiro requisito para o exercício da cidadania tributária."

Na pesquisa empreendida pelo Observatório da Equidade, constatou-se que a cidadania fiscal não é exercida no cotidiano da vida civil e nem transparece na construção das instituições públicas no Brasil.[43]

Observando o comportamento da sociedade brasileira, denota-se que, relativamente ao tema em comento, um dos pontos sensíveis é a falta de noção da distinção entre o público e o privado. Decorre daí a falta de respeito à coisa pública (*res publica*) e, em certa medida, explica a apatia coletiva diante do mau uso do dinheiro público, que, em essência, significa o mau uso do tributo que o cidadão paga.

Oportunas, nessa senda, as observações de José Murilo de Carvalho quanto ao balanço do percurso da cidadania no Brasil:

> Diria que nos últimos anos avançamos mais em democracia do que em república. Isso foi bom porque nosso maior atraso residia na falta de inclusão social, de incorporação à comunidade nacional de milhões de brasileiros até então mantidos à margem. Mas não avançamos tanto – se avançamos alguma coisa – na dimensão republicana que exige atenção não apenas ao que se faz, mas também a como se faz, que exige igualdade perante a lei, transparência e respeito à coisa pública, sobretudo ao dinheiro do contribuinte.[44]

Para Hélio Saul Mileski, "o Estado Democrático de Direito assegura e estimula o avanço dos valores democráticos para uma ativa participação popular, mas são os aspectos políticos e culturais

---

[43] Disponível no *site* <http://www.ipea.gov.br/portal/images/stories/0906_Indicadores_de_Equidade_Sistema_TN_Relatorio_Observacao_01.pdf>. Acesso em: 01 set. 2017.
[44] *Cidadania no Brasil – O Longo Caminho*, p. 245

da sociedade brasileira que irão orientar o comportamento e a ação do cidadão, no acompanhamento da regularidade dos atos praticados pelos administradores públicos."[45]

O Conselho de Desenvolvimento Econômico e Social (CDES), ao concluir o seu diagnóstico, pontuou que "a forma como o Estado obtém os recursos para exercer suas funções e como estes são divididos interessa ao conjunto da sociedade, sendo preciso ampliar o conhecimento e a capacidade de reflexão dos atores sociais, visando maior participação no debate e o pleno exercício de sua cidadania."[46]

Considerando o seu papel institucional, a PGFN estabeleceu no Planejamento Estratégico de 2017/2020 a iniciativa denominada Conscientização Fiscal, tendo por escopo sensibilizar a sociedade e a comunidade organizacional sobre a importância da justiça fiscal.

O Programa de Educação Fiscal está inserido no arco do Projeto de Conscientização Fiscal, tendo em mira, entre outras ações, promover eventos de conscientização e de compreensão da responsabilidade fiscal dos cidadãos, assim como fomentar ações e atividades para que os Procuradores atuem como disseminadores de cidadania fiscal, esclarecendo e enfatizando a origem, a aplicação e o controle de recursos públicos para crianças, estudantes (de ensino básico a pós-graduação), professores e formadores de opinião. Trata-se, essencialmente, de atuação da PGFN no campo da prevenção aos atos de corrupção e de sonegação fiscal.

A PGFN integra o Programa Nacional de Educação Fiscal (PNEF), nos termos da Portaria nº 413/2002, que estabelece as competências dos órgãos responsáveis pela implementação do Programa Nacional de Educação Fiscal.[47]

---

[45] *O Estado Contemporâneo e a Corrupção*, p. 332
[46] Disponível no *site* <http://www.ipea.gov.br/portal/images/stories/0906_Indicadores_de_Equidade_Sistema_TN_Relatorio_Observacao_01.pdf>. Acesso em: 01 set. 2017.
[47] Em maio de 1996, o Conselho Nacional de Política Fazendária – CONFAZ, reunido em Fortaleza, registrou a importância de um programa de consciência tributária para despertar a prática da cidadania no Brasil. Em setembro de 1996, a implantação de um programa nacional permanente de conscientização tributária faz parte do Convênio de Cooperação Técnica entre União, Estados e Distrito Federal. Em julho de 1999, tendo em vista a abrangência do programa que não se restringe apenas aos tributos, mas que aborda também as questões da alocação dos recursos públicos arrecadados e da sua gestão, o CONFAZ, reunido na Paraíba, aprovou a alteração de sua denominação que passou a ser Programa Nacional de Educação Fiscal –

O Programa Nacional de Educação Fiscal (PNEF) é "processo educativo que visa à construção de uma consciência voltada ao exercício da cidadania, objetivando e propiciando a participação do cidadão no funcionamento e aperfeiçoamento dos instrumentos de controle social e fiscal do Estado." A missão primordial é "compartilhar conhecimentos e interagir com a sociedade sobre a origem, aplicação e controle dos recursos públicos, favorecendo a participação social."[48]

A Educação Fiscal objetiva conscientizar o cidadão a respeito da importância da atividade fiscal, a fim de que ele, partindo do conhecimento das vertentes financeiras da arrecadação e dos gastos públicos, compreenda o seu dever de contribuir solidariamente em benefício da sociedade, acompanhando, de forma consciente, se os recursos arrecadados estão sendo aplicados com justiça, transparência, honestidade e eficiência.[49] Não se trata, frise-se, de exaltar apenas a arrecadação dos tributos, mas sim enfocar também a destinação conferida aos recursos públicos, acompanhando o ciclo completo, desde a origem até o destino, do dinheiro público.

Conforme assinalado alhures, foram sonegados mais de R$ 530 bilhões no ano de 2016, sinalizando que, paralelamente às medidas de repressão e de punição, há necessidade de que sejam implementadas e intensificadas urgentes medidas de prevenção que propiciem, sobretudo, a conscientização coletiva e a mudança comportamental no Brasil, para que, por conseguinte, os cidadãos deixem o campo da inércia, assumindo uma postura mais participativa e de proatividade no controle das contas públicas.

PNEF. Em 31 de dezembro de 2002, foi publicada a Portaria nº 413, definindo as competências dos órgãos responsáveis pela implementação do Programa Nacional de Educação Fiscal, que são: o Ministério da Fazenda: Secretaria da Receita Federal do Brasil, Secretaria do Tesouro Nacional e Procuradoria Geral da Fazenda Nacional; o Ministério da Educação: Secretaria de Educação Básica; o Ministério do Planejamento, Orçamento e Gestão: Secretaria de Orçamento Federal; a Controladoria-Geral da União: Diretoria de Combate à Corrupção e, no âmbito estadual e municipal, os Grupos de Educação Fiscal (GEFE e GEFM). Dados disponíveis no site <http://educacaofiscal.gov.br/sobre-o-programa/>. Acesso em: 01 set. 2017.

[48] Dados disponíveis no site <http://educacaofiscal.gov.br/sobre-o-programa/>. Acesso em: 01 set. 2017.

[49] Disponível no site <http://www.pgfn.gov.br/divida-ativa-da-uniao/educacao-fiscal>. Acesso em: 12 set. 2017

Ao tratar do horizonte do Brasil no século XXI, Míriam Leitão destaca que a educação é o ponto-chave para o progresso do país:

> Uma educação melhor vai aperfeiçoar a democracia. Assim, será possível varrer do país algumas chagas sociais que carregamos pelos erros passados. Uma população com elevado nível de escolaridade vai entender e se integrar no mundo da alta tecnologia e dos avanços científicos; um contribuinte consciente dos seus direitos vai impor aos governos vigilância permanente sobre o destino do dinheiro público; pais mais educados criarão filhos com mais chances de vencer; será mais fácil criar leis e hábitos em torno dos desafios impostos pelo planeta na era das mudanças climáticas.[50]

A cultura de um povo é mutável e, certamente, a educação influencia na mudança cultural, sendo indispensável à construção de um futuro promissor para uma nação.

Nesse diapasão, para que as futuras gerações tenham parâmetros e comportamentos inspirados por consciência cívica e por princípios éticos no Brasil, impõe-se, como se deu em outros países, a realização de investimentos em eficientes políticas públicas na área educacional e, dentro desse macrossistema da educação, mister se faz priorizar, desde a fase infantil, ações e atividades de educação fiscal.

Conclusão

Levando em alta consideração os dados estatísticos e os apontamentos explanados no presente trabalho, é possível concluir que a corrupção é indesejável mazela de natureza político-social-econômica, que deve ser efetivamente coibida e combatida porque, dia após dia, acarreta negativos e nefastos efeitos para a sociedade como um todo, prejudicando a realização de políticas públicas direcionadas à concretização dos direitos fundamentais constitucionalmente previstos, notadamente nos campos da educação, da saúde, da segurança, entre tantas outras demandas sociais.

Com o fim da ditadura militar e a promulgação da Constituição Federal em 1988, houve sensível aumento de denúncias de corrupção em virtude da redemocratização, o que possibilitou, entre

---

[50] *História do Futuro: O Horizonte do Brasil no Século XXI*, p. 155-156

outras consequências, mais transparência e maior atuação de várias instituições no enfrentamento de práticas de corrupção.

Na atual conjuntura, é inegável que, no mundo da corrupção, tudo gira em torno do dinheiro, inclusive aquele oriundo das práticas de sonegação fiscal.

As fraudes e as manobras para sonegação e blindagem de patrimônio estão cada vez mais sofisticadas e criativas, o que exige uma atuação mais eficiente, eficaz e estratégica por parte dos órgãos responsáveis pela cobrança e recuperação de créditos públicos.

Em 2017, entre os meses de janeiro e agosto, foram sonegados mais de R$ 370 bilhões, de modo que, mais do que nunca, é fundamental incrementar os trabalhos especializados desenvolvidos e executados pela PGFN (Procuradoria-Geral da Fazenda Nacional), órgão estratégico de Estado, não de governo, integrado por advogados públicos concursados, que têm as específicas atribuições de defender e de recuperar crédito público, bem como de coibir e de combater a sonegação fiscal e a corrupção, assegurando, assim, os necessários recursos financeiros para o atendimento de diversas políticas públicas de interesse da sociedade brasileira.

Ademais, no atual cenário nacional de múltiplos escândalos de desvios de recursos públicos, é imperioso que, paralelamente às medidas de repressão e de punição, haja implementação de medidas preventivas que tenham por enfoque a mudança de paradigmas e a progressiva conscientização coletiva.

Em suma, para que as futuras gerações tenham parâmetros e comportamentos norteados por consciência cívica e por princípios éticos no Brasil, é importante que todos que integram a sociedade pensem e atuem por uma agenda positiva para o país, buscando investir em eficientes políticas públicas na área educacional e, dentro desse macrossistema da educação, conferindo especial atenção, desde a fase infantil, à concretização e à difusão de ações e de atividades de educação fiscal.

Referências

ABDENUR, Roberto. Corrupção Emperra Economia. In: PILAGALLO, Oscar (Org.). *Corrupção – Entrave ao Desenvolvimento do Brasil*. Rio de Janeiro: Elsevier, 2013.

ABRAHAM, Marcus. *Curso de Direito Financeiro Brasileiro*. 4. ed. Rio de Janeiro: Forense, 2017.

CARVALHO, José Murilo de. *Cidadania no Brasil – O Longo Caminho*. 19. ed. Rio de Janeiro: Civilização Brasileira, 2015.

CORTELLA, Mario Sergio. *Pensar Bem nos Faz Bem – Família Carreira Convivência Ética –* v. 2. 4. ed. Petrópolis : Vozes, 2015.

FURTADO, Lucas Rocha. *As Raízes da Corrupção no Brasil –* Estudos de Casos e Lições para o Futuro. Belo Horizonte: Fórum, 2015.

GARCIA, Emerson; ALVES, Rogério Pacheco. *Improbidade Administrativa*. 9. ed. São Paulo: Saraiva, 2017.

GONÇALVES, Alexsander Aparecido. A advocacia pública e suas funções institucionais. *Fórum Administrativo – Direito Público – FA*, Belo Horizonte, ano 10, n. 108, fev. 2010. Disponível em: <http://bid.editoraforum.com.br/bid/PDI0006.aspx?pdiCntd=65463>. Acesso em: 23 jul. 2017.

LEITÃO, Míriam. *História do Futuro:* O Horizonte do Brasil no Século XXI. Rio de Janeiro: Intrínseca, 2015.

MACHADO, Hugo de Brito. *Curso de Direito Tributário*. 35. ed. São Paulo: Malheiros, 2014.

MARTINS, José Antônio. *Corrupção*. São Paulo: Globo, 2008.

MILESKI, Helio Saul. *O Estado Contemporâneo e a Corrupção*. Belo Horizonte: Fórum, 2015.

MONTORO FILHO, André Franco. *Corrupção, Ética e Economia*. 4. ed. Rio de Janeiro: Elsevier; São Paulo: ETCO, 2012.

MOURA, José Fernando Ehlers de. *Ensaio sobre a Corrupção*. Porto Alegre: AGE, 2012.

NUNES, Antonio Carlos Ozório. Corrupção: O Combate através da Prevenção. In: PIRES, Luis Manuel Fonseca; ZOCKUN, Maurício; ADRI, Renata Porto (Org.). *Corrupção, Ética e Moralidade Administrativa*. Belo Horizonte: Fórum, 2008.

OLIVEIRA, Regis Fernandes de. *Curso de Direito Financeiro*. 4. ed. São Paulo: Revista dos Tribunais, 2011.

PILAGALLO, Oscar. *Corrupção – Entrave ao Desenvolvimento do Brasil*. Rio de Janeiro: Elsevier, 2013.

PINSKY, Jaime. *A ética da corrupção*. Disponível em: <http://www.editoracontexto.com.br/blog/a-etica-da-corrupcao-jaime-pinsky/>. Acesso em: 03 set. 2017.

SCHOUERI, Luís Eduardo. *Direito Tributário*. 4. ed. São Paulo : Saraiva, 2014.

TITONELLI, Allan. *Fortalecer a PGFN é um caminho para superar a crise*. Disponível em: <http://www.conjur.com.br/2015-ago-10/allan-titonelli-fortalecer-pgfn-caminho-superar-crise>. Acesso em: 23 fev. 2017.

VILLAS-BÔAS, Marcos de Aguiar. *Sonegação fiscal supera em muito os valores da corrupção pública*. Disponível em: <http://www.conjur.com.br/2015-nov-17/villas-boas-sonegacao-fiscal-supera-valores-corrupcao-publica>. Acesso em: 23 fev. 2017.

Informação bibliográfica deste texto, conforme a NBR 6023:2002 da Associação Brasileira de Normas Técnicas (ABNT):

HIROSE, Regina Tamami A atuação estratégica da Procuradoria-Geral da Fazenda Nacional (PGFN) na prevenção e no combate à corrupção e à sonegação fiscal In: MOURÃO, Carlos Figueiredo; HIROSE, Regina Tamami (Coord.). *Advocacia pública contemporânea*: desafios da defesa do Estado. Belo Horizonte: Fórum, 2019. p. 287-311. ISBN 978-85-450-0578-0.

A ELABORAÇÃO LEGISLATIVA E A ADVOCACIA PÚBLICA

Carlos Roberto de Alckmin Dutra

1 Introdução

Embora a redação de leis seja uma prática milenar, o estudo em grau científico dessa matéria passou a ser feito muito recentemente, principalmente, na segunda metade do Século XX.

Se, por um lado, nos dias de hoje sabemos que, em regimes democráticos, a lei é aprovada nos Parlamentos, mediante um processo previsto em normas preestabelecidas, pelo voto de representantes dos cidadãos, eleitos democraticamente, por outro, a redação das leis e quem, na prática, as redige, é algo desconhecido, que intriga a maioria das pessoas.

O advogado e poeta norte-americano JOHN GODFREY SAXE cunhou frase muito citada, com a sua autoria algumas vezes atribuída incorretamente a outro personagem histórico,[1] que bem retrata a desconfiança das pessoas no tocante à elaboração legislativa: "Leis, como salsichas, cessam de inspirar respeito proporcionalmente ao conhecimento que temos de como elas são feitas."[2]

Com o objetivo de tentar aclarar em alguma medida a forma como são redigidas as leis, aqueles que devem, por ofício, encarregar-se

---

[1] A referência é muitas vezes feita ao Chanceler alemão Otto von Bismack, mas de forma equivocada. Nesse sentido: SHAPIRO, Fred, *Our Daily Bleg: Uncovering More Quote Authors*. Disponível em: <http://freakonomics.com/2009/03/05/our-daily-bleg-uncovering-more-quote-authors/>. Acesso em: 27 set. 2016 e HERRON, Frank, *Do Law-Making, Sausage-Making and Quote-Making Have Something in Common?*. Disponível em:<http://blogs.umb.edu/quoteunquote/2012/04/10/do-law-making-sausage-making-and-quote-making-have-something-in-common/>. Acesso em: 27 set. 2016.

[2] **A frase é citada no jornal** *The Daily Cleveland Herald* , de 29 de março de 1869, atribuída a **John Godfrey Saxe, com o seguinte teor:** "Laws, like sausages, cease to inspire respect in proportion as we know how they are made.". Disponível em: <https://books.google.de/books?id=cEHiAAAAMAAJ&pg=PA164&hl=pt-BR#v=onepage&q&f=true>. Acesso em: 27 set. 2016.

dessa tarefa e matérias ligadas ao tema, procuraremos examinar, com a necessária brevidade, como evoluiu o estudo da elaboração das leis e o seu atual estágio de desenvolvimento no cenário mundial e brasileiro. Em seguida, verificaremos, a partir de casos práticos, como os Advogados e, em particular, os Advogados Públicos, poderiam contribuir para o aperfeiçoamento da redação legislativa.

2 A técnica legislativa, a ciência da legislação e a legística

2.1 O cenário internacional

A lei escrita é um importante fator quando se tem em foco a garantia da igualdade de direitos entre as pessoas. A ausência da norma escrita confere espaço ao arbítrio e à prevalência do mais forte sobre o mais fraco. Já quando se tem escrita a norma, todos se encontram no mesmo patamar, rico ou pobre, poderoso ou fraco. Nesse sentido, a lição de Fábio Konder Comparato, a enfocar a importância da lei escrita na história da humanidade:

> A lei escrita alcançou entre os judeus uma posição sagrada, como manifestação da própria divindade. Mas foi na Grécia, mais particularmente em Atenas, que a preeminência da lei escrita tornou-se, pela primeira vez, o fundamento da sociedade política. Na democracia ateniense, a autoridade ou força moral das leis escritas suplantou, desde logo, a soberania de um indivíduo ou de um grupo ou classe social, soberania essa tida doravante como uma ofensa ao sentimento de liberdade do cidadão. Para os atenienses, a lei escrita é o grande antídoto contra o arbítrio governamental, pois, como escreveu Eurípedes na peça As Suplicantes (verso 432), "uma vez escritas as leis, o fraco e o rico gozam de um direito igual."[3]

Rousseau, sem deixar de reconhecer a existência de um Direito Natural ou Divino, que chama de "justiça universal", expõe a

---

[3] COMPARATO, Fábio Konder, A Afirmação Histórica dos Direitos Humanos, São Paulo: Saraiva, 1999. p. 12.

necessidade de se produzirem leis, diante da incapacidade dos seres humanos de receberem essa justiça divina e colocá-la em prática. Assim, as leis humanas tornar-se-iam necessárias em decorrência da falta de sanção da justiça universal para evitar "o bem do perverso e o mal do justo, quando este as observe com todos, sem que ninguém as observe consigo". Conclui, assim, ser necessária a existência de leis "para unir os direitos e deveres e encaminhar a justiça ao seu objetivo."[4]

A redação legislativa foi uma tarefa que progrediu muito lentamente ao longo da história. Segundo Carlos Blanco de Morais, a evolução da Ciência da Legislação teve os seguintes antecedentes históricos:

- os *tesmotetas atenienses* que tinham por função rever a legislação, examinar contradições entre as leis e verificar se eram ambíguas;
- a obra de Cícero, com o desiderato de "consolidação" de leis dispersas num texto único;
- a obra de Montesquieu, que tratou de questões como a referente às leis de uma localidade não se adequarem, necessariamente, à outra; e de Bentham, que enunciou propostas de estilo, procedimento e técnica, mas sem pretensões científicas; e, por fim,
- Gaetano Filangieri[5] que, em sua obra "Scienza della legislazione", tratou de mecanismos técnicos de produção legislativa, tendo proposto a instituição de um censor de leis, "uma magistratura de natureza consultiva que se deveria ocupar da perfeição dos actos legislativos, evitando a sua 'corrupção' e caducidade."[6]

---

[4] "O que é bom e conforme a ordem o é pela natureza das coisas e independentemente das convenções humanas. Toda justiça vem de Deus; só ele é a sua fonte; mas, se soubéssemos recebê-la de tão alto, não teríamos necessidade nem de governo nem de leis. Está fora de dúvida a existência de uma justiça universal, só da razão emanada; tal justiça, porém, para ser admitida entre nós, deve ser recíproca. Considerando humanamente a natureza das coisas, à falta de sanção natural, são vãs as leis da justiça entre os homens; fazem o bem do perverso e o mal do justo, quando este as observa como todos, sem que ninguém as observe consigo. É necessário, pois, haja convenções e leis para unir os direitos e deveres e encaminhar a justiça ao seu objetivo. No estado natural, onde tudo é comum, nada devo àqueles a quem nada prometi; só reconheço como sendo de outrem o que me é inútil. Isso não ocorre no estado civil, onde todos os direitos são fixados pela lei." ROUSSEAU, Jean-Jacques. *O contrato social e outros escritos*. 15. ed., São Paulo: Cultrix, 2005. p. 47.

[5] FILANGIERI nasceu em Nápoles em 1753 e morreu aos 35 anos de idade, em 1788. Sua obra, fortemente inspirada pela ideia de racionalidade na elaboração das leis chegou a influenciar os constituintes norte-americanos e causou descontentamento dentre aqueles ligados à ordem feudal de Nápoles. Os dois primeiros volumes da Ciência da Legislação teriam sido lançados em 1780 e, em 1784, teriam chegado a figurar no índice dos livros proibidos segundo Antonio Gargano. In: *La Scienza della legislazione di Gaetano Filangieri*. Disponível em: <http://www.iisf.it/scuola/filangieri/filangieri.htm>. Acesso em: 26 set. 2016.

[6] MORAIS, Carlos Blanco de. *Manual de Legística*. Editorial Verbo, 2007. p. 37-40.

Segundo Blanco de Morais, a Inglaterra foi provavelmente o país onde se desenvolveu primeiramente a técnica legislativa, pois desde a criação do "Parliament Council", em 1869, possui aquele país diretrizes de técnica legislativa. Já o "Renton Report", de 1975, é considerado um verdadeiro tratado de técnica legislativa.[7]

Ainda com espeque nos ensinamentos do mestre português, em outros países europeus foram implantadas as primeiras diretrizes de técnica legislativa apenas a partir do final da década de 1960: Suécia (1969), Áustria (1979), Suíça (1976) e Alemanha (1976).[8]

No Canadá foi criado, em 1947, um departamento especializado na redação de leis no Ministério da Justiça, baseado no modelo britânico, dotado de um 'comitê de releitura', nos moldes sugeridos por Filangieri e desde os anos cinquenta há um manual de regras de técnica legislativa, em língua inglesa, tendo sido, no final dos anos setenta, instituído um guia em francês.[9]

Nos Estados Unidos, "o tema da redacção das leis aparece nos programas das diversas escolas universitárias, havendo vários manuais que ensinam a técnica legislativa, quer aos juristas que trabalham junto de órgãos legislativos, quer aos cidadãos comuns interessados em elaborar diplomas para efeitos de 'lobbying'."[10]

Nos países anglo-saxônicos, embora não se tenha desenvolvido o estudo apartado da Ciência da Legislação, os seus componentes têm sido analisados separadamente:

> de um lado, a avaliação económica e financeira do impacto do Direito; e de outro, os critérios de 'drafting' e 'simplification'. Tal deriva do facto de o primeiro domínio ser tendencialmente confiado a economistas e o segundo a juristas, o que não impede que, em órgãos auxiliares, se juntem em equipas multidisciplinares.[11]

Em Portugal, o estudo da "Ciência da Legislação" se deve a Canotilho, que teria inserido, em 1986, a temática "na doutrina portuguesa contemporânea nomeadamente através de um relatório

---

[7] *Ibidem*, p. 47-48.
[8] *Ibidem*, p. 47.
[9] *Ibidem*, p. 48.
[10] *Ibidem*.
[11] MORAIS, Carlos Blanco de. *Manual de Legística*. Editorial Verbo, 2007. p. 56.

sobre 'Programa, conteúdo e métodos de um curso de Mestrado em 'Teoria da Legislação'". Contemporaneamente, foram publicados dois volumes da obra "A feitura das leis", produto de um ciclo de conferências coordenadas por Jorge Miranda no Instituto Nacional de Administração (INA).[12]

Assim, pode-se constatar que o estudo, em caráter científico, da elaboração das leis é algo bastante recente. De fato, como nos informa Blanco de Morais, surgiu apenas no início nos anos 80 do século passado, quando os domínios científicos e técnicos da Ciência da Legislação experimentaram um incremento inédito em termos de investigação, ensino e aplicação concreta, dando espaço à subdivisão da disciplina em duas vertentes básicas, segundo concepção da escola Suíça, fundamentalmente estribadas nos estudos do advogado criminalista Peter Noll: a Legística Material e a Legística Formal.[13]

A Legística Material foi identificada com a metodologia legislativa, na qual são estudados elementos externos ao universo jurídico, que se mostram imprescindíveis para garantir a eficácia da lei, mediante análise dos impactos prévios da legislação, ramo "marcado decisivamente pelas experiências anglo-americanas e canadianas, decorrentes da análise económica do direito".[14]

Já a Legística Formal ou Técnica Legislativa estaria centrada, sobretudo, na redação e sistematização normativas, desempenhando uma função auxiliar à primeira.[15]

2.2 Definição de Ciência da Legislação e de Legística

A partir desse brevíssimo escorço histórico, podemos trazer a lume a definição de Ciência da Legislação, valendo-nos para tanto da lição de Blanco de Morais, para quem é ela:

[...] um domínio científico do conhecimento, auxiliar da Ciência Jurídica, cujo objeto radica no estudo praxiologicamente orientado das

---

[12] Ibidem, p. 51.
[13] Ibidem, p. 37 e 54-55.
[14] Ibidem, p. 50 e 55.
[15] Ibidem, p. 50.

componentes estática e dinâmica do fenómeno normativo público, tendo por fim a sua compreensão e a identificação de soluções que promovam e garantam a validade e a qualidade dos actos normativos.[16]

A Ciência da Legislação desdobrar-se-ia em três ramos: 1) a "Teoria da Lei"; 2) a "Teoria da Decisão Pública"; e 3) a "Legística".[17]

O primeiro ramo diria respeito à dogmática jurídica; o segundo, à teoria da decisão aplicada à ciência jurídica, que não poderão ser objeto de análise, diante da necessária brevidade do presente estudo. Já a "Legística", que será analisada a seguir, é definida por Blanco de Morais como:

> o ramo da Ciência da Legislação que se ocupa do estudo dos conhecimentos, dos métodos e das técnicas destinadas a assegurar, em sede e concepção, elaboração e controle dos efeitos normativos, a qualidade, validade e praticabilidade do texto e do conteúdo prescritivo da lei.[18]

2.3 A evolução da ciência da legislação no Brasil

Também no Brasil, a Legística é objeto de especulação doutrinária muito recente. Entre nós, tradicionalmente falava-se em Técnica Legislativa.

A primeira obra que se tem conhecimento acerca da técnica legislativa[19] é uma conferência proferida por Aureliano Leal no Instituto dos Advogados Brasileiros e publicada sob o título Técnica Constitucional Brasileira, em cujo desenvolvimento já notava o talentoso advogado a importância da boa redação legislativa e os efeitos nocivos das leis mal redigidas:

> A todos não é dado, sem duvida, avaliar das contrariedades, dos dissabores que provoca um texto obscuro e impalpável de legislação. Mas nós, profissionaes, conhecemos de perto como um simples preceito

---

[16] Ibidem, p. 59.
[17] Ibidem, p. 66-67.
[18] MORAIS, Carlos Blanco de. Manual de Legística. Editorial Verbo, 2007. p. 70.
[19] Nesse sentido: CARVALHO, Kildare Gonçalves. Técnica legislativa. 5. ed., Belo Horizonte: Del Rey, 2010. p. 1. Traz o autor, igualmente, um rol de obras que tratam do tema da técnica legislativa.

sanccionado em um estatuto, pode compromette r situações privadas e políticas que o legislador quiz proteger e garantir, mas que não pôde, não soube ou não teve a paciência e o cuidado de adaptar á objectidade da vida diária, quando, partindo das abstracções scientificas, ilhe preparou a moldura no mundo concreto.[20]

Hésio Fernandes Pinheiro possui festejada obra intitulada "Técnica Legislativa e as Constituições e Leis Constitucionais do Brasil",[21] na qual faz considerações acerca da evolução da lei escrita, da técnica legislativa e seu conceito e, em seguida, trata da estrutura e redação das leis.

No tocante à técnica legislativa, esclarece ser o "artigo" a unidade básica para a apresentação, divisão ou agrupamento de assuntos e que sua redação, e que deve subordinar-se a um conjunto de regras próprias, que contribuem para a apresentação formal e material do texto, dentre as quais, cita as seguintes, que passamos a transcrever para demonstrar a natureza das regras de técnica legislativa:

> 1ª REGRA – Cada artigo deve conter um único assunto.
> 2ª REGRA – O artigo dará, exclusivamente, a norma geral, o princípio. As medidas complementares e as exceções serão reservadas, sempre, aos parágrafos.
> 3ª REGRA – Não serão usadas abreviaturas nem siglas nas referências às pessoas jurídicas, salvo quando forem elas consagradas pelo direito ou conhecidas e generalizadas por todo o território nacional como, *v.g.*, S. A. (Sociedade Anônima), E. F. (Estrada de Ferro), etc. Mesmo nestes casos é aconselhável que a primeira referência ao nome seja escrita por extenso, seguindo-se-lhe, então, a sigla, entre parêntesis.
> 4ª REGRA – Quando o assunto requerer discriminações, o enunciado comporá o artigo e os elementos, objeto da discriminação, serão apresentados sob a forma de itens.
> 5ª REGRA – Tôda vez que os artigos se sucederem, tratando de assuntos heterogêneos, deve ser mantida, quanto possível, a uniformidade inicial dos verbos.
> 6ª REGRA – A precisão de linguagem, técnica ou vulgar, deve ser absoluta, afim de que o objetivo do artigo seja perfeita e fàcilmente

---

[20] LEAL, Aureliano. Técnica Constitucional Brasileira. Rio de Janeiro, Tip. Jornal do Comércio, 1914. Disponível, em versão eletrônica na Biblioteca do Supremo Tribunal Federal: <http://www.stf.jus.br/bibliotecadigital/DominioPublico/1846/pdf/1846.pdf>. Acesso em: 26 set. 2016, p. 4.

[21] PINHEIRO, Hésio Fernandes. Técnica legislativa e as Constituições e leis constitucionais do Brasil. Rio de Janeiro: Livraria Jacinto, 1945.

compreendido e o seu conteúdo se preste ao mínimo possível de interpretações.

7ª REGRA – É vedado o emprego de expressões esclarecedoras, tais como: ou seja, isto é, por exemplo, v. g. e outras equivalentes. O assunto deve ser apresentado no artigo de forma tal que dispense quaisquer esclarecimentos. É na exata definição da idéia e na precisão terminológica, que reside o segredo da aplicação da regra.

8ª REGRA – No emprêgo de termos, prefiram-se os que tenham o mesmo sentido e significado no maior espaço territorial possível. Daí a conveniência de serem evitadas as expressões locais e regionais, a menos que o ato legislativo tenha caráter absolutamente restrito, sem possibilidade, certa, de ser ampliado o seu campo de ação ulteriormente.

9ª REGRA – As expressões devem ser usadas em seu sentido vulgar, salvo em se tratando de assunto técnico quando, então, será preferida a nomenclatura técnica, peculiar ao setor de atividades sobre o qual se está legislando, ressalvados, entretanto e sempre, a observância da linguagem e o estilo jurídicos.

10ª REGRA – As frases usadas devem ser reduzidas ao mínimo possível sem, entretanto, prejudicarem a idéia finalística.

11ª REGRA – Nas leis extensas, os primeiros artigos devem ser reservados, sempre, para a definição do objetivo da lei e à limitação de seu campo de aplicação.

12ª REGRA – Cada artigo deve ser cuidadosamente e exatamente colocado em seu justo lugar, no texto, segundo o assunto que contém. Pode-se mesmo adaptar o conhecido preceito de organização ao caso, dizendo: cada assunto em seu artigo e cada artigo em seu lugar.[22]

Alguns Estados-membros brasileiros criaram leis destinadas a reger a redação legislativa. No Estado de São Paulo, como esclarece Andyara Klopstock Sproesser, essa legislação precedeu à editada em âmbito nacional:

> Existe uma técnica legislativa, que diz como há de ser redigido o projeto de lei. Essa técnica acabou consubstanciada em texto legal. Hoje, há, no plano federal, a Lei Complementar nº 95, de 26.02.98, que dispõe sobre a elaboração, a redação, a alteração e a consolidação das leis, e estabelece normas para a consolidação dos atos normativos que menciona.
> Mas, antes ainda, já havia no Estado de São Paulo, de modo pioneiro ao que podemos saber, legislação nesse sentido, como resultado do trabalho conjunto das Assessorias do Executivo e da Assembleia Legislativa, respectivamente ATL e ATM. Trata-se do Decreto-Lei Complementar

---

[22] PINHEIRO, Hésio Fernandes. *Técnica legislativa e as Constituições e leis constitucionais do Brasil*. Rio de Janeiro: Livraria Jacinto, 1945. p. 52 a 58.

nº 1, de 11 de agosto de 1969, substituído pela Lei Complementar nº 60, de 10.07.72, ambos estabelecendo normas técnicas de elaboração legislativa.[23]

Entre nós, o mais significativo avanço no estudo da técnica legislativa decorreu com a promulgação da Constituição de 1988. Realmente, no artigo que inaugura a Seção VIII (Do Processo Legislativo), do capítulo referente ao Poder Legislativo (Título IV, Capítulo I), a Carta de 1988 prescreve que a matéria relativa à *elaboração, redação, alteração e consolidação das leis*, será disciplinada por lei complementar (CF, art. 59, parágrafo único).

Em função da determinação constitucional, foi aprovada a Lei Complementar nº 95, de 26 de fevereiro de 1998 (LC 95/98) e, com a finalidade de regulamentá-la, o Presidente da República editou o Decreto nº 4.176, de 28 de março de 2002, que estabelece "normas e diretrizes para a elaboração, a redação, a alteração, a consolidação e o encaminhamento ao Presidente da República de projetos de atos normativos de competência dos órgãos do Poder Executivo Federal, e dá outras providências."

Diversos Estados-membros da Federação criaram legislação própria para disciplinar a elaboração de leis em suas esferas. No estado de São Paulo, *v.g.*, foi aprovada a Lei Complementar estadual nº 863, de 29 de dezembro de 1999 (alterada pela LC estadual nº 944, de 26 de junho de 2003), que regulamentou o item 16 do parágrafo único do artigo 23 da Constituição do Estado, estabelecendo normas para a consolidação dos atos normativos, bem como técnicas para a elaboração, redação e alteração das leis.

2.4 A natureza das normas de legística formal

Por entendermos que em seu atual estágio de evolução a elaboração legislativa já se encontra em grau científico, no lugar da expressão "Técnica Legislativa", usaremos "Legística Formal".

---

[23] SPROESSER, Andyara Klopstock. *Direito Parlamentar* – Processo Legislativo. São Paulo: Assembleia Legislativa do Estado de São Paulo, 2000. p. 84-85.

As regras de Legística Formal referem-se aos *aspectos estáticos* dos projetos de lei, quais sejam, a sua *redação, estrutura interna, clareza, logicidade, coerência* etc.

Enquanto o processo legislativo, como todo processo, tem caráter dinâmico, as regras de Legística Formal têm natureza estática. Aquele trata das etapas e formalidades de discussão e aprovação da lei; as regras de Legística Formal regulam a formação interna da lei, as fórmulas necessárias para a confecção de quaisquer espécies normativas de forma clara, precisa e compreensível.

As regras de Legística Formal, que apenas invocam boas práticas de confecção legislativa, consubstanciando uma espécie de *arte de legislar*, não ostentam, por natureza, o porte de normas jurídicas, ou seja, não são, em sua essência, normas de Direito, como esclarece Piedad García-Escudero Márquez:

> Diante da profundidade jurídica da proclamação e do estudo do princípio da segurança jurídica (pelo direito constitucional, pelo direito administrativo, etc.), quando falamos sobre qualidade de dispositivos legais e sobre a técnica normativa parece que deixamos o campo do direito para entrar no das boas práticas: a arte de legislar de forma clara e eficaz. Os seus princípios não são regras de direito, pois lhes falta sanção.[24]

Note-se, contudo, que, no Brasil, as regras de Legística Formal, no que se refere à elaboração, redação, alteração e consolidação das leis, foram erigidas ao patamar de *normas jurídicas*, na medida em que a própria Constituição determina que a sua regulamentação seja feita por meio de lei complementar (CF, art. 59, parágrafo único).

Em estudo específico sob o tema, tivemos a oportunidade de conceituar as normas de Legística da seguinte forma:

> Em sua natureza, as regras de Legística são normas instrumentais, destinadas a orientar os agentes constitucionalmente competentes na

---

[24] Tradução livre de: "Frente a la profundidad jurídica de la proclamación y el estudio del principio de seguridad jurídica (por el Derecho constitucional, el Derecho administrativo, etc.), cuando hablamos de calidad de la ley e técnica normativa parece que salimos del campo del Derecho para entrar en el de las buenas prácticas: es el arte de legislar clara y eficazmente. Sus principios no son normas jurídicas, carecen de sanción." MÁRQUEZ, Piedad García-Escudero. *Técnica legislativa y seguridad jurídica*: ¿hacia el control constitucional de la calidad de las leyes? Cizur Menor, Espanha: Thomson Reuters, 2010, p. 14.

formulação de proposições legislativas, bem como a, no curso do processo legislativo, fornecer aos parlamentares e comissões os parâmetros necessários a propiciar a formulação de legislação de qualidade e, se necessário, expurgar eventuais vícios intrínsecos (como a falta de clareza, a contradição, a vagueza, a ambiguidade etc.) existentes nas proposições.[25]

Desse modo, se, em um primeiro momento, enquanto regra de boa conformação legislativa, as normas de Legística Formal, por natureza, têm como seu destinatário o legislador; por força de sua instrumentalização em lei complementar, elas se alçam à categoria de normas jurídicas, direito positivo, e, por isso, passam também a ser objeto de análise dos intérpretes e aplicadores do Direito, em especial o Poder Judiciário, que se tornam árbitros de seu fiel cumprimento pelo legislador, no momento da confecção legislativa.

3 A redação das leis

O grau científico alcançado pela elaboração legislativa, que passou a ser vista como Ciência da Legislação, mostra-nos que a elaboração da lei deve ser feita mediante a conjunção de conhecimentos especializados de diversas áreas, em consonância com o assunto tratado na lei. Assim, exemplificativamente, para a confecção de um projeto que trate de informática, devem participar técnicos em informática; de saúde, mediante participação de sanitaristas; em consumo, com a colaboração de especialistas em relações de consumo e assim por diante. Como fator comum à elaboração de todas as leis, é fundamental a participação de profissionais do Direito, que tenham intimidade com a linguagem e estilo jurídicos, mais especificamente, expertos em redação legislativa, matéria assaz especializada.

Como lembra Manoel Gonçalves Ferreira Filho, "é inegável ser a elaboração da lei tecnicamente uma tarefa de jurista. Embora não o seja apenas."[26]

---

[25] DUTRA, Carlos Roberto de Alckmin. A exigência de qualidade formal das leis e seus reflexos no processo legislativo e no controle de constitucionalidade. 2014. Tese (Doutorado em Direito do Estado) – Faculdade de Direito, Universidade de São Paulo, São Paulo, 2014.
[26] FERREIRA FILHO, Manoel Gonçalves. *Do processo legislativo*. 7. ed. São Paulo, Saraiva, 2012. p. 304.

Diríamos mais, a elaboração legislativa é tecnicamente e sob o ponto de vista da redação propriamente dita – e não da matéria que compõe conteúdo da lei – atividade típica de juristas com conhecimento específico de Legística, tanto em sua face material, como método legislativo, como em sua vertente formal, a técnica legislativa.

Procuraremos demonstrar essa afirmação mediante a análise de 2 (dois) casos concretos referentes a leis de primeira grandeza no cenário nacional, quais sejam, o Código Civil e o Código de Processo Civil, no tocante a aspecto específico de sua redação, referente à cláusula de vigência dessas leis.

4 A cláusula de vigência nos novos códigos civil e de processo civil

Embora inúmeros exemplos relativos à redação das leis em nosso país pudessem ser trazidos à discussão, como aqueles referentes à inclusão de assuntos não pertinentes ao tema das leis (em violação ao artigo 7º, I da LC 95/98) ou a falta clareza, precisão e ordem lógica (em desatenção ao artigo 11, da LC 95/98), os casos a seguir mencionados melhor se afeiçoam aos propósitos do presente artigo.

O "novo" Código Civil, Lei nº 10.406, foi publicado no Diário Oficial da União de 11 de janeiro de 2002. A sua entrada em vigor foi prevista em seu artigo 2.044, com o seguinte teor: "Este Código entrará em vigor 1 (um) ano após a sua publicação."

O "novo" Código de Processo Civil, Lei nº 13.105, foi publicado no Diário Oficial da União em 17 de março de 2015, tendo a sua entrada em vigor sido prevista em seu artigo 1.045: "Este Código entra em vigor após decorrido 1 (um) ano da data de sua publicação oficial."

A fixação da data de entrada em vigor de ambas as leis, da mais alta importância, por se tratarem de códigos, que afetam o próprio funcionamento do Poder Judiciário e a vida de milhões de pessoas, foi objeto de grande celeuma.

De fato, embora em ambos os casos a entrada em vigor dos diplomas legais tenha sido fixada em 1 (um) *ano*, a norma nacional que trata da elaboração legislativa, Lei Complementar nº 95/98, estabelece que o prazo para a entrada em vigor das leis deve ser fixado em *dias* e não em anos (art. 8º, §2º, com a sua redação dada pela Lei Complementar nº 107, de 26.4.2011).[27]

Como se pode perceber, na elaboração dos referidos Códigos, a regra prevista na LC 95/98 não foi observada e os diplomas legais foram aprovados fixando prazo em 1 (um) ano. Esse singelo fato gerou enorme dúvida quanto à data efetiva de entrada em vigor dos Códigos, com todas as nocivas consequências daí decorrentes.

Tomando o Código de Processo Civil a título de exemplo, fixaram-se 3 (três) correntes, cada uma propondo uma data distinta para sua entrada em vigor. A matéria foi bem sintetizada por Mário Luiz Delgado em artigo sobre o tema,[28] que passaremos a examinar, de forma abreviada:

1ª Corrente, propondo a data de *1º de maio de 2015*. Essa vertente se baseia na tese de que as leis complementares têm hierarquia superior às ordinárias e, por esse motivo, caso a lei ordinária desrespeite a complementar será inválida, inconstitucional.

Desse modo, tendo o artigo 1.045 do novo Código de Processo deixado de observar o teor do §2º do artigo 8º da LC 95/98, seria por isso nulo, prevalecendo a regra geral para a contagem da data de entrada em vigor, prevista no artigo 1º da Lei de Introdução ao Direito Brasileiro.[29]

Tendo em vista que o novo CPC foi publicado em 17.03.2015 e que o §1º do artigo 8º da LC 95/98 prevê que a "contagem do prazo para entrada em vigor das leis que estabeleçam período de vacância

---

[27] Art. 8º A vigência da lei será indicada de forma expressa e de modo a contemplar prazo razoável para que dela se tenha amplo conhecimento, reservada a cláusula "entra em vigor na data de sua publicação" para as leis de pequena repercussão.
§ 1º A contagem do prazo para entrada em vigor das leis que estabeleçam período de vacância far-se-á com a inclusão da data da publicação e do último dia do prazo, entrando em vigor no dia subseqüente à sua consumação integral. (Incluído pela Lei Complementar nº 107, de 26.4.2001)
§ 2º As leis que estabeleçam período de vacância deverão utilizar a cláusula 'esta lei entra em vigor após decorridos (o número de) dias de sua publicação oficial' . (Incluído pela Lei Complementar nº 107, de 26.4.2001)

[28] DELGADO, Mário Luiz. Data exata para a entrada em vigor do novo CPC gera dúvidas. Disponível em: <http://www.conjur.com.br/2016-fev-18/mario-delgado-data-entrada-vigor-cpc-gera-duvidas#sdfootnote4sym>. Acesso em: 21 set. 2016.

[29] Art. 1º Salvo disposição contrária, a lei começa a vigorar em todo o país quarenta e cinco dias depois de oficialmente publicada.

far-se-á com a inclusão da data da publicação e do último dia do prazo, entrando em vigor no dia subseqüente à sua consumação integral", o prazo de 45 (quarenta e cinco) dias iniciar-se-ia no dia 17 de março e terminaria no dia *1º de maio de 2015*.

2ª *Corrente*, propondo a data de *16 de março de 2016*. Segundo essa tese, o período de 1 (um) ano previsto no artigo 1.045 do novo CPC deveria ser transformado em dias para atender a regra do § 2º da LC 95/98, assim, iniciando-se o prazo em 17 de março de 2015, data da publicação, e incluindo o último dia do prazo, a vigência do CPC iniciar-se-ia em *16 de março de 2016*.[30]

3ª *Corrente*, propondo a data de *18 de março de 2016*. Por fim, os defensores dessa opção fundam-se no critério previsto no artigo 1º da Lei nº 810/1949, que prevê o seguinte: "Considera-se ano o período de doze meses contado do dia do início ao dia e mês correspondentes do ano seguinte." Assim, tendo o prazo se iniciado em 17 de março de 2015 (data da publicação do novo CPC, incluído na contagem, segundo prevê o § 1º do art. 8º da LC 95/98, o dia da publicação), terminaria no dia 17 de março de 2016, sendo a data de início da vigência o dia seguinte, *18 de março de 2016*.

Entendemos que o critério correto é o sugerido pela terceira corrente (18.03.2016), pois essa conclusão decorre da própria natureza da LC 95/98, norma voltada essencialmente ao legislador em sua tarefa de produção legislativa e apenas indiretamente ao intérprete.[31]

---

[30] A explicação é trazida por Mário Luiz Delgado: "Senão vejamos: somando 15 dias do mês de março de 2015 (incluindo o dia 17-03-2015) com 30 dias de abril, junho, setembro e novembro de 2015, mais 31 dias de maio, julho, agosto, outubro, dezembro de 2015 e janeiro de 2016, somando-se, ainda, com os 29 dias do mês de fevereiro de 2016, teremos 350 dias; para completar o período anual, tomando por base 365 dias, ficarão faltando 15 dias; se adicionarmos aos 350 dias transcorridos desde 17 de março de 2015 os 15 primeiros dias do mês de março do ano subsequente (2016), teremos um período de 365 dias; assim, o período anual iniciado em 17 de março de 2015 completar-se-á exatamente no dia 15 de março de 2016. Por esse critério, o novo Código entrará em vigor no dia 16 de março de 2016, primeiro dia subsequente ao término do prazo, nos termos ditados pela Lei Complementar já aludida." Data exata para a entrada em vigor do novo CPC gera dúvidas. Disponível em: <http://www.conjur.com.br/2016-fev-18/mario-delgado-data-entrada-vigor-cpc-gera-duvidas#sdfootnote4sym>. Acesso em: 21 set. 2016.

[31] No mesmo sentido: LUCON, Paulo Henrique dos Santos. Data para entrada em vigor do novo CPC é dia 18 de março. Disponível em: <http://www.conjur.com.br/2016-fev-24/paulo-lucon-18-marco-data-comeca-viger-cpc>. Acesso em: 27 out. 2016 e BEDAQUE, José Roberto dos Santos. Novo CPC entrará em vigor no dia 18 de março de 2016. Disponível em: <http://www.conjur.com.br/2016-fev-22/jose-bedaque-novocpc-entrara-vigor-dia-18-marco-de2016>. Acesso em: 27 out. 2016.

Se o legislador tivesse sido mais zeloso, seguiria a orientação contida na Lei Complementar nº 95/98, fixando o prazo em dias. Sabendo-se que as ementas das leis delimitam o seu objeto (LC 95, art. 5º), verifica-se que a LC 95/98: "Dispõe sobre a elaboração, a redação, a alteração e a consolidação das leis, conforme determina o parágrafo único do art. 59 da Constituição Federal, e estabelece normas para a consolidação dos atos normativos que menciona." Trata-se, portanto, de norma essencialmente voltada ao legislador, destinada a pautar sua atuação no curso do processo legislativo. Não tendo seus comandos sido observados no curso do processo legislativo, a sua inobservância pelo legislador não causa, via de regra, a invalidade da lei aprovada (apenas em situações extremas, em que a lei aprovada seja obscura, incompreensível ou contraditória poder-se-ia cogitar de sua inconstitucionalidade).[32] Todavia a inobservância das regras de Legística formal contidas na LC 95/98, pode causar dúvidas quando da aplicação da lei, como ocorreu nos casos mencionados, que devem ser enfrentadas pelos intérpretes.

É importante esclarecer que a norma contida do §1º do artigo 8º LC 95/98 não é uma regra destinada à elaboração, redação ou alteração de leis. Trata-se de dispositivo voltado a regular a vigência da lei, veiculando regra de direito intertemporal. Portanto, seu contexto natural não é a LC 95/98. Estaria mais bem colocada, em nosso sentir, na Lei de Introdução ao Direito Brasileiro (Decreto-Lei nº 4.657, de 4 de setembro de 1942), cujo artigo 1º trata da vigência das leis.

Ressalte-se, por fim, que a data de 18 de março de 2016 foi referendada pelo Conselho Nacional de Justiça, que a fixou como data de entrada em vigor do CPC.[33]

Já em relação ao novo Código Civil, que foi publicado em 11 de janeiro de 2002, o Superior Tribunal de Justiça firmou jurisprudência com base em critério diverso, fixando a sua entrada em vigor em 11 de janeiro de 2003 (EDcl no AgRg no Recurso Especial nº 1.010.158 – PR

---

[32] Acerca da possibilidade de configuração de inconstitucionalidade em decorrência da inobservância das regras de Legística, vide: DUTRA, Carlos Roberto de Alckmin. A exigência de qualidade formal das leis e seus reflexos no processo legislativo e no controle de constitucionalidade. 2014. Tese (Doutorado em Direito do Estado) – Faculdade de Direito, Universidade de São Paulo, São Paulo, 2014.

[33] Notícia disponível em: <http://www.cnj.jus.br/noticias/cnj/81698-cnj-responde-a-oab-e-decide-que-vigencia-do-novo-cpc-comeca-em-18-de-marco>. Acesso em: 21 set. 2016.

(2007/0280449-2); Recurso Especial nº 1.073.090 – SE (2008/0150674-1); Recurso Especial nº 1.125.276 – RJ (2009/0034458-5); e Recurso Especial nº 848.161 – MT (2006/0107144-0), todos colhidos a título de exemplo), o que demonstra a significativa insegurança jurídica decorrente da inobservância da regra de Legística.

Esses exemplos têm o propósito de mostrar, de um lado, a importância dos critérios de elaboração legislativa previstos, entre nós, na LC 95/98 e, de outro, o seu imperfeito conhecimento pela comunidade jurídica e acadêmica e, infelizmente, pelo próprio Congresso Nacional.

De fato, é inegável que as Comissões de Juristas constituídas para a redação dos novos Códigos Civil e de Processo Civil congregavam profissionais de primeira grandeza, expoentes em suas especialidades. Todavia, nem as comissões, nem o próprio Congresso Nacional se lembraram de fixar o prazo de entrada em vigor dos novos Códigos em *dias*, em conformidade com o previsto na LC 95/98, de forma a evitar grande celeuma e inegável insegurança jurídica.

Para evitar equívocos da espécie mencionada, bem como outros, de maior monta, que poderiam comprometer a própria validade da lei, bastaria que o projeto de lei fosse submetido a um grupo de servidores públicos especializados, do quadro permanente das Casas Legislativas e do Poder Executivo, para que examinassem os projetos de lei em seu aspecto técnico-formal e emitissem Parecer prévio, destinado a corrigir eventuais falhas na redação legislativa ou a aperfeiçoá-la.

5 A Advocacia Pública e a redação das Leis

Tendo em vista, como mencionado anteriormente, que a atividade de redação legislativa, no que tange aos aspectos formais e de técnica de redação, possui natureza eminentemente técnico-jurídica, seria natural que em tal atividade houvesse a necessária participação de bacharéis em direito, especialistas no tema.

Sabendo-se, por outro lado, que, na grande maioria das vezes, as leis são redigidas no seio do Poder Executivo ou do próprio Poder

Legislativo, deveriam esses Poderes constituir quadro específico de servidores especializados na Ciência da Legislação.

As Casas Legislativas, que têm por função examinar o conteúdo dos projetos de leis nas mais diversas áreas do conhecimento, deveriam estar dotadas de servidores especializados em tais matérias, como, *v.g.*, saúde, finanças, segurança pública, educação, economia etc., de modo a que pudessem subsidiar o trabalho dos parlamentares encarregados de deliberar acerca de proposições legislativas cujo mérito se referisse a essas matérias e sobre elas emitir parecer.

Em todos os projetos de lei, há um elemento comum que é a sua forma, que deve observar a linguagem e estilo jurídicos, consagrados normas de Legística Formal, entre nós inseridas em leis próprias (LC 95/98 e leis congêneres nos demais âmbitos federativos).

Não há consenso quanto ao fato de a elaboração legislativa estar inserida dentre as atividades exclusivas de profissionais inscritos nos quadros da Ordem dos Advogados do Brasil, isto é, de advogados. O artigo 1º da Lei nº 8.906, de 4 de julho de 1994[34] não as inclui expressamente no rol de atividades privativas de advogados.

Todavia, se até mesmo os contratos e atos constitutivos de pessoas jurídicas devem ser necessariamente analisados por advogados para que possam ser registrados nos órgãos competentes, parece bastante razoável que a lei, espécie normativa que atinge a todos, de forma cogente, devesse ser analisada por advogado, especialista na matéria, como requisito prévio ao seu ingresso no mundo jurídico.

Tendo em vista, por outro lado, que já existem entre nós carreiras jurídicas constitucionalmente previstas, destinadas, dentre outras funções, à consultoria e ao assessoramento jurídico dos

---

[34] Art. 1º São atividades privativas de advocacia:
I – a postulação a qualquer órgão do Poder Judiciário e aos juizados especiais; (Vide ADIN 1.127-8)
II – as atividades de consultoria, assessoria e direção jurídicas.
§ 1º Não se inclui na atividade privativa de advocacia a impetração de habeas corpus em qualquer instância ou tribunal.
§ 2º Os atos e contratos constitutivos de pessoas jurídicas, sob pena de nulidade, só podem ser admitidos a registro, nos órgãos competentes, quando visados por advogados.
§ 3º É vedada a divulgação de advocacia em conjunto com outra atividade.

respectivos entes federativos (CF, artigos 131 e 132), é natural que se atribuísse a servidores integrantes dessas carreiras, Advogados Públicos, a tarefa de analisar previamente as leis, no curso de seu processo legislativo, com o fito de aperfeiçoar a redação legislativa.

Tendo em vista que no atual estágio de desenvolvimento de nossa democracia a maioria das leis é gestada no Poder Executivo, a elaboração legislativa aí realizada deveria contar com a participação de Advogados Públicos especializados na matéria (Advogados da União, Procuradores do Estado ou do Município).

Caso a iniciativa do projeto seja de Parlamentar ou de Comissão do Congresso Nacional, ou, simetricamente, de órgãos correspondentes nos Legislativos estaduais ou municipais, a sua formulação deveria estar a cargo de órgão especializado próprio, integrante da Secretaria das Casas Legislativas, que possuem competência privativa para organizá-la, mediante espécies normativas próprias, em consonância com o previsto nos artigos 51, IV e 52, XIII da Constituição Federal, respectivamente, em relação à Câmara dos Deputados e ao Senado Federal e normas congêneres no âmbito estadual (art. 27, §3º da CF) e municipal.

As advocacias do Poder Legislativo são bastante conhecidas em nosso cenário administrativo, sendo já tradicionais a Advocacia Geral do Senado Federal e as diversas Procuradorias de Assembleias Legislativas (como, *v.g.*, a Procuradoria da Assembleia Legislativa do Estado de São Paulo, CESP, art. 30) e de Câmaras Municipais.

Com o intuito de aperfeiçoar a qualidade formal das leis aprovadas, seria de grande valia que os projetos de lei apresentados nos Parlamentos dos três níveis federativos – seja por iniciativa parlamentar ou dos demais legitimados à iniciativa legislativa, em consonância com o previsto no artigo 61 da Constituição Federal[35] e em normas correspondentes das Constituições Estaduais e Leis Orgânicas dos Municípios – após regular trâmite legislativo e, no momento em que fossem submetidos à apreciação da Comissão

---

[35] Art. 61. A iniciativa das leis complementares e ordinárias cabe a qualquer membro ou Comissão da Câmara dos Deputados, do Senado Federal ou do Congresso Nacional, ao Presidente da República, ao Supremo Tribunal Federal, aos Tribunais Superiores, ao Procurador-Geral da República e aos cidadãos, na forma e nos casos previstos nesta Constituição.

de Constituição, Justiça e Redação (ou órgão congênere), fossem encaminhados à Procuradoria ou Advocacia da Casa Legislativa para serem instruídos com Parecer, no qual sejam analisados os aspectos formais de elaboração e redação legislativas, com o intuito de aperfeiçoar a proposição.

Referido Parecer não deve ter o caráter vinculativo, podendo o Parlamentar, eleito pelo voto popular e titular do mandato representativo, utilizá-lo ou não. De qualquer forma, seria conveniente que o Parecer, utilizado ou não, passasse a fazer parte integrante dos autos (físicos ou digitais) do processo legislativo, para que pudesse ser consultado inclusive *a posteriori*, quando poderia servir de subsídio à interpretação da norma aprovada.

Há um inegável interesse público na qualificação formal das leis. Leis claras e precisas podem ser bem compreendidas por seus destinatários, não só os aplicadores da lei, como também o cidadão, que pode saber previamente como deve se portar para observar os termos legais. Assim, a redação precisa e clara evita o arbítrio, pois todos sabem o que se espera do comando legal e ficam menos sujeitos a serem surpreendidos por interpretações dissonantes daquele teor, evitando, assim, o subjetivismo em sua aplicação.

Por outro lado, a participação dos Advogados Públicos na redação legislativa além de prestigiar a profissão que por natureza tem íntima familiaridade com o manuseio de leis e com o discurso jurídico, demandaria poucas alterações estruturais na Administração, pois as carreiras de Advocacia Pública já existem por força de previsão constitucional e, assim, não acarretaria custos extraordinários.

6 Conclusão

Na democracia representativa, o poder é exercido pelo povo, através de representantes eleitos para essa finalidade (CF, art. 1º, parágrafo único).

Ao serem eleitos, os representantes recebem a delegação do poder, mas não uma "carta branca" para realizarem o que desejarem.

Desde a subscrição da Carta Magna, por João Sem Terra, em 1215, o poder político passou a ser limitado não só pelas balizas não positivadas do Direito Natural, mas pelo direito subjetivo dos súditos de fazer valer as normas do compromisso então assumido.

Não é por outro motivo que, entre nós, os Parlamentares, no ato de sua posse, comprometem-se a cumprir a Constituição, tal qual previsto no §3º do artigo 4º do Regimento Interno da Câmara dos Deputados[36] e no §2º do artigo 4º do Regimento Interno do Senado Federal.[37]

Tendo em vista, por outro lado, os princípios do Estado de Direito (C.F., art. 1º, parágrafo único), do Devido Processo Legal (art. 5º, LIV) e, especialmente, a norma inscrita no parágrafo único do artigo 59 da Constituição Federal, que determina que a elaboração, a redação, a alteração e a consolidação das leis deverão ser reguladas por lei complementar, extrai-se do texto constitucional um *dever*, direcionado ao legislador, de elaborar e redigir as leis com qualidade formal, segundo os critérios de Legística fixados nessa própria lei complementar (LC 95/98).

Assim, a proposta aqui lançada, no sentido de que os projetos de lei gestados no âmbito do Poder Executivo e Legislativo sejam analisados por Advogados Públicos (Procuradores), de carreira, mediante a emissão de *Parecer*, de caráter não vinculativo, acerca de seus aspectos formais, de redação e estruturação interna, não deve ser vista como uma intervenção indevida na liberdade dos

---

[36] Art. 4º No dia 1º de fevereiro do primeiro ano de cada legislatura, os candidatos diplomados Deputados Federais reunir-se-ão em sessão preparatória, na sede da Câmara dos Deputados.
...*Omissis.*
§ 3º Examinadas e decididas pelo Presidente as reclamações atinentes à relação nominal dos Deputados, será tomado o compromisso solene dos empossados. De pé todos os presentes, o Presidente proferirá a seguinte declaração: "Prometo manter, defender e cumprir a Constituição, observar as leis, promover o bem geral do povo brasileiro e sustentar a união, a integridade e a independência do Brasil". Ato contínuo, feita a chamada, cada Deputado, de pé, a ratificará dizendo: "Assim o prometo", permanecendo os demais Deputados sentados e em silêncio. (g.n.).

[37] Art. 4º A posse, ato público por meio do qual o Senador se investe no mandato, realizar-se-á perante o Senado, durante reunião preparatória, sessão deliberativa ou não deliberativa, precedida da apresentação à Mesa do diploma expedido pela Justiça Eleitoral, o qual será publicado no *Diário do Senado Federal*.
... *Omissis.*
§2º Presente o diplomado, o Presidente designará três Senadores para recebê-lo, introduzi-lo no plenário e conduzi-lo até a Mesa, onde, estando todos de pé, prestará o seguinte compromisso: "Prometo guardar a Constituição Federal e as leis do País, desempenhar fiel e lealmente o mandato de Senador que o povo me conferiu e sustentar a união, a integridade e a independência do Brasil". (g.n.).

representantes democraticamente eleitos, mas como forma de resguardo de direito do cidadão, expressamente garantido na Constituição, de que as leis que a todos obrigam sejam bem redigidas, de forma clara e coerente, de modo que possam ser adequadamente compreendidas pelos seus destinatários, os próprios cidadãos.

Referências

BEDAQUE, José Roberto dos Santos. Novo CPC entrará em vigor no dia 18 de março de 2016. Disponível em: <http://www.conjur.com.br/2016-fev-22/jose-bedaque-novocpc-entrara-vigor-dia-18-marco-de2016>. Acesso em: 27 out. 2016.

CARVALHO, Kildare Gonçalves. *Técnica legislativa*. 5. ed., Belo Horizonte: Del Rey, 2010, p. 1. Traz o autor, igualmente, um rol de obras que tratam do tema da técnica legislativa.

COMPARATO, Fábio Konder. *A Afirmação Histórica dos Direitos Humanos*. São Paulo: Saraiva, 1999. p. 12.

DELGADO, Mário Luiz. *Data exata para a entrada em vigor do novo CPC gera dúvidas*. Disponível em: <http://www.conjur.com.br/2016-fev-18/mario-delgado-data-entrada-vigor-cpc-gera-duvidas#sdfootnote4sym>. Acesso em: 21 set. 2016.

DUTRA, Carlos Roberto de Alckmin. *A exigência de qualidade formal das leis e seus reflexos no processo legislativo e no controle de constitucionalidade*. 2014. Tese (Doutorado em Direito do Estado) – Faculdade de Direito, Universidade de São Paulo, São Paulo, 2014.

FERREIRA FILHO, Manoel Gonçalves. *Do processo legislativo*. 7. ed. São Paulo, Saraiva, 2012.

GARGANO, Antonio. *La Scienza della legislazione di Gaetano Filangieri*. Disponível em: <http://www.iisf.it/scuola/filangieri/filangieri.htm>. Acesso em: 26 set. 2016.

HERRON, Frank. *Do Law-Making, Sausage-Making and Quote-Making Have Something in Common?* Disponível em: <http://blogs.umb.edu/quoteunquote/2012/04/10/do-law-making-sausage-making-and-quote-making-have-something-in-common/>. Acesso em: 27 set. 2016.

LEAL, Aureliano. *Técnica Constitucional Brasileira*. Rio de Janeiro, Tip. Jornal do Comércio, 1914. Disponível, em versão eletrônica na Biblioteca do Supremo Tribunal Federal: <http://www.stf.jus.br/bibliotecadigital/DominioPublico/1846/pdf/1846.pdf>. Acesso em: 26 set. 2016, p. 4.

LUCON, Paulo Henrique dos Santos. *Data para entrada em vigor do novo CPC é dia 18 de março*. Disponível em: <http://www.conjur.com.br/2016-fev-24/paulo-lucon-18-marco-data-comeca-viger-cpc>. Acesso em: 27 out. 2016.

MÁRQUEZ, Piedad García-Escudero. *Técnica legislativa y seguridad jurídica: ¿hacia el control constitucional de la calidad de las leyes?* Cizur Menor, Espanha: Thomson Reuters, 2010.

MORAIS, Carlos Blanco de. *Manual de Legística*. Editorial Verbo, 2007.

PINHEIRO, Hésio Fernandes. *Técnica legislativa e as Constituições e leis constitucionais do Brasil*. Rio de Janeiro: Livraria Jacinto, 1945.

ROUSSEAU, Jean-Jacques. *O contrato social e outros escritos*. 15. ed., São Paulo: Cultrix, 2005, p. 47.

SAXE, John Godfrey. *Laws, like sausages, cease to inspire respect in proportion as we know how they are made."*, The Daily Cleveland Herald, 29 de março de 1869. Disponível em: <https://books.google.de/books?id=cEHiAAAAMAAJ&pg=PA164&hl=pt-BR#v=onepage&q&f=true>. Acesso em: 27 set. 2016.

SHAPIRO, Fred. *Our Daily Bleg: Uncovering More Quote Authors*. Disponível em: <http://freakonomics.com/2009/03/05/our-daily-bleg-uncovering-more-quote-authors/>. Acesso em: 27 set. 2016.

SPROESSER, Andyara Klopstock. *Direito Parlamentar* – Processo Legislativo. São Paulo: Assembleia Legislativa do Estado de São Paulo, 2000.

Informação bibliográfica deste texto, conforme a NBR 6023:2002 da Associação Brasileira de Normas Técnicas (ABNT):

DUTRA. Carlos Roberto de Alckmin. A elaboração legislativa e a advocacia pública. In: MOURÃO, Carlos Figueiredo; HIROSE, Regina Tamami (Coord.). *Advocacia pública contemporânea*: desafios da defesa do Estado. Belo Horizonte: Fórum, 2019. p. 313-334. ISBN 978-85-450-0578-0.

A POSSIBILIDADE DE AÇÕES JUDICIAIS AJUIZADAS PELO PODER PÚBLICO COMO INSTRUMENTO DE POLÍTICAS PÚBLICAS NA ADVOCACIA PÚBLICA FEDERAL

Renata Ferrero Pallone

1 Introdução

A Procuradoria-Geral Federal (PGF), órgão da Advocacia-Geral da União (AGU), foi criada pela Lei nº 10.480/2002. O art. 10 dispõe que:

> À Procuradoria-Geral Federal compete a representação judicial e extrajudicial das autarquias e fundações públicas federais, as respectivas atividades de consultoria e assessoramento jurídicos, a apuração da liquidez e certeza dos créditos, de qualquer natureza, inerentes às suas atividades, inscrevendo-os em dívida ativa, para fins de cobrança amigável ou judicial.

Com a criação da PGF, todas as entidades componentes da Administração Pública Federal Indireta passaram a ser representadas por procuradores federais que ingressam na carreira através de concurso público de provas e títulos.[1] Atualmente a PGF representa 178 entidades públicas federais, conforme Portaria PGF 530 de 13 de julho de 2007.[2]

Em virtude da diversidade de entidades que representa, a atuação da PGF compreende entidades federais responsáveis pela

---

[1] Art. 31 da Lei nº 12.269/2010 que revogou o art. 36 da Medida Provisória 2.229-43, de 06 de setembro de 2001.

[2] Disponível em: <https://redeagu.agu.gov.br/PaginasInternas/NormasInternas/AtoDetalhado.aspx?idAto=23114&ID_SITE=1106>. Acesso em: 01 set. 2016.

formulação de políticas públicas em áreas como meio ambiente e recursos renováveis (IBAMA, ICMBio), mineração (DNPM), índios (FUNAI), previdência social (INSS, PREVIC), valores mobiliários (CVM), mercados de seguros (SUSEP), patrimônio histórico (IPHAN), energia nuclear (CNEN), dentre outras. Compreende também a representação das agências reguladoras: telecomunicações (ANATEL), saúde complementar (ANS), aviação civil (ANAC), petróleo e gás (ANP).

Do acima exposto, percebe-se a diversidade da atuação da PGF. Entretanto, esta atuação não se restringe apenas à representação judicial e extrajudicial dessas entidades. A PGF também proporciona meios aos procuradores federais para que esses possam, com ações pontuais, modificar padrões de comportamento que, de alguma forma, lesem direitos fundamentais da pessoa – no caso das ações regressivas acidentárias e causem prejuízos ao Erário – através das ações de ressarcimento.

Como veremos a seguir, desde 2008, a PGF procura combater esses tipos de conduta, ao mesmo tempo em que busca recompor o patrimônio das Autarquias, Fundações e Universidades Públicas Federais.

2 Políticas públicas e advocacia de Estado – certeza da melhor escolha por parte do Administrador Público

Uma das funções do administrador público é a implementação de políticas públicas. Algumas delas são definidas pela Constituição da República e outras por legislação infraconstitucional, tendo o gestor discricionariedade sobre a melhor forma de concretizar tais políticas, como saúde, meio ambiente, educação, trânsito, dentre outras. São políticas que irão afetar diretamente o dia a dia dos cidadãos e por isso sua implementação deve se dar da forma mais transparente possível e com menor impacto social.

A advocacia de Estado tem um papel fundamental na concretização dessas políticas: os advogados públicos buscam dentro do ordenamento jurídico vigente a melhor alternativa na implementação dessas políticas. A título de exemplo, para a aquisição de medicamentos em grande quantidade e fornecidos por diversos laboratórios, o procedimento licitatório mostra-se o mais adequado na medida em que irá procurar a melhor oferta para a aquisição desses itens, garantindo assim uma economia ao orçamento público.

Nesse caso, os advogados públicos atuaram de forma preventiva e extrajudicial para que a escolha da melhor política pública a ser aplicada. Entretanto, como veremos adiante, algumas demandas judiciais também podem ter a função de implementar políticas públicas.

3 A Procuradoria-Geral Federal e as demandas judiciais de acompanhamento prioritário

Por meio da Portaria nº 3, de 27 de agosto de 2008, a Coordenação-Geral de Cobrança e Recuperação de Créditos da PGF definiu as ações que devem ter acompanhamento prioritário, a saber: *i)* execuções de decisões proferidas pelo Tribunal de Contas da União – TCU; *ii)* ações regressivas acidentárias; *iii)* ações que versem sobre ressarcimento ao erário, decorrentes de tomadas de contas especial ou de improbidade administrativa e, *iv)* ações judiciais de cobrança e recuperação de crédito de valor igual ou superior a R$ 1.000.000,00 (um milhão de reais).

Além de serem ações que demandam uma atuação proativa por parte dos procuradores federais, essas ações têm em comum não apenas o ressarcimento ao erário ao *status quo ante*, mas principalmente o fato de serem ações com potencial de modular condutas dos particulares.

3.1 Execuções de decisões proferidas pelo TCU

A Corte de Contas na sua função de fiscalizar a correta utilização do orçamento do governo federal tem como uma de suas funções o julgamento das contas de gestores e particulares que se utilizam de verbas públicas. As decisões da Corte de Contas são representadas pelos acórdãos que podem: *i)* julgar as contas totalmente regulares; *ii)* julgar as contas regulares porém fazer algumas ressalvas, como por exemplo, determinar que a Administração Pública cesse a prática de determinada conduta que não é ilegal, mas também não é a melhor conduta a ser utilizada naquele caso concreto. Um exemplo concreto seria a determinação a algum órgão para que parasse de utilizar servidores sem conhecimento técnico para fazer a fiscalização contábil nos contratos firmados entre a Administração Pública e particulares. A Administração Pública não foi lesada, porém, poderia ter sido, se fosse constatada muito tardiamente irregularidades nesse contrato que foi fiscalizado por pessoas sem habilidades técnicas específicas. Logo, aprovam-se as contas, porém, faz-se a ressalva de que é necessária a contratação de novos servidores com conhecimento contábil para realizar a fiscalização desses contratos; *iii)* julgar as contas irregulares e condenar os envolvidos a devolverem aos cofres públicos os valores do orçamento que foram mal utilizados ou desviados, podendo haver além da determinação para esta devolução, também a imposição de multa aos envolvidos.

Nesse último caso, após o trânsito em julgado dessa decisão e havendo a constatação de que foram malversados os orçamentos de Autarquias, Fundações ou Universidades Públicas Federais, a própria Corte de Contas encaminha à PGF uma cópia do acórdão para que o mesmo possa ser executado, já que, nos termos do §3º do art. 71,[3] essas decisões têm eficácia de título executivo, isto é, já podem ser cobradas diretamente em juízo sem a necessidade de uma sentença judicial para garantir o direito à Administração Pública.

A PGF possui uma ampla atuação nessa seara: pelo Conselho Nacional de Desenvolvimento Científico e Tecnológico (CNPQ) cobra ex-bolsistas que requereram valores para custear suas bolsas de estudo no exterior e descumpriram com sua obrigação de difundir seu conhecimento em território nacional; pelo Fundo Nacional do Desenvolvimento da Educação (FNDE) cobra de gestores públicos – em especial prefeitos – valores que deveriam ser utilizados na aquisição de merendas para os alunos de escolas públicas, mas por

---

[3] Art. 71. *Omissis*
§3º As decisões do Tribunal de que resulte imputação de débito ou multa terão eficácia de título executivo.

alguma razão ou não foram adquiridas ou foram superfaturadas no momento da aquisição; pelo Instituto Nacional de Colonização e Reforma Agrária (INCRA) cobra valores de entidades privadas que firmaram convênio com esse órgão para distribuição de cestas básicas para assentados sendo constatado posteriormente que os assentados não foram contemplados com esses itens. Apenas alguns casos para ilustrar o tipo de cobrança de acórdãos do TCU que é realizada pelos procuradores federais.

3.2 Ações Regressivas Acidentárias e outras ações de regresso ajuizadas pelo Instituto Nacional do Seguro Social (INSS)

As ações regressivas acidentárias possuem previsão no art. 120 da Lei nº 8.213/91, que dispõe:

> Art. 120. Nos casos de negligência quanto às normas padrão de segurança e higiene do trabalho indicados para a proteção individual e coletiva, a Previdência Social proporá ação regressiva contra os responsáveis.

Trata-se de uma ação de ressarcimento em que a Autarquia Previdenciária busca reaver todos os benefícios previdenciários pagos, além de outras despesas sociais que possa ter incorrido – como equipamentos ortopédicos e reabilitações – a segurado da Previdência Social, que tenha sofrido danos físicos ou psíquicos, temporários ou permanentes, ou ainda aos seus beneficiários –no caso de óbito – em razão de fato caracterizado como acidente do trabalho.

Ao INSS compete conceder benefícios previdenciários lato senso – que compreendem benefícios previdenciários em sentido estrito e acidentários – a todo trabalhador que sofrer algum acidente do trabalho. Porém, existem dois tipos de acidentes do trabalho: *i)* acidentes típicos: são aqueles acidentes que ocorrem não obstante o cumprimento por parte do empregador das normas padrão de segurança, higiene e saúde do trabalho; *ii)* acidentes atípicos: são aqueles que ocorrem por total inobservância por parte do empregador das normas padrão de segurança, higiene e saúde do trabalho, isto é, o empregador assumiu o risco da ocorrência de um acidente do trabalho dentro da sua empresa.

No caso dos acidentes atípicos, uma vez constatada essa negligência por parte do empregador, o INSS custeará o benefício acidentário ao trabalhador lesado ou concederá a pensão por morte aos dependentes desse trabalhador, entretanto irá regressivamente ressarcir-se dessa quantia da empresa negligente.

A ação regressiva acidentária fundamenta-se num princípio tradicional do direito civil: aquele que causar dano a outrem fica obrigado a repará-lo.

A comprovação da negligência por parte da empresa é constatada em dois planos: jurídico e fático. No plano jurídico a verificação do descumprimento se dá nas infrações cometidas às normas constitucional, trabalhista e securitária vigentes. No âmbito constitucional, a proteção aos trabalhadores se dá principalmente, mas não apenas, no art. 7º. A legislação trabalhista traz uma série de regras de observância obrigatória pelos empregadores de normas padrão de segurança, higiene e saúde do trabalho. Além dessas regras são expedidas pelo Ministério do Trabalho as chamadas Normas Regulamentadoras (NRs), regras que especificam as condições da prática segura das mais diversas atividades profissionais, a título de exemplo, a NR 10 trata de segurança em instalações e serviços de eletricidade; a NR 15 foca em atividades em condições insalubres; a NR 17 trata de ergonomia; a NR 18 cuida de condições e meio ambiente de trabalho na construção; a NR 35 cuida de trabalho em altura. Atualmente são 36 normas regulamentadoras.

Uma vez constatado que a empresa foi negligente na manutenção de um ambiente de trabalho seguro e equilibrado e, mais, que essa negligência causou lesão ou morte a um trabalhador, e diante dessa fatalidade o INSS é demandado para custear algum benefício previdenciário, surge para a Autarquia Previdenciária o direito de demandar regressivamente essas empresas.

Os Tribunais Superiores – em especial o Superior Tribunal de Justiça (STJ) – já aceitam o direito do INSS em demandar regressivamente as empresas negligentes, bem como diferenciam a parcela custeada pela empresa a título de Seguro de Acidente do Trabalho (SAT), que tem natureza tributária e cuja finalidade é a cobertura dos acidentes do trabalho típicos, ou seja, naquele ambiente de trabalho adequado e seguro para o desenvolvimento da atividade profissional por parte do trabalhador, que por sua vez recebeu o treinamento adequado para o desempenho desta atividade, dos valores perseguidos pelo INSS a título de ressarcimento em decorrência de pagamento de benefício previdenciário custeado por comprovada negligência da empresa. Nesse sentido, as decisões abaixo transcritas:

> ADMINISTRATIVO E PROCESSUAL CIVIL. AÇÃO REGRESSIVA DO ART. 120 DA LEI 8.213/1991. LEGITIMIDADE ATIVA DO INSS. INDENIZAÇÃO. COMPENSAÇÃO DA CONTRIBUIÇÃO SAT. IMPOSSIBILIDADE. CULPABILIDADE E HONORÁRIOS ADVOCATÍCIOS. REVISÃO. SÚMULA 7/STJ.
> 1. O INSS tem legitimidade para pleitear o ressarcimento previsto no art. 120 da Lei 8.213/1991.
> 2. É assente nesta Corte Superior que a contribuição ao SAT não exime o empregador da sua responsabilização por culpa em acidente de trabalho, conforme art. 120 da Lei 8.213/1991. Nesse sentido: REsp 506.881/SC, Relator Ministro José Arnaldo da Fonseca; Quinta Turma, DJ 17.11.2003; e EDcl no AgRg nos EDcl no REsp 973.379/RS, Rel. Ministra Alderita Ramos de Oliveira (Desembargadora Convocada do TJ/PE), Sexta Turma, DJe 14.06.2013.
> 3. O acórdão recorrido entendeu haver negligência do ora agravante, pois contribuiu para o acidente de trabalho, de forma que tal fato para ser infirmado exige o revolvimento fático-probatório vedado pela Súmula 7/STJ.
> 4. A revisão da verba honorária implica, como regra, reexame da matéria fático-probatória, vedado em Recurso Especial (Súmula 7/STJ). Excepciona-se apenas a hipótese de valor irrisório ou exorbitante, não se configurando neste caso.
> 5. Agravo Regimental não provido.
> (AgRg no AREsp 294.560/PR, Segunda Turma, v.u., Rel. Ministro Herman Benjamin, julgado em 27.03.2014, DJe 22.04.2014 – grifo nosso)
> PREVIDENCIÁRIO. EMBARGOS DE DECLARAÇÃO. SEGURO DE ACIDENTE DO TRABALHO – SAT. ART. 22 DA LEI 8.212/91. ACIDENTE DO TRABALHO. AÇÃO DE REGRESSO MOVIDA PELO INSS CONTRA EMPREGADOR RESPONSÁVEL PELO ACIDENTE DO TRABALHO. ART. 120 DA LEI 8.213/91. EMBARGOS ACOLHIDOS SEM EFEITOS INFRINGENTES.
> 1. O direito de regresso do INSS é assegurado no art. 120 da Lei 8.213/1991 que autoriza o ajuizamento de ação regressiva em face da empresa empregadora que, por negligência quanto às normas padrão de segurança e higiene do trabalho indicados para a proteção individual e coletiva, causou o acidente do trabalho.
> 2. O Seguro de Acidente de Trabalho – SAT, previsto no art. 22 da Lei 8.212/91, refere-se a contribuição previdenciária feita pela empresa para o custeio da Previdência Social relacionado aos benefícios concedidos em razão do grau de incidência de incapacidade de trabalho decorrentes dos riscos ambientais do trabalho.

3. Da leitura conjunta dos arts. 22 da Lei 8.212/91 e 120 da Lei 8.213/91 conclui-se que o recolhimento do Seguro de Acidente de Trabalho – SAT não exclui a responsabilidade da empresa nos casos de acidente do trabalho decorrentes de culpa por inobservância das normas de segurança e higiene do trabalho.
4. Tendo o Tribunal de origem asseverado expressamente que os embargante foram negligentes com relação "às suas obrigações de fiscalizar o uso de equipamento de proteção em seus empregados, caracterizando claramente a culpa in vigilando", resta configurada a legalidade da cobrança efetuada pelo INSS por intermédio de ação regressiva.
5. Embargos de declaração acolhidos, sem efeitos infringentes para, tão-somente, esclarecer que o recolhimento do Seguro de Acidente do Trabalho – SAT não impede a cobrança pelo INSS, por intermédio de ação regressiva, dos benefícios pagos ao segurado nos casos de acidente do trabalho decorrentes de culpa da empresa por inobservância das normas de segurança e higiene do trabalho.
(EDcl no AgRg nos EDcl no REsp 973.379/RS, Sexta Turma, v.u., Rel. Ministra Alderita Ramos de Oliveira (Desembargadora Convocada do TJ/PE), julgado em 06.06.2013, DJe 14.06.2013 – grifo nosso)

Logo, o direito de regresso do INSS surge com a comprovação do nexo causal entre a negligência da empresa e a ocorrência do acidente do trabalho.

Após a larga utilização da ação regressiva acidentária como mecanismo de ressarcimento ao INSS de valores despendidos em virtude de empresas que descumprem com suas obrigações no tocante à observância das normas padrão de segurança, higiene e saúde do trabalho, a PGF juntamente com a Procuradoria Especializada do INSS editaram a Portaria Conjunta PGF/PFEINSS nº 06/2013 que abrangeu além das ações regressivas acidentárias, as ações de regresso em virtude de pagamento de benefícios previdenciários por lesões corporais ou mortes sofridas por mulheres, nos termos da Lei 11.340, de 7 de agosto de 2006 (mais conhecida como Lei Maria da Penha) e as ações de regresso em virtude de pagamentos de benefícios previdenciários em decorrência de acidentes de trânsito nos termos do Código de Trânsito Brasileiro.

Por fim, o INSS ingressou com ações de regresso cuja finalidade é o ressarcimento dos valores pagos a pensionistas em decorrência de lesões corporais ou óbito sofridos pelo segurado instituidor do benefício, quando restar comprovado que foram aqueles que causaram as lesões ou óbito nos próprios segurados. Nesse sentido decidiu recentemente o STJ:

O INSS poderá cobrar os valores dos benefícios de pensão por morte pagos aos dependentes de uma mulher assassinada. Segundo a 2ª turma do STJ, a ação regressiva pode ser movida contra o ex-marido da vítima, responsável pelo crime.

O entendimento foi firmado nesta terça-feira, 23, no julgamento de caso no qual, inconformado com o fim do casamento, o homem teria matado a ex-mulher com onze facadas. O crime ocorreu em Teutônia/RS, em 2009. Após a morte da mãe, os filhos passaram a receber pensão do INSS.

Condenação

Em 1ª instância, o homem foi condenado a pagar 20% de todos os valores pagos pelo instituto, relativos à pensão. Já o TRF da 4ª região determinou que ele pagasse integralmente os valores gastos.

No recurso, a defesa do agressor alegava que a ação regressiva só pode ser aceita nas hipóteses de "negligência quanto às normas padrão de segurança e higiene do trabalho" e que não se aplica a casos de homicídio ou quaisquer outros eventos não vinculados a relações de trabalho.

Interesse

O relator do recurso, ministro Humberto Martins, destacou que "mostra-se acertada a tese de que é possível a ação regressiva da autarquia previdenciária contra o recorrente com o objetivo de ressarcimento de valores pagos a título de pensão por morte aos filhos da ex-companheira vítima de homicídio".

Prevaleceu, por maioria, o consignado pelo ministro, para quem o INSS tem "legitimidade e interesse para pedir o ressarcimento de despesas com benefício previdenciário aos dependentes de segurado".

O relator foi acompanhado pelos ministros Herman Benjamin e Diva Malerbi (desembargadora convocada do TRF da 3ª região). Ficaram vencidos os ministros Assusete Magalhães e Mauro Campbell, para quem não há previsão legal expressa que permita a cobrança na ação regressiva[4].

(STJ – Resp 1.431.150; 2ª Turma; Rel. Min. Humberto Martins; j. em 23/08/2016, ainda não publicado)

3.3 Ações que versem sobre ressarcimento ao Erário decorrente de Tomada de Conta Especial – TCE e improbidade administrativa

A PGF através da representação judicial de Autarquias, Fundações e Universidades Públicas Federais também tem como foco a recomposição do patrimônio lesado dessas entidades através

---

[4] Disponível em: <http://www.migalhas.com.br/Quentes/17,MI244461,41046- INSS+pode+c obrar+de+marido+assassino+beneficio+pago+a+dependentes+da>. Acesso em: 20 out. 2016

de dois procedimentos: tomada de contas especial e ações civis públicas pela prática de atos de improbidade administrativa.

O procedimento de tomada de contas especial tem previsão no art. 8º da Lei 8.443/92, que dispõe:

> Art. 8º Diante da omissão no dever de prestar contas, da não comprovação da aplicação dos recursos repassados pela União, na forma prevista no inciso VII do art. 5º desta Lei, da ocorrência de desfalque ou desvio de dinheiros, bens ou valores públicos, ou, ainda, da prática de qualquer ato ilegal, ilegítimo ou antieconômico de que resulte dano ao Erário, a autoridade administrativa competente, sob pena de responsabilidade solidária, deverá imediatamente adotar providências com vistas à instauração da tomada de contas especial para apuração dos fatos, identificação dos responsáveis e quantificação do dano.

Uma vez constatada a prática de ato ilegal, ilegítimo, antieconômico, omissão no dever de prestar contas quando a pessoa física ou jurídica estava obrigada a fazê-lo, da não aplicação dos recursos repassados pelas entidades acima mencionadas nas finalidades previamente pactuadas, da ocorrência de desfalque, desvio e desaparecimento de dinheiro ou bens dessas entidades, ou seja, quaisquer práticas das quais resulte prejuízo ao patrimônio das entidades supracitadas, a autoridade administrativa competente deverá formalizar um procedimento de tomada de contas especial que é um procedimento administrativo que tem como finalidade apurar os fatos, identificar os responsáveis e quantificar o dano.

O art. 6º da Instrução Normativa TCU nº 71, de 28 de novembro de 2012 dispensa a instauração do procedimento nos casos em que o valor do débito for inferior a R$ 75.000,00 (setenta e cinco mil reais). Uma primeira leitura estanque deste artigo daria a ideia de que quantias abaixo deste valor estipulado estariam isentas da respectiva cobrança. Esse artigo deve ser lido em conjunto com o art. 3º da própria IN:

> Art. 3º Diante da omissão no dever de prestar contas, da não comprovação da aplicação de recursos repassados pela União mediante convênio, contrato de repasse, ou instrumento congênere, da ocorrência de desfalque, alcance, desvio ou desaparecimento de dinheiro, bens ou valores públicos, ou da prática de ato ilegal, ilegítimo ou antieconômico de que resulte dano ao Erário, a autoridade competente

deve imediatamente, antes da instauração da tomada de contas especial, adotar medidas administrativas para caracterização ou elisão do dano, observados os princípios norteadores dos processos administrativos.

O procedimento de tomada de contas especial tem a finalidade precípua de fazer com que a Corte Contas profira um julgamento sobre a prática ensejadora deste expediente. E, acaso o prejuízo ao Erário fique aquém do valor estipulado pela IN TCU 71/2012, a autoridade administrativa competente deverá – assim como no procedimento de tomada de contas – apurar o dano, identificar os responsáveis e quantificar o prejuízo, mediante um processo administrativo de cobrança nos termos da Lei 9.784/99. Em ambos os procedimentos – tomada de contas especial ou processo administrativo de cobrança – são asseguradas às partes as garantias do contraditório e ampla defesa.

Já as ações civis públicas pela prática de atos de improbidade administrativa tem previsão legal nas Leis 8.429, de 02 de junho de 1992 (Lei de Improbidade Administrativa – LIA) e Lei 7.347, de 24 de julho de 1985 (Lei da Ação Civil Pública – LACP).

A LIA dispõe o que o que são atos de improbidade administrativa. No art. 9º menciona diversas práticas que são caracterizadas como atos de improbidade que causam enriquecimento ilícito do agente público ou de terceiros, o art. 10 menciona diversas práticas que são caracterizadas como atos de improbidade que causem lesão ao erário e por fim, o art. 11 menciona as práticas que são caracterizadas como atos de improbidade que atentem contra os princípios da Administração Pública.

O art. 12 da LIA trata das penas dos agentes públicos ou de terceiros que pratiquem atos considerados como sendo de improbidade administrativa que são basicamente: perda dos bens ou valores acrescidos indevidamente ao patrimônio de pessoas físicas e jurídicas, ressarcimento integral do dano, suspensão dos direitos políticos, pagamento de multa civil, proibição de contratar com o Poder Público ou receber benefícios ou incentivos fiscais ou creditícios, direta ou indiretamente, ainda que por intermédio de pessoa jurídica da qual seja sócio majoritário e perda da função pública.

A prática na atuação deste tipo de ação no âmbito da PGF tem demonstrado que os casos mais comuns de improbidade administrativa consistem em: concessão irregular de benefício previdenciário por servidores do INSS em conluio com particulares; desvio de recursos públicos para fins particulares; dispensa de licitação quando a mesma era obrigatória; formalização de convênios de fachada com a Administração Pública para desviar dinheiro para entidades privadas com "objetivos sociais".

O que se verifica na prática é que o controle realizado pela Administração Pública principalmente na concessão de verbas públicas necessita de aprimoramento. Muito se foi feito, porém diversos convênios foram firmados com entidades recém-criadas e que não tinham a menor capacidade técnica para prestar os serviços que se propunham a fazer em parceria com a Administração Pública. Assistimos um verdadeiro descalabro na utilização dessas verbas com uma perspectiva muito baixa de retorno dos valores desviados após a propositura das ações de improbidade administrativa.

Por essa razão é que o foco precisa ser o controle preventivo em qualquer contrato celebrado entre a Administração Pública e particular que envolva o repasse de verbas públicas.

3.4 Ações judiciais de cobrança e recuperação de crédito de valor igual ou superior a R$ 1.000.000,00 (um milhão de reais)

São as ações cíveis em geral, tais como execuções fiscais e ressarcimento ao erário fora das hipóteses da tomada de contas especial e improbidade administrativa, como, por exemplo, o descumprimento de um contrato celebrado.

Após um período de atuação nessas ações a Advocacia Geral da União (AGU) editou a Portaria 204, de 24 de maio de 2012 em que foi criado o Grupo de Cobrança de Grandes Devedores (GCGD) das Autarquias e Fundações Públicas Federais, regulamentada pela Portaria PGF nº 469, de 08 de junho de 2012.

Pela Portaria da PGF as Autarquias que têm seus créditos monitores pelo GCGD são: Agência Nacional de Telecomunicações (ANATEL), Agência Nacional de Energia Elétrica (ANEEL),

Departamento Nacional de Produção Mineral (DNPM) e Instituto Brasileiro do Meio Ambiente e dos Recursos Naturais Renováveis (IBAMA). Os valores mínimos das dívidas consolidadas elegíveis para acompanhamento por esse grupo foram determinados por regiões. A título de exemplo, aqui na 3ª Região que engloba os Estados de São Paulo e Mato Grosso do Sul definiu-se a quantia de R$10 milhões de reais.

A criação deste grupo foi um aprimoramento na cobrança dos créditos dessas autarquias, na medida em que esse acompanhamento é feito por procurador federal com atribuição exclusiva para essa finalidade.

4 É possível a utilização dessas ações como políticas públicas?

Para se responder a essa é necessário entender a distinção entre problema público e política pública.

Leonardo Secchi[5] apresenta a distinção entre essas definições:

> O problema público é usualmente definido como a distância entre o *status quo* e uma situação ideal possível para a realidade pública (SJÖBLOM, 1984; SECCHI, 2013). O problema público é um conceito intersubjetivo, ou seja, ele só existe se incomoda uma quantidade ou qualidade razoável de atores. Uma política pública é uma diretriz elaborada para enfrentar um problema público (SECCHI, 2013). Política Pública é um conceito abstrato que se materializa com instrumentos concretos como, por exemplo, leis, programas, campanhas, obras, prestação de serviço, subsídios, impostos e taxas, decisões judiciais, entre muitos outros.
> O problema público está para a doença, assim como a política pública está para o tratamento. Metaforicamente, a doença (problema público) precisa ser diagnosticada, para então ser dada uma prescrição médica de tratamento (política pública), que pode ser um remédio, uma dieta, exercícios físicos, cirurgia, tratamento psicológico, entre outros (instrumentos de política pública).

---

5   SECCHI, Leonardo. *Análises de Políticas Públicas*. São Paulo: Cengage Learning, 2016. p. 5

Do exposto percebe-se que o problema público é a causa e a política pública o efeito. Logo, é perfeitamente possível falar-se em implementação de políticas públicas na utilização das ações supracitadas.

A execução dos acórdãos do TCU faz com que os administradores públicos e particulares que tenham acesso a recursos públicos sejam mais zelosos no manejo desses recursos, pois a rejeição das contas e a aplicação de multas por irregularidade insanável que configure ato doloso de improbidade administrativa no caso dos administradores públicos é causa de inelegibilidade, nos termos da Lei Complementar nº 64, de 18 de maio de 1990 (alínea "g" do art. 1º).

Também as ações regressivas acidentárias são uma mudança de paradigma social. Verificou-se com a propositura acentuada deste tipo de ação que diversas entidades como sindicatos de trabalhadores e dos empregadores, fundações voltadas às atividades laborais, dentre outras, começaram a disseminar entre seus representantes a disseminação deste tipo de ação. Foram feitas diversas palestras sobre o tema nessas entidades e também no Poder Judiciário para que todos pudessem entender sobre os reais intentos do INSS com essa demanda.

Essa ação tem um caráter muito mais educativo do que ressarcitório: busca-se com a máxima urgência, uma mudança de comportamento de empresas que não investem na segurança de seus funcionários. É necessário que as empresas tenham em mente que aquele funcionário que lhe presta serviço antes de ser um trabalhador é um ser humano que nesta condição deve ser dotado de todas as garantias, em especial o da dignidade da pessoa humana. A pessoa necessita exercer sua função com dignidade. Isso se reveste na tomada de precauções como a colocação de proteção nas prensas para se evitar que as mesmas mutilem os dedos das mãos dos trabalhadores, o recebimento de treinamento adequado para o exercício da tarefa, treinamento este que demande uma quantidade razoável de horas de aulas teóricas e práticas consistentes em repetições supervisionadas, a necessidade de um supervisor para a verificação da correta realização da tarefa, enfim, diversas condutas que estão todas previstas nas normas regulamentadoras.

No tocante ações civis públicas pela prática de atos de improbidade, muitas delas foram iniciadas em nome do INSS após a demissão a bem do serviço público de servidores desidiosos e que desviaram recursos da Previdência Social. Com o término do processo administrativo disciplinar e a demissão do servidor, a Procuradoria Federal é instada pelo INSS a ingressar com a respectiva ação de improbidade para a recomposição do patrimônio da Previdência Social.

O simples fato da ocorrência da demissão do servidor desidioso tem um efeito inibidor que evita a prática de novos atos delituosos por outros servidores.

Também se verificou a necessidade de aprimoramento por parte das Autarquias e Fundações Públicas Federais, dos mecanismos de fiscalização interna nas prestações de contas apresentadas pelos particulares.

Após muitos relatórios elaborados pela Controladoria-Geral da União (CGU) demonstrando as falhas na fiscalização interna dessas entidades – basicamente a insuficiência do número de servidores para realizar a fiscalização após a prestação de contas – hoje se percebe uma melhora substancial nesse quesito.

Mas os relatórios da CGU foram utilizados em diversas ações de improbidade como meio de prova para demonstrar a precariedade na fiscalização e principalmente o dolo do particular na utilização de recursos públicos sem a correspondente prestação de contas.

Todas essas ações judiciais são instrumentos de políticas públicas na busca pela solução dos problemas públicos aqui apresentados: inobservância das normas padrão de segurança, higiene e saúde do trabalho; malversação do dinheiro público e omissão ou precariedade na prestação de contas de verbas públicas.

5 A política pública da conciliação – alternativa eficiente para a recomposição do patrimônio público lesado

Como visto acima, a conciliação também é uma forma de política pública, na medida em que se verificou que os problemas públicos acima listados muitas vezes teriam uma solução mais eficiente e racional à Fazenda Pública se fosse largamente utilizada esta forma de composição dos litígios.

As normas que criaram o acompanhamento de ações relevantes são recentes. Após a implantação do acompanhamento de ações prioritárias pelos núcleos específicos criados para essa finalidade, constatou-se o enorme volume dessas ações e o reduzido quadro de procuradores federais disponíveis para realizar essas funções.

Além disso, também se constatou a demora do Poder Judiciário no julgamento dessas ações, em especial a ação civil pública pela prática de atos de improbidade administrativa que ainda possui uma peculiaridade: uma fase prévia antes do recebimento da ação pelo juiz. Somente essa fase prévia, a depender do número de réus nesta ação, pode demorar até dois anos (§7º do art. 17 da LIA). A satisfação do direito das entidades da Administração Pública – em especial o ressarcimento ao erário – mostrou-se uma realidade distante diante dessas vicissitudes. Nesse quadro, a conciliação surge como uma alternativa rápida e eficiente para a recomposição do erário lesado.

José Eduardo Faria,[6] com muita percuciência traduziu esse fenômeno em obra de leitura indispensável:

> Enquanto o direito positivo se exprime de modo imperativo, sob a forma de comandos compulsórios provenientes de uma autoridade formalmente investida de poder de decisão e segundo regras previamente estabelecidas para sua elaboração, a nova ordem jurídica se destaca por seu viés pluralista e interativo. Ela se configura como um mecanismo de resolução de problemas e litígios por meio da qual os atores, via negociação entre múltiplos poderes e distintos espaços, chegam a compromissos aceitáveis por todos. Suas expectativas e interesses são conflitantes, mas nenhum desses atores tem capacidade para impor uma solução de maneira unilateral – e se não chegarem a decisões mutuamente satisfatórias, permanecerão numa situação de paralisia decisória, correndo o risco de, ao final, saírem todos como perdedores.

Num primeiro estágio tínhamos o cumprimento estrito da lei. E essa lei tinha uma capacidade de *enforcement* muito eficaz, prescindindo qualquer solução negociada entre as partes.

Num segundo estágio verifica-se uma fraqueza do *enforcement* da norma, e a satisfação do direito da Fazenda Pública torna-se cada vez mais difícil apenas através da imposição de penalidades. Estas já

---

[6] FARIA, José Eduardo. *Direito e Conjuntura*. São Paulo: Saraiva, 2008. p. 74

não se mostram capazes de impedir condutas lesivas ao patrimônio público e sua rápida recomposição.

Esse fenômeno mostra-se compatível com o desenvolvimento social. Na medida em que novos atores vão surgindo no contexto social, as demandas sociais se tornam cada vez mais específicas e novas formas de pacificação social tomam corpo. Abre-se caminho para as negociações como meio de satisfação do direito da Administração Pública. O exemplo mais evidente são os casos de parcelamentos de dívidas tributárias.

Nesse contexto não importa mais ao Estado a perpetuação de seu prejuízo, mas sim a recomposição de seu patrimônio de forma eficiente e racional. E não parece ser racional permanecer com um litígio por anos, ás vezes décadas, com o acréscimo de consectários legais, para, ao final, não se concretizar o direito, pois, após tanto tempo transcorrido pode ocorrer uma série de vicissitudes como a falência da empresa, o óbito do devedor e a ausência de bens passíveis de serem adjudicados ao patrimônio público.

Por essas razões é que a conciliação prévia apresenta-se ao Estado como o instrumento mais racional nos aspectos econômico e jurídico nos casos de ressarcimento ao Erário. A negociação entre Estado e particular para se tornar uma prática corriqueira, demanda também uma quebra de paradigma entre o direito romano-germânico do qual tem origem nosso ordenamento jurídico para um direito mais dinâmico como o *common law*, avesso a informalidades e focado na celeridade.

Nessa toada surge o art. 37-B da Lei nº 10.522, de 19 de julho de 2002, instituído pela Lei nº 11.941 de 2009, que prevê a possibilidade de parcelamento dos créditos Autarquias e Fundações Públicas Federais. A AGU editou a Portaria nº 6, de 06 de janeiro de 2011 que dispõe sobre a possibilidade de realização de acordos nas ações regressivas acidentárias.

Em 2012 a PGF lança o manual de conciliação da PGF,[7] que, na sua apresentação já ressalta a necessidade da conciliação:

---

[7] Disponível em: <https://www.google.com.br/webhp?sourceid=chrome-instant&ion=1&espv=2&ie=UTF-8#q=manual%20de%20concilia%C3%A7%C3%A3o%20da%20pgf>. Acesso em: 20 out. 2016.

A elaboração do presente manual é uma das muitas iniciativas que vêm sendo empreendidas para a conciliação e redução de litigiosidade das autarquias e fundações públicas federais. Cumpre apontar que a redução de litigiosidade já é, de algum tempo, objeto de atenção por parte dos órgãos da AGU. Basta citar a título de ilustração que a edição da primeira Súmula da Advocacia-Geral da União reporta-se ao ano de 1997. Nos últimos anos, a preocupação quanto à conciliação e a não-litigiosidade adquiriram particular destaque, sendo hoje um aspecto importante da atuação dos membros da AGU e da PGF.

A conciliação é uma ferramenta valiosa posta à disposição dos Procuradores Federais. Se bem empregada, contribui de modo eficaz para melhoria da imagem do Estado perante o cidadão, o qual terá o seu direito reconhecido de modo mais célere. Contribui, ainda, para a melhoria da imagem institucional perante o Judiciário, que verá nessa conduta o propósito proativo e não procrastinatório da atuação da Fazenda Pública em juízo.

O ápice dessa tendência foi a instituição da realização de conciliação prévia ou mediação logo após o recebimento da petição inicial pelo juiz prevista no Novo Código de Processo Civil no art. 334.

6 Conclusão

O presente artigo buscou apresentar a estrutura da PGF com relação às demandas consideradas relevantes, a saber: execuções de acórdãos do TCU; ações regressivas acidentárias e demais ações de regresso ajuizadas em nome do INSS; ressarcimento ao erário decorrente de procedimento de tomada de contas especial e ações civis públicas pela prática de atos de improbidade administrativa, ações de ressarcimento de valores acima de 1 milhão de reais e acompanhamento de grandes devedores com valores de débitos acima de 10 milhões, e procurou defini-las de forma sucinta para demonstrar por qual razão as mesmas foram escolhidas nessa qualidade.

Demonstrou-se também que as mesmas são instrumentos de políticas públicas na medida em que buscam delinear um determinado tipo de comportamento social com vistas à redução de prejuízos ao Erário das Autarquias, Fundações e Universidades Públicas Federais.

Por fim, demonstrou-se que atualmente a política pública da conciliação mostra-se hoje o meio mais eficaz na célere recomposição do patrimônio da Administração Pública com ganhos de eficiência e racionalidade.

Referências

FARIA, José Eduardo. *Direito e Conjuntura*. São Paulo: Saraiva, 2008. p. 74.

Manual de Conciliação da PGF. Disponível em: https://www.google.com.br/webhp?sourceid=chrome-instant&ion=1&espv=2&ie=UTF-8#q=manual%20de%20concilia%C3%A7%C3%A3o%20da%20pgf. Acesso em: 20 out. 2016.

SECCHI, Leonardo. *Análises de Políticas Públicas*. São Paulo: Cengage Learning, 2016. p. 5.

Informação bibliográfica deste texto, conforme a NBR 6023:2002 da Associação Brasileira de Normas Técnicas (ABNT):

PALLONE, Renata Ferrero. A possibilidade de ações judiciais ajuizadas pelo Poder Público como instrumento de Políticas Públicas na Advocacia Pública Federal. In: MOURÃO, Carlos Figueiredo; HIROSE, Regina Tamami (Coord.). *Advocacia pública contemporânea*: desafios da defesa do Estado. Belo Horizonte: Fórum, 2019. p. 335-353. ISBN 978-85-450-0578-0..

AS PRERROGATIVAS PROFISSIONAIS NA ADVOCACIA PÚBLICA

Marcos Batistela

1 Introdução: A advocacia e a Advocacia do Estado

A advocacia tem suas raízes numa exigência elementar de justiça: quando a defesa da causa de uma das partes perante o juiz passou a necessitar do conhecimento aprofundado das leis, tornou-se injusto impedir que um terceiro assumisse a função de advogado. Em passado remoto, a advocacia adquiriu grande relevância em Roma, promovendo carreiras políticas de sucesso, como a de Cícero, e foi objeto de minuciosa disciplina legal, para depois desaparecer com a civilização que a criou. As relações jurídicas foram substituídas pelas relações de força nos vários séculos que antecederam à consolidação do feudalismo e, depois, a formação dos Estados nacionais. Neste período, a advocacia desapareceu, como desapareceu a figura do juiz especializado, substituídos pelas instituições germânicas, como o duelo judicial. Durante a alta idade média, ocorreu, inclusive, o esquecimento das leis escritas, mesmo daquelas promulgadas nos antigos reinos germânicos.

O ressurgimento da advocacia ocorreu a partir do restabelecimento de instituições permanentes para a administração da justiça, apontando-se como marco a criação de um parlamento pelo Rei de França Felipe, o Belo, em 1302. No Reino de Portugal, de que descendem diretamente as instituições nacionais, as Ordenações Filipinas promoveram a primeira organização do exercício da advocacia com reflexos no Brasil. O restabelecimento de instituições judiciárias permanentes promoveu uma primeira especialização da advocacia, que permanece até o presente: de um lado, os defensores das causas particulares, de outro, os defensores das causas cíveis ou criminais de interesse da Coroa.[1]

A legislação reinol permaneceu em vigor no Brasil após a independência, por determinação expressa de Lei de 20 de outubro de 1823, vigorando as Ordenações Filipinas – não sem alterações posteriores à independência do Brasil, que lhes reduziram progressivamente o âmbito de aplicação – até o advento do Código Civil de 1916.

2 A advocacia do Estado nas Constituições nacionais

As Constituições nacionais, a partir de 1824, iniciaram um longo processo de reorganização institucional da Advocacia do Estado (ou Advocacia Pública), partindo do modelo inicialmente unitário (toda a atuação em juízo concentrada em instituição denominada "Ministério Público") para um modelo tripartido (Advocacia Pública, Ministério Público e Defensoria Pública), em que ainda ocorrem reminiscências das antigas atribuições de competências.

A Constituição do Império menciona, apenas de passagem, em seu art. 48, o "Procurador da Corôa, e Soberania Nacional", integrante do Ministério Público, instituição que Pimenta Bueno, não obstante o silêncio do texto constitucional, comenta no título dedicado ao Poder Judiciário.[2] A Constituição de 1891 é igualmente sucinta a esse respeito, prevendo a designação do Procurador-Geral da República, cujas atribuições são remetidas à lei, dentre os Ministros do Supremo Tribunal Federal (art. 58, §2º), além de duas disposições sobre competências nos seus arts. 60, §1º, "c" (Emenda Constitucional de 1926), e 81, §1º.

O tratamento constitucional da Advocacia Pública, a partir da Constituição de 1934, começa a ser mais detalhado. Esta

---

[1] MARTINS, Estêvão C. de Rezende. A prática jurídica ocidental: A inteligência e a voz. *Revista de Informação Legislativa*. Brasília, a. 41, n. 162, abr./jun. 2004. p. 119-120.

[2] BUENO, José Antônio Pimenta. *José Antônio Pimenta, Marquês de São Vicente*. Organização e introdução de Eduardo Kugelmas. São Paulo: Editora 34, 2002. p. 460.

Constituição dedica seu art. 95 à disciplina do Ministério Público, regulando-o no Capítulo VI, referente aos "órgãos de cooperação das atividades governamentais" (Ministério Público, Tribunal de Contas e Conselhos Técnicos), do seu Título I, que trata da organização federal; em seu art. 7, inc. I, "e", determina ainda que os Estados devem observar, nas constituições e leis que decretarem, as garantias dos Ministérios Públicos locais. O Procurador-Geral da República, chefe do Ministério Público Federal nos juízos comuns, é nomeado pelo Presidente da República, com aprovação do Senado Federal, dentre cidadãos com os requisitos estabelecidos para Ministros da Corte Suprema, sendo, porém, demissível "ad nutum". Os vencimentos do Procurador-Geral da República são equivalentes aos percebidos pelos Ministros da Corte Suprema e os membros do Ministério Público devem ser nomeados por concurso e só perdem os cargos, nos termos da lei, por sentença judiciária, ou processo administrativo, sendo assegurada ampla defesa.

A Constituição de 1937 é mais econômica que a anterior, dispondo apenas que o chefe do Ministério Público Federal é o Procurador-Geral da República, que funciona junto ao Supremo Tribunal Federal, e é de livre nomeação e demissão do Presidente da República, devendo recair a escolha em pessoa que reúna os requisitos exigidos para Ministro do Supremo Tribunal Federal (art. 99, constante da parte do texto sob o título "do Supremo Tribunal Federal") e, além disso, permite à lei cometer ao Ministério Público dos Estados a função de representar em Juízo a Fazenda Federal nas ações para cobrança da dívida ativa (art. 109, parágrafo único).

A Constituição de 1946 trata do Ministério Público em seu Título III, após os títulos iniciais dedicados à organização federal e à justiça dos Estados. É restabelecida a disciplina da Constituição de 1934 para nomeação do Procurador-Geral da República pelo Presidente da República, com aprovação do Senado Federal, dentre cidadãos com os requisitos estabelecidos para Ministros do Supremo Tribunal Federal, continuando demissível "ad nutum" (art. 126); consta expressamente que a União é representada em Juízo pelos Procuradores da República, podendo a lei cometer esse encargo, nas comarcas do interior, ao Ministério Público local (art. 126, par. único; art. 201, §2º). De acordo com o art. 127, os membros do Ministério Público da União, do Distrito Federal e dos Territórios ingressam nos cargos iniciais da carreira mediante concurso e, depois de dois anos de exercício, não podem ser demitidos senão por sentença judiciária ou mediante processo administrativo em que se lhes faculte ampla defesa, nem removidos a não ser mediante representação motivada do Chefe do Ministério Público, com fundamento em conveniência do serviço. O art. 128 manda organizar em carreira os Ministérios Públicos dos Estados, observando os preceitos do art. 127 e a promoção de entrância a entrância.

A Constituição de 1946 inova, em relação às Constituições de 1934 (art. 104, §6º) e 1937 (art. 105), ao determinar, em seu art. 124, inc. V, a alternância entre advogados e membros do Ministério Público para o provimento do quinto dos lugares em qualquer tribunal, que lhes são reservados.

A Constituição de 1967, em sua redação original, dispõe sobre o Ministério Público na última seção (Seção IX, arts. 137 a 139) de seu Capítulo VIII, dedicado ao Poder Judiciário e integrante do Título I, denominado "da organização nacional", sem alteração substancial do que estava previsto na Constituição de 1946, salvo pelo desaparecimento da previsão de que o Procurador-Geral da República é demissível "ad nutum" e por estender, aos membros do Ministério Público, disposições sobre remuneração e aposentadoria de membros do Poder Judiciário. Após a Emenda Constitucional nº 1/1969, o texto constitucional relativo ao Ministério Público passa a constar do Capítulo VII, referente ao Poder Executivo (Seção VII, arts. 94 a 96), do Título I. Com o novo texto, deixa de existir equiparação de requisitos para nomeação do Procurador-Geral da República e dos Ministros do Supremo Tribunal Federal, prevendo o art. 95 sua nomeação pelo Presidente da República, dentre cidadãos maiores de trinta e cinco anos, de notável saber jurídico e reputação ilibada; exige-se concurso público de provas e títulos para ingresso nos cargos iniciais da carreira, sendo que, após dois anos de exercício, os membros do Ministério Público não podem ser demitidos senão por sentença judiciária ou em virtude de processo administrativo, facultada ampla defesa, nem removidos a não ser mediante representação do Procurador-Geral, com fundamento em conveniência do serviço. A União pode ser representada, nas comarcas do interior, pelo Ministério Público Estadual (art. 95, §2º; art. 126). Finalmente, o Ministério Público dos Estados deve ser organizado em carreira, por lei estadual, segundo normas gerais previstas em lei complementar de iniciativa do Presidente da República (art. 96, após a Emenda Constitucional nº 7/1977).

3 A advocacia do Estado desde 1988

A Constituição de 1988 estabelece o regime vigente para a Advocacia Pública em capítulo denominado "das funções essenciais à justiça" (Capítulo IV), após os capítulos dedicados aos Poderes Legislativo, Executivo e Judiciário, com os quais compõe o Título IV ("da organização dos poderes"). Em sua redação original, a Constituição de 1988 reservou seções ao Ministério Público, objeto de extensa disciplina, à Advocacia Pública (denominado "da Advocacia-Geral da União", separando a representação judicial e extrajudicial da União e dos Estados e o assessoramento e consultoria jurídicos dos respectivos Poderes Executivos do âmbito de atribuições do Ministério Público) e à Advocacia e Defensoria Pública (em uma mesma seção, até a Emenda Constitucional nº 80/2014).

A Constituição de 1988 realizou, pela primeira vez, uma rígida separação das atribuições conferidas tradicionalmente aos órgãos da Advocacia do Estado (e, na União, concentradas no Ministério Público), promovendo sua especialização funcional e institucional, a qual ainda não se completou e permanece em desenvolvimento, por exemplo, com a estruturação progressiva das Defensorias Públicas e da Advocacia-Geral da União. Este processo também se observa nos Municípios, nos quais ocorre a implantação de Procuradorias, cujos membros são recrutados por concurso público.

O capítulo dedicado às funções essenciais à justiça, assim como outras partes da Constituição, tem sido objeto de significativas e sucessivas alterações (ampliação da autonomia administrativa e orçamentária do Ministério Público pelas Emendas Constitucionais nº 19/1998 e 45/2004; disposição sobre a participação da Ordem dos Advogados do Brasil na realização dos concursos públicos para provimento dos cargos de Procurador do Estado ou do Distrito Federal e sobre o respectivo estágio probatório pela Emenda Constitucional nº 19/1998; asseguração de autonomia funcional e administrativa e de iniciativa de sua proposta orçamentária para as Defensorias Públicas dos Estados pela Emenda Constitucional nº 45/2004, com extensão dessa previsão às Defensorias Públicas da União e do Distrito Federal pela Emenda Constitucional nº 74/2013; criação de seção dedicada exclusivamente à Defensoria Pública pela Emenda Constitucional nº 80/2014). O texto vigente apresenta consideráveis desafios para o intérprete, em razão da falta de sistematização resultante das emendas constitucionais. Um exemplo das dificuldades que o tema suscita é a previsão de participação da Ordem dos Advogados do Brasil em todas as fases do concurso público de provas e títulos para ingresso na carreira de Procurador do Estado ou do Distrito Federal (art. 132 da Constituição, a partir da Emenda Constitucional nº 19/98), sem que exista previsão semelhante para as carreiras da Advocacia-Geral da União, da mesma forma que não existe, para estas carreiras, qualquer disposição referente à asseguração de estabilidade após três anos de efetivo exercício, com relatório circunstanciado das respectivas corregedorias e avaliação de desempenho perante os órgãos próprios (art. 132 da Constituição, par. único, a partir da Emenda Constitucional nº 19/1998). Além disso, o art. 131 da Constituição menciona a representação extrajudicial da União e "atividades de consultoria e assessoramento jurídico do Poder Executivo", fórmulas que não são repetidas em seu art. 132, o qual dispõe sobre "consultoria jurídica das respectivas unidades federadas". Outros exemplos poderiam ser mencionados, mas alongariam desnecessariamente o assunto.

4 A Advocacia Pública como instituição constitucional

A falta de sistematização do texto constitucional dedicado às funções essenciais à justiça, resultado das vicissitudes na sua elaboração, assim como as marcantes diferenças que existem entre a União, os Estados, o Distrito Federal e os Municípios dificultam a compreensão da Advocacia Pública como instituição constitucional.

A história constitucional que produziu a especialização funcional das instituições que correspondem à advocacia pública (Ministério Público, Advocacia/Procuradoria do Estado, Defensoria Pública) permite compreender, por suas vez, algumas aparentes confusões nas denominações (como Promotores de Justiça Federais que ostentam a nome de Procurador da República), sobreposições de atribuições (por exemplo, entre o Ministério Público e a Defensoria Pública) e a mudança de significação das expressões Ministério Público (agora instituição cujos membros são proibidos de exercer a advocacia em sentido estrito) e Advocacia Pública (dedicada à advocacia das pessoas jurídicas de direito público interno). No que diz respeito à Advocacia Pública, a evolução institucional permanece em andamento, como ocorreu com a Emenda Constitucional nº 19/1998, que alterou a denominação original ("da Advocacia-Geral da União") da Seção II do capítulo dedicado às funções essenciais à justiça para "da Advocacia Pública" e, mais recentemente, com o Código de Processo Civil de 2015, que dedicou um capítulo à Advocacia Pública,[3] entre outras disposições que lhe dizem respeito.

O Estatuto da Advocacia, por sua vez, sempre reconheceu que os integrantes da Advocacia-Geral da União, da Procuradoria da Fazenda Nacional, da Defensoria Pública e das Procuradorias e Consultorias Jurídicas dos Estados, do Distrito Federal, dos Municípios e das respectivas entidades de administração indireta e fundacional, exercem advocacia e sujeitam-se ao regime da Lei nº 8.906, de 4 de julho de 1994 (art. 3º, §1º), sem prejuízo do regime administrativo a que se subordinem, instituído pela lei do ente público competente, o qual não pode alcançar os aspectos relacionados com o exercício profissional (especialmente nos Estados, Distrito Federal e Municípios, que não possuem esta competência legislativa).

O tema foi objeto de análise original por Diogo de Figueiredo Moreira Neto, que destacou nas funções essenciais à justiça o fato de serem atividades políticas exercidas por órgãos tecnicamente

---

[3] "Art. 182. Incumbe à Advocacia Pública, na forma da lei, defender e promover os interesses públicos da União, dos Estados, do Distrito Federal e dos Municípios, por meio da representação judicial, em todos os âmbitos federativos, das pessoas jurídicas de direito público que integram a administração direta e indireta."

habilitados, sob garantias constitucionais, através das quais interesses juridicamente reconhecidos são identificados, acautelados, promovidos e defendidos, todas elas funções que competem à advocacia que, por oposição à advocacia exercida em ministério privado, denomina "advocacia pública". A advocacia pública, segundo o autor, divide-se em Ministério Público, Advocacia do Estado e Defensoria Pública, os quais denomina "procuraturas constitucionais", de acordo com a natureza predominante dos interesses aos quais se vinculam: o primeiro dedicado precipuamente aos interesses difusos da defesa da ordem jurídica e do regime democrático e o interesses sociais e individuais indisponíveis; a segunda dedicada aos interesses públicos, assim entendidos os estabelecidos em lei e cometidos ao Estado; a terceira dedicada aos interesses individuais, coletivos ou mesmo difusos, mas sempre qualificados pela insuficiência de recursos daqueles que devam ou queiram defendê-los. Conforme este ensinamento, as procuraturas constitucionais não defendem interesses hierarquizados entre si, uma vez que nenhum interesse tem supremacia absoluta sobre os demais e a prevalência de um interesse qualquer, público, difuso, coletivo ou até individual, depende de cada caso concreto.[4]

Claudio Madureira, em monografia dedicada à Advocacia Pública, desenvolveu aprofundado estudo sobre as razões da ausência de menção aos Municípios no capítulo constitucionais dedicado às funções essenciais à justiça, recorrendo aos anais da Assembleia Nacional Constituinte para afirmar que não se tratou de omissão acidental, nem mesmo de competência relegada à deliberação do poder constituinte derivado decorrente, para concluir que a estruturação da advocacia pública municipal é um pressuposto necessário à efetivação do controle interno de legalidade da Administração Pública. Conforme seu entendimento, a circunstância de a Constituição haver determinado aos Municípios, assim como à União, aos Estados e ao Distrito Federal, o controle interno da legalidade de sua atividade administrativa, impôs consequentemente a existência de procuradorias com organização

---

[4] MOREIRA NETO, Diogo de Figueiredo. As Funções Essenciais à Justiça e as Procuraturas Constitucionais. *Revista de Informação Legislativa*. Brasília, a. 29, n. 116, out./dez. 1992. p. 87 e segs.

semelhante à da Advocacia-Geral da União ou das Procuradorias do Estados e do Distrito Federal, ou, ao menos, nos Municípios em que particularidades locais não o permitam (por exemplo, por escassez de recursos), que as atividades típicas de consultoria jurídica e contencioso judicial sejam exercidas por procuradores submetidos ao concurso público e estáveis no serviço público; por fim, informou, em reforço de sua interpretação, que a jurisprudência do Tribunal de Justiça do Estado do Espírito Santo é neste sentido.[5]

Em relação aos Municípios, ainda, a jurisprudência do Tribunal de Justiça de São Paulo é remansosa no sentido de que as disposições da Constituição paulista referentes à Procuradoria-Geral do Estado constituem princípios de observância obrigatória (ADI 2073455-08.2016.8.26.0000, Rel. Des. Renato Sartorelli, v.u., j. 27/7/2016; ADI 2006840-70.2015.8.26.0000, Rel. Des. Francisco Casconi, v.u., j. 29/7/2015; ADI 2022500-07.2015.8.26.0000, Rel. Des. Márcio Bartoli, v.u., j. 29/7/2015, entre outros).

Os estudos sobre a Advocacia Pública como instituição constitucional, embora estejam atraindo cada vez maior interesse, especialmente por suas implicações práticas, não alcançaram o grau de desenvolvimento dos trabalhos relativos ao Ministério Público – o que pode ser explicado pela sua condição de organização da qual se destacaram as demais, por especialização funcional – ou mesmo da Defensoria Pública, de mais recente criação. Esta carência doutrinária, apesar de exercer alguma influência negativa sobre a consecução dos princípios constitucionais a que está vinculada a Administração Pública e sobre sua capacidade de realizar os objetivos fundamentais da República, está sendo paulatinamente superada com o aclaramento da compreensão de caráter constitucional da Advocacia Pública no Estado brasileiro e da missão institucional da qual foi incumbida.

5 Prerrogativas, direitos e deveres

A advocacia, como profissão regulamentada, possui um rol de direitos e proibições particulares, éticas ou legais, que é determinado

---

[5] MADUREIRA, Claudio. *Advocacia Pública*. Belo Horizonte: Fórum, 2016. 2. ed. p. 199 e ss.

pela natureza de suas atividades e foi produzido por sua evolução histórica. Esta condição da advocacia – e, consequentemente, da Advocacia Pública – não apresenta originalidade, permeando o estatuto profissional das diferentes profissões, com maior ou menor desenvolvimento. Um exemplo que pode ser colhido na Constituição de 1988 é o resguardo ao sigilo de fonte, quando necessário ao exercício profissional (art. 5º, inc. XIV). Da mesma forma, o direito processual exonera a parte ou testemunha de depor sobre fatos que tem conhecimento em razão de sua profissão (Código de Processo Penal, art. 207; Código de Processo Civil, art. arts. 388, inc. II, 448, inc. II).

A Constituição de 1988 menciona prerrogativas relativas à nacionalidade, à soberania e à cidadania (art. 5º, inc. LXXI), aos membros do Congresso Nacional (art. 55, §), aos Ministros do Tribunal de Contas da União (art. 53, §3º), aos militares (art. 142, §3º, incs. I e X) e, nas disposições transitórias, aos partidos políticos (art. 5º, § 1º) e juízes togados de investidura limitada no tempo admitidos por concurso (art. 21), sem que se possa extrair um sentido unívoco da expressão, não obstante ser utilizada sempre em relação ao exercício de garantias e direitos decorrentes alguma condição legalmente estabelecida. No que diz respeito à Magistratura e ao Ministério Público, faz-se nas respectivas leis orgânicas a distinção entre garantias (vitaliciedade, inamovibilidade e irredutibilidade dos vencimentos) e prerrogativas (relacionadas a outros aspectos decorrentes do cargo público, como direito a prisão especial, porte de arma, etc.).

O Estatuto da Advocacia não oferece um rol de prerrogativas do advogado, atribuindo aos Conselhos Federal e Seccionais velar pela dignidade, independência, valorização da advocacia e fazer valer as prerrogativas do advogado (arts. 54, III, e 61, II). Paulo Lôbo, após registrar que o Estatuto trata de forma indistinta os direitos e prerrogativas do advogado, ensina que prerrogativa profissional "significa direito exclusivo e indispensável ao exercício de determinada profissão no interesse social", apontando, ainda, que "em certa medida é direito-dever e, no caso da advocacia, configura condições legais de exercício de seu múnus público".[6]

---

[6] LOBO, Paulo. *Comentários ao Estatuto da Advocacia*. São Paulo: Saraiva, 2015. 9. ed. p.66.

A conceituação, além de precisa, ressalta dois pontos que são de importância especial para a Advocacia Pública: a prerrogativa é um regramento indispensável ao exercício da profissão e é estabelecida no interesse social (público).

6 Prerrogativas próprias dos Procuradores Públicos

A Advocacia Pública adquiriu os contornos institucionais atuais apenas após a Constituição de 1988, depois de longo processo de especialização funcional, pelo qual se destacou do exercício privado da advocacia, num primeiro momento, um conjunto de atividades típicas e, posteriormente, criaram-se outras instituições com características singulares – o Ministério Público (este mantendo o nome que foi outrora de toda a Advocacia Pública) e a Defensoria Pública. Estas instituições, como necessidade decorrente de seu processo formativo, contaram com uma maior definição de suas respectivas identidades institucionais e de seus membros, ao contrário da Advocacia Pública, que permaneceu como instituição residual, titular das competências que não foram reservadas às novas instituições.

Por outro lado, a Advocacia Pública ressente-se do fato de não possuir, pelas mesmas razões históricas, uma lei orgânica que lhe defina características nacionais de seguimento compulsório para todos os entes públicos, dificuldade que é agravada pela já apontada falta de sistematização da seção da Constituição de 1988 dedicada à Advocacia Pública e pela existência da Advocacia Pública nos Municípios, cujas desigualdades relativas ultrapassam em muito aquelas que se constatam entre os Estados (e, não é segredo, existem Municípios que possuem população, orçamento e administração maiores que as de vários Estados). As prerrogativas dos procuradores públicos, portanto, a par daquelas que estão definidas na Constituição Federal e no Estatuto da Advocacia, comportam, como nos casos das outras funções essenciais à administração da justiça, desenvolvimento pelas leis específicas.[7]

---

[7] A Lei Federal nº 13.327, de 29 de julho de 2016, estabelece, em seu art. 38, que são prerrogativas dos integrantes das carreiras jurídicas das Carreiras Jurídicas da União,

Os apontamentos a seguir destacarão apenas três prerrogativas que apresentam características peculiares em relação aos procuradores públicos, uma vez que, no exercício da advocacia como ministério privado, não se configuram as situações em que podem ser necessárias ou são exercidas da mesma forma: a representação das pessoas jurídicas de direito público sem procuração, a independência técnica e a inviolabilidade de seu local de trabalho.

6.1 Representação das pessoas jurídicas de direito público sem procuração

As pessoas jurídicas de direito público interno são representadas por seus procuradores, segundo denominação tradicional, sem mandato nem procuração,[8] por expressa determinação

---

sem prejuízo das previstas em outras normas: I – receber intimação pessoalmente, mediante carga ou remessa dos autos, em qualquer processo e grau de jurisdição, nos feitos em que tiver que oficiar, admitido o encaminhamento eletrônico na forma de lei; II – requisitar às autoridades de segurança auxílio para sua própria proteção e para a proteção de testemunhas, de patrimônio e de instalações federais, no exercício de suas funções, sempre que caracterizada ameaça, na forma estabelecida em portaria do Advogado-Geral da União; III – não ser preso ou responsabilizado pelo descumprimento de determinação judicial no exercício de suas funções; IV – somente ser preso ou detido por ordem escrita do juízo criminal competente, ou em flagrante de crime inafiançável, caso em que a autoridade policial lavrará o auto respectivo e fará imediata comunicação ao juízo competente e ao Advogado-Geral da União, sob pena de nulidade; V – ser recolhido a prisão especial ou a sala especial de Estado Maior, com direito a privacidade, e ser recolhido em dependência separada em estabelecimento de cumprimento de pena após sentença condenatória transitada em julgado; VI – ser ouvido, como testemunha, em dia, hora e local previamente ajustados com o magistrado ou a autoridade competente; VII – ter o mesmo tratamento protocolar reservado aos magistrados e aos demais titulares dos cargos das funções essenciais à justiça; VIII – ter ingresso e trânsito livres, em razão de serviço, em qualquer recinto ou órgão público, sendo-lhe exigida somente a apresentação da carteira de identidade funcional; IX – usar as insígnias privativas do cargo.

[8] Gustavo Tepedino, em anotação ao art. 653 do Código Civil, segundo o qual "opera-se o mandato quando alguém recebe de outrem poderes para, em seu nome, praticar atos ou administrar interesses. A procuração é o instrumento do mandato", esclarece que "o dispositivo, tal como o revogado art. 1.288 do Código Civil de 1916, define a procuração como instrumento do mandato. A rigor, como observa Pontes de Miranda, não há que se confundir mandato e procuração. Necessário, ao contrário, que se distinga do contrato de mandato o ato jurídico unilateral de outorga de poderes que se corporifica na procuração. Por outro lado, o mandato constitui-se em espécie contratual, enquanto a representação é técnica de atuação em nome de outrem" (*Comentários ao Novo Código Civil, v. X: das várias espécies de contrato, do mandato, da comissão, da agência e distribuição, da corretagem, do transporte* / Gustavo Tepedino; coordenador: Sálvio de Figueiredo Teixeira. Rio de Janeiro: Forense, 2008. p.40).

constitucional e legal. Trata-se de exceção ao disposto no direito comum, especialmente do determinado no art. 5º da Lei nº 8.906/94 ("O advogado postula, em juízo ou fora dele, fazendo prova do mandato.") e no art. 104 do Código de Processo Civil ("O advogado não será admitido a postular em juízo sem procuração, salvo para evitar preclusão, decadência ou prescrição, ou para praticar ato considerado urgente."). Em outras palavras, não existe relação contratual no exercício da Advocacia Pública e não são aplicáveis as regras do direito civil que disciplinam a responsabilidade contratual.

A representação da pessoa jurídica de direito público por seus procuradores decorre de disposição constitucional e da legislação processual, de forma que não pode ser alterada pelas leis que disciplinam a organização das Procuradorias e Advocacias-Gerais. Estas leis podem dispor apenas sobre as repartições de competências entre seus órgãos ou sobre as atribuições de seus membros, constituindo seu descumprimento matéria disciplinar interna.

Neste sentido, a jurisprudência do Supremo Tribunal Federal assentou que as atribuições inerentes à representação judicial, de consultoria e assessoramento jurídicos e fiscalização da legalidade interna dos atos da Administração são exercidas em caráter exclusivo, indisponível e irrenunciável pelos Procuradores dos Estados e do Distrito Federal (entre outros, ADI 4.843 MC-ED-Ref, Rel. Min. Celso de Mello, v.u., j. 11/12/2014; ADI 4.261, Rel. Min. Ayres Britto, v.u., j. 02/8/2010, e ADI 1.679, Rel. Min. Gilmar Mendes, v.u., j. 08/10/2003). O entendimento do Supremo Tribunal Federal, em acréscimo, é que a Procuradoria de cada um dos Estados é, por força da Constituição de 1988, uma instituição una e indivisível, com exceção do disposto no art. 69 do Ato das Disposições Constitucionais Transitórias,[9] sendo inaplicável aos entes federados o modelo institucional definido pela Constituição para a Advocacia-Geral da União (ADI 1.679, Rel. Min. Gilmar Mendes, v.u., j. 08/10/2003).

O Supremo Tribunal Federal decidiu, igualmente, que o disposto nos arts. 131 e 132 da Constituição Federal não tem o

---

[9] "Art. 69. Será permitido aos Estados manter consultorias jurídicas separadas de suas Procuradorias-Gerais ou Advocacias-Gerais, desde que, na data da promulgação da Constituição, tenham órgãos distintos para as respectivas funções."

alcance de proibir a outorga de procuração "ad judicia" para causa específica (Petição 409-4 AgRg, Rel. p/acórdão Min. Sepúlveda Pertence, j. 18/4/1990). A questão jurídica debatida no julgamento foi a exclusividade da representação das pessoas jurídicas de direito público pelos seus procuradores "ex lege", prevalecendo o entendimento de que se trata de norma de organização administrativa que ganhou nível constitucional com o sentido de tornar definitiva a subtração, ao Ministério Público, da função de Advocacia do Estado (que a acumulava com a função de guardião da ordem jurídica), interpretando-se os arts. 131 e 132 em conjunto com o preceito do art. 129, inc. IX, da Constituição, que veda expressamente à instituição representação judicial e a consultoria jurídica de entidades públicas. As causas determinadas para as quais é legítima a outorga de procuração "ad judicia" são aquelas que se destacam pela especialidade da matéria ou pela peculiaridade da jurisdição em que deve ser julgada (*v.g.*, um tribunal estrangeiro), em que seja objetivamente justificável confiar a defesa a advogado especializado. É necessário, portanto, que seja causa singular quanto ao seu objeto e outras características relevantes, essencialmente diferente daquelas em que oficiam os procuradores "ex lege" da pessoa jurídica de direito público, e que seja demonstrado o mérito de ser conferida procuração "ad judicia" para outros advogados atuarem (sem ter sido objeto de decisão a contração de parecer jurídico, não parece existir razão fundamental de diferenciação para afastar a aplicação do mesmo entendimento a este caso).

6.2 Independência técnica

As prerrogativas profissionais dos procuradores públicos decorrem diretamente da Constituição Federal e estão previstas no Estatuto da Advocacia, como já foi referido, competindo à legislação dos entes públicos suplementar, no que couber e de acordo com as necessidades dos respectivos serviços públicos, essas disposições.

O art. 133 da Constituição Federal determina que o advogado é "inviolável por seus atos e manifestações no exercício da profissão", o que impõe uma proibição de qualquer procedimento tendente a embaraçar o livre exercício da profissão. A proteção constitucional é mais ampla que a garantia do desempenho das atividades privativas da Advocacia enumeradas pelo art. 1º da Lei nº 8.906/94 (a postulação a órgão do Poder Judiciário e aos juizados especiais e as atividades de consultoria, assessoria e direção jurídicas).

A inviolabilidade do advogado é tema de interesse prático evidente e a jurisprudência é dedicada principalmente à discussão de fatos imputados como crimes contra a honra, o exercício da liberdade de expressão, a garantia contra prisão em flagrante delito e a inviolabilidade do escritório ou do local de trabalho. Em todos esses casos, busca-se impedir que a ameaça ao advogado em relação à segurança pessoal possa abater-lhe o ânimo para a defesa de suas causas. Neste sentido, os parágrafos do art. 31 da Lei nº 8.906/94 estabelecem como deveres éticos do advogado "manter independência em qualquer circunstância" e que "nenhum receio de desagradar a magistrado ou a qualquer autoridade, nem de incorrer em impopularidade, deve deter o advogado no exercício da profissão". Além disso, em seu art. 18, dispõe que "a relação de emprego, na qualidade de advogado, não retira a isenção técnica nem reduz a independência profissional inerentes à advocacia".

A proteção da independência do advogado existe em termos amplos porque ela é condição necessária para o regular funcionamento do Estado de Direito.[10] Há o reconhecimento constitucional e legal explícito de que o advogado sem independência não pode exercer sua função adequadamente, estabelecendo-se sua inviolabilidade, que tem como contrapartida a imposição do dever ético de independência.

A independência do procurador público, não obstante, é objeto de controvérsia, na qual se confundem ideias diversas. São recorrentes, por exemplo, afirmações sobre (a) a integração da Advocacia Pública na estrutura orgânica do Poder Executivo, devendo submeter-se à sua estrutura hierárquica, (b) a necessidade de contarem os procuradores e advogados públicos com a confiança da autoridade do Poder Executivo junto a quem exercem suas funções e o comprometimento com as respectivas políticas públicas,

---

[10] LÔBO, Paulo. Op. cit. p. 205.

(c) a preocupação de não criar outro órgão de controle parecido com o Ministério Público.[11]

Além disso, independência técnica dos advogados públicos[12] tem sido confundida com a independência funcional de que gozam os membros de outras instituições incumbidas de funções essenciais à justiça, mas não apresenta a mesma extensão. Com efeito, a independência ou autonomia no exercício das funções pode ser conferida de formas variáveis: a) independência administrativa, relacionada à organização das atribuições e competências, ao funcionamento do órgão ou entidade e estabelecimento de rotinas e procedimentos de trabalho; b) independência funcional, referente ao exercício das atribuições e competências do órgão ou entidade, ao exercício das funções, perante terceiros, com liberdade de escolha dos meios para consecução dos fins; c) independência técnica, relativa ao manejo dos conhecimentos e técnicas para os quais o profissional está habilitado legalmente.[13]

A independência técnica do advogado público, em sentido restrito, conforme decorre da Constituição Federal e do Estatuto profissional, não diz respeito à independência ou autonomia administrativa (como, da mesma forma, a autonomia administrativa de que gozam o Poder Judiciário, o Ministério Público e a Defensoria Pública não atribui a cada um de seus membros ampla liberdade na organização administrativa das repartições em que exercem

---

[11] Aldemario Araújo Castro relata que "no âmbito da própria Advocacia Pública Federal são sustentadas inúmeras posições voltadas claramente para dificultar, ao máximo, o exercício da independência técnica dos advogados públicos. Eis algumas dessas ideias: a) a inserção da Advocacia Pública Federal na estrutura orgânica do Poder Executivo, forma de acentuar a existência de relações hierárquicas clássicas ou tradicionais entre os advogados públicos; b) a permanente preocupação de não criar, em relação especificamente aos Advogados Públicos Federais, mais oito mil Procuradores da República (fica clara uma visão profundamente pejorativa em relação ao Ministério Público e sua importantíssima função de Advocacia da Sociedade); c) a existência de hierarquia administrativa e técnica entre os advogados públicos federais e d) a juridicidade de uma portaria do Ministro de Estado da Fazenda definir a vinculação técnica dos Procuradores da Fazenda Nacional aos pareceres adotados pelos dirigentes máximos da Procuradoria-Geral da Fazenda Nacional." (Os contornos da independência técnica do advogado público. In: *Prerrogativas do Advogado*. ACCIOLY, Leonardo (org.). Brasília, OAB, Conselho Federal, Comissão Nacional de Prerrogativas e Valorização da Advocacia, 2015. p.79-80.

[12] Claudio Madureira registrou o uso das expressões "autonomia técnica", "autonomia profissional" e "independência técnica" nos julgamentos proferidos pelo Supremo Tribunal Federal sobre o tema (*Op. cit.*, p.255).

[13] CASTRO, Aldemario Araújo. *Op. cit.*, p. 93.

suas atribuições) nem à independência ou autonomia funcional, consistente na expressão, no exercício individual das funções, da vontade de determinada instituição (o procurador público expressa a vontade da respectiva pessoa jurídica de direito público, que não corresponde, necessariamente, à sua vontade subjetiva, como, de resto, é lícito a qualquer advogado assim proceder). Em outras palavras, o que diferencia externamente a independência técnica do advogado público da independência funcional de integrantes de outras carreiras jurídicas é que o advogado público não pode dispor de direitos e interesses deduzidos em juízo sem a autorização do órgão competente.[14]

O advogado, e nisso não difere de qualquer outro profissional habilitado, tem capacidade para formação de juízos próprios sobre os fatos que lhe são apresentados e definição dos meios adequados ao exercício de sua profissão. As garantias constitucional e legal para o livre exercício da profissão resguardam sua independência técnica no interesse público. Paulo Lôbo ressalta que o advogado não deve permitir que haja tutela direta ou indireta do cliente, de terceiro ou do magistrado na escolha dos meios jurídicos e na de seu trabalho, devendo preservar sua independência política e de consciência, sem permitir que os interesses do cliente confundam-se com os seus.[15]

A necessidade da independência técnica dos advogados públicos foi reconhecida pelo Supremo Tribunal Federal no julgamento da Ação Direta de Inconstitucionalidade nº 4.261 (Rel. Min. Ayres Britto, v.u., j. 02/08/2010), no qual ficou assentado que a independência e qualificação técnicas que devem presidir a atuação de quem exerce orientação e representação jurídicas são garantidas pela organização em carreira e ingresso por concurso público de provas e títulos, com participação da Ordem dos Advogados do Brasil em todas as suas fases. No mesmo sentido, foi o debate registrado após o voto do relator durante o julgamento da Ação Direta de Inconstitucionalidade nº 291 (Rel. Min. Joaquim Barbosa, j. 07/04/2010), apesar de a redação da ementa sugerir deliberação de outro teor.

---

[14] MADUREIRA, Claudio. *Op. cit.* p. 258.
[15] LÔBO, Paulo. *Op. cit.*, p. 205.

É interessante observar que o Estatuto da Advocacia disciplina a independência técnica ou profissional do advogado como dever ético, o que é consentâneo com o exercício mais tradicional da advocacia como profissão forense e liberal, em que não se apresentam, salvo excepcionalmente (o Estatuto tratou do advogado empregado), situações em que a organização do exercício da profissão implica risco para a isenção técnica ou a independência profissional inerentes à advocacia. Quanto a este aspecto, a Comissão Nacional da Advocacia Pública, do Conselho Federal da Ordem dos Advogados do Brasil, consolidou em sua Súmula 2 o entendimento segundo o qual "A independência técnica é prerrogativa inata à advocacia, seja ela pública ou privada. A tentativa de subordinação ou ingerência do Estado na liberdade funcional e independência no livre exercício da função do advogado público constitui violação aos preceitos Constitucionais e garantias insertas no Estatuto da OAB". Posteriormente, o novo Código de Ética e Disciplina da Ordem dos Advogados do Brasil (Resolução nº 02/2015, de 19 de outubro de 2015, do Conselho Federal) estabeleceu o dever ético de respeitar as prerrogativas profissionais dos colegas para os advogados públicos que exercem cargo de chefia ou direção jurídica.[16]

São muitas as situações em que o advogado exerce seu julgamento profissional sobre questões jurídicas. Aldemario Araújo Castro aponta algumas possibilidades: a) a inteligência de enunciado normativo; b) a escolha de argumentação jurídica para sustentar determinada conclusão; c) a decisão sobre a melhor forma ou recurso para superar decisão administrativa ou judicial; d) a definição de estratégia de atuação jurídica; e) a identificação se uma decisão, notadamente judicial, segue ou não a jurisprudência pacificada ou consolidada.[17]

---

[16] "Art. 8º As disposições deste Código obrigam igualmente os órgãos de advocacia pública, e advogados públicos, incluindo aqueles que ocupem posição de chefia e direção jurídica.
§ 1º O advogado público exercerá suas funções com independência técnica, contribuindo para a solução ou redução de litigiosidade, sempre que possível.
§ 2º O advogado público, inclusive o que exerce cargo de chefia ou direção jurídica, observará nas relações com os colegas, autoridades, servidores e o público em geral, o dever de urbanidade, tratando a todos com respeito e consideração, ao mesmo tempo em que preservará suas prerrogativas e o direito de receber igual tratamento das pessoas com as quais se relacione."

[17] CASTRO, Aldemario Araújo. Op. cit., p. 82.

O exercício de julgamento profissional individual sobre questões jurídicas, do qual o advogado público – como qualquer outro advogado – não se exime, manifesta-se quotidianamente tanto nas atividades de representação judicial quanto de assessoramento e consultoria. Nestas últimas, seria inútil a atuação de um parecerista que não pudesse opinar livremente, porque ele serviria apenas de "fachada para perpetração de ilegalidades, dando ao ato administrativo dissonante da ordem jurídica aparência de legalidade".[18] Na representação judicial, surge o tema da recusa do patrocínio de causa. É prevista expressamente a legitimidade da recusa de atuação do advogado em caso concernente a direito que também lhe seja aplicável ou contrarie orientação que tenha manifestado anteriormente e seu dever de abstenção em patrocinar causa contrária à validade ou legitimidade de ato jurídico em cuja formação haja colaborado ou intervindo, bem como de declinar seu impedimento quando houver conflito de interesses motivado por intervenção anterior no trato do assunto (arts. 4º, par. único, e 22 do Código de Ética de Disciplina).

A organização hierárquica da Administração Pública não interfere na independência técnica dos procuradores e advogados públicos porque opera, enquanto técnica de organização do trabalho, em âmbito diverso daquele do exercício da profissão. Como ensinava Hely Lopes Meirelles, "não prevalece a hierarquia administrativa, porque não há subordinação no campo da técnica".[19] Por essa razão, o procurador não pode ser obrigado a concluir num ou noutro sentido, nem a seguir determinada linha de argumentação.[20] Ele deve, no entanto, informar, de modo claro e inequívoco, quanto a eventuais riscos e consequências que poderão advir de determinada

---

[18] SILVA FILHO, Derly Barreto e. O controle da legalidade diante da remoção e inamovibilidade dos advogados públicos. *Revista de Informação Legislativa*. Brasília, a. 35, n. 139, jul./set.1998, p. 147.

[19] Meirelles, Hely Lopes. *Direito Administrativo Brasileiro*. São Paulo: Revista dos Tribunais, 1991. 6. ed. 2ª tir. p. 171. No mesmo sentido, Derly Barreto e Silva Filho aponta que "tanto nas relações dos Poderes do Estado com as Procuradorias quanto no relacionamento dos advogados públicos entre si, não há espaço para a *hierarquia*, entendida como a 'relação de subordinação existente entre vários órgãos e agentes do Executivo, com a distribuição de funções e a gradação da autoridade de cada um'. Não há lugar para imposição de ordens." (*Op. cit.*, p. 147).

[20] CASTRO, Aldemario Araújo. *Op. cit.*, p. 85-86.

parecer ou demanda, assim como sobre qualquer circunstância que possa influir na resolução de submeter-lhe a consulta ou confiar-lhe a causa (art. 9º do Código de Ética e Disciplina). O adequado cumprimento desse dever profissional está, sem dúvida, relacionado à configuração da responsabilidade civil do advogado por culpa ou dolo, inclusive no caso de lide temerária (art. 32 da Lei nº 8.906/94). A garantia da independência técnica do advogado público é indispensável para a eficiência e a credibilidade da Advocacia Pública em todas as suas atividades típicas, mas especialmente no assessoramento e na consultoria jurídica, que integram o controle interno de legalidade da Administração Pública.

O reconhecimento da independência técnica dos procuradores públicos remete a outro aspecto da questão, que é a necessidade de atuação uniforme da Administração Pública, evitando comportamentos contraditórios frente aos casos concretos, deferindo a fruição de direitos legalmente reconhecidos a alguns administrados ao mesmo tem que os denega a outros, com vulneração aos princípios constitucionais da impessoalidade e da eficiência (art. 37, *caput*). A solução para este problema prático encontra-se na organização hierárquica da Advocacia Pública, em que o entendimento de um órgão superior substitui o entendimento manifestado por órgão hierarquicamente inferior, a exemplo do que ocorre com o Poder Judiciário, em que a substituição de uma sentença por um acórdão do Tribunal competente se faz sem ofensa à independência do juiz de primeira instância. Esta substituição funda-se na aceitação do fato de que é necessário um critério objetivo para decisão dos casos em que há entendimentos destoantes e evitar o risco de deslegitimação da Advocacia Pública pela coexistência de manifestações tecnicamente contraditórias, sem que exista qualquer suposição de ser um posicionamento mais valioso ou com mais densa fundamentação jurídica.[21]

Podem existir, portanto, situações que não afetam a independência profissional do advogado público, como, por exemplo, a previsão legal de orientação ou parecer vinculante sobre matéria jurídica, aprovado pela autoridade competente, para atuação uniforme da pessoa jurídica de direito público em juízo ou fora dele. Neste caso, tem-se que a

---

[21] MADUREIRA, Claudio. *Op. cit.*, p. 260-261.

Administração Pública adota legitimamente entendimento sobre questão jurídica, não obstante possam ressalvar os advogados públicos seu entendimento diante da questão[22] ou, ainda, exercer o direito de representação contra eventual ilegalidade ou inconstitucionalidade, pois "embora o advogado público, na atividade contenciosa, tenha o dever de defender a *tese estatal* e não propriamente a sua convicção, isto não implica dizer que ele não exerça uma forma de controle de legalidade dos atos administrativos".[23] Estas situações, assim como aquelas em que existe o direito de recusa legítima, impedimento ou dever de abstenção do procurador público, resolvem-se com a redistribuição dos processos, avocação ou promoção para as chefias imediatas do órgão jurídico[24]. Claudio Madureira vislumbra, ainda, desde que exista previsão legal expressa, a solução alternativa consistente na designação de procuradores para atuarem como *longa manus* da respectiva Procuradoria-Geral, a exemplo do que permite o art. 28 do Código de Processo Civil para os promotores de justiça. Esta possibilidade, segundo o autor, poderia ajudar a contornar dificuldades em matérias controversas, que poderiam suscitar muitas manifestações de suspeição ou provocar transtornos administrativos com grande número de redistribuições de processos.[25]

Para concluir este tópico, é importante frisar que o reconhecimento e o respeito à independência técnica dos membros da Advocacia Pública são indispensáveis na construção de um ambiente institucional em que convivem a valorização profissional, a uniformidade de atuação dos órgãos jurídicos e a defesa adequada dos interesses públicos materiais ou imateriais.

6.3 Inviolabilidade de seu local de trabalho

O exercício da advocacia, assim como o das outras funções essenciais à justiça, exige independência e aos advogados é conferida

---

[22] CASTRO, Aldemario Araújo. *Op. cit.*, p. 86.
[23] SILVA FILHO, Derly Barreto e. *Op. cit.*, p. 145.
[24] CASTRO, Aldemario Araújo. *Op. cit.*, p. 88-89.
[25] MADUREIRA, Claudio. *Op. cit.*, p. 262-263.

a inviolabilidade de seu escritório ou local de trabalho, bem como de seus instrumentos de trabalho, de sua correspondência escrita, eletrônica, telefônica e telemática relativas ao exercício da profissão (Lei nº 8.906/94, art. 7º, II). A peculiaridade dos advogados públicos, quanto a este aspecto, decorre do fato de que exercem sua profissão em um órgão público e, normalmente, em instalações públicas, o que muitas vezes faz surgir dúvida sobre os limites dessa garantia: por um lado, o advogado público não é titular dos bens que utiliza, não tendo controle direto sobre sua destinação; por outro lado, o advogado público está submetido à legislação administrativa que regula a movimentação de pessoal. Além disso, o serviço público está sujeito a extensa rede de órgãos e funções de fiscalização contábil, financeira, orçamentária, operacional e patrimonial, quanto aos aspectos de legalidade, legitimidade, economicidade, eficiência, etc., tanto mediante controle interno, quanto mediante controle externo. Como se percebe facilmente, quanto a estes aspectos, a condição do advogado público em pouco se assemelha àquela do advogado que exerce seu ministério privado.

A disponibilidade de meios materiais suficientes é condição para o exercício da profissão, mas neste aspecto, com ressalva dos casos excepcionais em que existe um desígnio especial de obstar a atuação dos procuradores públicos, privando-os de condições de trabalho, eles seguem a sorte do serviço público que integram. O embaraço ao exercício profissional decorrente da privação deliberada (ou mesmo culposa) de meios materiais é forma peculiar de violação do local de trabalho e ofende prerrogativa profissional do advogado público. Além disso, a violação do local de trabalho pode ocorrer por via direta, com a intromissão de terceiros em instalações, anotações, sistemas de tecnologia de informação, documentos ou mesmo processos administrativos que tratam exclusivamente do exercício da advocacia e provas reunidas para utilização determinada, ou por via transversa, como ocorre com a retirada abrupta do advogado público de sua unidade de trabalho (por remoção ou alteração de atribuição "ex officio"), porque em todos esses casos ocorre o comprometimento da liberdade profissional e da independência técnica.

O impedimento do exercício das funções constitucionais da Advocacia Pública, com vulneração direta de sua independência técnica, ocorre quase sempre disfarçado da remoção ou transferência de seus membros da unidade de trabalho ou do órgão de lotação, bem como pela exoneração do exercício de função de confiança. A par de configurar violação de garantia estipulada pelo Estatuto da Advocacia, o caráter antijurídico dessas práticas fica evidente em cotejo com disposições específicas da Constituição Federal, em especial as que determinam a organização da Advocacia Pública em carreira e o cometimento das atribuições inerentes à representação judicial, de consultoria e assessoramento jurídicos e fiscalização da legalidade interna dos atos da Administração aos *procuradores públicos* e não à respectiva Advocacia-Geral ou Procuradoria-Geral[26] (o que se tem por válido igualmente em relação à Advocacia-Geral da União, conforme o Art. 131, §2º, da Constituição).

Em relação à Advocacia Pública, contudo, a Constituição não definiu diretamente um critério de inamovibilidade para seus membros, como fez para os juízes, promotores e defensores públicos, autorizando sua remoção no interesse público pela maioria absoluta de órgão colegiado competente (isto é, permitiu que a presunção de interesse público abstrato na inamovibilidade desses agentes público fosse superada pela comprovação de interesse público no caso concreto). Apesar disso, a preservação da inviolabilidade do local de trabalho do advogado público, o que no serviço público se apresenta como a sua unidade de trabalho ou órgão de lotação, é condição para o exercício adequado de suas funções constitucionalmente reservadas e à proteção de sua independência profissional, as quais não ficam suficientemente resguardadas pela garantia da estabilidade no serviço público e não devem ser delegadas ao heroísmo individual para enfrentar forças políticas ou administrativas superiores.

A Constituição de 1988, ao não trazer uma regra explícita sobre a remoção dos advogados públicos por interesse público, como fez para os juízes, promotores e defensores públicos, no entanto, não permite concluir que eles podem ser removidos, transferidos ou privados de seu local de trabalho sem motivação, arbitrariamente ou

---

[26] SILVA, Ricardo Pereira e. As Prerrogativas Constitucionais dos Procuradores do Estado. *Revista de Informação Legislativa.* Ano 52, n. 206, abr./jun. 2015. p. 69.

para fins persecutórios ou punitivos.[27] A primeira dessas limitações decorre do regime jurídico da administração pública, caracterizado pelos princípios constitucionais de legalidade, impessoalidade, moralidade, publicidade e eficiência, os quais impõem a necessidade de motivação de todos os atos administrativos. Nesse sentido, é antigo o entendimento jurisprudencial no sentido de que "no ato de remoção 'ex officio' do servidor público, é indispensável que o interesse da administração seja objetivamente demonstrado" (Súmula 149 do Superior Tribunal de Recursos). Portanto, a remoção "ex officio" de advogado público exige a constatação da exigência de vaga a ser preenchida, da necessidade de ser preenchida em detrimento da outra por ele ocupada e das razões de ter recaído a escolha sobre determinado profissional.[28] A falta de qualquer destes elementos denunciará a prática de ato administrativo viciado por falta de elemento constitutivo e abuso de autoridade (art. 3º, "j", da Lei nº 4.898, de 9 de dezembro de 1965, acrescentada pela Lei nº 6.657, de 5 de junho de 1979).

Além disso, a Constituição determina que os advogados públicos sejam organizados em carreira, o que não significa apenas a criação de uma tabela de remuneração progressiva. O essencial do conceito de carreira é a organização de seus membros em conformidade com determinados critérios de formação e experiência profissional que os qualificam para o exercício de funções com maior grau de complexidade e responsabilidade. Por esta razão, desconsiderar a posição dos advogados públicos na respectiva carreira na definição da lotação dos cargos (ou para sua alteração compulsória), preferindo ou preterindo uns em

---

[27] As represálias, com transferências ou demissões de advogados públicos, não são novidade, constituindo um condicionamento relevante para o exercício profissional. José Afonso da Silva relata o caso de advogado do Estado de São Paulo afastado de suas funções após manifestar-se junto ao Tribunal de Contas apontando a malversação de dinheiros públicos por antigo Secretário de Educação (Comentário Contextual à Constituição. São Paulo, Malheiros, 2005. p.605). No mesmo sentido, a história da Procuradoria-Geral do Município de São Paulo indica a origem do disposto no art. 24 da Lei nº 10.186, de 30 de outubro de 1986, segundo o qual "nenhum Procurador poderá ser designado para ter exercício fora do âmbito da Procuradoria-Geral do Município (PGM), salvo quando lhe convier ou para exercer cargo de confiança", nas sucessivas transferências de local de trabalho, por razões políticas, sofridas por Procuradora do Município casada com vereador da oposição ao Prefeito Jânio Quadros, frustrando o seu exercício profissional regular.

[28] SILVA FILHO, Derly Barreto e. *Op. cit.*, p. 150.

relação a outros sem consideração de sua posição na respectiva carreira afronta diretamente a Constituição Federal, tanto nas disposições específicas sobre a Advocacia Pública, mesmo na ausência de disposição expressa na legislação administrativa, quanto evidente ofensa ao princípio da impessoalidade, porque "um procurador não pode e não deve ser preterido por outro, no que concerne à possibilidade de exercício de suas prerrogativas constitucionais, com base num critério tão subjetivo como o sentimento de confiança".[29]

Finalmente, cabe, com aparente redundância, apontar que os órgãos incumbidos do controle interno ou externo da Administração Pública e as autoridades com poderes de investigação exercem suas atribuições limitados pela inviolabilidade do escritório, gabinete ou local de trabalho dos advogados públicos, devendo ajustar seus procedimentos ao efetivo acatamento desta prerrogativa profissional.

7 Conclusão

A criação de órgãos judiciais permanentes engendrou o surgimento da advocacia, que desde os primórdios apresentou especialização funcional entre o exercício da advocacia privada e da advocacia do Estado.

O Brasil incorporou, quando de sua independência, a regulamentação da advocacia contida nas Ordenações Filipinas, incumbindo-se a instituição denominada Ministério Público do desempenho das atividades de representação do Estado em juízo para todos os fins.

A partir da Constituição de 1934, ocorreu o desenvolvimento da disciplina constitucional da Advocacia do Estado, percebendo-se nítida aproximação com o regime jurídico estabelecido para o Poder Judiciário, até que a Constituição de 1988 separou o exercício das atribuições concentradas no Ministério Público em três novas instituições: Ministério Público, Advocacia Pública

---

[29] SILVA, Ricardo Pereira e. *Op. cit.*, p. 73.

e Defensoria Pública, estruturando-as como órgãos públicos tecnicamente habilitados, sob garantias constitucionais, através dos quais interesses juridicamente reconhecidos são identificados, acautelados, promovidos e defendidos, sem que exista hierarquia entre eles, uma vez que nenhum interesse tem supremacia absoluta sobre os demais e a prevalência de um interesse qualquer, público, difuso, coletivo ou até individual, depende da compreensão de cada caso concreto.

A Constituição de 1988, ao tratar das funções essenciais à justiça em capítulo distinto do Poder Executivo, seguiu longa tradição constitucional, que remonta a 1891, com a exceção da Emenda Constitucional nº 1/1969.

A origem comum das atribuições, que outrora foram concentradas no Ministério Público, explicam a permanência de algumas sobreposições de atribuições e denominações aparentemente incongruentes dos órgãos e cargos dos integrantes do Ministério Público, da Advocacia Pública e da Defensoria Pública, e a inexistência de diferenciações essenciais entre elas não justifica que, na interpretação das disposições constitucionais, sejam estabelecidas distinções que não tenham sido expressamente determinadas pelo legislador constituinte.

A Advocacia Pública, no contexto constitucional, tem sua individualidade no exercício da advocacia pelos seus membros, procuradores e advogados públicos, na representação judicial, de consultoria e assessoramento jurídicos e fiscalização da legalidade interna dos atos da Administração. Como as outras instituições dedicadas às funções essenciais à justiça, seus membros contam com garantias, direitos, prerrogativas, deveres e proibições peculiares, definidas a partir das necessidades decorrentes do adequado exercício de suas funções específicas. Entre as prerrogativas de especial interesse para os membros da Advocacia Pública, porque não se configuram as situações em que podem ser necessárias ou exercidas da mesma forma pelos advogados em seu ministério privado, estão a representação "ex lege" das pessoas jurídicas de direito público, a independência técnica e inviolabilidade de seu local de trabalho, todas elas com fundamento expresso ou implícito no regime constitucional da Advocacia Pública e no Estatuto profissional da advocacia.

Referências

BUENO, José Antônio Pimenta. *José Antônio Pimenta, Marquês de São Vicente*. Organização e introdução de Eduardo Kugelmas. São Paulo: Editora 34, 2002.

CASTRO, Aldemario Araújo. Os contornos da independência técnica do advogado público. In: *Prerrogativas do Advogado*. ACCIOLY, Leonardo (org.). Brasília: OAB, Conselho Federal, Comissão Nacional de Prerrogativas e Valorização da Advocacia, 2015.

LOBO, Paulo. *Comentários ao Estatuto da Advocacia*. São Paulo: Saraiva, 2015. 9. ed.

MADUREIRA, Claudio. *Advocacia Pública*. Belo Horizonte: Fórum, 2016. 2. ed.

MARTINS, Estêvão C. de Rezende. A prática jurídica ocidental: A inteligência e a voz. *Revista de Informação Legislativa*. Brasília, a. 41, n. 162, abr./jun. 2004, p. 115-120.

MOREIRA NETO, Diogo de Figueiredo. As Funções Essenciais à Justiça e as Procuraturas Constitucionais. *Revista de Informação Legislativa*. Brasília, a. 29, n. 116, out./dez. 1992.

SILVA FILHO, Derly Barreto e. O controle da legalidade diante da remoção e inamovibilidade dos advogados públicos. *Revista de Informação Legislativa*. Brasília, a. 35, n. 139, jul./set.1998. p. 143-154.

SILVA, Ricardo Pereira e. As Prerrogativas Constitucionais dos Procuradores do Estado. *Revista de Informação Legislativa*. Brasília, a. 52, n. 206, abr./jun. 2015.

TEPEDINO, Gustavo. *Comentários ao Novo Código Civil, v. X: das várias espécies de contrato, do mandato, da comissão, da agência e distribuição, da corretagem, do transporte*. Gustavo Tepedino; coordenador: Sálvio de Figueiredo Teixeira. Rio de Janeiro: Forense, 2008

Informação bibliográfica deste texto, conforme a NBR 6023:2002 da Associação Brasileira de Normas Técnicas (ABNT):

BATISTELA, Marcos. As prerrogativas profissionais na Advocacia Pública. In: MOURÃO, Carlos Figueiredo; HIROSE, Regina Tamami (Coord.). *Advocacia pública contemporânea*: desafios da defesa do Estado. Belo Horizonte: Fórum, 2019. p. 355-381. ISBN 978-85-450-0578-0.

A RELEVÂNCIA DA VINCULAÇÃO DO ADVOGADO PÚBLICO À ORDEM DOS ADVOGADOS DO BRASIL

Carlos Figueiredo Mourão
Danielle Romeiro Pinto Heiffig

Introdução

O ordenamento jurídico brasileiro condiciona o exercício de atividades afetas a determinadas profissões, denominadas de regulamentadas, ao registro em entidades de fiscalização, integradas pelos Conselhos e Ordens.

As profissões regulamentadas são aquelas que têm exigências especiais e diferenciadas, em face da capacitação necessária deste profissional, como formação técnica, cursos superiores, diplomas específicos, entre outras exigências acadêmicas. Em alguns casos, além das exigências do Ministério do Trabalho, outras exigências são necessárias, como é o caso da profissão de advogado, que mesmo depois de graduado em direito, só poderá exercer a profissão, após aprovação no exame da Ordem dos Advogados do Brasil (OAB).

De acordo com a doutrina especializada,[1] a finalidade do estabelecimento dessas condições, como da própria inscrição no conselho fiscalizador, é a proteção da coletividade em benefício da qual é exercida a profissão, no pressuposto de que o respectivo exercício será deferido apenas àqueles que comprovadamente atuarão com boa técnica e com respeito à ética profissional.

A abrangência dessas entidades de fiscalização sobre grupos profissionais suscita frequentes controvérsias, como é o caso dos litígios entre os Conselhos de Economia, Administração e Contabilidade, que litigam entre si sobre a prerrogativa de ter

---

[1] FREITAS, Vladimir Passos de (Coord.). Conselhos de Fiscalização Profissional. São Paulo: Revista dos Tribunais, 2001. p. 171, 195-198.

cadastrado em seus quadros determinado setor profissional. Também são comuns as ações de profissionais que, por motivos variados, buscam o reconhecimento judicial da desnecessidade de vinculação a determinada autarquia profissional.

O estudo do desenvolvimento das entidades de fiscalização profissional, a partir das corporações de ofício, permite aferir que o corporativismo sempre se apresentou como uma realidade no seio das organizações das profissões liberais. Coube aos ordenamentos modernos a missão de compatibilizar os interesses individuais imanentes às profissões com o necessário controle estatal das atividades técnicas destinadas ao público.

De acordo com a teoria do interesse público, as entidades de fiscalização profissional têm o escopo de corrigir as falhas do mercado, proteger os destinatários dos serviços prestados pelos profissionais, tutelar a competividade externa e controlar o acesso à profissão, dentre outros interesses coletivos.

É o caso da Ordem dos Advogados do Brasil, incumbida da autorregulação da profissão advocatícia.

É inegável que a formação psicológica de cada indivíduo é carregada de subjetividades, inerentes a fatores do ser que possui um código genético, ou seja, componente herdado, aliado e determinantemente influenciado pela peculiar relação que se desenvolve com o seu entorno, mediante as experiências que se sucedem no decorrer dos seus dias de vida.

A busca pelo conhecimento deve sempre nortear o intérprete para que a vivência especial de cada um seja fonte de iluminação sobre o caso a ser enfrentado, evitando que a visão a ser lançada no processo de análise de um caso não seja obnubilada pelos subjetivismos obscurantistas do hermeneuta.

A interpretação jurídica é fruto dos homens, feita pelas pessoas para as pessoas, e encontra-se dentro da realidade cultural, compreendendo cultura em um sentido mais amplo possível como "um conjunto complexo que inclui o conhecimento, as crenças, a arte, a moral, o direito, os costumes e as outras capacidades ou hábitos adquiridos pelo homem enquanto membro da sociedade".[2]

---

[2] CUCHE, Denys. A Noção de Cultura nas Ciências Sociais. 2. ed. Bauru. EDUSC. 2002. p.35, citando Edward Burnett Taylor, in *La Civilisation Primitive*. Paris. Reinwald. 1876-1878. p. 1.

Mas, o Direito atua racional e logicamente, devendo ser firmado mediante signos precisos, sendo obrigação primordial do intérprete ter uma fidelidade, não consigo mesmo, mas com o Direito e seus significados.

Então, o comprometimento desse trabalho só tem relação com a formação jurídica e seus significados, demonstrando a justaposição do sistema jurídico nacional para fixar como regra inabalável a vinculação do advogado público à Ordem dos Advogados do Brasil.

1 A Constituição Federal e o papel do Advogado

1.a Constituição Federal e sua interpretação

A Lei Maior irradia toda a sua força para vários campos do direito, não tendo mais como escopo somente a limitação do Poder do Estado, mas ser suporte material das edificações interpretativas.

A Constituição fixou parâmetros de conduta da sociedade, e apresentou objetivos a serem alcançados pela coletividade, não só para a denominada classe política, mas para todos os cidadãos.

Meirelles Teixeira traz a lição de Rui Barbosa, enfatizando que:

> ... desde o chefe da Nação, até o último dos habitantes do país, todos os que tem de sujeitar-se a um ditame imperativo da autoridade superior hão de começar entendê-lo. E como entender a lei equivale a reconstruir o pensamento do legislador, a interpretação é o ato inicial de toda a obediência.[3]

Celso Bastos fixou alguns postulados hermenêuticos para o enfrentamento da aplicação das normas constitucionais, argumentando que tais postulados:

> ...não são propriamente extraíveis da Constituição. São uma série de regras que os autores que tratam do Direito Constitucional atualmente seguem. Extraem-se mais da experiência, da lógica, da evolução histórica,

---

[3] MEIRELLES TEIXEIRA, J. H. – Curso de direito constitucional. Revisto e atualizado por Maria Garcia – Rio de Janeiro: Forense Universitária. 1991. p. 266.

do surgimento e desenvolvimento do próprio constitucionalismo. São postulados, axiomas que se caracterizam pelo aspecto cogente com que se apresentam ao intérprete.[4]

Em que pesem tais assertivas, há que se afirmar que tais postulados são necessariamente decorrentes da própria Constituição, sob pena de sua não aplicação, dada a opção expressa desta Constituição pelo positivismo jurídico.

A Constituição estabelece no artigo 1º que "a República Federativa do Brasil, formada pela união indissolúvel dos Estados e Municípios e do Distrito Federal, constitui-se em Estado Democrático de Direito". No artigo 5º que "todos são iguais perante a lei". Finalmente, no inciso II do artigo 5º que "ninguém será obrigado a fazer ou deixar de fazer alguma coisa senão em virtude de lei".

Assim, no âmbito normativo da lei é que é possível caminhar o intérprete, sob pena de violação à segurança jurídica, mas principalmente ao Estado Democrático de Direito.

Feitas tais observações, os postulados descritos por Celso Bastos, que precedem à própria interpretação e devem ser observados, são: supremacia da Constituição; unidade da Constituição; maior efetividade possível e harmonização.

A norma constitucional, segundo o postulado da supremacia da Constituição, é superior a qualquer outra norma, principalmente diante da constatação de que as demais tem razão de existência em face do que estabelece a própria Carta Magna, ou seja, "procede-se à interpretação do ordenamento jurídico a partir da Constituição".[5]

Em face do postulado da unidade da Constituição, unidade que também pode e deve ser aplicada a todo o sistema jurídico, constata-se que a Constituição vive em homeostase, posto que todo o seu conteúdo não é nem deve ser considerado como contraditório ou conflituoso, tratando-se de um todo indivisível.

Como acentua Celso Bastos,

> é necessário, pois, que o intérprete procure as recíprocas implicações, tanto de preceitos como de princípios, até chegar a uma vontade

---

[4] BASTOS, Celso. Hermenêutica e Interpretação Constitucional. São Paulo, 2002. Celso Bastos Editor p. 171.
[5] *Ob. cit.* 2002. p. 172.

unitária da Constituição. Como consequência deste princípio, as normas constitucionais devem sempre ser consideradas como coesas e mutuamente imbricadas. Não se poderá jamais tomar determinada norma isoladamente, como suficiente em si mesma. É que a Constituição pode perfeitamente prever determinada solução jurídica num determinado passo seu, para noutro tomar posição contrária, dando lugar a uma relação entre norma geral e outra específica. Esta predomina no espaço que abrange. Não há, pois, qualquer fratura constitucional. E isso porque se a Constituição é una, e se é ela o documento supremo de uma nação, todas as normas que contempla encontram-se em igualdade de condições, nenhuma podendo se sobrepor à outra para lhe afastar o cumprimento. As duas normas vigem por inteiro, apenas que em situações diversas (nunca para a mesma situação). Assim, cada uma vige em seu campo próprio, do que resulta a aplicação de ambas.[6]

Por sua vez, o postulado da máxima eficiência ou, segundo a tese do Constitucionalista português J. J. Gomes Canotilho, o Princípio da Máxima Efetividade, verifica-se que

> a uma norma constitucional deve ser atribuído o sentido que maior eficácia lhe dê. É um princípio operativo em relação a todos e quaisquer normas constitucionais, e embora a sua origem esteja ligada à tese de actualidade das normas programáticas (Thoma), é de hoje sobretudo invocado no âmbito dos direitos fundamentais (no caso de dúvidas deve preferir-se a interpretação que reconheça maior eficácia dos direitos fundamentais).[7]

Como aduz Celso Bastos, todas as normas constitucionais devem produzir efeitos, ou seja, deve-se preservar toda a "carga material que cada norma possui, e que deve prevalecer, não sendo aceitável sua nulificação nem que parcial".[8]

Por último aponta a existência de um postulado decorrente da unidade da Constituição, ou seja, o postulado da harmonização.

Mediante o princípio da harmonização,

> se busca conformar as diversas normas ou valores em conflito no texto constitucional, de forma que se evite a necessidade da exclusão (sacrifício) total de um ou alguns deles. Se por acaso viesse a prevalecer a desarmonia,

---

[6] BASTOS, Celso. 2002. p. 174.
[7] CANOTILHO, J. J.Gomes. *Direito Constitucional e Teoria da Constituição*. Coimbra: Almedina. 2003. p. 1224.
[8] BASTOS, Celso. 2002. p. 177.

no fundo, estaria ocorrendo a não aplicação de uma norma, o que evidentemente é de ser evitado a todo custo. Deve-se sempre preferir que prevaleçam todas as normas, com a efetividade particular de cada uma das regras em face das demais e dos princípios constitucionais.

1.b O advogado

No livro *História dos órgãos de classe dos advogados* ensina o jurista João Gualberto:

> A palavra <<advogado>> já se aplicava de início, àquele que comparecia em juízo em auxílio a outrem, isto é, <<in auxilium vocatus>>. Ulpiano atribuiu a esse substantivo masculino o seguinte significado: <<omnes omnimo, qui causis agendis quoque studio operantur>>, ou seja, em nossa língua: Todos os que inteira e dedicadamente se entregam à promoção das causas. Há, porém, além dessa clássica, muitas outras definições sendo a mais corrente e das <<Instituições do Direito Civil Português>>: o advogado é o homem reto, perito em Direito, que admitido pela autoridade pública para a função e procurado por um litigante para defender a sua causa perante o Juiz, quer oralmente, quer por escrito, o faz com a devida arte profissional.[9]

Ou seja, o advogado, seja público ou privado, defende causas em nome de outrem, devendo ter habilitação aferível pelo Estado para ter condições de comparecer em juízo ou para proferir uma análise da aplicação da Lei ao caso concreto.

Como lembra Paulo Lôbo, o advogado "cumpre uma função social, na medida em que não é simples defensor judicial do cliente, mas projeta seu ministério na dimensão comunitária, tendo sempre presente que o interesse individual que patrocine deve estar plasmado pelo interesse social".[10]

Diante disso, a primeira premissa a ser estabelecida é a de que se mostra essencial o fortalecimento da advocacia para que o sistema da Justiça funcione regularmente e com qualidade, haja vista exercer o advogado a função de defensor e aplicador da ordem jurídica, bem como propulsor da Jurisdição, inerte por natureza. E, esse

---

[9] OLIVEIRA, João Gualberto de. *História dos órgãos de classe dos advogados*. 1968. São Paulo. p. 8.
[10] LÔBO, Paulo Luiz Neto. *Comentários ao novo Estatuto da Advocacia e da OAB*. Brasília: Livraria e Editora Brasília Jurídica, 1994. p.28.

fortalecimento exige, além da imposição de controles permanentes à prática dessa atividade, que se assegurem condições institucionais para que esses profissionais possam exercer livre e plenamente a sua missão.

O artigo 2º do Estatuto da Advocacia e da Ordem dos Advogados do Brasil assinala quatro características essenciais da advocacia: indispensabilidade, inviolabilidade – ambas garantidas expressamente no art. 133 da Constituição Federal –, função social e independência. Esta última, de suma importância, visa a garantir que o advogado permaneça a salvo de perseguições e possa exercer livremente o seu múnus público, no âmbito do qual, não raras vezes, pode contrariar a opinião pública, desagradar magistrados e demais autoridades.

Necessário, neste momento, apresentar a conceituação de advocacia pública publicada por Cláudio Grande Júnior:[11]

> ... conjunto de funções permanentes, constitucionalmente essenciais à Justiça e ao estado Democrático de Direito, atinentes à representação judicial e extrajudicial das pessoas jurídicas de direito público e judicial dos órgãos, conselhos e fundos administrativos excepcionalmente dotados de personalidade judiciária, bem como a prestação de consultoria, assessoramento e controle jurídico interno a todos as desconcentrações e descentralizações, verificáveis nos diferentes Poderes que juntos constituem a entidade federada.

Nesse diapasão, a diferenciação fundamental entre as duas espécies de advogados, está adstrita à PESSOA a ser representada ou defendida. De um lado o advogado que patrocina as causas das pessoas físicas ou das pessoas jurídicas de direito privado, e, de outro, o advogado que patrocina as causas em nome das pessoas de direito público.

O professor Diogo de Figueiredo Moreira Neto assim enfrenta o tema:

> Desde logo, manteve-se, assim, e por óbvio, na Constituição, a básica distinção entre Advocacia Privada e Pública, seguindo a grande clivagem entre interesses privados e interesses públicos."[12]

---

[11] In "A Advocacia Pública no Estado Democrático De Direito" – *O Estado do Paraná*. Curitiba, 27.jun.2004. Caderno Direito e Justiça.

[12] MOREIRA NETO, Diogo de Figueiredo. *A advocacia de estado revisitada*: essencialidade ao estado democrático de direito. Advocacia de estado. Belo Horizonte: Fórum, 2009. p. 24.

Então, não se diferencia a advocacia pelo cargo que ocupa, mas pela pessoa e os interesses que representa.

Assim, mesmo considerando as figuras justapostas na doutrina como sendo as Procuraturas jurídicas, dentre elas o Ministério Público, a Defensoria e a Advocacia Pública, é possível, conceitualmente, entender que o advogado público também é advogado, gênero, subdivido nas espécies advogado privado e advogado público, em decorrência do ente que defende ou representa.

Então, fica evidente a distinção entre as denominadas procuraturas, ou seja, advocacia pública, ministério público e defensoria, em face do interesse a ser defendido.

A questão que se propõe na atualidade, quando se pensa em advocacia pública decorre da clara constatação que ela assumiu, na história recente do Brasil, amplitude que nunca antes havia existido, tanto sob o ponto de vista do quantitativo numérico de seus membros, quanto de sua estrutura organizacional, o que faz fundamental verificar os elementos que lhe permitem a vinculação com a preservação e o crescimento da democracia.

O advogado público além de ser aquele que prestou concurso para um cargo específico no âmbito do Poder Público, acresce a característica de ser um advogado, decorrendo diretamente outras exigências que lhe são inerentes e que não devem ser limitadas por uma visão tecnocrata.

Claro está que o advogado não é aquele que produz atos puramente formais de satisfação às regras e princípios do sistema jurídico, mas alguém que tem o efetivo interesse que o conflito manifestado em cada contenda seja superado e haja pacificação pela aplicação justa do Direito.

Com o advogado público não é diferente. Deve ele atuar com a combatividade necessária na defesa do ente estatal, mas com os olhos voltados à superação do conflito entre o Estado e a sociedade, para que haja pacificação social e assim possa haver segurança jurídica na relação entre Estado e sociedade.

Ademais, o advogado tem compromisso perene com o Estado Democrático de Direito, de sorte que quando atua na Administração Pública somente e tão somente exerce o seu mister se o modelo adotado é o democrático. Mas, principalmente, tem como vinculação funcional a obrigatoriedade de negar qualquer proteção a qualquer medida autoritária.

Assumir-se como advogado faz com que o advogado público entenda como inerente a atuação em prol da democracia e das liberdades humanas, e, somente nesse contexto normativo, é que se pode atuar na solução dos conflitos e indicar a aplicação das normas na relação do Estado e sociedade, pois o seu âmbito de preocupações passa a vincular-se à pacificação social e à dignificação humana.

O advogado público, dentro dos objetivos de superação do conflito do cidadão com o Estado e de pacificação social, tendente ao desenvolvimento do próprio Estado, desenvolve uma defesa *sui generis*, pois vinculada aos princípios constitucionais que norteiam a atividade pública: legalidade, moralidade, impessoalidade, publicidade e eficiência.

Assim, não há como ser simplesmente ratificado o ato ilegal ou imoral pelo advogado público, bem como não pode defender a prática odiosa das ações pessoais no poder público ou mesmo as dotadas de ineficiência.

A constatação evidente de ilegalidade, imoralidade, pessoalidade, ausência de publicidade ou ineficiência na atuação de órgão da Administração Pública tendem a comprometer a dignidade humana e, portanto, impõe o dever de adoção, pelo advogado público, de medidas de orientação e correção da falha havida, pois há incompatibilidade plena em manter a existência da prática atentatória aos princípios constitucionais fundamentais em matéria administrativa, que representam agressão substantiva à cidadania e, por via de consequência, aos seres humanos em sua dignidade.

Assim, há uma particular forma de defesa do poder público, na qual os processos gerados em face dos entes da administração pública devem ter a figura do advogado como essencial para a realização da justiça, mas que, ao mesmo tempo, não pode, sob pena de distanciamento para com a regra fonte do Estado brasileiro, a pretexto de atender o contraditório e à ampla defesa, constatar a prática reprovável do agente administrativo e com ela ser conivente.

Tudo o que até aqui foi discorrido acerca da postura do advogado público também deve ser aplicado na redução da litigiosidade, tema da atualidade. A conciliação é algo extremamente positivo para a coletividade, pois reduz o nível de litigiosidade, o que faz diminuir os conflitos sociais, produzindo um cenário de maior pacificação, com efeitos em todos os aspectos das relações sociais. Assim, ao avanço da cultura conciliatória, o advogado público deve ser absolutamente compromissado com os direitos constitucionais assegurados, o que reforça a característica especial por ele desenvolvida.

O advogado público tem uma possibilidade ímpar de contribuir para a evolução da sociedade brasileira, quer pela grandeza que a sua carreira assume na atualidade, quer pela recorrida importância que possui.

Para tanto, é fundamental se reconheça como advogado, ou seja, como cidadão comprometido com a guarda do Estado democrático e republicano e com a defesa das liberdades, rompendo com o discurso interiorizado que tenta burocratizar para aproximá-lo de outras funções públicas, com capacidade de produzir a sua imobilização diante dos ataques autoritários ou das estruturas de controle punitivo, próprias e hábeis ao domínio do medo.

Lembre-se de que a atuação da advocacia pública não se esgota na defesa judicial dos interesses do Estado; também cabe a ela evitar demandas judiciais e viabilizar as políticas públicas dentro dos parâmetros da legalidade.

2 Inscrição na Ordem dos Advogados do Brasil

A Lei nº 8.906, de 4 de julho de 1994, que dispõe sobre o Estatuto da Advocacia e a Ordem dos Advogados do Brasil (OAB), estabelece em seu artigo 1º, quais atividades são privativas da advocacia:

> Art. 1º – São atividades privativas de advocacia:
> I – a postulação a órgão do Poder Judiciário e aos juizados especiais;
> II – as atividades de consultoria, assessoria e direção jurídicas.

Pela interpretação gramatical do texto legal somente os advogados, ou seja, os profissionais devidamente inscritos na Ordem dos Advogados do Brasil têm habilitação para exercer, não só a postulação em juízo, mas também a consultoria, assessoria e direção jurídicas, sendo, inclusive, contravenção penal o exercício ilegal da advocacia, seja contenciosa ou consultiva, de acordo com o artigo 47 da Lei das Contravenções Penais combinado com o artigo 1º da Lei nº 8.906/94.

O Professor Diogo de Figueiredo Moreira Neto[13] ressalta a posição do advogado público:

> O *status* de advogado
> Desde logo este *status* se define quando uma pessoa se investe, em virtude da inscrição, como membro da Ordem dos Advogados do Brasil, em razão da satisfação dos requisitos legais.
> Assim, enquanto advogado, o investido goza de inviolabilidade constitucional por seus atos e manifestações, nos limites da lei (art. 133 da Constituição) e se subordina, no desempenho de sua profissão, às prescrições dos Estatutos da Ordem dos Advogados do Brasil (Lei nº 8.906, de 4 de julho de 1994).
> Garante-lhe, assim, a própria Constituição, a independência técnico-funcional em sua atuação como advogado (identificada especificadamente pela expressão "liberdade" no art. 7º, I, da Lei nº 8.906/94, e complementada pela regra do art. 31, §2º, da mesma Lei), na qual se inclui, como múnus do serviço público que assim presta, o dever ético geral de defender a legalidade, a legitimidade e a licitude (art 2º, §1º, da Lei nº 8.906/94, e art. 2º do Código de Ética e Disciplina da OAB, DJ 1º de março de 1995), o que vem a ser uma permanente e genérica atuação que se impõe a todo advogado: a de custos legis — o que vem a ser um cometimento que resulta perfeitamente lógico no Estado Democrático de Direito, pois, acima do dever de pugnar pelos específicos interesses que lhe são confiados, paira o interesse geral de sustentar a própria ordem jurídica que os define e acautela — portanto um prius, sem o qual nenhum interesse estaria protegido.
> Em suma, o advogado se submete aos seus deveres funcionais no patrocínio de quaisquer interesses que lhe sejam confiados (art. 1º do Código de Ética e Disciplina da OAB).

O Ministério Público só não está vinculado à Ordem dos Advogados do Brasil, pois há óbice constitucional, pela proibição de exercer a advocacia prevista no inciso II, parágrafo 5º do artigo 128 a Constituição Federal, – diferente da Advocacia-Geral da União (composta pelas carreiras de Procurador Federal, Procurador

---

[13] MOREIRA NETO, Diogo de Figueiredo. A advocacia de estado revisitada: essencialidade ao estado democrático de direito. Advocacia de estado. Belo Horizonte: Fórum, 2009. p. 24.

do Banco Central do Brasil, Advogado da União e Procurador da Fazenda Nacional), dos Estados e dos Municípios.

O Supremo Tribunal Federal, inclusive, já se posicionou acerca da inafastabilidade do exame para o exercício da profissão de advogado, firmando entendimento sobre a relevância da função exercida e a importância da Ordem dos Advogados do Brasil na regulação desse exercício.

O Ministro Gilmar Mendes assim propugnou:

> A doutrina constitucional entende que as qualificações profissionais de que trata o art. 5º, inciso XIII, da Constituição, somente podem ser exigidas, pela lei, daquelas profissões que, de alguma maneira, podem trazer perigo de dano à coletividade ou prejuízos diretos a direitos de terceiros, sem culpa das vítimas, tais como a medicina e demais profissões ligadas à área de saúde, à engenharia, à advocacia e à magistratura, entre outras várias.
> Nos termos da Constituição, exigência de qualificações para que determinada profissão seja exercida obriga o legislador a levar em consideração todos os elementos relacionados à natureza da profissão, à sua repercussão sobre terceiros, à lesividade dessa repercussão, à possibilidade ou não de reparação etc.
> Nesse contexto, relembro que, no julgamento do Recurso Extraordinário 511.961, de minha relatoria, Tribunal Pleno, DJe 17.6.2009, esta Corte declarou a inconstitucionalidade da exigência de diploma para o exercício da profissão de jornalista. Naquela oportunidade, entendeu-se que o jornalismo, por não implicar riscos à saúde ou à vida dos cidadãos em geral, não poderia ser objeto de exigências quanto às condições de capacidade técnica para o seu exercício.
> A situação da advocacia, como função essencial à justiça, é diversa. A atuação do advogado é decisiva em muitas questões importantes, que envolvem a proteção do direito à liberdade, à vida e à propriedade, a prestação de alimentos, a guarda e a tutela de incapazes etc. Enfim, o advogado é, em regra, meio de acesso à própria prestação jurisdicional, independentemente do direito material em discussão. A propósito, o art. 133 da Constituição trata o advogado como indispensável à administração da justiça.
> Assim, a advocacia deve ser exercida por profissionais que detêm uma qualificação adequada, pois a imperícia de determinado advogado pode gerar efeitos desastrosos para terceiros e para a sociedade como um todo, sobretudo porque as decisões judiciais revestem-se com o manto da coisa julgada, tornando-se imutáveis.[14]

---

[14] RE 603.583 / RS

A Ordem dos Advogados do Brasil, autarquia especial, com o poder delegado pela União Federal para regularizar, fiscalizar e administrar a atividade do advogado, tem os seus poderes delimitados na Constituição Federal e na Lei nº 8.906 de 4 de julho de 1994.

A sua atividade é exercida em função do Estado brasileiro e em decorrência de uma opção política da nossa Carta Constitucional.

Acentua Flavio Pansieri que

> No Brasil, a advocacia, a figura do advogado e sua instituição de representação se misturam como função essencial de administração da Justiça, seja na garantia da democracia consubstanciada na liberdade e igualdade por intermédio da máxima amplitude do contraditório e da ampla defesa ou do acesso ao Judiciário, seja como ente fiscalizador dos concursos de ingresso na Magistratura e no Ministério Público, ou, ainda, como agente oxigenador dos Tribunais por intermédio das vagas reservadas aos advogados para a composição dos tribunais, ou como ente legitimado universal para a participação do controle de constitucionalidade no Brasil.[15]

Continua:

> Assim, a "advocacia em uma árdua fadiga posta a serviço da justiça", mais do que uma profissão a advocacia é um múnus indispensável à administração da Justiça, revestida de prerrogativas que assistem diretamente a sociedade, permitindo que esta possa se sentir segura por intermédio da atuação do advogado que dê guarida à liberdade e seus direitos, seja administrativa, judicialmente ou pelo simples e fiel patrocínio dos negócios jurídicos onde a figura do advogado se torna imprescindível."

Ora, é esta imprescindibilidade que faz com que esta autarquia especial, a Ordem dos Advogados do Brasil, seja uma instituição fundamental no controle ético do advogado, seja ele privado ou público.

Assim, não há qualquer incompatibilidade entre a obrigação da inscrição do advogado na Ordem e o exercício de função pública.

Importante frisar que, a legislação ordinária pode, constitucionalmente, definir o controle de atividades em caráter de

---

[15] PANSIERI, Flávio. Comentário ao artigo 133. In: CANOTILHO, J.J. Gomes; MENDES, Gilmar; SARLET, Ingo W.; STRECK, Lenio L. (coords). *Comentários à Constituição do Brasil*. Saraiva, Almedina e Instituto Brasileiro de Direito Público. 2013. p. 1550.

exclusividade para setores profissionais, atendendo à delicada conjugação dos seguintes preceitos:
a) direito fundamental ao trabalho (art. 1º, IV, CF/88);
b) direito fundamental à livre iniciativa (art. 1º, IV, CF/88);
c) direito fundamental à liberdade de trabalho, ofício ou profissão (art. 5º, XIII, primeira parte, CF/88);
d) direito fundamental à qualificação profissional por meio da educação (art. 205, CF/88);
e) observância das regras de qualificação profissional (art. 5º, XIII, *in fine*, CF/88).

Conforme já mencionado, de acordo com a teoria do interesse público, as entidades de fiscalização têm o escopo de corrigir as falhas do mercado, proteger os destinatários dos serviços prestados pelos profissionais, tutelar a competitividade externa e controlar o acesso à profissão, dentre outros interesses coletivos.

Elas possuem, a depender do respectivo regime legal, autonomia para elaborar normas de conduta profissional vinculantes para toda a categoria. Lembre-se de que o denominado Código de Ética e Disciplina da OAB é um normativo infralegal, editado pelo Conselho Federal da OAB, com suporte no art. 54, V, da Lei nº 8.906/1994.

Fácil perceber, pois, que as entidades de fiscalização profissional exercem, quanto ao poder de submeter a conduta de terceiros ao seu controle, uma função pública, na medida em que esse encargo visa a satisfação de um interesse ou um direito que ultrapassa a sua órbita própria e individual.

Importante frisar que a Ordem dos Advogados do Brasil não é apenas uma entidade de controle e fiscalização do exercício da advocacia. Sua importância para o desenvolvimento do Estado Democrático de Direito está muito além dessas relevantes atribuições, é reiteradamente enaltecida pelo Supremo Tribunal Federal e, inclusive, reconhecida na Constituição Federal de 1988, que, a título de exemplo, estabeleceu a obrigatoriedade de sua participação em alguns concursos públicos de provas e títulos para seleção de seus membros, bem como incluiu o Conselho Federal da OAB como legitimado para a propositura da ação direta de inconstitucionalidade e da ação direta de constitucionalidade.

Assim, qualquer interpretação que reduza a importância da Ordem dos Advogados do Brasil a um papel apenas de fiscalização dos profissionais a ela vinculados deve ser rechaçada por menosprezar o significado histórico dessa instituição para o desenvolvimento da cidadania e da democracia na ordem jurídica brasileira, cuja atuação faz-se em benefício de toda a sociedade.

Justamente em face da sua posição na ordem jurídica e social, pela responsabilidade da tarefa que assume e pela sua autoridade, a independência da Ordem dos Advogados do Brasil – com ausência de hierarquia ou vinculação a qualquer outro órgão ou entidade e não sujeição ao controle da Administração – é essencial à dignidade da instituição e à eficiência da atividade salutar que executa, de natureza ética, cultural e profissional, sem qualquer objetivo econômico. De acordo com Dário de Almeida Magalhães,[16] "a independência da Ordem protege a independência do advogado; e, sem esta, a profissão decai de sua grandeza e de sua utilidade social".

Essa independência do advogado, seja ele público ou privado, garante uma atuação proba, legal, impessoal, livre de perseguições e favorecimentos. E, no que toca ao advogado público, essa autonomia ou independência é, além disso, uma garantia dos administrados, visto que viabiliza a fiscalização interna dos atos da Administração Pública, destinada à salvaguarda dos seus valores, princípios e interesses mais preciosos. Então, essa independência é necessária ao exercício da Advocacia de Estado, pois, ao exercer o controle de juridicidade, precisará estar a salvo de "atitudes autoritárias, desafiadoras, arrogantes e ameaçadoras, que ressurgem no Poder Executivo como um teimoso resquício de sombria herança absolutista (...) que ainda tenta sobreviver, como odioso anacronismo, no Estado Democrático de Direito".[17]

De acordo com o artigo 3º da Lei nº 8.096, de 4 de julho de 1994:

> Art. 3º – O exercício da atividade de advocacia no território brasileiro e a denominação de advogado são privativos dos inscritos na Ordem dos Advogados do Brasil (OAB).
> § 1º – Exercem atividade de advocacia, sujeitando-se ao regime desta Lei, além do regime próprio a que se subordinem, os integrantes da

---

[16] Citado no voto do Ministro Eros Grau no julgamento da ADI 3026, Relator (a): Min EROS GRAU, Tribunal Pleno, julgado em 08.06.2066, DJ 29-09-2006.

[17] MOREIRA NETO, Diogo de Figueiredo. *A Advocacia de Estado revisitada*: essencialidade ao Estado Democrático de Direito, p. 31.

Advocacia-Geral da União, da Procuradoria da Fazenda Nacional, da Defensoria Pública e das Procuradorias e Consultorias Jurídicas dos Estados, do Distrito Federal, dos Municípios e das respectivas entidades de administração indireta e fundacional.

É certo que a Ordem dos Advogados do Brasil exerce suas competências e atribuições que lhe foram delegadas pela União mediante lei, com fundamento de validade os artigos 5º, XIII e 22, XVI da Constituição Federal.

Necessário apontar que não há regra constitucional que proíba a sujeição do advogado público à Ordem dos Advogados do Brasil, ou que permita que os mesmos não tenham que se inscrever ou que proíbam a sua inscrição.

Assim, não havendo óbice constitucional, verifica-se que a Ordem do Advogado do Brasil tem como competência regular a nobre função do advogado, tendo apenas como balizadores trazidos pela nossa Carta Magna a liberdade profissional, desde que observadas as regras de qualificação profissional.

Não obstante algumas distinções que se deva fazer entre advogados públicos e privados, são eles espécie de um mesmo gênero – advogados –, que exercem a advocacia enquanto profissão regulamentada por lei nacional, qual seja, a Lei nº 8.906/94 (Estatuto da Advocacia e Ordem dos Advogados do Brasil OAB). Assim, é necessária e relevante a vinculação do advogado público à OAB, por tudo o que já foi exposto.

Assim, as peculiaridades inerentes ao regime próprio da Advocacia Pública não afastam, *ipso facto*, a submissão de advogados ao Estatuto da Advocacia no que lhes for aplicável. Nos casos de antinomias, caberá ao intérprete/aplicador da lei a responsabilidade de resolvê-las de acordo com as técnicas conhecidas.

Tampouco há que se falar em ingerência indevida da OAB, quer na advocacia pública, quer na advocacia sob relação de emprego no setor privado eis que, se no exercício de sua competência legal, aplicar a um advogado sanção disciplinar, como a de exclusão dos quadros da OAB, a perda da qualidade de advogado faz com que o punido não possa mais exercer a advocacia, seja no setor público ou no setor privado.

O fato é que à lei nacional que regulamenta a advocacia não se submetem apenas os que a pretendam exercer como profissionais liberais ou empregados de entidades privadas não governamentais. Entender o contrário é negar vigência à lei nacional que não distingue, para outorgar a qualificação de advogado – e só ela pode fazê-lo –, entre bacharéis interessados em exercer a advocacia pública ou privada.

Diogo de Figueiredo Moreira Neto acentua:[18]

> Nessas condições, o Advogado ou Procurador de Estado passa a ter dupla subordinação: no plano nacional, às definições constitucionais que regem sua respectiva Procuratura (art. 132), à lei orgânica específica que a reja e, de *iure condendo*, a uma Lei Orgânica Nacional da Advocacia de Estado, se e quando venha a ser editada, e, no plano estadual, ao estatuto constitucional de sua Procuratura e à lei orgânica especifica da respectiva unidade política.
>
> Quanto aos deveres do Advogado de Estado, acrescer-se-á aos mencionados deveres gerais de advogado, o dever funcional específico de zelar precipuamente por todos os interesses da sociedade (interesses primários) que foram confiados à pessoa jurídica de direito público a que se vinculam.
>
> Para este cometimento, os membros da Advocacia de Estado têm, com muito mais razão, garantida sua independência funcional, na qual se inclui o mesmo e já referido indeclinável dever genérico de custos legis, no caso, voltado às atividades administrativas da unidade política a que está vinculado.

O Procurador-Geral da República ajuizou a ADI nº 5334 com o propósito de declarar a inconstitucionalidade formal e material do art. 3º, §1º, da Lei nº 8.906/94, com o intuito de desvincular os advogados públicos da Ordem dos Advogados do Brasil.

Imediatamente o Conselho Federal da OAB ingressou na condição de "amicus curiae", para que pudesse se posicionar de forma a manter intocável o Estatuto posto que fundamentado na Constituição.

Em virtude da referida ADI, várias manifestações foram publicadas no território nacional, e, em 1º.7.2015, a Seccional da OAB em São Paulo divulgou Nota contrária à ADI 5334 e à PEC 26/2014, reafirmando a exclusividade da OAB na regulação do exercício da advocacia,

---

[18] MOREIRA NETO, Diogo de Figueiredo. *Advocacia de Estado*: questões institucionais para a construção de um Estado de Justiça. Belo Horizonte: Fórum. 2009. p. 46-47.

A Ordem dos Advogados do Brasil, Seccional de São Paulo, vem manifestar seu entendimento de que compete exclusivamente à Ordem dos Advogados do Brasil regular o exercício da advocacia, tanto na esfera privada quanto na pública, nos termos da Lei Federal 8906/1994 e da Constituição da República. Assim, não há espaço na ordem jurídica para limitações ao exercício da advocacia, salvo naquelas hipóteses expressamente previstas na legislação pertinente.

Nesse sentido, a ADI 5334, de autoria do Ministério Público Federal, que busca declarar inconstitucionais os dispositivos do Estatuto da OAB que dispõem sobre os advogados públicos, é absolutamente carecedora de fundamento jurídico, pois ataca a unidade da advocacia enquanto carreira essencial à administração da Justiça e pode criar categorias diversas de advogados, submetidos a regimes diferentes e até conflitantes.

Diante disso, considerando que as regras e restrições para o exercício da advocacia, pública ou privada, são e devem permanecer regidas especificamente pelo Estatuto da OAB e pela Constituição Federal, afiguram-se incabíveis, por inconstitucionais, regramentos locais dissonantes e quaisquer restrições ao livre exercício da profissão que não aquelas impostas pela Constituição ou pela legislação federal que regulamenta a advocacia.

Por fim, a Ordem dos Advogados do Brasil – Seccional de São Paulo, manifesta-se também favoravelmente à rejeição da PEC 26/2014, visto como contrária à orientação ética e regulamentar da OAB, que corretamente proíbe os advogados públicos somente de exercerem a advocacia privada quando presentes interesses conflitantes com a causa pública, preservando inclusive o dever de sigilo.

Assim, é indubitável que a Constituição Federal cria um espaço de atuação da Ordem dos Advogados do Brasil, no qual insere a sua competência de regular a atividade relevante, considerada função essencial à Justiça, a de fiscalizar, em decorrência dessa relevância, o exercício da advocacia pública, sem qualquer conflito entre os entes federativos e o seu campo de atuação.

3 Considerações finais

Considerando-se os tópicos aqui apresentados, conclui-se que a finalidade do estabelecimento de condições para as denominadas profissões regulamentadas é a proteção da coletividade em benefício da qual é exercida a profissão, no pressuposto de que o respectivo exercício será deferido apenas àqueles que comprovadamente atuarão com boa técnica e com respeito à ética profissional.

O advogado público tem uma possibilidade ímpar de contribuir para a evolução da sociedade brasileira, quer pela grandeza que sua carreira assume na atualidade, quer pela importância que possui; mas, para tanto, é fundamental se reconheça como advogado, ou seja, como cidadão comprometido com a guarda do Estado democrático e republicano e com a defesa das liberdades, rompendo com o discurso interiorizado que tenta burocratizar para aproximá-lo de outras funções públicas, com capacidade de produzir a sua imobilização diante dos ataques autoritários ou das estruturas de controle punitivo, próprias e hábeis ao domínio do medo.

A independência da Ordem dos Advogados do Brasil é essencial à dignidade da instituição e à eficiência da atividade que executa, o que consequentemente protege a independência do advogado.

Essa independência do advogado, seja ele público ou privado, garante uma atuação proba, legal, impessoal, livre de perseguições e favorecimentos e as peculiaridades inerentes ao regime próprio da Advocacia Pública não afastam a submissão de advogados ao Estatuto da Advocacia no que lhes for aplicável.

Assim, a inscrição do advogado público na Ordem dos Advogados do Brasil é constitucional, necessária, relevante, uma vez que confere a ele independência, com a garantia de sua inviolabilidade, já que suas prerrogativas profissionais são defendidas por uma autarquia especial independente.

Referências

BASTOS, Celso Ribeiro. *Hermenêutica e Interpretação Constitucional*. Malheiros. 2002

CANOTILHO J.J. Gomes; MENDES, Gilmar, SARLET, Ingo W; TRECK, Lenio L. (coordenadores). *Comentários à Constituição do Brasil*. Saraiva, Almedina e Instituto de Direito Público. 2013

CANOTILHO, J.J. Gomes. *Direito Constitucional e Teoria da Constituição*. Brasil: Almedina. 2003

CUCHE, Denys. *A Noção de Cultura nas Ciências Sociais*. EDUSC. 2002

FREITAS, Vladimir Passos de (Coordenação). *Conselhos de Fiscalização Profissional*. Revista dos Tribunais. 2013

JÚNIOR, Cláudio Grande. A Advocacia Pública no Estado Democrático de Direito. *O Estado do Paraná*. Caderno Direito e Justiça. Curitiba, 27.jun.2004

LÔBO, Paulo Luiz Neto. *Comentários ao Novo Estatuto da Advocacia e da OAB*. Brasília Jurídica. 1994

MEIRELLES TEIXEIRA, J.H. *Curso de Direito Constitucional*. Forense Universitária. 1991

MOREIRA NETO, Diogo de Figueiredo. *A advocacia de estado revisitada*: essencialidade ao estado democrático de direito. Fórum. 2009

OLIVEIRA, João Gualberto de. *História dos órgãos de classe dos advogados*. São Paulo. 1968

Informação bibliográfica deste texto, conforme a NBR 6023:2002 da Associação Brasileira de Normas Técnicas (ABNT):

MOURÃO, Carlos Figueiredo; HEIFFIG, Danielle Romeiro Pinto. A relevância da vinculação do advogado público à Ordem dos Advogados do Brasil. In: MOURÃO, Carlos Figueiredo; HIROSE, Regina Tamami (Coord.). *Advocacia pública contemporânea*: desafios da defesa do Estado. Belo Horizonte: Fórum, 2019. p. 383-402. ISBN 978-85-450-0578-0.

ATIVIDADE CONSULTIVA E SEUS REFLEXOS NOS DEVERES E RESPONSABILIDADES DO ADVOGADO PÚBLICO EM LICITAÇÕES E CONTRATOS ADMINISTRATIVOS

Mara Christina Faiwichow Estefam

1 Introdução

A menção à Advocacia Pública constou na primeira Constituição brasileira, outorgada no ano de 1824, quando da declaração da independência do Brasil, a qual atribuiu *status* constitucional ao Procurador da Coroa e Soberania Nacional. Ela inspirou a Carta Republicana de 1891, na qual foi mantida a figura desse advogado público, que passou a ser denominado de Procurador-Geral da República e ao qual foram atribuídas as funções atualmente exercidas pelo Ministério Público Federal, situação repetida nas Constituições de 1934, 1937, 1967 e 1969, que perdurou até a promulgação da atual Constituição, em 1988.

Com o advento da Constituição Federal de 1988, que estabeleceu o Estado Democrático de Direito, foram criadas instituições importantes, como a autolimitação do poder do Estado e a efetiva proteção aos direitos fundamentais, bem como foi a Advocacia Pública, nos artigos 132 e 133 da Constituição Federal, elencada como uma das funções essenciais à Justiça, retirando do seu exercício, a partir de então, atribuições inerentes ao Ministério Público, e as outorgando a órgãos específicos, denominados Advocacia Geral da União e Procuradorias Gerais dos Estados e do Distrito Federal, nada obstante não tenham sido previstas Advocacias Gerais dos Municípios.

Dessa forma, a Constituição de 1988 teve o inegável mérito de definir com clareza o elo jurídico que deve existir entre a sociedade e o Estado, desmembrando a Procuradoria Pública do Estado, que anteriormente era una, para distribuir, então, entre órgãos distintos o exercício das funções essenciais à Justiça, inconfundíveis com todas as demais funções atribuídas aos órgãos dos tradicionais poderes do Estado.

Restou instituída a Advocacia de Estado que, como uma das denominadas funções essenciais à Justiça, serve à sociedade, cuidando da representação judicial e da consultoria, em todas e em cada uma das inúmeras relações da Administração Pública.

Ao tratar da Advocacia Pública, a Constituição Federal prevê que a Advocacia-Geral da União é a instituição que, diretamente ou através de órgão vinculado, representa a União, judicial e extrajudicialmente, cabendo-lhe, nos termos da lei complementar que dispuser sobre sua organização e funcionamento, as atividades de consultoria e assessoramento jurídico do Poder Executivo (art. 131) e que os procuradores dos Estados e do Distrito Federal, organizados em carreira, na qual o ingresso dependerá de concurso público de provas e títulos, com a participação da Ordem dos Advogados do Brasil em todas as suas fases, exercerão a representação judicial e a consultoria jurídica das respectivas unidades federadas (art. 132).

Por sua vez, ainda dispõe a Constituição Federal que o advogado é indispensável à administração da justiça, sendo inviolável por seus atos e manifestações no exercício da profissão, nos limites da lei (art. 133).

Enquanto os governos e governantes são transitórios, a Advocacia de Estado é permanente, acarretando a sua imprescindibilidade à realização da justiça e da democracia e à sustentação desses valores.

A respeito da Advocacia Pública, convém lembrar a acepção empregada por Maria Sylvia Zanella Di Pietro, ao esclarecer que:

> A expressão advogado público, utilizada em oposição ao advogado que atua como empregado do setor privado ou como profissional liberal, designa aqueles que, com vínculo de emprego estatutário, integram a Advocacia-Geral de União, a Procuradoria-Geral do Estado e a Procuradoria do Município (embora esta última não esteja referida na Constituição).[1]

---

[1] DI PIETRO, Maria Sylvia Zanella. Advocacia pública. *Revista Jurídica da Procuradoria-Geral do Município de São Paulo*, n. 3, p. 11, dez. 1996.

Salienta a autora que os advogados que representam as autarquias e as fundações de direito público alçadas ao regime jurídico único encontram-se identicamente incluídos na Advocacia Pública.

Nesse diapasão, inclusive com vista ao cumprimento do princípio da eficiência, um dos princípios constitucionais da Administração Pública, devem os integrantes da Advocacia Pública pautar sua atuação de forma a conduzirem ao alcance, pelos órgãos decisórios do Estado, da finalidade pública referente à melhor realização possível, através do melhor desempenho de seus agentes, do que deflui a importância da sua orientação ao gestor público na consecução dos procedimentos licitatórios e de contratação de forma eficaz e condizente com a satisfação do interesse público.

2 Licitações e contratos administrativos

Na esteira do tema ora sob enfoque, a Advocacia Pública vem expressamente referenciada no artigo 38, parágrafo único, da Lei nº 8.666, de 1993, na consecução do exame e aprovação das minutas de licitação, de contrato, de convênios e de outros ajustes, dispondo o dispositivo de lei que o procedimento da licitação será iniciado com a abertura de processo administrativo, devidamente autuado, protocolado e numerado, contendo a autorização respectiva, a indicação sucinta de seu objeto e do recurso próprio para a despesa, sendo que as mencionadas minutas deverão ser previamente examinadas e aprovadas pela assessoria jurídica da Administração, o que determina ao órgão da Advocacia Pública a obrigatoriedade imposta legalmente de condução do administrador público a pautar-se de forma a atender aos princípios administrativos estabelecidos no artigo 37, *caput*, da Constituição Federal, bem como defender o interesse público primário, visando a conferir maior eficiência às decisões governamentais, com vista à realização do melhor negócio jurídico.

É certo, porém, que há casos de atuação facultativa do órgão da Advocacia Pública, os quais se consumam quando inexistam as hipóteses estatuídas pelo artigo 38, parágrafo único, da Lei n. 8.666/93, oportunidade na qual a intervenção do órgão jurídico dependerá obrigatoriamente de provocação por parte do órgão assessorado, quando, então, a dúvida jurídica a ser dirimida ou aclarada pelo órgão da Advocacia Pública deverá estar exposta pela Administração, situação que, da mesma forma, determinará ao órgão jurídico que se paute com vistas a conduzir o Poder Público ao alcance do eficaz negócio jurídico, mediante o acatamento dos ditames legais, dos princípios constitucionais e em consonância com o interesse público primário.

3 Princípios constitucionais da Administração Pública e o advogado público

A Constituição da República enumera em seu artigo 37, como norteadores da conduta da Administração Pública, os princípios da legalidade, impessoalidade, moralidade, publicidade e eficiência, podendo também ser apontados como princípios implícitos os da supremacia do interesse público sobre o interesse privado, da isonomia, da finalidade, da boa administração, da razoabilidade, da proporcionalidade, da motivação e da economicidade, dentre outros.

Considerando que a Administração Pública não titulariza os interesses públicos, cujo detentor é o Estado, que deve protegê-los e que os exercita por meio da função administrativa, as pessoas administrativas têm o dever de praticá-los nos termos e nas finalidades predeterminadas legalmente, implicando que toda conduta deva estar sujeita sempre a tais princípios.

Deflui do exposto que, como medida preliminar à instauração do procedimento licitatório, à elaboração dos editais que nortearão as licitações, à celebração dos contratos e demais ajustes, resta imposto ao advogado público o dever de conduzir a Administração Pública no sentido dos efetivos atendimento e cumprimento dos mencionados princípios.

Nesse diapasão, o preceitua o "princípio da isonomia, que sejam tratadas igualmente as situações iguais e desigualmente as desiguais. Donde não há como desequiparar pessoas e situações quando nelas não se encontram fatores desiguais",[2] estabelecendo-se a impossibilidade

---

[2] BANDEIRA DE MELLO, Celso Antônio. *O conteúdo jurídico do princípio da igualdade*. 3. ed., 22. tiragem. São Paulo: Malheiros, 2013. p. 35.

de desequiparações fortuitas ou injustificadas, ensejando que deva a condução do advogado público, relativamente às licitações, contratos e demais ajustes, se ordenar nesse sentido.

Ademais disso, considerando que os interesses que incumbem à Administração Pública proteger e garantir pertencem à sociedade como um todo, quaisquer atos praticados pelos órgãos administrativos deverão refletir, nos termos do artigo 5º da Constituição Federal, a igualdade de oportunidades para todos, levando em conta que todos são iguais perante a Administração Pública, figurando esse princípio como um dos alicerces da licitação, possibilitando a igualdade entre todos os interessados em contratar com a Administração.

Por seu turno, o princípio da impessoalidade, que é emanação do princípio da isonomia e da moralidade, indica a proibição de distinções infundadas de quaisquer caracteres dos interessados, a fim de excluir o subjetivismo do agente administrativo, se destinando, no que se relaciona aos atos de orientação praticados pelo advogado público, a obstaculizar o desenvolvimento de qualquer tipo de favorecimento ou prejuízo aos pretensos interessados, acarretando, também, a necessidade da estipulação de mecanismos de competição justa e criteriosa dos pretendentes a contratar, ou ajustar com o Poder Público, sob pena de invalidação irremediável da celebração.

Cumpre mencionar ainda o princípio da eficiência, correlato ao da boa administração, que pressupõe deva a atividade administrativa desenvolver-se do modo mais congruente, oportuno e adequado, estabelecendo o princípio da economicidade que o agente público, com referência aos recursos públicos envolvidos nos atos praticados, deve ficar totalmente compromissado com a busca da economicidade adequada. Ele impõe à Administração que, na formalização do contrato ou de outros ajustes, bem como na instauração do procedimento licitatório, seja evitado o desperdício do dinheiro público, bem ainda que seja executado o objeto avençado com presteza, perfeição e rendimento funcional, implicando deva o Estado buscar o eficaz e excelente desempenho, qualidade e eficiência nas celebrações efetuadas, e que deva a assessoria jurídica da Administração conduzi-las nesse sentido, buscando a melhor realização possível da ordem jurídica.

Por sua vez, na esteira do princípio da legalidade, deverá o administrador público ser orientado pela assessoria jurídica, com vistas ao eficaz atendimento da lei e da integral aplicação do direito, considerando que, em vista da natureza da função pública e da finalidade do Estado, seus agentes devem de maneira obrigatória exercitar seus poderes e cumprir seus deveres, estabelecidos em prol de toda coletividade, que a lei lhes impõe, não podendo ser descumpridos, renunciados ou acordados de forma diversa da estabelecida, devendo a condução exercida pelo órgão da Advocacia Pública pautar-se no intuito de que o ato a ser praticado pela Administração Pública conforme-se ainda com a moralidade e consequente probidade, ou seja, afigure-se honesto e conveniente aos interesses sociais, bem ainda com a finalidade, no sentido de que sua prática seja coerente sempre com a finalidade pública a ser alcançada, atentando-se para o princípio da publicidade, que impõe a fiscalização pelo órgão da Advocacia Pública, no que diz respeito não apenas à divulgação do procedimento para os interessados, mas também a consecução da possibilidade de fiscalização por todos, quanto à legalidade dos atos perpetrados pela Administração.

A motivação do ato administrativo, por outro lado, impõe ao administrador público a indicação dos fatos que originaram o ato, ou seja, a causa e os elementos determinantes para a prática do ato administrativo, bem como os preceitos jurídicos que autorizaram a sua realização, o que deve ser examinado pela assessoria jurídica, e ainda fiscalizado acerca do atendimento do princípio da economicidade, impondo-se, nesse sentido, o exame das relações custo/benefício que ensejaram as decisões da Administração, especialmente as de maior amplitude, a fim de se aquilatar a economicidade da escolha entre diversos caminhos propostos para implementar a melhor decisão.

Por fim, o interesse público, ou seja, a supremacia do interesse público se preordena no sentido de que a primazia do interesse público sobre o privado é inerente à atuação estatal e a domina, já que a existência do Estado se justifica com vistas à busca do interesse geral, do que decorre deve tal princípio também ser analisado e perquirido nos negócios da Administração Pública, por iniciativa da sua assessoria jurídica.

Não deve ser olvidado, pelo órgão da Advocacia Pública, o atendimento a contento dos princípios exclusivos da licitação, ou seja: o da vinculação ao instrumento convocatório, que se preordena ao atendimento dos princípios da igualdade, publicidade, impessoalidade, moralidade e probidade administrativa, significando que as regras traçadas para o procedimento devem ser fielmente observadas pelos interessados, sob pena do procedimento se tornar inválido; o princípio da ampla defesa previsto pelo artigo 5º, inciso LV, da Constituição Federal, destinado a assegurar, também, o princípio do contraditório; o princípio do julgamento objetivo, decorrente do princípio da legalidade, o qual impõe que o julgamento das propostas seja feito na conformidade dos critérios determinados no instrumento convocatório; e o princípio da adjudicação compulsória, que se destina a firmar que a adjudicação só deverá ser feita ao vencedor do certame.

É certo afirmar que o princípio, sendo a base essencial do sistema jurídico, por estabelecer os principais fundamentos, os direcionamentos e as referências gerais e setoriais para o ordenamento, afigura-se superior em relação às regras, "pois determina o sentido e o alcance destas, que não podem contrariá-lo, sob pena de pôr em risco a globalidade do ordenamento jurídico".[3]

Decorre que, nada obstante os princípios se relacionem a valores, estabelecem principalmente a obrigatoriedade da adoção de condutas que se afigurem necessárias à promoção do estado das coisas, coerentemente aos seus propósitos, exercendo uma função integrativa, acarretando que se um elemento inerente ao fim que deve ser buscado não estiver previsto, o princípio deverá garanti-lo.

Por todo o concluído, como consequência, deverá a Administração ser orientada pelo advogado público no sentido de que as celebrações do Estado, bem ainda as instaurações de procedimentos licitatórios, devem se pautar na conformidade do efetivo exercício e obediência dos princípios da eficiência, da isonomia, da impessoalidade, da moralidade, da supremacia do interesse público sobre o particular, da motivação e da publicidade, dentre outros pertinentes à conduta da Administração, que além de constituírem rumo para a interpretação do direito, também se prestam ao suprimento de lacunas e imperfeições da lei.

---

[3] SUNDFELD, Carlos Ari. *Fundamentos de direito público*. 5. ed., 6. tiragem. São Paulo: Malheiros, 2015. p. 146.

3.1 Princípio da juridicidade

Por outro lado, o exame perpetrado pela assessoria jurídica da Administração, além de prestigiar o cumprimento dos princípios antes mencionados, que deverão estar bem delineados e atendidos nas disposições editalícias, nas cláusulas contratuais e nas demais constantes dos ajustes, nos atos administrativos, como também nas celebrações, deverá avaliar todo o bloco de legalidade, que incorpora, além dos princípios, também os valores, as políticas públicas e os objetivos que defluem da ordem jurídica, o que é denominado de princípio da legalidade em sentido amplo ou da juridicidade.

Como já afirmado, os princípios que a Administração Pública deverá obedecer em sua atuação estão expressos no *caput* do artigo 37 da Constituição Federal e, quanto ao da legalidade, conforme sua usual interpretação, infere-se que ao administrador público só é possível fazer o que a lei autoriza, enquanto ao particular é dado realizar o que não está proibido em lei, como advém, aliás, da conhecida lição de Hely Lopes Meirelles.[4]

Os doutrinadores vêm defendendo a ideia de que o princípio da legalidade administrativa deve ser substituído pelo princípio da juridicidade administrativa, ou seja, os atos da Administração Pública não devem apenas observar as leis, mas sim todo o ordenamento jurídico, sempre buscando a satisfação do interesse público e atingindo um ideal de justiça social.

Nesse passo, atualmente domina o entendimento no sentido de que, após a vigência da Constituição Federal de 1988, a doutrina e a jurisprudência convergiram em uma acepção mais ampla da noção de legalidade administrativa, cuja compreensão anteriormente se baseava na direção de que a validade da atividade da Administração Pública era tão somente no sentido de que bastaria seguir formalmente o texto literal da lei (a estrita legalidade ou legalidade *stricto*

---

[4] "Na Administração Pública não há liberdade nem vontade pessoal. Enquanto na administração particular é lícito fazer tudo que a lei não proíbe, na Administração Pública só é permitido fazer o que a lei autoriza. A lei para o particular significa 'poder fazer assim'; para o administrador público 'dever fazer assim'." (MEIRELLES, Hely Lopes. *Direito administrativo brasileiro*. 42. ed., atual. até a Emenda constitucional 90, de 15.9.2015 por José Emmanuel Burle Filho com a colaboração de Carla Rosado Burle. São Paulo: Malheiros, 2016. p. 93).

sensu). Nos dias de hoje, a noção do que seja legalidade administrativa é mais abrangente e, nada obstante persista a importância da legalidade estritamente considerada, esta não deve ser tida como única a validar a ação administrativa.

De tal concepção deriva que a função de assessoramento jurídico não se circunscreve apenas ao exame das minutas juntadas aos processos de contratação, mas também do conjunto de atos e de documentos que o integram, em correlação com o conteúdo das minutas. A ausência de documentos obrigatórios nos autos do processo também deve merecer manifestação da assessoria jurídica, como, por exemplo, a ausência dos anexos obrigatórios do edital, relacionados no artigo 40, parágrafo 2º, da Lei nº 8.666/93 (projeto básico e/ou executivo, com todas as suas partes integrantes; orçamento estimado em planilhas; especificações complementares e normas de execução do objeto), e ainda deve ser observada e alertada pelo órgão da advocacia pública a consonância das atividades praticadas relativamente às políticas públicas abrangidas pelo órgão, bem como os valores e os objetivos que defluem da ordem jurídica.

4 Atividade consultiva da Advocacia Pública

Na atual Constituição, a atividade consultiva e de assessoramento se consolidou, buscando trazer maior eficiência às decisões governamentais, tendo em vista que a figura do advogado público passou a ser relevante na correta aplicação e na defesa das políticas públicas estatais.

Assim, consoante estatuem os artigos 131 e 132 da Constituição da República, a Advocacia-Geral da União e as Procuradorias dos Estados e do Distrito Federal exercerão a representação judicial, a consultoria jurídica e assessoramento do Poder Executivo, e das unidades federadas, respectivamente.

Com vistas ao aprimoramento do sistema decisório do Estado, convém que a Advocacia de Estado, no desempenho do dever constitucional de aperfeiçoamento da ordem jurídica, assuma a importante missão de demonstrar à Administração Pública a efetiva necessidade de eleição das providências sugeridas nos pareceres (normativas ou concretas), que se destinem ao cumprimento dos valores jurídicos e democráticos, nada impedindo o seu dever individual e coletivo de atuar de ofício, nas hipóteses em que deva ser acautelado ou defendido um interesse público primário e respeitados os princípios administrativos estabelecidos no artigo 37, *caput*, da Constituição Federal.

E no que se refere à atuação da assessoria da Administração nas licitações e contratos administrativos, conforme estatui o artigo 38, parágrafo único, da Lei n. 8.666/93, será por intermédio da emissão dos pareceres jurídicos que a Advocacia Pública exercerá sua importante missão, visto que mediante o prévio exame e aprovação das minutas, exercerá o mister de eficientemente conduzir o Poder Público.

5 Análise das minutas de editais e de contratos administrativos e os pareceres jurídicos proferidos

Consoante o já mencionado parágrafo único do artigo 38 da Lei de Licitações, o exame preliminar das minutas, a ser exercitado pela assessoria jurídica da Administração, consoante descrição legal, tem a finalidade de prevenir a ocorrência de defeitos capazes de macular o procedimento licitatório, ensejando sua nulidade, bem como do contrato resultante.

O objeto de exame e aprovação pela assessoria jurídica, portanto, são as minutas de edital, o que inclui os seus anexos, bem como as minutas de contratos, acordos, convênios ou ajustes em sentido amplo, e também alterações bilaterais e unilaterais que se fizerem necessárias no curso da execução, formalizadas por meio de termos aditivos.

Mencionado artigo, a par de estabelecer o exame das minutas pela assessoria jurídica, confere-lhe também o poder decisório, no sentido de aprová-las ou desaprová-las, incluindo-se em tal ato também seus anexos, e ainda como proceder no mesmo sentido quanto às minutas de contratos, acordos, convênios ou ajustes em sentido amplo, peças enviadas e elaboradas pelos competentes órgãos técnicos e administrativos, objetivando, se o caso, providências tendentes à sua reformulação pelos citados órgãos administrativos, de acordo com as orientações da assessoria jurídica.

Embora não seja permitido à assessoria jurídica adentrar no campo da conveniência e oportunidade do gestor público, quanto à escolha do objeto que melhor atenda ao interesse público, compete a ela a integral orientação na condução de uma licitação ou contratação, em sintonia com os princípios e normas de regência.

5.1 Obrigatoriedade de análise e aprovação das minutas de licitações e de contratos e a dispensabilidade da análise das minutas-padrão

A despeito de que tais exames e aprovações das minutas sejam obrigatórios, em face da expressa disposição legal, e nesse sentido referindo-se ao exame jurídico prévio da minuta da carta-convite, ministra Jessé Torres Pereira Junior:

> [...] a lei exclui do exame jurídico prévio o ato convocatório do convite, que é a carta, exclusão que se presume devida ao baixo valor do objeto e a simplicidade do procedimento que caracterizam tal modalidade. Todavia, convém que o convite siga modelos aprovados por órgão jurídico da Administração.[5]

Por seu turno, no que se refere às minutas padronizadas, conforme também a explanação desse autor, afigura-se desnecessária a apreciação e aprovação por parte da assessoria jurídica da Administração, haja vista que "o Tribunal de Contas da União sempre entendeu que toda e qualquer minuta de ato convocatório de licitação ou de contrato há de ser submetida ao órgão de assessoramento jurídico, para fins de aprovação. Reviu, em termos, sua posição, quando se tratar de minuta padrão".[6]

Com feito, a padronização de minutas de editais, contratos e convênios tem o escopo de racionalizar as atividades dos agentes

---

[5] PEREIRA JUNIOR, Jessé Torres. *Comentários à lei das licitações e contratações da administração pública*. 8. ed., rev., atual. e ampl. Rio de Janeiro: Renovar, 2009. p. 477.
[6] *Ibidem*, p. 478.

administrativos, e também da assessoria jurídica, a quem compete examiná-las e aprová-las, sendo que, mediante a padronização, são estipulados os parâmetros necessários e suficientes a serem aplicados a determinada licitação ou contratação, de forma a permitir maior celeridade na celebração do negócio jurídico, atendendo, assim, aos princípios da celeridade e da eficiência.

Portanto, existindo minutas padronizadas previamente aprovadas pela assessoria jurídica, é dispensada, conforme entendimento do Tribunal de Contas da União,[7] a remessa do processo ao órgão de Advocacia Pública para reanálise, de cada caso concreto, desde que se trate de mera reprodução do texto padronizado, atualizando-se apenas os dados concernentes à nova contratação, no modelo previamente aprovado.

E, nesse sentido, aduz o Tribunal de Contas da União:

[...]
2. Admite-se, em caráter excepcional, em nome do princípio da eficiência, a utilização de minuta-padrão de contrato a ser celebrado pela Administração, previamente aprovada pela assessoria jurídica, quando houver identidade de objeto – e este representar contratação corriqueira – e não restarem dúvidas acerca da possibilidade de adequação das cláusulas exigidas no contrato pretendido às cláusulas previamente estabelecidas na minuta-padrão.[8]

Isso posto, excetuando-se as minutas de carta-convite e as padronizadas, consoante as prescrições do Tribunal de Contas da União, todas as demais relativas a contratos, convênios e congêneres são de análise e aprovação obrigatórias por parte da assessoria jurídica da Administração, competindo ao gestor público expressar o julgamento da conveniência e oportunidade acerca da contratação, ficando obrigado ao acolhimento do parecer da sua assessoria jurídica.

Nesse sentido, confira-se excerto da ementa de acórdão do Superior Tribunal de Justiça, que presume preliminarmente viciada

---

[7] TCU – Processo n. 001.936/2003-1 Acórdão n. 1.504/2005, Plenário, rel. Min. Walton Alencar Rodrigues.
[8] TCU – Processo n. 005.268/2005, Acórdão n. 3.014/2010, Plenário, rel. Min. Augusto Nardes.

a conduta do agente público que não atende ao parecer jurídico da assessoria da Administração:

[...]
3. É razoável presumir vício de conduta do agente público que pratica um ato contrário ao que foi recomendado pelos órgãos técnicos, por pareceres jurídicos ou pelo Tribunal de Contas. Mas não é razoável que se reconheça ou presuma esse vício justamente na conduta oposta: de ter agido segundo aquelas manifestações, ou de não ter promovido a revisão de atos praticados como nelas recomendado, ainda mais se não há dúvida quanto à lisura dos pareceres ou à idoneidade de quem os prolatou. Nesses casos, não tendo havido conduta movida por imprudência, imperícia ou negligência, não há culpa e muito menos improbidade. A ilegitimidade do ato, se houver, estará sujeita a sanção de outra natureza, estranha ao âmbito da ação de improbidade.[9]

Ainda no que se refere à discordância expressada por agente administrativo acerca de parecer jurídico, pontua a jurisprudência do Tribunal de Contas da União:

[...]
9.2.2. caso venha discordar dos termos do parecer jurídico, cuja emissão está prevista no inciso VI e no parágrafo único do art. 38 da Lei nº 8.666/1993, deverá apresentar por escrito a motivação dessa discordância antes de prosseguir com os procedimentos relativos à contratação, arcando, nesse caso, integralmente com as consequências de tal ato, na hipótese de se confirmarem, posteriormente, as irregularidades apontadas pelo órgão jurídico;[10]

5.2 Inadmissibilidade de pareceres jurídicos pró-forma

Em consonância com a matéria aqui tratada, o Tribunal de Contas da União concluiu, na esteira de voto do ministro relator, que os pareceres jurídicos pró-forma, assim entendidos aqueles

---

[9] STJ – REsp n. 827.445/SP, rel. Min. Luiz Fux, *DJe*, de 08.03.2010.
[10] TCU – Processo nº 009.570/2012-8, Acórdão n. 521/2013, Plenário, rel. Min. Augusto Sherman Cavalcanti.

que não efetivam a análise adequada de todos os documentos que instruem o processo de contratação pública e demais ocorrências sucedidas, contrariam as determinações contidas no artigo 38 da Lei de Licitações e a jurisprudência da Corte de Contas, veja-se:

> [...]
> 26. [...] a utilização de pareceres jurídicos sintéticos, de apenas uma página, com conteúdo genérico, sem demonstração da efetiva análise do edital e dos anexos, em especial quanto à legalidade das cláusulas editalícias, permitiu, no caso concreto, a presença de itens posteriormente impugnados, inclusive por meio da presente representação, e que foram alterados nos certames subsequentes.
> 27. Este Tribunal já se posicionou acerca da necessidade de os pareceres jurídicos exigidos pelo art. 38 da Lei nº 8.666, de 21 de junho de 1993, integrarem a motivação dos atos administrativos, com abrangência suficiente, evidenciando a avaliação integral dos documentos submetidos a exame (*v.g.*, Acórdão nº 748/2011-Plenário).[11]

Assim, o pronunciamento jurídico deve ser efetivamente fundamentado, sob pena de não cumprir o mister a que a Advocacia Pública se propõe. Portanto, não será coerente se o órgão jurídico se manifestar tão somente quanto à análise do ato administrativo, apenas em relação aos elementos componentes do edital e de seus anexos, acerca tão só aos instrumentos que formalizam o contrato ou outros ajustes, como também não se concebe eficaz apenas a singela menção de que são ou não compatíveis com a legislação. Deverão, com efeito, serem demonstradas de maneira minuciosa as razões de fato e de direito que embasaram o pronunciamento da assessoria jurídica.

5.3 Ausência de parecer jurídico e suas consequências

No que se relaciona à atuação facultativa do órgão jurídico, a inexistência de parecer não afeta a validade do ato a ser praticado pela Administração Pública, no entanto, no que se refere à atuação

---

[11] TCU – Processo n. 004.757/2014-9, Acórdão nº 1.944/2014, Plenário, rel. Min. André de Carvalho.

determinada por lei, tal qual ocorre nos termos do artigo 38, parágrafo único, da Lei nº 8.666/93, a doutrina é dissonante.

Assegura Marçal Justen Filho que a ausência de parecer, nos casos vislumbrados pelo artigo 38, parágrafo único, da Lei n. 8.666/93, não é causa autônoma de invalidade da licitação, não maculando o procedimento, se o edital ou o contrato não apresentarem vícios:

> Deve reconhecer-se que a regra do parágrafo único se destina a evitar a descoberta tardia de defeitos. Como a quase totalidade das formalidades, a aprovação pela assessoria jurídica não se trata de formalidade que se exaure em si mesma. Se o edital e as minutas de contratação forem perfeitos e não possuírem irregularidades, seria um despropósito supor que a ausência de prévia aprovação da assessoria jurídica seria suficiente para invalidar a licitação. Portanto, o essencial é a regularidade dos atos, não a aprovação da assessoria jurídica. Com isso, afirma-se que a ausência de observância do disposto no parágrafo único não é causa autônoma de invalidade da licitação. O descumprimento da regra do parágrafo único não vicia o procedimento se o edital ou o contrato não apresentavam vício. Configurar-se-á apenas a responsabilidade funcional para os agentes que deixaram de atender à formalidade.[12]

Por seu turno, de maneira diversa entende José dos Santos Carvalho Filho, ao assegurar que, nas hipóteses do artigo 38, parágrafo único, há obrigatoriedade de manifestação e, portanto, a ausência de parecer da assessoria jurídica conduz a vício de ilegalidade:

> Os pareceres consubstanciam opiniões, pontos de vista de alguns agentes administrativos sobre matéria submetida à sua apreciação. Em alguns casos, a Administração não está obrigada a formalizá-los para a prática de determinado ato; diz, então, que o parecer é facultativo. Quando é emitido por solicitação de órgão ativo ou de controle, em virtude de preceito normativo que prescreve a sua solicitação, como preliminar à emanação do ato que lhe é próprio, dir-se-á obrigatório. Nessas hipóteses, o parecer integra o processo de formação do ato, de modo que sua ausência ofende o elemento formal, inquinando-o, assim, de vício de legalidade.[13]

---

[12] JUSTEN FILHO, Marçal. *Comentários à lei de licitações e contratos administrativos*. 15. ed. São Paulo: Dialética, 2012. p. 594-595.

[13] CARVALHO FILHO, José dos Santos. *Manual de direito administrativo*. 30. ed. atual. de acordo com o Novo CPC e com a Lei nº 13.256, de 04.02.2016. São Paulo: Atlas, 2016. p. 143.

No âmbito do Tribunal de Contas da União, os entendimentos majoritários dão razão à segunda posição, considerando a existência de ilegalidade nas hipóteses de atuação obrigatória da atividade consultiva:

> [...]
> 7. [...] o art. 38, parágrafo único, da Lei nº 8.666/1993 dispõe claramente que as minutas de editais de licitação, bem como as dos contratos, acordos, convênios ou ajustes, devem ser previamente examinadas e aprovadas por assessoria jurídica da Administração.
> 8. No presente caso, constatou-se que a análise e a aprovação da minuta do edital da Concorrência nº AA 02/2008 foi feita pelo próprio Departamento de Licitações do BNDES, e não pelo seu Departamento Jurídico, em desacordo, portanto, com o estabelecido na referida lei.
> 9. Além de infração a norma legal, tal procedimento configura a quebra de um dos princípios basilares do sistema de controle interno, derivado do princípio da moralidade administrativa, qual seja, o princípio da segregação de funções, segundo o qual as funções potencialmente conflitantes – autorização, aprovação, execução, controle e contabilização das operações – devem ser executadas por pessoas e setores independentes entre si, possibilitando a realização de verificação cruzada.[14]

Ainda no mesmo sentido:

> A análise e aprovação, pela assessoria jurídica, de editais, minutas de contratos e instrumentos congêneres são atividades obrigatórias, previstas no parágrafo único do art. 38 da Lei 8.666, de 1993. Não pode o consultor jurídico querer se esquivar dessa responsabilidade. O papel da assessoria jurídica não é meramente opinativo. O entendimento do TCU acerca da matéria está contido no voto que fundamentou o Acórdão 147/2006 – Plenário, *in verbis*: "[...] o legislador atribuiu relevante função à assessoria jurídica, qual seja, realizar um controle prévio da licitude dos procedimentos licitatórios e dos documentos mencionados no parágrafo único do art. 38 da Lei de Licitações e Contratos."[15]

A atividade consultiva exerce em certa medida a função de controle, de maneira que essa atribuição, por um órgão jurídico

---

[14] TCU – Processo nº 031.869/2008-9, Acórdão n. 5.536/2010, 1ª Câmara, rel. Min. Augusto Nardes.
[15] TCU – Processo nº 018.887/2008-1, Acórdão n. 1.337/2011, Plenário, rel. Min. Walton Alencar Rodrigues.

autônomo, composto de integrantes de carreira, investidos por força de concurso público, é uma forte arma contra a corrupção e deve ser ampliada, com vistas a orientar o gestor, como também cumprir a finalidade de coibir práticas contratuais ilegais e vícios no procedimento negocial, sob pena da ocorrência de ilegalidade, quando houver a expressa determinação legal nesse sentido, como é o caso do disposto no artigo 38, parágrafo único, da Lei nº 8.666/93.

6 Exame e aprovação de editais de licitações e contratos administrativos

Aclaradas as exceções de dispensabilidade do exame e aprovação pela assessoria jurídica da Administração, das minutas e cartas-convites padronizadas, ainda como a inadmissão da apresentação de pareceres pró-forma e, finalmente, a obrigatoriedade de emissão de parecer jurídico pelo órgão de Advocacia Pública, cumpre expressar que, por meio da prolação de pareceres jurídicos, conforme já asseverado, a assessoria jurídica da Administração consubstancia a sua atuação nas licitações e contratos administrativos e outros ajustes, seja em face de licitação que deva ser instaurada, em vista de licitação inexigível ou dispensada, ou do contrato a ser celebrado. Nesse rumo, é certo afirmar que, em relação à inexigibilidade e à dispensabilidade de licitação, a obrigatoriedade do exame das minutas dos contratos é medida essencial, como também dos editais de licitação, das minutas dos contratos provenientes das licitações, das minutas dos acordos, das minutas dos convênios e dos outros ajustes, sendo sempre exigida a emissão do parecer jurídico correspondente.

Há, por conseguinte, obrigação legal do gestor público em submeter tais instrumentos ao assentimento do órgão jurídico, sob pena de infringir a legalidade estrita, como se pode observar da colocação do verbo "dever" no corpo do artigo 38, parágrafo único, da Lei de Licitações, em que pese a titularidade da competência discricionária, relativa à conveniência e oportunidade da medida, seja exclusiva da autoridade administrativa.

No que tange à análise das minutas de editais de licitação, compete à assessoria jurídica analisar os aspectos legais e formais do procedimento, mormente os documentos que compõem a fase interna da licitação, como o requerimento, justificativas, descrição do objeto a ser licitado, origem do recurso orçamentário para pagamento, devida autorização para iniciar os procedimentos de licitação e outros documentos pertinentes ao objeto pretendido. Além disso, deverá o órgão jurídico observar se a modalidade de licitação foi escolhida coerentemente com as permissões legais, se os prazos foram respeitados, tanto para a sessão pública como para os recursos, bem como se os requisitos de habilitação foram corretamente exigidos, além da forma de julgamento das propostas, atentando para o exato atendimento dos ditames do artigo 40 da Lei nº 8.666/93,[16] visto que inegavelmente o edital contém as regras básicas, configurando-se como a perfeita lei da licitação e do contrato, pois o que dele constar deve ser efetivamente cumprido, sob pena de afronta do princípio da vinculação ao instrumento convocatório, examinando, por sua vez, quanto aos contratos, o extenso rol do artigo 55 da Lei de Licitações, cláusulas que devem constar não só dos contratos administrativos, como também dos contratos da Administração e os de figuração privada, conforme o artigo 62, parágrafo 3º, da Lei nº 8.666/93.

Não custa atentar para o fato de que integram também o processo administrativo, conforme o artigo 38, inciso VI, da Lei nº 8.666/93, os pareceres jurídicos que respondam a consultas formuladas pelo administrador público, quando houver dúvida jurídica formulada em qualquer das fases do procedimento, como também na fase de execução das obrigações contratadas ou conveniadas, bem assim o integram os pareceres técnicos.

Tais pareceres técnicos relacionam-se às matérias de ordem técnica, que podem surgir no curso do processo, bem como em resposta a questões e dúvidas expressadas pela assessoria jurídica, podendo ou não acarretar consequências e repercussões jurídicas.

---

[16] "Embora o art. 40 faça menção tão só ao edital, convirá que a outra espécie de ato convocatório (carta-convite) contenha, no que couber, os elementos essenciais ali referidos, notadamente os dos incisos I, II, VI, VII, XI, XV, XVI e XVII." (PEREIRA JUNIOR, Jessé Torres, *Comentários à lei das licitações e contratações da administração pública*, cit., p. 491).

Destarte, o papel do advogado público terá sempre o caráter consultivo, enquanto a função do administrador será de natureza executiva, cabendo a este último responder pela formulação e a implementação de políticas públicas, evidenciando-se, assim, a clara distinção entre suas respectivas funções, consultiva, da assessoria jurídica e administrativa, da Administração Pública.

7 Espécies de pareceres jurídicos e as responsabilidades do advogado público, sob a ótica do Supremo Tribunal Federal

Ao parecer jurídico caberá a relevante atribuição de sugerir, embasar e conduzir as decisões da Administração Pública, fornecendo-lhes a imprescindível segurança jurídica.[17] Detém também o caráter de mecanismo de controle preventivo de legalidade e de orientação interpretativa, visando a regrar condutas internas.

Dinorá Grotti não atribui aos pareceres o conceito de ato administrativo, mas os classifica como atos internos, já que seus efeitos são indiretos e não acarretam efeito direto ao particular.[18] O parecer não cria ou extingue direitos e obrigações, não os declara, não os modifica e sequer os certifica ou os transfere, mas tão somente conduz as decisões administrativas.

Na mesma linha, Hely Lopes Meirelles assinala que o parecer é um ato enunciativo, pelo qual a Administração Pública atesta ou reconhece determinada situação de fato ou de direito, mas não tem a aptidão para, por si só, produzir efeitos jurídicos, afirmando que "o que subsiste como ato administrativo não é o parecer, mas, sim, o ato de sua aprovação, que poderá revestir a modalidade normativa, ordinatória, negocial ou punitiva".[19]

---

[17] Embora possa ser elaborado depois de tomada a decisão administrativa, via de regra, o parecer é elaborado na fase interna.
[18] GROTTI, Dinorá Adelaide Musetti. Ato administrativo I: perfeição, validade e eficácia. In: DALLARI, Adilson de Abreu; NASCIMENTO, Carlos Valder do; MARTINS, Ives Gandra da Silva (Coords.). *Tratado de direito administrativo*. São Paulo: Saraiva, 2013. v. 1, p. 429-430.
[19] MEIRELLES, Hely Lopes, *Direito administrativo brasileiro*, cit., p. 219.

O parecer jurídico, com efeito, é uma manifestação que integra o procedimento administrativo, manifestação que ensejará uma futura expedição do ato administrativo, firmando o Supremo Tribunal Federal entendimento no sentido de que o parecer jurídico não é um ato administrativo, mas sim uma opinião emitida pelo operador do direito, opinião técnica que guiará o gestor na hora de decidir.

Assim sendo, se preordena o parecer jurídico, e em especial o ora sob enfoque, a embasar as decisões do órgão da Administração Pública, fornecer-lhe segurança jurídica, tendo a função de controlar preventivamente o atendimento dos princípios constitucionais reguladores da Administração e da licitação, bem ainda que sejam impostas as medidas necessárias às devidas conformações com as políticas públicas, que seja cumprido o ordenamento normativo vigente, que sejam atendidas as orientações jurisprudenciais dos tribunais judiciais e de contas, que a decisão a ser implantada se afigure coerente com a doutrina jurídica, e visa ainda a ofertar as orientações interpretativas competentes para alinhar as condutas internas.

E, demais disso, não se pode olvidar, que "em tempos em que vige a 'cultura da suspeita'[20] e da 'corruptofobia',[21] quando os agentes públicos têm que decidir, é preferível estar vinculado à estrita juridicidade, buscando esquivar de eventual responsabilidade. O parecer jurídico cumpre este papel".[22]

---

[20] Expressão de Romeu Felipe Bacellar Filho (BACELLAR FILHO, Romeu Felipe. O direito fundamental à presunção de inocência no processo administrativo disciplinar. A&C: Revista de Direito Administrativo & Constitucional, Belo Horizonte, v. 9, n. 37, p. 11-55, jul./set. 2009. Disponível em: <http://bid.editoraforum.com.br/bid/PDI0006.aspx?pdiCntd=62554>. Acesso em: 12 dez. 2014).

[21] Cármen Lúcia Antunes Rocha, serve-se do termo "corruptofobia" do seguinte modo: "Governo e Administração que não atuam segundo as necessidades públicas e o interesse coletivo, mas com medo permanente da desonestidade de todos [...]. Em geral, a 'corruptofobia' leva à presunção de que todas as pessoas e, em especial, todos os agentes públicos são não apenas desonestos, mas culpados; não haveria colegas de atividade, mas cúmplices de desonestidade na Administração Pública." (ROCHA, Cármen Lúcia Antunes. Princípios constitucionais da administração pública. Belo Horizonte: Del Rey, 1994. p. 214-215). Ver também: GROTTI, Dinorá Adelaide Musetti, Ato administrativo I: perfeição, validade e eficácia, in Tratado de direito administrativo, cit., v. 1, p. 429-430.

[22] ESTEFAM, Felipe Faiwichow. Responsabilidade e parecer jurídico no exercício da função administrativa. Revista de Direito Administrativo Contemporâneo, São Paulo, Revista dos Tribunais, v. 3, n. 20, p. 141, set/out. 2015.

O Supremo Tribunal Federal, quanto à responsabilidade do exame jurídico perpetrado pela assessoria jurídica da Administração, no que concerne às licitações e contratos administrativos, adotou o entendimento expressado na seguinte decisão, no sentido:

> [...] de que o parecer não é ato administrativo, sendo, quando muito, ato de administração consultiva, que visa a informar, elucidar, sugerir providências administrativas a serem estabelecidas nos atos de administração ativa. Celso Antônio Bandeira de Mello, Curso de Direito Administrativo, Malheiros Ed., 13ª ed., p. 377.
> II. – O advogado somente será civilmente responsável pelos danos causados a seus clientes ou a terceiros, se decorrentes de erro grave, inescusável, ou de ato ou omissão praticado com culpa, em sentido largo: Cód. Civil, art. 159; Lei 8.906/94, art. 32.
> III. – Mandado de Segurança deferido.[23]

Na esteira dessa decisão, a opinião emitida pelo operador do direito é opinião técnico-jurídica e considerando que "o Direito não é uma ciência exata. São comuns as interpretações divergentes de certo texto de lei, o que acontece, invariavelmente, nos tribunais".[24] Do que deflui que a responsabilização do advogado público só se dará se ocorrente a sua culpa, em sentido largo, ou que cometeu erro grave, inescusável.

Ainda, conforme decisão do Supremo Tribunal Federal, em determinadas situações é possível responsabilizar o advogado público, autor do parecer acolhido pela Administração, quando este detenha natureza vinculante, portanto de ato administrativo, acarretando a responsabilidade dos procuradores, que podem ser chamados ao Tribunal de Contas para apresentar explicações a respeito de seus pareceres e notas técnicas.[25]

Com vistas a solucionar a matéria, restou expedido pelo Supremo Tribunal Federal acórdão explicativo acerca do cabimento da responsabilização funcional do advogado público:

> CONSTITUCIONAL. ADMINISTRATIVO. CONTROLE EXTERNO. AUDITORIA PELO TCU. RESPONSABILIDADE DE PROCURADOR

---

[23] STF – MS n. 24.073/DF, Pleno, rel. Min. Carlos Velloso, j. 06.11.2002, *DJ*, de 31.10.2003.
[24] *Ibidem*.
[25] STF – MS n. 24.584-1/DF, Pleno, rel. Min. Marco Aurélio, j. 09.08.2007.

DE AUTARQUIA POR EMISSÃO DE PARECER TÉCNICO-JURÍDICO DE NATUREZA OPINATIVA. SEGURANÇA DEFERIDA.
I. Repercussões da natureza jurídico-administrativa do parecer jurídico: (i) quando a consulta é facultativa, a autoridade não se vincula ao parecer proferido, sendo que seu poder de decisão não se altera pela manifestação do órgão consultivo; (ii) quando a consulta é obrigatória, a autoridade administrativa se vincula a emitir o ato tal como submetido à consultoria, com parecer favorável ou contrário, e se pretender praticar ato de forma diversa da apresentada à consultoria, deverá submetê-lo a novo parecer; (iii) quando a lei estabelece a obrigação de decidir à luz de parecer vinculante, essa manifestação de teor jurídica deixa de ser meramente opinativa e o administrador não poderá decidir senão nos termos da conclusão do parecer ou, então, não decidir.
II. No caso de que cuidam os autos, o parecer emitido pelo impetrante não tinha caráter vinculante. Sua aprovação pelo superior hierárquico não desvirtua sua natureza opinativa, nem o torna parte de ato administrativo posterior do qual possa eventualmente decorrer dano ao erário, mas apenas incorpora sua fundamentação ao ato.
III. Controle externo: É lícito concluir que é abusiva a responsabilização do parecerista à luz de uma alargada relação de causalidade entre seu parecer e o ato administrativo do qual tenha resultado dano ao erário. Salvo demonstração de culpa ou erro grosseiro, submetida às instâncias administrativo-disciplinares ou jurisdicionais próprias, não cabe a responsabilização do advogado público pelo conteúdo de seu parecer de natureza meramente opinativa. Mandado de segurança deferido.[26]

Pelas decisões acima transcritas, o advogado público poderá ser responsabilizado por ato ou omissão praticado com culpa, em sentido lato, erro grave, inescusável, quando se tratar de parecer de natureza meramente opinativa, e também será responsabilizado em caso de se tratar de parecer vinculante, o que demanda apreciar, então, a distinção entre as espécies de pareceres jurídicos, quais sejam: facultativo, obrigatório e vinculante, o que será feito a seguir.

Restou assentado, conforme o acórdão proferido pelo Supremo Tribunal Federal no julgamento do Mandado de Segurança n. 24.631/DF, as espécies de pareceres, que assim podem ser classificados:

Parecer facultativo: É aquele sem qualquer vinculação da autoridade administrativa. "O facultativo consiste em opinião

---

[26] STF – MS n. 24.631/DF, Pleno, rel. Min. Joaquim Barbosa, *DJe*, de 01.02.2008.

emitida por solicitação de órgão ativo ou de controle, sem que qualquer norma jurídica determine sua solicitação, como preliminar à emanação do ato que lhe é próprio."[27]

Parecer obrigatório: É aquele em que a autoridade administrativa fica obrigada a solicitar a emissão de parecer pela consultoria jurídica, mas a opinião ali emitida não condiciona a forma de agir do administrador. "O obrigatório consiste em opinião emitida por solicitação de órgão ativo ou de controle, em virtude de preceito normativo que prescreve sua solicitação, como preliminar à emanação do ato que lhe é próprio. Constituem a consulta e o parecer fases necessárias do procedimento administrativo."[28]

Parecer vinculante: É aquele em que o administrador é obrigado a solicitar a emissão do parecer e este fica condicionado ao parecer, só podendo decidir na forma proposta pela peça jurídica. "Parecer conforme, ou vinculante, é o que a Administração Pública não só deve pedir ao órgão consultivo, como deve segui-lo ao praticar o ato ativo ou de controle. Encerra regime de exceção, e só se admite quando expressamente a lei ou o regulamento dispõem nesse sentido. O ato levado a efeito em desconformidade com o parecer se tem como nulo."[29]

José dos Santos Carvalho Filho ensina que os pareceres vinculantes:

> [...] são os atos de opinião em que o órgão incumbido da prática do ato principal não somente tem a obrigação de solicitá-los preliminarmente, como também deve endossar seu conteúdo. Exatamente porque foge um pouco de sua característica mais marcante, sua existência encerra regime de exceção e só devem ser assim considerados quando a lei ou o regulamento dispuserem expressamente em tal sentido.[30]

No mesmo sentido ministra Diógenes Gasparini, asseverando que o parecer vinculante desnatura a essência do conceito de

---

[27] MELLO, Oswaldo Aranha Bandeira de. *Princípios gerais de direito administrativo*. 2. ed. Rio de Janeiro: Forense, 1979. p. 576-577.
[28] *Ibidem*, p. 576-577.
[29] *Ibidem*, p. 576-577.
[30] CARVALHO FILHO, José dos Santos. *Processo administrativo federal*: comentários à Lei 9.784 de 29/1/1999. 4. ed. rev., ampl. e atual., inclusive com a Lei nº 12.008, de 29.07.2009. Rio de Janeiro: Lumen Juris, 2009. p. 222.

parecer, como um ato meramente opinativo, visto que contém um caráter de decisão, já que sua assunção pela Administração Pública é obrigatória.[31]

Portanto, considerando que o parecer vinculante obriga a Administração Pública, dada a impossibilidade de decisão ao reverso, não é tido como um ato da administração de caráter opinativo, detendo natureza de ato administrativo, acarretando a responsabilização do advogado público, autor do parecer acolhido pela Administração, que pode ser chamado ao Tribunal de Contas para apresentar explicações a respeito dos seus pareceres e notas técnicas.[32]

Dos julgados acima sumariados (MS ns. 24.073-3/DF, 24.584-1/DF e 24.631-6/DF), extrai-se que, no âmbito do Supremo Tribunal Federal, a assessoria jurídica:

a) não é absolutamente irresponsável no exercício da função consultiva, pois tal exclusão não se coaduna com o estado democrático de direito;

b) em caso de parecer vinculante, se a decisão estiver adstrita aos termos do parecer, o advogado público poderá ser responsabilizado, assim como o gestor público, e poderá ser chamado a apresentar explicações aos Tribunais de Contas, desde que aja com dolo ou má-fé ou cometa erro evidente e inescusável;[33]

c) nos casos de parecer facultativo ou obrigatório, o advogado público poderá ser responsabilizado se evidenciada a prática de ato ou omissão com culpa em sentido largo (embora haja doutrinadores[34] que entendam que dita

---

[31] "O parecer vinculante é, no mínimo, estranho, pois se a autoridade competente para decidir há de observar suas conclusões, ele deixa de ser parecer, opinião, para ser decisão." (GASPARINI, Diógenes. *Direito administrativo*. 17. ed. atual. por Fabrício Motta. São Paulo: Saraiva, 2012. p. 143-144).

[32] STF – MS n. 24.584-1/DF, Pleno, rel. Min. Marco Aurélio, j. 09.08.2007.

[33] Por esse posicionamento, é reafirmado o dever do administrador público em se pautar pela legalidade do certame, analisando, inclusive, a correção ou não do parecer jurídico, não podendo furtar-se da responsabilização. Ao passo que o parecerista somente seria imune a censura se o conteúdo do parecer estivesse devidamente fundamentado, defendendo tese no mínimo aceitável, acatada por doutrina e jurisprudência. Do contrário, seria responsabilizado de forma solidária com o gestor.

[34] CARVALHO FILHO, José dos Santos. *Manual de direito administrativo*, cit., p. 144.

responsabilidade só se concretiza mediante conduta dolosa), erro grave, inescusável.³⁵

d) não pode restar desconsiderado o dever do gestor público em anular procedimentos eivados de ilegalidade, conforme obrigação trazida pelo artigo 49 da Lei n. 8.666/93, do que advém sua responsabilidade na tomada de decisões com fundamento nos pareceres jurídicos.³⁶

e) deve ser comprovado o nexo causal entre o parecer jurídico e a constituição do ato administrativo viciado, bem como o dano/lesão (art. 184 do CPC).³⁷

Demais disso, cumpre mencionar ainda que o Tribunal de Contas da União já se posicionou pela responsabilidade apenas do administrador público, em caso da utilização da minuta padrão de licitação ou contrato previamente aprovada pela assessoria jurídica:

[...]
13. Vejo que a responsabilidade pela decisão de se utilizar minuta-padrão de licitação ou contrato, previamente aprovada pela assessoria jurídica de órgão ou entidade da Administração Pública, em regra, recai sobre o gestor, não se estendendo, por falta de amparo legal, a membro daquela área, cuja responsabilidade restringe-se ao conteúdo da minuta submetida à sua aprovação. Certamente, situação diversa ocorre no caso de a assessoria jurídica ser formalmente designada a emitir parecer a respeito da possibilidade de aproveitamento da minuta-padrão. Nessa hipótese, por se tratar de parecer opinativo, a responsabilidade do autor

---

[35] "CONSTITUCIONAL. ADMINISTRATIVO. TRIBUNAL DE CONTAS. TOMADA DE CONTAS: ADVOGADO. PROCURADOR: PARECER. CF., art. 70, parág. único, art. 71, II, art. 133. Lei nº 8.906, de 1994, art. 2º, § 3º, art. 7º, art. 32, art. 34, IX. I – Advogado de empresa estatal que, chamado a opinar, oferece parecer sugerindo contratação direta, sem licitação, mediante interpretação da lei das licitações. Pretensão do Tribunal de Contas da União em responsabilizar o advogado solidariamente com o administrador que decidiu pela contratação direta: impossibilidade, dado que o parecer não é ato administrativo, sendo, quando muito, ato de administração consultiva, que visa a informar, elucidar, sugerir providências administrativas a serem estabelecidas nos atos de administração ativa. Celso Antônio Bandeira de Mello, Curso de Direito Administrativo, Malheiros Ed., 13ª ed., p. 377. II – O advogado somente será civilmente responsável pelos danos causados a seus clientes ou a terceiros, se decorrentes de erro grave, inescusável, ou de ato ou omissão praticado com culpa, em sentido largo: Cód. Civil, art. 159; Lei 8.906/94, art. 32. III – Mandado de Segurança deferido." (STF – MS n. 24.073/DF, Pleno, rel. Min. Carlos Velloso, j. 06.11.2002, DJ, de 31.10.2003).

[36] Há verdadeiro dever da autoridade em observar o procedimento, para que se seja totalmente indene de ilegalidades, sendo que tal obrigação não se esgota após a emissão do parecer jurídico, a ponto de isentar o gestor deste múnus.

[37] "Art. 184. O membro da Advocacia Pública será civil e regressivamente responsável quando agir com dolo ou fraude no exercício de suas funções."

é medida de exceção, a depender de avaliação criteriosa a respeito da legalidade e razoabilidade da tese jurídica, conforme já se pronunciou esta Corte em outras oportunidades.[38]

8 Punição do advogado público por proposta de dispensa ou inexigibilidade de licitação

E em se tratando da previsão acerca do ilícito penal, inserta no artigo 89 da Lei de Licitações, compete alegar que a punição do parecerista só é cabível em situações excepcionais,[39] sendo que para ocorrer eventual responsabilização do elaborador do parecer, sua má-fé deve estar latente desde o nascedouro, bem ainda o dolo evidente, conduzindo-o a produzir uma peça que vise a atingir fins ilícitos.

A pretensão do tipo penal descrito pelo artigo 89 da Lei de Licitações tem como intuito proteger, além do patrimônio público, também a moralidade, a legalidade, a impessoalidade e o direito subjetivo dos licitantes ao procedimento formal da licitação descrito em lei.

Nesse sentido realça o seguinte julgado do Superior Tribunal de Justiça:

> RHC – DISPENSA DE LICITAÇÃO – PACIENTE QUE, NA QUALIDADE DE PROCURADORA DE ESTADO, RESPONDE CONSULTA QUE, EM TESE, INDAGAVA DA POSSIBILIDADE DE

---

[38] TCU – Processo n. 005.268/2005, Acórdão n. 3.014/2010, Plenário, rel. Min. Augusto Nardes.

[39] Nesse sentido: "ADMINISTRATIVO – IMPROBIDADE ADMINISTRATIVA – MINISTÉRIO PÚBLICO COMO AUTOR DA AÇÃO – DESNECESSIDADE DE INTERVENÇÃO DO *PARQUET* COMO *CUSTOS LEGIS* – AUSÊNCIA DE PREJUÍZO – NÃO OCORRÊNCIA DE NULIDADE – RESPONSABILIDADE DO ADVOGADO PÚBLICO – POSSIBILIDADE EM SITUAÇÕES EXCEPCIONAIS NÃO PRESENTES NO CASO CONCRETO – AUSÊNCIA DE RESPONSABILIZAÇÃO DO PARECERISTA – ATUAÇÃO DENTRO DAS PRERROGATIVAS FUNCIONAIS – SÚMULA 7/STJ [...] 3- É possível, em situações excepcionais, enquadrar o consultor jurídico ou o parecerista como sujeito passivo numa ação de improbidade administrativa. Para isso, é preciso que a peça opinativa seja apenas um instrumento, dolosamente elaborado, destinado a possibilitar a realização do ato ímprobo. Em outras palavras, faz-se necessário, para que se configure essa situação excepcional, que desde o nascedouro a má-fé tenha sido o elemento subjetivo condutor da realização do parecer. 4- Todavia, no caso concreto, a moldura fática fornecida pela instância ordinária é no sentido de que o recorrido atuou estritamente dentro dos limites da prerrogativa funcional. Segundo o Tribunal de origem, no presente caso, não há dolo ou culpa grave." (STJ – REsp n. 1.183.504 (2010/0040776-5), 2ª T., rel. Min. Humberto Martins, *DJe*, de 17.06.2010, p. 375).

DISPENSA DE LICITAÇÃO – DENÚNCIA COM BASE NO ART. 89, DA LEI Nº 8.666/93 – ACUSAÇÃO ABUSIVA – MERO EXERCÍCIO DE SUAS FUNÇÕES, QUE REQUER INDEPENDÊNCIA TÉCNICA E PROFISSIONAL.
1. Não comete crime algum quem, no exercício de seu cargo, emite parecer técnico sobre determinada matéria, ainda que pessoas inescrupulosas possam se locupletar às custas do Estado, utilizando-se desse trabalho. Estas devem ser processadas criminalmente, não aquele.
2. Recurso provido, para trancar a ação penal contra a paciente.[40]

Celso Antônio Bandeira de Mello salienta que os pareceres são simplesmente juízos técnicos que elucidam as autoridades competentes para adotarem as providências de suas respectivas alçadas, isentando o parecerista de responsabilidade, exceto se ocorrente dolo ou culpa *stricto sensu*: "Nada obstante, o que se quer realçar é que o autor do parecer não poderá ser responsabilizado pelo ato profligado na ação popular a menos que haja incorrido em imperícia ou eventualmente em imprudência ou negligência ou – pior que isto – em dolo."[41]

O Supremo Tribunal Federal, conforme julgado já transcrito,[42] referendou a assertiva no sentido de que se afigura necessária a existência do dolo específico para a responsabilização criminal do advogado público:

Na seara penal, o Supremo Tribunal Federal assim julgou:

PROCESSO PENAL. INQUÉRITO. ENVOLVIMENTO DE PARLAMENTAR FEDERAL. CRIME DE DISPENSA IRREGULAR DE

---

[40] STJ – RO HC n. 7.165/RO, 6ª T., rel. Min. Anselmo Santiago, *DJU*, de 22.06.1998, p. 177.
[41] BANDEIRA DE MELLO, Celso Antônio. Considerações sobre a ação popular. *Revista Trimestral de Direito Público*, São Paulo, Malheiros, n. 16, p. 63, out./dez. 1996.
[42] "TRIBUNAL DE CONTAS. TOMADA DE CONTAS: ADVOGADO. PROCURADOR: PARECER. C.F., art. 70, parág. único, art. 71, II, art. 133. Lei nº 8.906, de 1994, art. 2º, § 3º, art. 7º, art. 32, art. 34, IX. I. – Advogado de empresa estatal que, chamado a opinar, oferece parecer sugerindo contratação direta, sem licitação, mediante interpretação da lei das licitações. Pretensão do Tribunal de Contas da União em responsabilizar o advogado solidariamente com o administrador que decidiu pela contratação direta: impossibilidade, dado que o parecer não é ato administrativo, sendo, quando muito, ato de administração consultiva, que visa a informar, elucidar, sugerir providências administrativas a serem estabelecidas nos atos de administração ativa. Celso Antônio Bandeira de Mello, Curso de Direito Administrativo, Malheiros Ed., 13ª ed., p. 377. II. – O advogado somente será civilmente responsável pelos danos causados a seus clientes ou a terceiros, se decorrentes de erro grave, inescusável, ou de ato ou omissão praticado com culpa, em sentido largo: Cód. Civil, art. 159; Lei 8.906/94, art. 32. III. – Mandado de Segurança deferido." (STF – MS n. 24.073/DF, Pleno, rel. Min. Carlos Velloso, j. 06.11.2002, *DJ*, de 31.10.2003).

LICITAÇÃO (ART. 89 DA LEI Nº 8.666/93). AUDIÇÃO PRÉVIA DO ADMINISTRADOR À PROCURADORIA JURÍDICA, QUE ASSENTOU A INEXIGIBILIDADE DA LICITAÇÃO. AUSÊNCIA DO ELEMENTO SUBJETIVO DOLO. ART. 395, INCISO III, DO CPP. INEXISTÊNCIA DE JUSTA CAUSA PARA A AÇÃO PENAL. REJEIÇÃO DA DENÚNCIA.
1. A denúncia ostenta como premissa para seu recebimento a conjugação dos artigos 41 e 395 do CPP, porquanto deve conter os requisitos do artigo 41 do CPP e não incidir em nenhuma das hipóteses do art. 395 do mesmo diploma legal. Precedentes: INQ 1990/RO, rel. Min. Cármen Lúcia, Pleno, DJ de 21/2/2011; Inq 3016/SP, rel. Min. Ellen Gracie, Pleno, DJ de 16/2/2011; Inq 2677/BA, rel. Min. Ayres Britto, Pleno, DJ de 21/10/2010; Inq 2646/RN, rel. Min. Ayres Britto, Pleno, DJ de 6/5/2010.
2. O dolo, consubstanciado na vontade livre e consciente de praticar o ilícito penal, não se faz presente quando o acusado da prática do crime do art. 89 da Lei nº 8.666/93 (Dispensar ou inexigir licitação fora das hipóteses previstas em lei, ou deixar de observar as formalidades pertinentes à dispensa ou à inexigibilidade") atua com fulcro em parecer da Procuradoria Jurídica no sentido da inexigibilidade da licitação.
3. *In casu*, narra a denúncia que o investigado, na qualidade de Diretor da Secretaria Municipal de Esportes e Lazer, teria solicitado, mediante ofício ao Departamento de Controle e Licitações, a contratação de bandas musicais ante a necessidade de apresentação de grande quantidade de bandas e grupos de shows musicais na época carnavalesca, sendo certo que no Diário Oficial foi publicada a ratificação das conclusões da Procuradoria Jurídica, assentando a inexigibilidade de licitação, o que evidencia a ausência do elemento subjetivo do tipo no caso sub judice, tanto mais porque, na área musical, as obrigações são sempre contraídas *intuitu personae*, em razão das qualidades pessoais do artista, que é exatamente o que fundamenta os casos de inexigibilidade na Lei de Licitações – Lei nº 8.666/93.
4. Denúncia rejeitada por falta de justa causa art. 395, III, do Código de Processo Penal.[43]

9 Conclusões

O presente estudo, calcado na disposição constante do parágrafo único do artigo 38 da Lei nº 8.666/1993, procurou esmiuçar o alcance desse dispositivo, bem como as consequências da sua efetiva aplicação, com base e nos parâmetros traçados

---

[43] STF – Inq n.2.482/MG, Pleno, rel. Min. Ayres Britto, j. 15.09.2011.

pelos pareceres jurídicos produzidos pela assessoria jurídica da Administração.

Conforme observado, os membros da Advocacia Pública exercem atividade constitucionalmente designada como função essencial à Justiça, originada na esteira do artigo 23, inciso I, da Constituição da República,[44] o qual outorga competência comum à União, aos Estados, ao Distrito Federal e aos Municípios para zelar pela guarda da Constituição, das leis e das instituições democráticas, e para conservar o patrimônio público. A Administração Pública, por seus agentes, absorve a tarefa de realizar *ex officio*, dentro dos limites constitucionais e por meio de agentes qualificados e investidos para tanto, principalmente os integrantes das carreiras de Estado, "uma espécie de controle da higidez constitucional dos processos e atos administrativos".[45]

Dessa forma, configura-se de extrema importância que o advogado público norteie a conduta da Administração, quando dos exames obrigatórios determinados pelo artigo 38, parágrafo único, da Lei n. 8.666/93, com vistas a alcançar o perfeito cumprimento e atendimento dos princípios constitucionais da Administração Pública, descritos no artigo 37 da Constituição da República, bem como os correlatos e os específicos da licitação, visando à efetiva consecução do interesse público, finalidade de singular significado no exercício da função administrativa.

Através da atividade consultiva, exercitada pela Advocacia de Estado, a Administração Pública será conduzida ao cumprimento dos valores jurídicos e democráticos e, nesse sentido, no que toca ao preliminar exame das minutas de licitações e contratos, se efetivará a prática de uma atividade de controle capaz de conferir licitude aos procedimentos, visando a obstar, assim, a corrupção, orientando ainda o gestor a coibir as práticas contratuais ilegais e vícios no processo contratual.

---

[44] "Art. 23. É competência comum da União, dos Estados, do Distrito Federal e dos Municípios: I – zelar pela guarda da Constituição, das leis e das instituições democráticas e conservar o patrimônio público;"

[45] FREITAS, Juarez. O controle de constitucionalidade pelo Estado-Administração. *A&C: Revista de Direito Administrativo & Constitucional*, Belo Horizonte, v. 10, n. 40, p. 217-238, abr./jun. 2010. Disponível em: <http://www.bidforum.com.br/bid/PDI0006.aspx?pdiCntd=67726>. Acesso em: 24 jun. 2012.

Tais pronunciamentos devem também ser expendidos relativamente às dispensas e inexigibilidades de licitação, mormente em face de que haverá uma contratação subsequente, que deve ser adequada aos fins buscados pelo Estado.

A par do exposto, mediante a análise relativa à possível dispensabilidade do exame da minuta da carta-convite, dado tratar-se de procedimento simples que encerra baixos valores, bem como a exequível dispensa de exame da minuta-padrão previamente aprovada pelo órgão jurídico, já que além de conferir celeridade à celebração, restaria atendido o princípio da eficiência, bem ainda sobre a inviabilidade da apresentação pela assessoria jurídica tão somente de parecer pró-forma, o que não atenderia o mister importante da Advocacia Pública no sentido do exame de todos os elementos constantes do procedimento, o que inclusive viria a substanciar a motivação do ato administrativo, restou afirmado se afigurar vedada a celebração dos contratos administrativos e a instauração do procedimento licitatório sem a necessária prolação do parecer da assessoria jurídica da Administração. A ausência do parecer, obviamente, além caracterizar evidente infração legal, impede a concretização do dever da assessoria jurídica de controlar previamente a licitude do procedimento, afrontando, ainda, o princípio da moralidade.

Através do aclaramento das espécies de pareceres jurídicos, a saber, o facultativo, o obrigatório e o vinculante, e com esteio em decisões do Supremo Tribunal Federal, ficaram demonstradas as consequentes responsabilidades do advogado público, restando assente que quanto aos pareceres facultativos e obrigatórios, o advogado público só poderá ser responsabilizado se ocorrentes evidente erro grave, inescusável, ou a prática de ato ou omissão perpetrado com culpa em sentido largo, e relativamente ao parecer vinculante, o advogado público poderá ser responsabilizado, assim como o administrador, desde que aja com dolo ou má-fé ou cometa erro evidente e inescusável, já que nesse caso ocorre a partilha do ato decisório.

E, por derradeiro, em face da importante atuação do advogado público no pronunciamento quanto aos atos de dispensa ou inexigibilidade de licitação, é entendimento assente do Supremo Tribunal Federal, no tocante à tipificação do ilícito criminal descrito pelo artigo 89 da Lei nº 8.666/93,[46] que se afigura necessária a existência do dolo específico para tal responsabilização e punição criminal.

Referências

BACELLAR FILHO, Romeu Felipe. O direito fundamental à presunção de inocência no processo administrativo disciplinar. *A&C*: Revista de Direito Administrativo & Constitucional, Belo Horizonte, v. 9, n. 37, p. 11-55, jul./set. 2009. Disponível em: <http://bid.editoraforum.com.br/bid/PDI0006.aspx?pdiCntd=62554>. Acesso em: 12 dez. 2014.

BANDEIRA DE MELLO, Celso Antônio. Considerações sobre a ação popular. *Revista Trimestral de Direito Público*, São Paulo: Malheiros, n. 16, p. 59-66, out./dez. 1996.

BANDEIRA DE MELLO, Celso Antônio. *Curso de direito administrativo*. 30. ed. rev. e atual. até a Emenda constitucional 71, de 29.11.2012. São Paulo: Malheiros, 2013.

BANDEIRA DE MELLO, Celso Antônio. *O conteúdo jurídico do princípio da igualdade*. 3. ed., 22. tiragem. São Paulo: Malheiros, 2013.

CARVALHO FILHO, José dos Santos. *Manual de direito administrativo*. 30. ed. atualizada de acordo com o Novo CPC e com a Lei 13.256, de 04.02.2016. São Paulo: Atlas, 2016.

CARVALHO FILHO, José dos Santos. *Processo administrativo federal*: comentários à Lei 9.784 de 29/1/1999. 4. ed. rev., ampl. e atual., inclusive com a Lei nº 12.008, de 29.07.2009. Rio de Janeiro: Lumen Juris, 2009.

DI PIETRO, Maria Sylvia Zanella. Advocacia pública. *Revista Jurídica da Procuradoria-Geral do Município de São Paulo*, n. 3, p. 11-30, dez. 1996.

DI PIETRO, Maria Sylvia Zanella. *Direito administrativo*. 29. ed. rev., atual. e ampl. de acordo com o novo CPC e com a Lei 13.256, de 04.02.2016. Rio de Janeiro: Forense, 2016.

ESTEFAM, Felipe Faiwichow. Responsabilidade e parecer jurídico no exercício da função administrativa. *Revista de Direito Administrativo Contemporâneo*, São Paulo: Revista dos Tribunais, v. 3, n. 20, p. 139-160, set.-out. 2015.

FREITAS, Juarez. O controle de constitucionalidade pelo Estado-Administração. *A&C*: Revista de Direito Administrativo & Constitucional, Belo Horizonte, v. 10, n. 40, p. 217-238, abr./jun. 2010. Disponível em: <http://www.bidforum.com.br/bid/PDI0006.aspx?pdiCntd=67726>. Acesso em: 24 jun. 2012.

GASPARINI, Diógenes. *Direito administrativo*. 17. ed. atual. por Fabrício Motta. São Paulo: Saraiva, 2012.

---

[46] "Art. 89. Dispensar ou inexigir licitação fora das hipóteses previstas em lei, ou deixar de observar as formalidades pertinentes à dispensa ou à inexigibilidade: Pena – detenção, de 3 (três) a 5 (cinco) anos, e multa. Parágrafo único. Na mesma pena incorre aquele que, tendo comprovadamente concorrido para a consumação da ilegalidade, beneficiou-se da dispensa ou inexigibilidade ilegal, para celebrar contrato com o Poder Público."

GROTTI, Dinorá Adelaide Musetti. Ato administrativo I: perfeição, validade e eficácia. In: DALLARI, Adilson de Abreu; NASCIMENTO, Carlos Valder do; MARTINS, Ives Gandra da Silva (Coords.). *Tratado de direito administrativo*. São Paulo: Saraiva, 2013; v. 1, p. 424-462.

JUSTEN FILHO, Marçal. *Comentários à lei de licitações e contratos administrativos*. 15. ed. São Paulo: Dialética, 2012.

JUSTEN FILHO, Marçal. *Curso de direito administrativo*. 8. ed. rev. ampl. e atual. Belo Horizonte: Fórum, 2012.

MEIRELLES, Hely Lopes. *Direito administrativo brasileiro*. 42. ed., atual. até a Emenda constitucional 90, de 15.9.2015 por José Emmanuel Burle Filho com a colaboração de Carla Rosado Burle. São Paulo: Malheiros, 2016.

MELLO, Oswaldo Aranha Bandeira de. *Princípios gerais de direito administrativo*. 2. ed. Rio de Janeiro: Forense, 1979.

MOREIRA, Egon Bockmann; GUIMARAES, Fernando Vernalha. *Licitação pública*: a Lei Geral da Licitação – LGL e o Regime diferenciado de contratação – RDC. 2. ed. atual., rev. e aum. São Paulo: Malheiros, 2015.

NOHARA, Irene Patrícia. *Direito adminsitrativo*. 6. ed. rev., atual. e ampl. São Paulo: Atlas, 2016.

PEREIRA JUNIOR, Jessé Torres. *Comentários à lei das licitações e contratações da administração pública*. 8. ed., rev., atual. e ampl. Rio de Janeiro: Renovar, 2009.

PEREIRA JUNIOR, Jessé Torres; DOTTI, Marinês Restelatto. Responsabilidade da assessoria jurídica no processo administrativo das licitações e contratações. Fórum de Contratação e Gestão Pública, Belo Horizonte, v. 10, n. 114, p. 20-40, jun. 2011.

ROCHA, Cármen Lúcia Antunes. *Princípios constitucionais da administração pública*. Belo Horizonte: Del Rey, 1994.

SUNDFELD, Carlos Ari. *Fundamentos de direito público*. 5. ed., 6. tiragem. São Paulo: Malheiros, 2015.

Informação bibliográfica deste texto, conforme a NBR 6023:2002 da Associação Brasileira de Normas Técnicas (ABNT):

ESTEFAM, Mara Christina Faiwichow. Atividade consultiva e seus reflexos nos deveres e responsabilidades do advogado público em licitações e contratos administrativos. In: MOURÃO, Carlos Figueiredo; HIROSE, Regina Tamami (Coord.). *Advocacia pública contemporânea*: desafios da defesa do Estado. Belo Horizonte: Fórum, 2019. p. 403-434. ISBN 978-85-450-0578-0.

OS PROCURADORES MUNICIPAIS E SEU DIREITO A HONORÁRIOS DE SUCUMBÊNCIA

Rafael Prandini Rodrigues

1 Introdução

Os Advogados Públicos Municipais, como quaisquer outros advogados, fazem jus à percepção de honorários, devendo estar inscritos nos quadros da Ordem dos Advogados do Brasil (OAB). Neste sentido, a Lei nº 8906/1994 – Estatuto da Ordem dos Advogados do Brasil (EOAB), prevê:

> Art. 3º, §1º. *Exercem atividade de advocacia*, sujeitando-se ao regime desta lei, além do regime próprio a que se subordinem *os integrantes* da Advocacia-Geral da União, da Procuradoria da Fazenda Nacional, da Defensoria Pública e *das Procuradorias* e Consultorias Jurídicas dos Estados, do Distrito Federal, *dos Municípios* e das respectivas entidades de administração indireta e fundacional. (grifo nosso).
> Art. 22. A prestação de serviço profissional assegura aos inscritos na OAB o direito aos honorários convencionados, aos fixados por arbitramento judicial e aos de sucumbência.
> Art. 23. Os honorários incluídos na condenação, por arbitramento ou sucumbência, *pertencem ao advogado*, tendo este direito autônomo para executar a sentença nesta parte, podendo requerer que o precatório, quando necessário, seja expedido em seu favor.[1] (grifo nosso)

Como se observa, os Procuradores são titulares tanto dos honorários convencionados, como também dos fixados por arbitramento judicial e dos de sucumbência.

---

[1] "É assente na doutrina e na jurisprudência que os honorários advocatícios incluídos na condenação pertencem exclusivamente ao advogado".
[Direta de Inconstitucionalidade. N. Processo: 20140020168258 ADI. Desembargador Humberto Ulhôa]

Neste artigo trataremos apenas dos honorários de sucumbência, fixados em condenações judiciais.

2 Tratamento Legal dado aos Honorários na Advocacia Pública Municipal

Ao tratar do tema, o Código de Processo Civil, Lei Nacional nº 13.105, de 16 de março de 2015, outorgou expressamente a titularidade da verba honorária sucumbencial ao Advogado Público e reconheceu seu direito à percepção, espancando qualquer dúvida que eventualmente existisse.[2]

> Art. 85. A sentença condenará o vencido a *pagar honorários ao advogado do vencedor.*
> ....(*omissis*)..............................
> § 19. Os advogados públicos perceberão honorários de sucumbência, nos termos da lei.[3] (grifo nosso)

Apesar do previsto no EOAB e no CPC, vicejam diversas interpretações sobre o tema, muitas delas contraditórias.

O art. 22, incisos I e XVI, da Constituição da República, estabelece que compete privativamente à União legislar sobre:

> I – direito civil, comercial, penal, *processual,* eleitoral, agrário, marítimo, aeronáutico, espacial e do *trabalho;*
> ....(*omissis*)..................
> XVI – organização do sistema nacional de emprego e condições para o exercício de profissões; (grifo nosso)

Portanto, à União cabe editar normas gerais que regulamentem relações de trabalho e processo.[4]

---

[2] Em presença da nova ordem e em homenagem à interpretação sistemática, embasada nos princípios constitucionais, notadamente o da unidade da Constituição, extrai-se que tal nova ordem inaugurou a destinação dos honorários de sucumbência aos procuradores públicos. Cuida-se de inovação legislativa aplicável ao caso em testilha. [TJ-RJ. Representação por inconstitucionalidade nº 0048177-73.2012.8.19.0000. Desembargador Jessé Torres. 09 de maio de 2016]

[3] Conferir recente julgado do TRF4, apelação cível nº 5000972-57.2016.4.04.7215/SC, em que se reconheceu expressamente a constitucionalidade da norma trazida pelo CPC.

[4] Os honorários advocatícios possuem natureza tanto processual quanto material (híbrida). Processual por somente poderem ser fixados, como os honorários sucumbenciais, no bojo

O objetivo dessa previsão constitucional é garantir a isonomia. Isto é, regras processuais aplicadas indistintamente em todo território nacional e normas trabalhistas iguais para todos os trabalhadores que se encontrarem em uma mesma situação jurídica.

Ignorando completamente esta diretriz constitucional, os Tribunais decidem se fundamentando muitas vezes na análise de leis locais totalmente dissonantes das normas nacionais, ora pendendo para a natureza privada da verba honorária, ora para a natureza pública.

Dependendo de qual natureza se atribui aos honorários, diversas são as conclusões. Por exemplo: quem recolhe o imposto de renda, o Município ou o Procurador; honorários são receita orçamentária ou extraorçamentária; são computados na remuneração para fins de aplicação do teto remuneratório, ou não; há necessidade de lei local regulamentando a matéria, ou não, etc.[5]

Embora o tema pareça muito simples, gera polêmica e muito debate.

Com a jurisprudência praticamente sedimentada pugnando pela necessidade de edição de lei local, por cada Ente, prevendo a destinação e rateio da verba honorária entre os Procuradores, criou-se um manancial de normas, muitas delas contraditórias ao Estatuto da OAB e ao CPC.

Neste panorama, a insegurança jurídica impera, pois, em virtude da autonomia municipal constitucionalmente consagrada

---

de demanda judicial cujo trâmite se dá com amparo nas regras de direito processual/procedimental. Material por constituir direito alimentar do advogado e dívida da parte vencida em face do patrono da parte vencedora. [AgIntno REsp 1481917/RS, Rel. Ministro Luis Felipe Salomão, Rel. p/Acórdão Ministro Marco Buzzi, Quarta Turma, julgado em 04.10.2016, DJe 11/11/2016].

[5] Após a edição do "novo" Código de Processo Civil reduziram as decisões judiciais que não reconhecem o direito dos Procuradores receberem a verba honorária. O argumento até então mais utilizado para justificar a inexistência do direito à verba honorária pelos Procuradores baseava-se na Lei Nacional nº 9527/97.

Destacamos, porém, que o entendimento que o artigo 4º da referida Lei retirou dos Advogados Públicos o direito de receberem a verba honorária é totalmente descabido por duas razões. Primeira, referido artigo apenas diz que "as disposições constantes do Capítulo V, Título I, da Lei nº 8.906, de 4 de julho de 1994, não se aplicam à Administração Pública direta da União, dos Estados, do Distrito Federal e dos Municípios", logo o Capítulo VI do EOAB que trata especificamente dos honorários advocatícios continua plenamente aplicável. Segunda, o advento do artigo 85 do CPC, que é Lei posterior, foi expresso ao prever o direito à percepção de honorários por todos os Advogados Públicos, revogando tacitamente qualquer norma em sentido contrário.

no art. 30 da CRFB, cada cidade edita um regramento diferente para um tema que deve ser tratado de forma uniforme.[6]

Nesse contexto, a isonomia, um dos pilares de uma Constituição Republicana, é totalmente desconsiderada em desfavor de um dos mais importantes agentes públicos responsáveis pelo controle interno da Administração, o Procurador, pois cada Município regulamenta a matéria de uma forma.

Em consonância com tudo que foi dito até agora, citamos um trecho do artigo "Honorários Advocatícios e o Poder Público" de Ivan Barbosa Rigolin,[7] em que diz:

> III – *Ora, lei federal alguma, disciplinadora de alguma profissão na forma do art. 22, inc. XVI, exige lei estadual ou municipal alguma que lhe dê eficácia. Ou, de outro modo, se tal fosse necessário, então seria o Estado, ou Município, o ente federativo que estaria disciplinando a profissão, e não a União como exige a Constituição, art. 22, inc. XVI. A idéia não faz o menor sentido em direito.*
>
> *Se outros entes federativos dispõem, em suas leis sobre o assunto será sobre outros temas correlatos e vinculados ao assunto, mas não, jamais, sobre alguma condição de exercício de profissões, dentre essas os direitos, eminentemente afetos à profissão, dos profissionais respectivos.*
>
> ....(omissis)........................
>
> Se a lei municipal, ou se a lei estadual, interferisse no direito aos honorários dos advogados, então *estaria mudando regra de exercício de profissão* fixada na lei federal própria, que pelo art. 22 da Carta é a única lei constitucionalmente competente para estabelecê-las, fazendo-o para o nível nacional e, com isso, inadmitindo qualquer contraste, invasão ou interferência local.
>
> IV – *Caso o Município ou o Estado pudesse interferir, por sua lei própria, na política de remuneração dos honorários advocatícios, então haveria também, por certo, de poder condicionar o recolhimento do FGTS em nome dos servidores, pois que o FGTS foi também criado por uma lei federal, a Lei nº 5.107, de 13 de setembro de 1.966, e hoje é regido pela Lei federal nº 8.036, de 11 de maio de 1.990* – <u>sem que exista nenhuma lei estadual ou municipal que possa interferir nesse assunto.</u>
>
> *E também, se valesse aquela tese, o Estado ou o Município precisaria de lei para pagar aos servidores o repouso semanal remunerado, criado pela Lei*

---

[6] Em muitos locais sequer há uma lei ou decreto no Município sobre a matéria, o que gera dúvidas aos gestores se devem repassar ou não os honorários sucumbenciais aos Procuradores. Por outro lado, o Município não pode se apropriar da verba honorária, uma vez que não é tributo, nem multa, nem tampouco é paga ao Município.

[7] Disponível em: <http://www.acopesp.org.br/artigos/Dr.%20Ivan%20Barbosa%20Rigolin/parecer/ivan_rigolin/artigo%2082.doc>.

nº 605, de 5 de janeiro de 1.949; e também para pagar-lhes a gratificação de Natal, criada pela Lei nº 4.090, de 13 de julho de 1.962; e também para pagar-lhes o salário-família, criado pela Lei nº 4.266, de 3 de outubro de 1.963; e também para lhes pagar o vale-transporte, instituído pela Lei nº 7.418, de 16 de dezembro de 1.985; sem dizer da contribuição ao PASEP, do auxílio-doença, dos adicionais de insalubridade e periculosidade previstos em leis federais, assim como todos os demais benefícios trabalhistas e previdenciários que constituam encargos patronais, os quais foram impostos aos entes empregadores por força de competente e constitucional legislação federal – sobre a qual nenhuma ação tem o Estado nem o Município.

Não é todo pagamento a servidor público que se deve por lei local, como se vê – e há longas décadas em nosso país. (grifo nosso)

Não se está a dizer que o Município não pode editar normas tratando da verba honorária arrecadada ou das relações de trabalho. O que não é permitido é extrapolar sua competência constitucional, editando leis que vão de encontro ao regramento nacional, geral. Portanto, os Procuradores Municipais estão submetidos a um duplo regime jurídico composto de regras estabelecidas pelo Ente a que estão subordinados e pelas normas gerais do CPC e do Estatuto da Ordem dos Advogados do Brasil.

A corroborar o alegado, colacionamos ainda o Acórdão do Órgão Especial do Conselho Federal da OAB, aprovado por unanimidade, publicado na página 53 do Diário da Justiça, no dia 08 de janeiro de 2010, Consulta 2008.08.02954-05:[8]

> Assunto: Consulta. Honorários. Procurador da Fazenda Municipal. Ações judiciais fiscais.
> Relator: Conselheiro Federal Luiz Carlos Levenzon (RS). Ementa: "CONSULTA FORMULADA POR PROCURADOR nº 001/2010/OEP "MUNICIPAL. RELAÇÃO DE EMPREGO. HONORÁRIOS DE SUCUMBÊNCIA E HONORÁRIOS DECORRENTES DE ACORDO EXTRAJUDICIAL. *ADVOGADOS PÚBLICOS SUBMETEM-SE A DUPLO REGIME PARA DISCIPLINAR SUA ATUAÇÃO: A LEI Nº 8.906/94 E, AINDA, LEI QUE ESTABELEÇA REGIME PRÓPRIO NO ÂMBITO DA ADMINISTRAÇÃO PÚBLICA. COMO ADVOGADOS PÚBLICOS, ATUANDO COMO REPRESENTANTES DE ENTES PÚBLICOS, TÊM DIREITO DE PERCEBER HONORÁRIOS DE SUCUMBÊNCIA OU DECORRENTES DE ACORDO EXTRAJUDICIAIS.* (grifo nosso)

---

[8] Disponível em: <http://www.aprovi.com.br/aprovi.asp?secao=noticias&id=44#secao>.

Assim, deve se observar que as normas gerais que garantem o direito à percepção da verba honorária, em virtude do pacto federativo, devem nortear a edição de leis e decretos locais.[9] Defendendo este posicionamento o Ministério Público do Estado de Minas Gerais assim se pronunciou:

> Os honorários de sucumbência estão relacionados, de forma inerente, ao sucesso do profissional que atuou na causa, sendo devidos apenas ao advogado vitorioso. O trabalho exercido por advogados públicos nas causas em que atuam na representação dos entes públicos em nada difere do trabalho exercido pelo advogado privado, a não ser pelo cliente que cada um defende e pelo fato de que o advogado público não faz jus aos honorários pactuados como os advogados privados, já que recebe remuneração pelos serviços prestados ao ente público.
>
> Ademais, *a função de Procurador Municipal está expressamente condicionada à formação do profissional no curso de Direito e à sua inscrição nos quadros da Ordem dos Advogados do Brasil*, estando, portanto, sujeito a todas as normas estabelecidas naquele regramento específico, bem como contemplado pelos direitos dele decorrentes, inclusive em relação à percepção de honorários.
>
> Assim, os procuradores públicos subordinam-se ao regime de pessoal estipulado por seu empregador e também às determinações constantes do estatuto dos advogados.
>
> De fato, para que o procurador público exerça regularmente suas funções e represente judicialmente o ente federativo, *necessita, obrigatoriamente, de registro junto à Ordem dos Advogados do Brasil*, sujeitando-se dessa forma à observância das disposições da lei que regula a profissão e à aquisição dos direitos por ela prescritos.
>
> *Com efeito, não se poderá obstar aos advogados públicos o direito à percepção da verba atinente aos honorários sucumbenciais, fruto de serviços efetivamente realizados, sendo ilegal disposição que pactue destinação diversa.*[10] (grifo nosso)

Da mesma forma, o Ministério Público do Estado de São Paulo se posiciona favorável à percepção da verba honorária pelos

---

[9] Enunciado 384 do V Fórum Permanente de Processualistas Civis (1, 2 e 3 de maio de 2015). A lei regulamentadora *não poderá* suprimir a titularidade e o direito à percepção dos honorários de sucumbência dos advogados públicos. (Grupo: Impacto do novo CPC e os processos da Fazenda Pública).

[10] Centro de Apoio Operacional das Promotorias de Justiça de Defesa do Patrimônio Público – CAOPP, Consulta nº: 11/2013, Belo Horizonte, 04 de março de 2013, Leonardo Duque Barbabela, Promotor de Justiça e Coordenador do CAOPP.

Procuradores Municipais, pugnando pela competência da União para editar leis gerais, chegando mesmo a recomendar o seu repasse, como ficou claro no Ofício 245/10,[11] do Promotor Raul de Mello Franco Júnior, dirigido ao Município de Araraquara:

> Chegou ao conhecimento desta Promotoria que as leis municipais 6.407/2006 (art. 9º, parágrafo único) e 6.408/2006 (art. 9º, parágrafo único) vedam expressamente o recebimento dos honorários advocatícios de sucumbência por parte dos Procuradores do Município.
> Em decisão recentemente proferida pelo Supremo Tribunal Federal (ADIn 2736, julgada em 08.09.2010) decidiu-se que a matéria dos honorários advocatícios é "tipicamente processual". *Significa dizer, embora fora do objeto da decisão, que não cabe ao Município legislar sobre o assunto, eis que se trata de competência legislativa privativa da União. Há, ainda, aparente ofensa ao princípio constitucional que tutela a propriedade privada (haja vista que é do entendimento dos Tribunais que a verba honorária integra o patrimônio do advogado) e claro conflito entre tais dispositivos das leis municipais e o que dispõe o art. 23 da Lei federal 8.906/94 (Estatuto da Ordem dos Advogados do Brasil), que expressamente determina pertencer ao advogado os honorários incluídos na condenação, por arbitramento ou sucumbência.*
> *Causa preocupação a esta Promotoria, em sede de atuação preventiva, eventual decisão judicial, no âmbito civil ou trabalhista, desfavorável e gravemente lesiva ao erário público, em demanda futura que pode ter, inclusive, diversas pessoas no polo ativo e o debate de sucumbência envolvendo milhões de reais;*
> Deste modo, solicito esclarecimentos de Vossa Excelência acerca de eventuais medidas para a correção da aparente inconstitucionalidade dos referidos dispositivos, o que deverá nortear, se for o caso, representação desta Promotoria dirigida ao Excelentíssimo Sr. Procurador-Geral de Justiça do Estado de São Paulo. (grifo nosso)

Considerar a verba honorária como um benefício, similar a uma gratificação de produtividade concedida pela Administração municipal ao Advogado Público, é um equívoco.

A sucumbência não é arbitrada, tampouco paga pelo Município. É fruto de uma decisão judicial, com respaldo em uma Lei Nacional, artigo 85 do Código de Processo Civil.

Por essa razão os honorários são devidos e pagos pela parte condenada, ainda que não haja lei local atribuindo-os aos Procuradores.[12]

---

[11] Disponível em: <http://anpn.jusbrasil.com.br/noticias/2398160/atuacao-do-mp-em-prol-dos-procuradores-municipais-de-araraquara-sp>.

[12] Nos autos do RE 407.908/RJ, o Ministro Marco Aurélio, debatendo o assunto com o Ministro Ayres Britto, defendeu que a verba honorária pertence ao advogado e não à parte, salientando que a matéria já estava sedimentada ainda sob o enfoque da Lei nº 4215/63, anterior EOAB.

Justamente em virtude disso, é defensável que os honorários de sucumbência não são verba pública, pois não são pagos pelo Município, tampouco ao Município.[13]

Nesse sentido, assim leciona o ilustre jurista Kyoshi Harada em seu parecer "Verba honorária percebida pelos Procuradores municipais não integra os vencimentos para efeito de teto remuneratório".[14]

> Não se confunde receita pública, algo que vem acrescer o vulto do patrimônio público preexistente, com o mero ingresso de dinheiro ou simples movimento de caixa, como se diz vulgarmente.
> É o caso da verba honorária que, por disposição expressa da lei municipal, deve ser distribuída aos integrantes da carreira de Procurador.
> ....(omissis)....................
> Trata-se de mera arrecadação de dinheiro pela Prefeitura por razões de ordem prática, com finalidade específica: a distribuição entre os integrantes da Carreira de Procurador.

Em consonância com este entendimento, o Tribunal de Justiça do Estado de São Paulo se manifestou ao analisar demanda oriunda do Município de Guarulhos, Apelação nº 0054986-96.2009.8.26.02242, 7ª Câmara de Direito Público, Processo nº 0054986-96.2009:

> Note-se que a Lei Municipal 6543/2009, ao permitir à Prefeitura Municipal transacionar sobre verba que não lhe pertence, contraria tanto a Lei 8906/94 Estatuto da OAB, quanto a própria Lei Municipal 3548/89.
> ....(omissis)...........................
> Destarte, considerando-se que a verba honorária advinda da sucumbência não integra o débito tributário ou não e diante do todo explanado, a sentença há de ser mantida.

No mesmo sentido:[15]

> No que se refere aos Procuradores, trata-se, isto sim, de entrada de dinheiro a ser repartida entre os integrantes da carreira, não se trata

---

[13] São verba privada, paga pelo perdedor da demanda ao advogado da parte contrária, e que pertence ao advogado público por expressa previsão de lei nacional, artigos 3º, 22 e 23 do EOAB e art. 85 do CPC.
[14] Disponível em:<http://www.haradaadvogados.com.br>.
[15] Apelação nº 0133200-36.2005.8.26.0000, da Comarca de São Paulo – Relatora Constança Gonzaga – 7ª Câmara de Direito Público do TJSP – 26.05.11. Da mesma forma sinalizou o Ministro Marco Aurélio no julgamento dos Embargos de Declaração do RE 634.576, no qual foi voto vencido.

de receita pública nos termos da Lei nº 4.320/64. Trata-se de verba de caráter pessoal, paga "pro labore facto", vantagem que não se pode retirar do patrimônio deles devendo ser excluída da apuração do teto dos vencimentos.

Existem também diversas manifestações dos Tribunais de Contas tratando da natureza da verba honorária. Por exemplo, colacionamos o decidido na apreciação das contas do Município de Itirapina, do Estado de São Paulo, Processo TC-800243/135/07 (Ref. TC-2092/026/07):

> Assunto: Apartado das contas de 2007 da Prefeitura Municipal de Itirapina, para tratar da matéria referente ao pagamento de honorários advocatícios – verba de sucumbência
>
> ....(omissis)....................
>
> Conforme se sabe, o pagamento dos honorários é devido pela parte vencida em demanda judicial, cabendo ao Município apenas arrecadar tal receita, que é extraorçamentária, repassando-as ao advogado. O assunto encontra precedentes favoráveis em vários julgados nesta E. Corte, abonando o pagamento da verba honorária aos advogados vinculados à Administração Pública.
>
> ....(omissis)....................
>
> Assim, entendeu que cabe aos Procuradores Municipais a execução dos honorários de sucumbência, na forma em que foram arbitrados, já que se encontram autorizados por lei ao recebimento de tais honorários, tanto federal como municipal, não havendo, portanto, em se falar em irregularidade ou ilegalidade." (grifo nosso)

Ainda neste mesmo sentido, citamos abaixo os seguintes precedentes:

> TCE-SP (TC 800243/135/07): "Conforme se sabe, o pagamento dos honorários é devido pela parte vencida em demanda judicial, cabendo ao Município apenas arrecadar tal receita, que é extraorçamentária, repassando-as ao advogado."[16]
> TCE-SP (TC 017257/026/06): "E como ressaltado por SDG, esta Casa coleciona inúmeras decisões em torno do cabimento do repasse da verba

---

[16] Centro de Apoio Operacional das Promotorias de Justiça de Defesa do Patrimônio Público – CAOPP, Consulta nº: 11/2013, Belo Horizonte, 04 de março de 2013, Leonardo Duque Barbabela, Promotor de Justiça e Coordenador do CAOPP.

de sucumbência aos procuradores municipais nas causas em que atuarem, porque esta decorre de imposição legal (expressamente disciplinada na Lei nº 8906/94) e, por serem despendidas pela parte vencida no litígio, não configurarem despesas suportadas pelo Município."[17]

Nesta esteira, o MP/ES nos autos do procedimento nº 7818/2007, assim firma entendimento:

> EMENTA. PROCEDIMENTO ADMINISTRATIVO. ANÁLISE DA LEI 7.098/2007. MUNICIPIO DE VITORIA/ES. HONORÁRIOS ADVOCATÍCIOS. REPASSE AOS PROCURADORES MUNICIPAIS. AUSÊNCIA DE AFRONTA A PRINCÍPIOS CONSTITUCIONAIS. NATUREZA DE VERBA NÃO PESSOAL, NÃO FIGURANDO COMO FONTE DE RECEITA DO MUNICÍPIO. INEXISTÊNCIA DE INCONSTITUCIONALIDADE. ARQUIVAMENTO.[18]

À luz da doutrina e jurisprudência acima, resta clara a natureza privada e extraorçamentária dos honorários.

Desse entendimento exsurge um questionamento: o Município deve reter o valor referente ao imposto de renda, considerando que não se trata de remuneração paga ao Procurador, mas apenas de valor repassado ao seu titular? Ao analisar a matéria nos autos do "Conflito de Atribuições – Cível", protocolado sob o nº 55.311/2009 do Ministério Público do Estado de São Paulo, consta que o imposto de renda incidente sobre verba honorária percebida por Procurador Municipal não é destinado ao Município nos termos do art. 158, inciso I, da CR/88. O Procurador-Geral de Justiça, Fernando Grella Vieira,[19] em 19 de maio de 2009, defendeu nos seguintes termos a não retenção de imposto de renda na fonte, incidente sobre honorários repassados aos Procuradores pelo Município de Peruíbe:

> "CONFLITO DE ATRIBUIÇÕES – CÍVEL
> Protocolado nº 55.311/09
> (MPE nº 21/09 – Peruíbe; MPF nº 1.34.012.000025/2006-34)

---

[17] Centro de Apoio Operacional das Promotorias de Justiça de Defesa do Patrimônio Público – CAOPP, Consulta nº: 11/2013, Belo Horizonte, 04 de março de 2013, Leonardo Duque Barbabela, Promotor de Justiça e Coordenador do CAOPP.

[18] Disponível em: <http://anpm.com.br/site/?go=publicacoes&bin=decisoes_judiciais&id=17&title=honorarios_advocaticios__decisao_mp__vitoriaes>.

[19] Disponível em: <http://www.mpsp.mp.br/portal/page/portal/Assessoria_Juridica/Civel/Conflito_Atribuicoes_Civel/CAC-55311-09_18-05-09.htm>.

Suscitante: Promotor de Justiça dos Direitos Constitucionais do Cidadão de Peruíbe

Suscitada: Procurador da República em Santos

Ementa:

1) Representação para instauração de conflito negativo de atribuições entre o Ministério Público Estadual e o Ministério Público Federal. Promotor de Justiça dos Direitos Constitucionais do Cidadão de Peruíbe (suscitante) e Procurador da República em Santos (suscitado).

2) Honorários de sucumbência em ações em que a Fazenda Municipal é vencedora. Destinação aos Procuradores do Município. Ausência de retenção de parcela devida a título de Imposto sobre a Renda.

3) Hipótese de dano ao erário da União, e não do Município. Não aplicação do disposto no art. 158, I da CR/88. Rendimento que não é pago pela Municipalidade, mas sim pela parte sucumbente, com a qual a Municipalidade litigou.

4) Representação acolhida, encaminhando-se os autos ao E. STF, para exame do conflito negativo de atribuições.

................(omissis)......................

É bem verdade que, de acordo com o art. 158, I da CR/88, pertence aos Municípios "*o produto da arrecadação do imposto da União sobre renda e proventos de qualquer natureza, incidente na fonte, sobre rendimentos pagos, a qualquer título, por eles, suas autarquias e pelas fundações que instituírem ou mantiverem*". A leitura desse dispositivo poderia levar à impressão inicial de que, sempre e em todos os casos, sendo o Município beneficiário do montante pago a título de Imposto de Renda por seus servidores, a não ocorrência da retenção na fonte levaria a lesão ao erário Municipal, e, conseqüentemente, à competência da Justiça Estadual, bem como atribuição do Ministério Público do Estado, para análise de casos relacionados à hipótese. Entretanto, premissa para a incidência da disposição contida no art. 158, I da CR/88, é que a renda tributada ao servidor público seja paga pela Municipalidade. O dispositivo refere-se literalmente aos "*...rendimentos pagos, a qualquer título, por eles,* (Municípios), *suas autarquias e pelas fundações que instituírem ou mantiverem*". Não parece, com a devida vênia com relação às ponderações formuladas pelo DD. Procurador da República em Santos, que seja essa a situação verificada no caso em exame.

...............(omissis)..................

Nesses termos, enquadrando-se os honorários de sucumbência no conceito de renda, em benefício de determinada categoria de servidores do Município (Procuradores Municipais), não há como negar que eles são sujeitos à tributação.

Contudo, tais valores não são pagos pela Municipalidade, mas simplesmente por ela repassados, visto que, em verdade, são pagos pelas partes que sucumbem nos litígios judiciais em que o Poder Público Municipal também se fez presente.

Dessa forma, é inaplicável, à hipótese, a regra de destinação de receita tributária prevista no art. 158, I da CR/88. *Em outras palavras: o imposto devido pelos Procuradores do Município, em função da percepção de honorários de sucumbência, não formará receita em favor da Municipalidade, mas sim em favor da União.* (grifo nosso)

Porém, em sentido diverso, já se manifestou recentemente o Tribunal de Contas do Rio de Janeiro:

> Por representar acréscimo patrimonial (rendimentos do trabalho), os honorários sucumbenciais estão sujeitos à incidência de imposto sobre a renda, cabendo a sua retenção na fonte pelo Município ou pela instituição financeira que ficar responsável pelo processamento e distribuição da verba, na forma do art. 3º, §4º, da Lei nº 7.713/98 e dos arts. 38, 45, I, 620, 628, e 718 do Decreto 3.000/99. (TCE-RJ. Proc. Nº 816.031-2-16. Conselheiro Marcelo Verdini Maia. Pub. Ago, 2018).

Em complemento, destacamos ainda que a verba honorária é alimentar, nos termos do voto proferido pelo Ministro Marco Aurélio, do Supremo Tribunal Federal, no RE nº 470407-DF, *DJ* de 19-5-2006, Ata nº 13 de 9-5-2006, sendo, portanto, diretamente relacionada à dignidade humana.

Como consequência lógica de todos os argumentos acima aduzidos, a verba honorária, meramente repassada pelo ente público aos seus titulares, os Procuradores, não deveria ser considerada no cômputo do teto remuneratório constitucionalmente previsto no art. 37, inciso XI, da CR/88.

Seguindo esta linha de raciocínio, mais uma vez trazemos os ensinamentos do professor Kiyoshi Harada,[20] que na mesma obra anteriormente citada diz:

> Não há que se incluir nos vencimentos ou nos proventos, para efeito de aferição do teto remuneratório, uma verba que não é paga pelos cofres públicos.
> Qualquer manual de Direito Administrativo ensina que vencimento é a retribuição pecuniária prevista em lei, relativamente a determinado cargo público, paga a título de despesa pública, isto é, por conta de verba consignada na lei orçamentária anual para atender as despesas de pessoal. E a lei municipal, por óbvio, não poderia jamais incluir

---

[20] Disponível em: <www.haradaadvogados.com.br>.

uma despesa que não é do Município, mas da parte que sucumbiu na demanda judicial contra o Município.

Com este raciocínio, o Tribunal de Justiça do Estado do Maranhão seguiu a mesma linha ao julgar improcedente a Adin nº 30721/2010 (0017392-51.2010.8.10.0000), que objetivava a declaração de inconstitucionalidade de artigo da Lei Orgânica da PGE que garante a percepção de verba honorária pelos Procuradores do Estado.

AÇÃO DIRETA DE INCONSTITUCIONALIDADE. PROCURADORES DO ESTADO. HONORÁRIOS ADVOCATÍCIOS DE SUCUMBÊNCIA. LEI COMPLEMENTAR ESTADUAL. PRELIMINAR DE IMPOSSIBILIDADE JURÍDICA DO PEDIDO. REJEITADA. INEXISTÊNCIA DE OFENSA AO PAGAMENTO POR SUBSÍDIO. DESNECESSIDADE DE OBSERVÂNCIA DO TETO CONSTITUCIONAL. INTERPRETAÇÃO CONFORME. I – Rejeita-se a preliminar de impossibilidade jurídica do pedido tendo em vista que a norma constitucional inobservada é de reprodução obrigatória na Constituição Estadual. II – A omissão da Constituição Estadual não constitui óbice a que o Tribunal de Justiça local julgue ação direta de inconstitucionalidade contra lei que dispõe sobre a remuneração dos Procuradores de Estado. III – *Os Advogados Públicos, categoria da qual fazem parte os Procuradores de Estado, fazem jus ao recebimento de honorários advocatícios de sucumbência, sem que haja ofensa ao regime de pagamento do funcionalismo público através de subsídio ou de submissão ao teto remuneratório, tendo em vista que tal verba é variável, é paga mediante rateio e é devida pelo particular (parte sucumbente na demanda judicial), não se confundindo com a remuneração paga pelo ente estatal*. (grifo nosso)

Da mesma forma, o Ministério Público do Estado de São Paulo, em parecer da Procuradoria-Geral de Justiça, de lavra da Dra. Maria do Carmo Ponchon da Silva Purcini, recentemente externou entendimento no sentido da inaplicabilidade do teto remuneratório às verbas sucumbenciais, em virtude destas não serem públicas, nos autos da apelação nº 1003930-85.2016.8.26.0248:

"Não se mostra impróprio afirmar que doravante, segundo os ditames do NCPC, os advogados públicos, dentre eles os procuradores municipais, passam a se sujeitar a dois regimes legais, a lei de cada ente estatal regulamentando o disposto no art.85, §19, do CPC e a Lei nº 8.906/94, ou seja, o Estatuto da Advocacia e a Ordem dos Advogados do Brasil (OAB), pois segundo o art.22, deste estatuto da classe, a prestação de serviço profissional assegura aos inscritos na OAB o direito aos honorários convencionados, aos fixados por

arbitramento judicial *e aos de sucumbência*. Além disso, o art. 23 do mesmo estatuto reza que:
"*Art. 23. Os honorários incluídos na condenação, por arbitramento ou sucumbência, pertencem ao advogado, tendo este direito autônomo para executar a sentença nesta parte, podendo requerer que o precatório, quando necessário, seja expedido em seu favor.*"
Tampouco se pode admitir que os honorários de sucumbência se inscrevam no título de "Receita Pública", como definido no art. 9º e seguintes, da Lei nº 4.320, de 17 de maio de 1964, Estatui Normas Gerais de Direito Financeiro para elaboração e controle dos orçamentos e balanços da União, dos Estados, dos Municípios e do Distrito Federal.
2. Como já o dissemos, os honorários são destinados exclusivamente aos advogados da parte vencedora no processo judicial, não sendo as fazendas públicas titulares de tal verba, consoante, ainda, arts.22 e 23 do Estatuto da OAB, pois os valores não são desembolsados de seus cofres. Nesta quadra, considerando a natureza da verba sucumbencial, que sequer, no caso em tela, mescla com as receitas municipais, pois é por lei destinada à conta específica, é de se ponderar sobre a incidência do teto remuneratório previsto no inciso XI, do art.37, da CF.
Cuida-se mesmo de verba destacada da remuneração, pois incerta e variável, e submetida a outro regime legal, como acima mencionado.
Diante disso, afigura-se indevida a incidência do teto remuneratório constitucional.
Nesse sentido, somos pelo provimento das razões recursais, para que se revogue a medida administrativa questionada." (grifo nosso)

Apesar de todos estes argumentos, ainda persiste uma grande controvérsia, tanto na doutrina quanto na jurisprudência, acerca do cômputo da verba honorária para aplicação do teto remuneratório constitucional previsto no art. 37, inciso XI, da CR/88.

Nestes termos se manifestou recentemente o TCERJ:

"A parcela relativa aos honorários de sucumbência deve ser computada para o cálculo e observância do teto remuneratório previsto no art. 37, XI, da CRFB, *aplicando-se como limite, no caso dos procuradores municipais o subsídio dos Desembargadores do Tribunal de Justiça*". (TCE-RJ.Proc. nº816.031-2-16. Conselheiro Marcelo Verdini Maia. Pub. Ago, 2018)

Da mesma forma, o STF se posicionou:

1."AGRAVO REGIMENTAL NO AGRAVO DE INSTRUMENTO. CONSTITUCIONAL. *HONORÁRIOS ADVOCATÍCIOS DE PROCURADOR DO ESTADO. CARÁTER GERAL: INCLUSÃO NO TETO REMUNERATÓRIO. PRECEDENTES.* AGRAVO REGIMENTAL

AO QUAL SE NEGA PROVIMENTO".(AI500054 AgR, Relatora Min. CÁRMEN LÚCIA, Primeira Turma, julgado em 15/12/2009).[21]

A despeito de tudo que foi dito acima, é muito comum a inexistência de repasse da verba honorária aos Procuradores Municipais e sua apropriação pelo Município sem nenhum respaldo legal. Após a edição Lei Nacional nº 13.105, de 16 de março de 2015, o gestor que não adota nenhuma providência atinente a regulamentar o repasse da verba aos seus titulares pode sofrer diversas sanções, inclusive responder por improbidade administrativa nos termos da Lei 8429, de 02 de junho de 1992. Nesse sentido se expressou o professor Kyioshi Harada, que na mesma obra supracitada diz:

> A administração pública municipal, sob pena de cometer crime previsto no art. 168 do Código Penal, não pode se apropriar da verba que não lhe pertence na forma da lei que ela própria elaborou e que está em perfeita harmonia com a legislação federal a respeito."

Da mesma forma o TCE-SP e o TCE-RJ:

> TCE-SP (TC 3165/026/03): os honorários sucumbenciais são devidos aos profissionais, sob pena de apropriação indébita de tais valores pelo ente público;[22]

> Se, de um lado, há leis nacionais que expressamente atribuem aos advogados públicos o direito à percepção de honorários de sucumbência, não há, por outro, qualquer normativo que confira os honorários de sucumbência ao poder público. Entender de forma diversa importaria em frustrar os objetivos hoje atribuídos aos honorários sucumbenciais e, até mesmo, no enriquecimento sem causa por parte da Administração. (TCE-RJ. Proc. nº 816.031-2-16. Conselheiro Marcelo Verdini Maia. Pub. Ago, 2018).

---

[21] Ver também: RE 225263 (AgR, Relatora Min. Ellen Gracie, Primeira Turma, julgado em 26.03.2002); RE 282524 (AgR, Relator Min. Gilmar Mendes, Segunda Turma, julgado em 28.03.2006); Procuradores do Município de São Paulo: teto de remuneração, inclusão no cálculo das parcelas referentes a honorários de advogado (AI352349ED, Relator Min. Sepúlveda Pertence, Primeira Turma, julgado em 28.10.2003); RE 259306ED-EDv-AgR, Relator(a): Min. Gilmar Mendes, Tribunal Pleno, julgado em 02.08.2010; RE 380538 ED, Relator(a): Min. Dias Toffoli, Primeira Turma, julgado em 26.06.2012; RE 282.524, proferido aos 28.03.2006.

[22] Centro de Apoio Operacional das Promotorias de Justiça de Defesa do Patrimônio Público – CAOPP, Consulta nº: 11/2013, Belo Horizonte, 04 de março de 2013, Leonardo Duque Barbabela, Promotor de Justiça e Coordenador do CAOPP.

3 Conclusão

Na jurisprudência já está pacificado o entendimento de que os Procuradores Municipais têm direito a verba honorária.

Porém, se por um lado já se consolidou o direito dos Advogados Públicos à percepção da verba honorária, de outra banda ainda persistem severos debates acerca de sua natureza jurídica.

Uma parcela dos Municípios ainda não editou nenhuma norma regrando o repasse da verba aos Procuradores, sendo que alguns se apropriam dos honorários, sem nenhum embasamento legal, e outros os repassam aos Procuradores mesmo sem lei local.

Outra parcela dos Municípios, com respaldo em sua autonomia constitucional, editou normas regrando o recolhimento e repasse de honorários, muitas vezes em total dissonância com as normas nacionais, vulnerando a isonomia que deve ser prestigiada. Alguns repassam a integralidade dos honorários aos Procuradores, outros apenas uma parcela, destinando uma parte à manutenção da Procuradoria; há os que aplicam o teto remuneratório considerando o valor rateado a título de honorários, há os que não aplicam.[23] Enfim, a imaginação do legislador é o limite, e as judicializações são inevitáveis.

Os Tribunais, neste momento, tendem a reconhecer a necessidade de edição de leis locais para regrar o repasse dos honorários, os computando no teto remuneratório constitucional, considerando este 90,25% do subsídio mensal de Ministro do Supremo Tribunal Federal.[24]

Com a devida vênia, este entendimento propicia a proliferação de legislações locais díspares e muitas vezes desconexas com o Estatuto da OAB, além de criar condições para decisões judiciais contraditórias.

A matéria está longe de ser pacificada, sendo inevitável a proliferação de demandas para análise no Supremo Tribunal

---

[23] MENDONÇA, Clarice Corrêa de; VIEIRA, Raphael Diógenes Serafim; PORTO, Nathália França Figueiredo. *1º Diagnóstico da Advocacia Pública Municipal no Brasil*. 2. ed. Fórum, 2018.

[24] RE-RG663.696(BH): "A expressão *procuradores*, contida na parte final do inciso XI do art. 37, compreende procuradores municipais, uma vez que estes se inserem nas funções essenciais da Justiça, estando, portanto, *submetidos ao teto de 90,25% do subsídio mensal dos Ministros do Supremo Tribunal Federal*"

Federal, em virtude do tratamento diferente dado em cada cidade e da sensação de injustiça que atinge grande parte dos Procuradores que consideram a verba honorária como de natureza privada, alimentar, extraorçamentária e, portanto, não sujeita ao teto remuneratório.

Com o devido acato a posições contrárias, o Município não pode simplesmente reter a verba honorária em seus cofres. Em virtude do Pacto Federativo e por respeito à isonomia, apenas resta ao Ente regrar o repasse, sendo vedada a utilização do valor arrecadado para qualquer outra finalidade.

Referências

Acórdão do Órgão Especial do Conselho Federal da OAB, Consulta 2008.08.02954-05. Disponível em: <http://www.aprovi.com.br/aprovi.asp?secao=noticias&id=44#secao>.

Apelação n. 0054986-96.2009.8.26.02242, 7ª Câmara De Direito Público, Processo nº 0054986-96.2009.

Centro de Apoio Operacional das Promotorias de Justiça de Defesa do Patrimônio Público – CAOPP, MP/MG, Consulta nº 11/2013, Belo Horizonte.

HARADA, Kyoshi. *Verba honorária percebida pelos Procuradores municipais não integra os vencimentos para efeito de teto remuneratório.* Disponível em: <http:// www.haradaadvogados. com.br>.

MENDONÇA, Clarice Corrêa de; VIEIRA, Raphael Diógenes Serafim; PORTO, Nathália França Figueiredo. 1º Diagnóstico da Advocacia Pública Municipal no Brasil. 2. ed. Fórum, 2018.

MPSP, Conflito de Atribuições Cível, Protocolado nº 55.311/09. Disponível em: <http:// www.mpsp.mp.br/portal/page/portal/Assessoria_Juridica/Civel/Conflito_Atribuicoes_ Civel/CAC-55311-09_18-05-09.htm>.

Procedimento nº 7818/2007 do MPES. Disponível em: <http://anpm.com.br/site/?go= publicacoes&bin=decisoes_judiciais&id=17&title=honorarios_advocaticios__decisao_ mp__vitoriaes>.

Recomendação do MPESP a Araraquara através do Ofício 245/10. Disponível em: <http:// anpn.jusbrasil.com.br/noticias/2398160/atuacao-do-mp-em-prol-dos-procuradores-municipais-de-araraquara-sp>.

Relatório do IBGE para estimativa da população em 01 de julho de 2016. Disponível em: <ftp:// ftp.ibge.gov.br/Estimativas_de_Populacao/Estimativas_2016/estimativa_2016_TCU.pdf>.

RIGOLIN, Ivan Barbosa. *"Honorários Advocatícios e o Poder Público"* de Ivan Barbosa RIGOLIN. Disponível em: <http://www.acopesp.org.br/artigos/Dr.%20Ivan%20Barbosa%20

Rigolin/parecer/ivan_rigolin/artigo%2082.doc>.

STF, RE 407.908/RJ

STF, RE 634.576.

TCESP, TC-800243/135/07

TJSP, apelação nº 0133200-36.2005.8.26.0000.

Informação bibliográfica deste texto, conforme a NBR 6023:2002 da Associação Brasileira de Normas Técnicas (ABNT):

RODRIGUES, Rafael Prandini. Os Procuradores Municipais e seu direito a Honorários de Sucumbência. In: MOURÃO, Carlos Figueiredo; HIROSE, Regina Tamami (Coord.). *Advocacia pública contemporânea*: desafios da defesa do Estado. Belo Horizonte: Fórum, 2019. p. 435-452. ISBN 978-85-450-0578-0.

TRANSPARÊNCIA COMO POLÍTICA PÚBLICA E A RESPONSABILIDADE INSTITUCIONAL DA ADVOCACIA DE ESTADO NA SUA EFETIVAÇÃO

Márcia Maria Barreta Fernandes Semer

1 Introdução

Discutir o papel do direito e das instituições jurídicas no funcionamento do Estado é tarefa das mais relevantes a cargo dos operadores do direito. Aliás, tão importante quanto desafiadora, quer pelos aspectos relacionados à complexidade jurídica envolvida, quer pela dificuldade de subsunção fática decorrente de fatores extralegais que influenciam a concretização de qualquer direito.

A Carta de 1988 é diploma que elegeu por fundamentos valores como cidadania, dignidade da pessoa humana e função social do trabalho. Ao mesmo tempo fixou como objetivos fundamentais a construção de uma sociedade justa e solidária, responsável pela erradicação da pobreza e das desigualdades sociais, elegendo por princípios a prevalência dos direitos humanos e a cooperação entre os povos para o desenvolvimento da humanidade, além da igualdade entre os Estados.

É fato que o texto constitucional elenca outros tantos fundamentos,[1] objetivos fundamentais,[2] e princípios[3] a serem observados. Iluminar os acima explicitados, no entanto, tem o objetivo de chamar a atenção do operador do direito para o tamanho da responsabilidade jurídica[4] que a Constituição atribui ao Estado

---

[1] Constituição Federal, art. 2º.
[2] Constituição Federal, art. 3º.
[3] Constituição Federal, art. 4º.
[4] Cumpre pontuar que a Constituição não é apenas uma carta de intenções, mas elenco de mandamentos que atribuem obrigações a serem observadas e atendidas pelo Estado.

brasileiro e, consequentemente, a suas instituições e agentes. Permite também, e esse é outro aspecto que nos interessa destacar, estabelecer relação de essencialidade entre Estado e Políticas Públicas no Brasil.[5]

Afinal, num país continental que abriga tantas carências e desigualdade, a atuação dirigida ou preordenada do Estado é indispensável para a concretização dos fundamentos, objetivos e princípios inscritos na Lei Maior.

Essa compreensão de que a Constituição de 88 impõe às instituições e agentes do Estado responsabilidade jurídica de propiciar a materialização dos mandamentos nela inscritos, aliás, é para nós ponto de partida nas reflexões voltadas à questão do enraizamento da transparência ou do acesso à informação como prática cotidiana da governança pública.

E as instituições jurídicas, nesse cenário, desempenham papel central, pois são elas que garantem estatura de direito e mesmo de direito subjetivo aos fundamentos e objetivos constitucionais, assim como são elas o fiel da relação de conformidade entre as ações e omissões do Estado e a Constituição.

Essa responsabilidade avulta quando se constata que a Constituição de 1988 introduz na institucionalidade estatal brasileira um sofisticado mecanismo de *accountability* jurídico, responsável por um controle qualificado de legalidade, responsável por fazer cumprir a Constituição. Refiro-me aqui às denominadas "Funções Essenciais à Justiça", que compreende as procuraturas da Advocacia Pública, do Ministério Público, da Defensoria Pública e da própria advocacia.

Evidentemente não se trata de atribuir a esses organismos jurídicos a escolha das políticas públicas a serem empreendidas,

---

Como ensina a doutrina: "A Constituição, até ontem, utopia, metafísica, filosofia da política, código de direito natural; hoje ciência, direito positivo; princípio e normatividade, teoria do Estado e carta de direitos fundamentais." BONAVIDES, Paulo. *Teoria Geral do Estado*. São Paulo: Malheiros, 10. ed, 2015. p. 582.

[5] "A preocupação com o cumprimento da Constituição, com a realização prática dos comandos nela contidos, enfim, com a sua efetividade, incorporou-se, de modo natural, à vivência jurídica brasileira pós-1988. Passou a fazer parte da pré-compreensão do tema, como se houvéssemos descoberto o óbvio após longa procura. As poucas situações em que o Supremo Tribunal Federal deixou de reconhecer aplicabilidade direta e imediata às normas constitucionais foram destacadas e comentadas em tom severo. Em menos de uma geração, o direito constitucional brasileiro passou da desimportância ao apogeu, tornando-se o centro formal, material e axiológico do sistema jurídico." BARROSO, Luís Roberto. *Curso de Direito Constitucional Contemporâneo*. São Paulo: Saraiva, 5. ed., 2016. p. 255-256.

mas de pôr em relevo que é atribuição dessas instituições manejar os instrumentos jurídicos e judiciais necessários para que a Constituição e as políticas públicas dela decorrentes sejam cumpridas.

A cidadania, como visto, é fundamento do Estado brasileiro. O pleno exercício da cidadania envolve diversos direitos, não apenas os políticos de votar e ser votado. Direitos civis e direitos sociais somam-se aos direitos políticos na composição da cidadania. A transparência ou acesso às informações públicas integra, dentro dessa perspectiva, o rol de um direito próprio da cidadania.[6]

Introduzida no ordenamento em contraposição a uma história secular de sigilo dos dados públicos, a transparência, para tornar-se efetiva, tem exigido do Estado mais que a proposição e edição de um diploma legal. A adoção de um programa de ação, de uma política pública ativa voltada a esse fim também se fez e se faz necessária.

Sancionada em 2011 para vigorar a partir de maio de 2012, a lei de acesso à informação (LAI) deu origem ao Programa Brasil Transparente, concebido no âmbito da União. Trata-se de um plano de ação que busca dar efetividade à Lei nº 12.527/11, oferecendo a Estados e Municípios instrumentos e capacitação para atendimento das exigências legais de transparência da gestão pública.

Ainda em fase de consolidação, implementação e aperfeiçoamento, esse tipo de política pública de transparência, dentre outras que possam ser desenvolvidos no âmbito de Estados e Municípios, constitui instrumento necessário à efetivação de um direito destinado a qualificar a cidadania e ampliar o ambiente democrático de participação popular.

Introduzir a prática da transparência no dia a dia da Administração é tarefa complexa, que exige compromisso das instituições de Estado para com a perspectiva que subjaz ao franco acesso à informação pública, qual seja, a de uma Administração aberta ao crivo e à participação cotidiana da cidadania.

---

[6] "A cidadania está aqui num sentido mais amplo do que o de titular de direitos políticos. Qualifica os participantes da vida do Estado, o reconhecimento do indivíduo como pessoa integrada na sociedade estatal (art. 5º, LXXVII). Significa aí, também, que o funcionamento do Estado estará submetido à vontade popular. E aí o termo conexiona-se com o conceito de soberania popular (parágrafo único do artigo 1º), com os direitos políticos (art. 14) e com o conceito de dignidade da pessoa humana (art. 1º, III), com os objetivos da educação (art. 205), como base e meta essencial do regime democrático." SILVA, José Afonso da. *Curso de Direito Constitucional Positivo*. São Paulo: Malheiros, 2010. p. 104-105.

A partir, então, da existência de uma normativa de acesso à informação, bem como de um programa de ação especificamente estabelecido para esse fim, interessa-nos neste estudo destacar e dimensionar o papel que a Advocacia Pública pode desempenhar para que a política pública de transparência da gestão do Estado se realize.[7]

Discutir, portanto, a capacidade institucional da Advocacia Pública, que é o organismo jurídico diretamente ligado à atuação executiva no Estado brasileiro, na consolidação dessa política pública é a proposta do presente trabalho.

2 Estado Democrático de Direito e Políticas Públicas

Desde a formação dos Estados nacionais[8] até nossos dias o papel do Estado passou por enormes transformações, notadamente no que concerne à gama de deveres a seu encargo.

Se até o Estado absolutista o povo vivia em função do monarca ou para servir ao soberano, pode-se dizer que no Estado contemporâneo essa equação paulatinamente se inverte para uma concepção de Estado a serviço da sociedade.[9]

---

[7] "(...) a policêntrica estrutura estatal resultante- a exigida para uma governança orientada pela juridicidade- viria a vazar-se nas Constituições contemporâneas, distinguindo claramente: de um lado, os órgãos por ela partidariamente conformados para pronunciarem decisões políticas, para tanto dotados de funções legislativas e administrativas de governança, por natureza, responsivas à efêmera vontade política de maiorias conjunturais, e, de outro lado, os órgãos por ela neutralmente conformados para pronunciarem decisões jurídicas, de controle, responsivas à permanente vontade política de maiorias constitucionais, (...). É nessa segunda categoria de órgãos constitucionais, os de natureza neutral permanente, dedicados à manutenção da juridicidade, que se insere a indispensável instituição da Advocacia Pública de Estado (...)." MOREIRA NETO, Diogo de Figueiredo. Advocacia Pública de Estado: consciência jurídica da governança pós-moderna. *RBAP*, ano 1, n. 1, jul./dez.-2015. p. 1, Belo Horizonte: Fórum.

[8] "A denominação Estado (do latim status=estar firme), significando situação permanente de convivência e ligada à sociedade política, aparece pela primeira vez em "O Príncipe" de Maquiavel, escrito em 1513 (...) é certo que o nome Estado, indicando sociedade política, só aparece no século XVI, e este é o argumento para alguns autores que não admitem a existência do Estado antes do século XVII." DALLARI, Dalmo de Abreu. *Elementos de Teoria Geral do Estado*. São Paulo: Saraiva, 1998. p.51.

[9] "Enquanto a soberania foi o problema principal, enquanto as instituições de soberania foram as instituições fundamentais e o exercício do poder foi pensado como exercício da soberania, a arte do governo não pôde se desenvolver de modo específico e autônomo. (...) O mercantilismo é a primeira racionalização do exercício do poder como prática de governo; é com ele que se começa a construir um saber sobre o Estado que pôde ser utilizável como

Nesse novo contexto em que dar atendimento a certas demandas da população passa a integrar as razões de ser do Estado, e por consequência dos governos, a definição dos deveres estatais, bem assim a cobrança por sua implementação compõe grande parte do que se costuma chamar política.[10]

E de fato, em nossos dias falar em política é, em grande medida, discutir políticas públicas na mais ampla acepção, que compreende desde a formulação da agenda governamental, passando pela modelagem e arranjos institucionais, implementação e *accountability*.[11]

No que concerne ao tema dos deveres ou mais especificamente das políticas públicas a cargo do Estado, costuma-se indicar os programas do *New Deal* como marco propulsor da prática e dos estudos desenvolvidos sobre o assunto tanto no âmbito das ciências políticas quanto no do direito.[12]

---

tática de governo. Entretanto, o mercantilismo foi bloqueado, freado, porque se dava como objetivo essencialmente a força do soberano: o que fazer não tanto para que o país seja rico, mas para que o soberano possa dispor de riquezas, constituir exércitos para poder fazer política. E quais são os instrumentos que o mercantilismo produz? Leis, ordens, regulamentos, isto é, as armas tradicionais do soberano." FOUCAULT, Michel. *Microfísica do Poder*. Rio de Janeiro/São Paulo: Terra e Paz, 2016. p. 421-422.

[10] *"Em segundo lugar, a população aparecerá como o objetivo final do governo. Pois qual pode ser o objetivo final do governo? Não certamente governar, mas melhorar a sorte da população, aumentar sua riqueza, sua duração de vida, sua saúde, etc. E quais são os instrumentos que o governo utilizará para alcançar esses fins, que, em certo sentido, são imanentes à população? Campanhas, através das quais se age diretamente sobre a população, e técnicas que vão agir indiretamente sobre ela e que permitirão aumentar, sem que as pessoas se dêem conta, a taxa de natalidade ou dirigir para uma determinada região ou para uma determinada atividade os fluxos de população, etc. A população aparece, portanto, mais como fim e instrumento do governo que como força do soberano; a população aparece como sujeito de necessidades, de aspirações, mas também como objeto nas mãos do governo; como consciente, ante o governo, daquilo que ela quer e inconsciente em relação àquilo que se quer que ela faça." Op.cit.*, p 425-426.

[11] *"O processo de elaboração de políticas públicas (policy-making process) também é conhecido como ciclo de políticas públicas (policy cycle). O ciclo de políticas públicas é um esquema de visualização e interpretação que organiza a vida de uma política pública em fases sequenciais e interdependentes. Apesar de várias versões já desenvolvidas para visualização do ciclo de políticas públicas, restringimos o modelo às sete fases principais: 1) identificação do problema, 2) formação da agenda, 3) formulação de alternativas, 4) tomada de decisão, 5) implementação, 6) avaliação, 7)extinção."* SECCHI, Leonardo. *Políticas Públicas, Conceitos, Esquemas de Análise, Casos Práticos*, São Paulo: Cengarge Learning, 2012. p.33.

[12] *"O detalhe importante neste processo de reconhecimento de uma nova categoria é que os estudos sobre políticas públicas coincidem precisamente com a expansão do Estado-Administração norte-americano. Como é sabido, os anos compreendidos entre 1933 e 1961 foram marcados por um forte intervencionismo estatal nas diversas áreas sociais, notadamente no campo econômico, tudo como resposta à crise vivida no ano de 1929. Este pacote de medidas ficou conhecido historicamente como New Deal. (...) Portanto, a análise de políticas públicas, ao menos nos Estados Unidos da América, somente ascendeu em importância quando o Estado finalmente chamou para si a tarefa de ordenar a sociedade e prestar serviços públicos em escala."* Fonte, Felipe de Melo, in Políticas Públicas e Direitos Fundamentais, São Paulo, Saraiva, 2015, pp. 36.

Por certo a formação da sociedade capitalista, a revolução industrial e o ideário iluminista foram todos pontos de partida para a alteração do perfil do Estado.[13] Mas, é no final do século XIX e precipuamente no século XX que fatores de ordem econômica e política possibilitaram e ensejaram o *"turning point"* na visão dominante sobre o papel do Estado.[14]

Para tanto foram decisivos, de um lado, o espraiamento da teoria marxista, o advento da Revolução Russa de 1917 e a formação do bloco socialista depois da 2ª Grande Guerra; e de outro lado, o surgimento e subsequente acolhimento da teoria Keynesiana como antídoto às recorrentes crises capitalistas e em especial ao *crash* de 1929, o que deu ensejo, no bloco capitalista ocidental, ao *Welfare State*, modelo que dominou o cenário nos EUA e Europa até início dos anos 70.

Nas décadas seguintes, mesmo com o advento do neoliberalismo econômico e o desfazimento do bloco socialista, esse conceito de Estado a serviço da sociedade não se alterou substancialmente, a despeito de todas as iniciativas mundo afora de redução das responsabilidades prestacionais de natureza estatal.[15]

---

[13] "O conceito de política, no sentido de programa de ação, só recentemente passou a fazer parte das cogitações da teoria jurídica. E a razão é simples: ele corresponde a uma realidade inexistente ou desimportante antes da Revolução Industrial, durante todo o longo período histórico em que se forjou o conjunto dos conceitos jurídicos dos quais nos servimos habitualmente." COMPARATO, Fábio Konder. Ensaio sobre o Juízo de Constitucionalidade de Políticas Públicas. *Revista de Direito Legislativo*, a.35 n. 138, abr./jun. 1998. p.44.

[14] "O projeto iluminista, consistindo em emancipar a humanidade pela razão, é muito mais do que o movimento intelectual e filosófico localizado no século XVIII, de Voltaire, Rousseau, Diderot, Kant, Hume, etc. Ele avança para o século XIX com Hegel e depois com Marx. Se para Kant ou Rousseau a razão dispensava a História e era um processo estático do indivíduo atomizado, para Hegel aparecia em movimento, ao longo do processo histórico, inevitavelmente, regido pelas leis da dialética que desvendavam o movimento do ser na direção do Espírito Absoluto (a razão plena e final). A consciência humana superava contradições, teses e antíteses postas pela História e a ideia a movia para forjar a matéria. Marx é iluminista porque nele a razão igualmente emancipa a humanidade, mas invertendo Hegel. Não era a ideia que respondia pela matéria. Era a matéria que respondia pela ideia. A consciência estava determinada pela necessidade, pelas condições materiais da existência, pelas forças produtivas, pelas relações entre produtor direto e proprietários. Em um ou outro caso sempre a razão que ao fim e ao cabo triunfa e instaura o reino da liberdade. Ao emancipar-se destruindo o capitalismo, pondo fim à opressão, à miséria e à exploração do homem pelo homem, o proletariado, como sujeito da História, emanciparia também toda a Humanidade." FELIPPE, Marcio Sotelo. Socialismo ou Barbárie. Disponível em: <http://justificando.com/2016/11/19/socialismo-ou-barbarie/>.

[15] "A verdade é que a orientação finalística da ação governamental, em que pese às proclamações ideológicas dos defensores do mercado livre, existe até mesmo nos Estados mais fundamente marcados pelo neoliberalismo triunfante. Basta lembrar que é hoje unânime o reconhecimento, entre os economistas liberais, de que toda política econômica estatal deve orientar-se para a realização das quatro metas constitutivas do chamado "quadrilátero mágico": a estabilidade

A crise no sistema financeiro americano de 2008, que até hoje gera reflexos importantes na economia mundial, reintroduziu a questão da importância do papel não só de mediação e regulação, mas também de investimento do Estado na economia, incluída aí a temática da elaboração e execução de políticas públicas. Interessante notar que hoje, em diversos aspectos, o mercado mostra mais interesse em atuar em nome do Estado do que propriamente em eliminar o Estado das atividades por ele assumidas ao longo dos anos.[16]

No Brasil, a situação não difere substancialmente do fluxo global. Crescem iniciativas para a celebração de parcerias público-privadas (construção de ferrovias e metrô são exemplos desse movimento) e de concessão de bens e serviços (estradas e aeroportos seguiram esta via jurídica), modalidades negociais em que o Estado busca a iniciativa privada para a realização da atividade de que necessita e, ao mesmo tempo, atua como garante do particular, ao reduzir substancialmente ou mesmo eliminar o risco comercial das avenças. Enquanto fonte portentosa de recursos financeiros, de empreendimentos de vulto e deveres prestacionais, o Estado é um parceiro cobiçado de negócios, que ganha em relevância, vale pontuar, quando comprometido com uma perspectiva desenvolvimentista.

Observemos que, na contramão dos movimentos econômicos neoliberais fortalecidos no mundo já na década de 70 – e que no Brasil vão soprar mais ou menos fortes somente a partir dos anos 90 –, a Constituição de 1988 desenha um Estado socialmente inclusivo, solidário e ativo. Modela, portanto, um Estado juridicamente devedor de ações capazes de concretizar essa sociedade fundada sob o primado da dignidade da pessoa humana.

Dar concretude a esse Estado, que se costuma nominar "Social e Democrático de Direito", é tarefa que exige especificamente a

---

monetária, o equilíbrio cambial, o crescimento constante da produção nacional e o pleno emprego. Mas é, obviamente, com o Estado Social de direito que a reorganização da atividade estatal, em função de finalidades coletivas, torna-se indispensável." COMPARATO, Fábio Konder. Ensaio sobre o Juízo de Constitucionalidade de Políticas Públicas. *Revista de Direito Legislativo*, a.35 n. 138, abr./jun. 1998 p. 43"

[16] "Com isso, recupera-se nas agendas nacionais a visão de que o Estado é parte constituinte – em outras palavras, não exógeno – do sistema social e econômico das nações, sendo – em contextos históricos de grandes heterogeneidades e desigualdades– particularmente decisivo na formulação e na condução de estratégias virtuosas de desenvolvimento." CARDOSO JR., José Celso. *Estado, Planejamento, Gestão e Desenvolvimento* – Balanço da Experiência Brasileira e Desafios do Século XXI. Chile: Nações Unidas, 2014. p. 27.

proposição e implantação de políticas públicas destinadas a "tirar a Constituição do papel".

E relação de essencialidade entre o Estado brasileiro e políticas públicas deriva diretamente do desenho constitucional existente, do pacto social firmado em 1988 e, por conseguinte, compromete e compromissa as instituições estatais a laborar a partir dessa compreensão fundamental.

3 Transparência como Política Pública

A transparência da Administração pública é um tema que ordinariamente aparece associado à noção de *accountability* ou controle da gestão estatal. E de fato a correlação entre os conceitos é inequívoca, na medida em que há melhor controle sobre o que se pode ver ou sobre o que nos é dado conhecer.

A partir dos anos 90 o gerencialismo tomou conta da Administração Pública brasileira, aguçando a preocupação com a qualidade da gestão pública,[17] traduzida, ainda, na noção de *accountability* estatal, cujo significativo desenvolvimento nas últimas décadas aparece substancialmente atrelado às possibilidades de fiscalização decorrentes da transparência.

É desse período, a propósito, o desenvolvimento de ferramentas de gerenciamento estatal como o Siafi,[18] Siafem,[19]

---

[17] A assim chamada nova administração pública gerencial (ou gerencialista) é o movimento teórico e político responsável pelo que neste trabalho se está chamando de primazia da gestão sobre o planejamento, fenômeno este referenciado à década de 1990 e princípios da primeira década de 20004 . Trata-se de movimento político que nasceu como crítica das organizações estatais burocráticas dos anos 1970 e 1980 e que cresceu difundindo a cultura do empreendedorismo norte-americano (cultura do self made man), e instigando a aplicação de princípios gerencialistas usados em organizações privadas – tais como: qualidade total, just in time, toyotismo, certificação, família ISO-9000, reengenharia, downsizing, terceirização, automação etc.– no âmbito da administração pública. Incorporada ao cenário brasileiro com grande ênfase a partir de 1995, a chamada nova administração pública de orientação gerencialista teve no ex-ministro Bresser-Pereira e no então constituído Ministério da Administração Federal e Reforma do Estado (Mare) os seus principais difusores." CARDOSO JR., José Celso. *Estado, Planejamento, Gestão e Desenvolvimento* – Balanço da Experiência Brasileira e Desafios do Século XXI. Chile: Nações Unidas, 2014. p. 16.

[18] Sistema Integrado de Administração Financeira, desenvolvido pela Serpro no final dos anos 80 (1987).

[19] Sistema Integrado de Administração Financeira dos Estados e Municípios (1996).

o Siafísico,[20] otimizadores do controle e transparência – nessa fase ainda no espaço interno da Administração – sobre as receitas, despesas, compras e estoques da União, Estados e Municípios.

Excluído o caso pioneiro da Suécia, cuja lei de transparência data de 1766, o fato é que o interesse pela transparência e pelo acesso aos dados e documentos produzidos, mantidos e guardados pelos Estados surgiu no mundo apenas após a 2ª Grande Guerra, sendo que se generalizou a partir dos anos noventa, em movimento atribuído em grande medida ao desenvolvimento da tecnologia da informação e comunicação, ao aprofundamento das experiências democráticas mundo afora, à disseminação de práticas de transparência e *accountability*,[21] e aos próprios interesses reformistas do neoliberalismo.

É inquestionável que o desenvolvimento da tecnologia da informação abriu oportunidades até então inexistentes e ensejadoras, em boa medida, da demanda por transparência governamental. Notadamente no que concerne à obtenção de dados em escala, à possibilidade de cruzamento desses dados, à formação de telas ou panoramas parciais e totais da gestão de pessoas, de negócios, de estoques, receitas, despesas, de, enfim, uma enormidade de elementos, o avanço da tecnologia da informação foi, sem dúvida, decisivo para o surgimento da própria demanda por acesso à informação. Indispensável para o gerenciamento privado de grandes conglomerados empresariais, logo se vislumbrou nesse instrumental a chave para o planejamento e acompanhamento da gestão pública.

A ambiência democrática, por sua vez, constitui terreno fértil para a participação social, cuja atuação muito se faz a partir das informações existentes quanto ao trato da coisa pública. Afinal, o debate político que hoje se trava, em grande pedida, se faz permeado pela apresentação e questionamento dos dados governamentais acerca do desempenho do administrador na gestão do Estado.

Todos esses elementos, portanto, conjugam-se e impulsionam o ingresso do tema da transparência na agenda[22] política nacional,

---

[20] Sistema Integrado de Administração Físico-Financeira que engloba o Cadfor (cadastro de fornecedores), o Cadmat (cadastro de materiais) e o Banco de Preços Praticados (1998).

[21] ANGÉLICO, Fabiano. *Op. cit.*, p. 07.

[22] "A agenda é um conjunto de problemas ou temas entendidos como relevantes. Ela pode tomar a forma de uma programa de governo, um planejamento orçamentário, um estatuto

favorecendo tanto a alteração da Lei de Responsabilidade Fiscal (LC 101/00) para incluir, ainda em 2009, o dever do Estado de informar, em tempo real, toda movimentação orçamentária e financeira realizada (artigos 48, § único, 48-A e 49), quanto à edição, em 2011, da chamada Lei de Acesso à Informação (Lei Federal nº 12.527/11). Mas se a edição das alterações da LC 101/00 e entrada em vigor, já em maio de 2012, da Lei Federal nº 12.527 constituem de um lado instrumental de *accountability*, a transparência dos dados públicos tem uma dimensão ou razão essencial que vai além da viabilização do controle, da fiscalização da atuação governamental. A transparência é fundamentalmente instrumento qualificador de cidadania, e nessa dimensão habilita o cidadão não apenas a fiscalizar, mas a avaliar e interferir qualificadamente nas decisões e práticas estatais.

Compreendida como atributo da cidadania, a transparência exige do Estado e seus agentes comprometimento, organização, ação deliberadamente voltada a executar o ordenamento legal. Transparência não é dever estatal que se realiza pela inércia, ou que se perfaz com a letra da lei. Transparência é dever que se materializa com a realização da tarefa de informar, de disponibilizar dados, de franquear acesso a informações e, por isso, só existe se compreendida como política pública.

O conceito de política pública não é unívoco.

Na lição de Maria Paula Dallari Bucci, política pública "é o programa de ação governamental que resulta de um processo ou conjunto de processos juridicamente regulados – (...) – visando a coordenar os meios à disposição do Estado e as atividades privadas, para a realização de objetivos socialmente relevantes e politicamente determinados."[23]

Ensina a autora que "A nota característica da política pública é tratar-se de programa de ação. Nesse sentido, ao situar-se entre as categorias da validade e da eficácia jurídica, na classificação kelseniana, ressalta na política pública a dimensão da eficácia social,

---

partidário, ou, ainda, de uma simples lista de assuntos que o comitê editorial de um jornal entende como importante." SECCHI, Leonardo. *Políticas Públicas, Conceitos, Esquemas de Análise, Casos Práticos*, 2012. p. 36.

[23] BUCCI, Maria Paula Dallari. O conceito de Política Pública em Direito. In *Políticas Públicas*: Reflexões sobre o conceito jurídico. São Paulo: Saraiva, 2006. p. 39.

da efetividade. O ideal de uma política pública, vista pelo direito, não se esgota na validade, isto é, na conformidade do seu texto com o regramento jurídico que lhe dá base, nem na eficácia jurídica, que se traduz no cumprimento das normas do programa. O ideal de uma política pública é resultar no atingimento dos objetivos sociais (mensuráveis) a que se propôs; obter resultados determinados em certo espaço de tempo."[24]

Em viés mais preocupado com a verificação de conformidade legal das políticas públicas, Felipe de Melo Fonte sustenta que as "políticas públicas compreendem o conjunto de atos e fatos jurídicos que têm por finalidade a concretização de objetivos estatais pela Administração Pública."[25]

Há ainda quem relacione políticas públicas com ações voltadas a promover equidade social, dirigidas à melhoria da qualidade de vida e relacionadas à dignidade humana.[26]

Sob qualquer das vertentes apresentadas, no entanto, a transparência, como facilmente se percebe, encarna genuinamente a condição de política pública. Orientar o olhar do operador do direito para esse aspecto é relevante, notadamente para fins do trabalho de assessoramento e consultoria a cargo da Advocacia Pública, conforme veremos adiante.

4 O Programa Brasil Transparente

A caracterização da transparência como política pública ganha em evidência quando nos deparamos com o Programa Brasil Transparente, bem assim com iniciativas estaduais e municipais de organização da Administração para abrir seus dados e informar o que lhes é demandado, nos sítios dos Serviços de Informação aos Cidadãos (SICs).

---

[24] BUCCI, Maria Paula Dallari. *Op.cit*. p. 43.
[25] FONTE, Felipe de Melo. *Políticas Públicas e Direitos Fundamentais*. São Paulo: Saraiva, 2. ed., 2015. p. 57.
[26] DIAS, Reinaldo; MATOS, Fernanda. *Políticas Públicas* – Princípios, Propósitos e Processos. São Paulo: ATLAS, 2012. p.12.

Instituído em 2013, o Programa Brasil Transparente, conforme Portaria 277/ 2013, da CGU – Controladoria Geral da União, tem como propósito *"apoiar Estados e Municípios na implementação da Lei de Acesso à Informação, Lei 12.527, de 18 de novembro de 2011, no incremento da transparência pública e na adoção de medidas de governo aberto."*

Seus objetivos são claros e encontram-se expressos na Portaria 277/2013, a saber: *"(i) promover uma administração mais transparente e aberta à participação social, (ii) apoiar a adoção de medidas para a implementação de Lei de Acesso à Informação e outros diplomas legais sobre transparência, (iii) conscientizar e capacitar servidores públicos para que atuem como agentes de mudança na implementação de uma cultura de acesso à informação, (iv) contribuir para o aprimoramento da gestão pública por meio da valorização da transparência, acesso à informação e participação cidadã, (v) promover o uso de novas tecnologias e soluções criativas e inovadoras para abertura de governos e o incremento de transparência e da participação social, (vi) disseminar a Lei de Acesso à Informação e estimular o seu uso pelos cidadãos, (vii) incentivar a publicação de dados em formato aberto na internet, (viii) promover o intercâmbio de informações e experiências relevantes ao desenvolvimento e à promoção da transparência pública e acesso à informação."*

Para tanto, oferece serviços aos Estados e Municípios, como realização de seminários, cursos e treinamentos; cessão do código fonte do sistema eletrônico de Serviço de Informação ao Cidadão (e-SIC) e apoio técnico na implantação do sistema, promoção de campanhas e ações de disseminação da Lei de Acesso à Informação junto à sociedade, dentre outros.

Conta hoje o programa, ainda, com links de Governo Aberto, Observatório da Despesa Pública e marcadores de escala de abrangência e qualidade do programa, tudo acessível no *site* da Controladoria-Geral da União.[27]

A participação de Estados e Municípios no programa é voluntária e se concretiza com a assinatura de Termo de Adesão pelo governador ou prefeito, onde constam especificadas quais as obrigações conjuntas da CGU e do parceiro.

---

[27] Disponível em: www.cgu.gov.br

Observa-se, portanto, que, para além da validade e imperatividade das leis editadas com vistas a franquear as informações produzidas ou custodiadas pelo Estado, o Programa Brasil Transparente encarna um plano de ação governamental deliberadamente formatado para incentivar e garantir a efetividade das normas de transparência em todo o território nacional.

Constitui o Programa Brasil Transparente política pública de transparência dotada de potencial para (i) impactar a integralidade do aparato estatal e a cidadania em sua relação com o Estado e (ii) alterar, substancialmente, os conceitos e "modus operandi" precedentes de todos os atores envolvidos, (iii) mediante ação programada do Estado, (iv) capaz de produzir elementos mensuráveis e demonstrativos do atingimento dos objetivos sociais almejados.

Preordenado a produzir, pela ação dirigida e finalística do governo, alteração de paradigma abrangente, em escala, que leve a Administração a fornecer informações e o cidadão a conhecer seu direito de obter acesso aos dados públicos, o Programa Brasil Transparente realiza política pública de âmbito nacional e alto potencial para o aprimoramento democrático.

Tendo seus objetivos definidos, grosso modo, na própria portaria que o instituiu, identificamos no Programa Brasil Transparente três vetores centrais de orientação da política de acesso à informação: (i) transparência como instrumento de maximização da eficiência da gestão administrativa (Portaria 277/13, art. 2º, IV), (ii) transparência como instrumento de qualificação da participação social nas escolhas administrativas e de políticas governamentais (Portaria 277/13, art. 2º, I), (iii) transparência como instrumento inibidor da ação estatal abusiva (Portaria 277/13, art. 2º, III e VI).

Cuida-se, inequivocamente, de tarefa ambiciosa, para a qual parece-nos importante a compreensão dos elementos vetoriais referidos, notadamente pelo auxílio valioso que podem prestar nas tarefas tanto de aplicação quanto de aperfeiçoamento futuro do programa.

Observe-se que não obstante o Programa Brasil Transparente seja uma política gestada no âmbito da União, conhecer seus propósitos ou vetores serve, e muito, aos administradores, agentes públicos e operadores do direito que atuam em Estados e Municípios, ainda que a ele não adiram, pois os orienta na missão de executar as normas sobre o tema, em especial aquelas inscritas na Lei nº 12.527/11.

5 Advocacia Pública e a Política de Transparência

Temos no Brasil um desenho institucional peculiar dos organismos jurídicos. Isto porque, além do Judiciário, que tipicamente é o poder responsável pela composição social de conflitos, o Constituinte de 1988 formatou três instituições jurídicas de Estado distintas para o exercício da procuratura, às quais designou Funções Essenciais à Justiça. São elas o Ministério Público, a Defensoria Pública e a Advocacia Pública. Trata-se de organismos dotados de capacidades institucionais bastante específicas e notadamente talhadas para fazer valer a Constituição.[28]

Uma vez que "uma das maiores fragilidades do direito brasileiro é o baixo grau de efetividade das normas jurídicas, isto é, a grande quantidade de leis que não pegam", o desenho constitucional que firmou as Funções Essenciais à Justiça, segundo nosso entendimento, veio com a finalidade de dotar o Estado de instrumental institucional capaz de atuar para garantir juridicamente a "produção dos resultados sociais propostos", agindo inclusive sobre a "cadeia de responsabilidade dos agentes públicos com autoridade sobre as políticas públicas".[29]

Sob esse paradigma que relaciona a Advocacia Pública com o compromisso ou a missão de dar efetividade ao texto constitucional, teria o órgão competência, vale dizer, capacidade institucional[30] para realização do trabalho de auxiliar a Administração na concepção, fixação e expansão da política pública de transparência? De quais

---

[28] Em Portugal, por exemplo, a Constituição reúne em um único órgão, que é o Ministério Público, todas as competências que no Brasil são de responsabilidade dessas três funções estatais essenciais à Justiça. Vide Constituição da República Portuguesa, art. 219.1 c/c Estatuto do Ministério Público, art. 3º, 1. Na Itália, a Advocacia Pública leva o nome de *"Consiglio di Stato"* e está inserida no capítulo da Constituição que trata da Magistratura (art. 103).

[29] BUCCI, Maria Paula Dallari. *Fundamentos para uma Teoria Jurídica das Políticas Públicas*. São Paulo: Saraiva, 2013. p. 23-24.

[30] *"(...) a estratégia básica de raciocínio de quem leva as "capacidades institucionais" a sério é a de que não se deve buscar algum tipo de solução ideal e recomendar que os órgãos decisores cheguem o mais próximo possível dela, mas sim que, comparando os custos associados a cada estado de coisas possível vinculado à implementação de diferentes alternativas em um dado cenário, busquem adotar a "segunda melhor" solução."* Por isso apresentamos aqui as várias possibilidades de atuação jurídica ao alcance da Advocacia Pública para concretização da política de transparência. ARGUELLES, Diego Werneck; LEAL, Fernando. O argumento das "capacidades institucionais" entre a banalidade, a redundância e o absurdo. Rio de Janeiro: *Direito, Estado e Sociedade* (PUC-RJ), n. 38, jan-jun 2011, pp. 11.

instrumentais o órgão disporia para desenvolver atuação voltada a essa finalidade?[31]

À Advocacia Pública, a Constituição atribui, grosso modo, as missões de representação judicial, consultoria e assessoramento do Estado brasileiro (CF/88, art. 131 e 132).

Tem – ou deve ter – essa instituição sob sua análise os atos e negócios jurídicos do Estado, assim como os questionamentos acerca das mais variadas matérias de direito relacionadas aos deveres, direitos ou interesses da Administração, formuladas pelos administradores, servidores e inclusive cidadãos, ademais de toda defesa judicial das ações ou omissões do Estado.

A forma de atendimento e o alcance das mais variadas políticas públicas pode sem dúvida compor matéria a ser elucidada juridicamente pela Advocacia Pública.

Consequentemente, parte do que é e do que pode ser uma política pública deriva ou pode derivar da interpretação dada pelos órgãos de Advocacia Pública às leis que a compõem. [32]

Assim, se está na alçada da CGU a execução do Programa Brasil Transparente, é competência da AGU ditar o entendimento jurídico que orienta essa atuação, de tal modo que em caso de dúvida ou divergência estabelecida entre o órgão de execução (CGU) e o órgão de advocacia pública (AGU), a este último cabe firmar a diretriz a ser seguida. Esse, aliás, o entendimento assentado nos termos do Ementário, 3. ed., 2017, da AGU.

> Divergência de entendimento entre equipe de auditoria da Controladoria-Geral da União – CGU e unidade consultiva da AGU. Necessidade de provocação da Assessoria Jurídica da CGU para que, persistindo a controvérsia, seja remetida a questão à Consultoria-Geral da União,

---

[31] No mesmo sentido, merecem reprodução as palavras do jurista e Procurador do Estado do Rio de Janeiro, Gustavo Binenbojm, para quem "existe uma relação de imbricação lógica e indissociável entre a Advocacia Pública e o Estado Democrático de Direito. Parece-se que à Advocacia Pública é reservada a elevada missão de estabelecer a comunicação entre os subsistemas sociais da política e do direito, ou seja, a tarefa institucional de compatibilizar as políticas públicas legítimas, definidas por agentes públicos eleitos, ao quadro de possibilidades e limites oferecidos pelo ordenamento jurídico. Nesse sentido, parece-me que a inscrição da Advocacia Pública no capítulo dos funções essenciais à justiça não tem um significado restrito ao exercício da função jurisdicional do Estado, mas se liga ao valor justiça e aos valores inerentes ao direito e à democracia." BINENBOJM, Gustavo. *Estudos de Direito Público*, Rio de Janeiro: Renovar, 2015. p. 579.

[32] SEMER, Márcia Maria Barreta Fernandes. *Advocacia Pública*, São Paulo: Estúdio Editores. com, 2014, p. 28.

visto que as equipes de auditoria da CGU não se caracterizam como órgão jurídico. II – Compete, com exclusividade, à AGU, fixar a interpretação da Constituição, das leis e demais atos normativos no âmbito da Administração Pública Federal. Competência esta que não exclui a possibilidade dos agentes da CGU, no exercício do controle da legalidade, realizarem interpretações de dispositivos normativos, desde que não confrontem com as orientações das unidades da AGU.[33]

O mesmo ocorre, *mutatis mutandis*, quanto às procuradorias estaduais na relação com as respectivas Administrações, corregedorias ou controladorias gerais, pois, por imperativo constitucional expresso, a orientação jurídica nos Estados é competência exclusiva do órgão de advocacia pública.[34]

Assim, os questionamentos jurídicos relacionados à adesão, implantação e execução do Programa Brasil Transparente que envolvam matéria interna da Administração estadual devem encontrar na Procuradoria-Geral do Estado a resposta buscada pelos gestores do ente federado.

Na seara municipal, de modo semelhante, deve o prefeito e demais gestores recorrer à expertise técnica de seus procuradores para dirimir eventuais dúvidas jurídicas que envolvam o tema.[35]

Mas o trabalho da advocacia pública na efetivação da legislação de transparência vai além do mero suporte às questões diretamente envolvidas no Programa Brasil Transparente, sendo esse um aspecto relevante a se considerar, notadamente nesse caso em que a política pública está instituída para incentivar ou garantir que "a lei pegue".

Vislumbramos, pois, que a responsabilidade da Advocacia Pública para com a efetivação da transparência abrange tarefas de três

---

[33] Disponível em: <https://redeagu.agu.gov.br/APLICATIVOS/AGU.SISCON/Relatorio/Visualizar Documento.aspx?midia=12348814>.
[34] CF/88, artigo 132.
[35] Por ausência de previsão constitucional, nem todos os municípios contam com procuradorias municipais. Penso que houve um equívoco ou esquecimento do legislador constituinte, porque no Brasil os entes federados são três (União, Estados e Municípios). Muitos têm sido os movimentos para correção dessa incongruência na modelagem da Advocacia Pública. Pende de votação no Senado a PEC 17/2012. Iniciativas judiciais, encetadas pela via de ações civis públicas pelos Ministérios Públicos Estaduais também têm tensionado um melhor disciplinamento do tema. O STF, entretanto, no RE 888.327/AgR/GO concluiu pela impossibilidade de ingerência do Poder Judiciário para vedar contratação de serviços advocatícios e obrigatoriedade de legislar para a criação de cargos públicos de procurador. Princípio da Separação de Poderes. Rel. Ministra Rosa Weber, 1ª Turma, 18.08.2015.

ordens: (i) as diretamente ligadas ao Programa Brasil Transparente, como fornecer orientações jurídicas aos administradores e servidores relativamente à adesão e execução do Programa, dentre outros; (b) as decorrentes de seu papel institucional de zelar pela observância da legalidade, o que envolve orientar e mesmo cobrar o adequado atendimento de toda legislação de transparência; (c) e as derivadas da competência que é própria da Advocacia Pública, qual seja, propor aperfeiçoamentos para as práticas e correspondentes normas da Administração.

A Advocacia Pública tem à disposição instrumental jurídico e capacidade institucional para melhorar a performance estatal e, com isso, auxiliar na qualificação da relação Estado-cidadania.

Dois aspectos centrais da legislação de transparência são (i) o livre acesso, em tempo real, por meio eletrônico, dos dados de despesas e receitas do Estado, seja administração direta ou indireta (arts. 48/49 da LC 101/2000, na redação dada pela LC 131/2009) e (ii) a disponibilização, sem necessidade de requerimento, das informações elencadas no artigo 8º, da Lei 12.527/2011, em que consta, dentre outros deveres, o de permitir o acompanhamento de programas, ações e projetos, vale dizer, o acompanhamento de políticas públicas.

No âmbito da atuação de assessoramento, compete à Advocacia Pública orientar precipuamente o administrador e os agentes públicos sobre as formas de cumprimento desse regramento de observância obrigatória.[36]

Compete, ainda, e isso nos parece fundamental, alertar formalmente os administradores sobre a necessidade de cumprimento da legislação referida, bem assim sobre o que, eventualmente, não esteja sendo observado, informando-os formalmente das consequências jurídicas do descumprimento da legislação. Veja que o pleno exercício da capacidade institucional da Advocacia Pública lhe impõe uma atuação proativa nesse espaço do assessoramento, até porque, sendo seu dever zelar pela legalidade e patrimônio público, não é dado ao órgão permanecer inerte diante do descumprimento da lei, na medida

---

[36] Esse dever funcional não impede que a Advocacia Pública oriente também os administrados, notadamente com a edição de cartilhas voltadas à educação dos direitos da cidadania. Já a orientação interna da Administração pode se dar tanto por material escrito, nos moldes de cartilhas ou perguntas e respostas, como pelo oferecimento de aulas, cursos de capacitação ministrados pelos advogados públicos.

em que tal comportamento tanto ofende o Estado de Direito quanto pode onerar financeiramente o Estado, em responsabilização derivada de dano causado pelo desatendimento de mandamento legal.

Relativamente à política pública de transparência e ao Programa Brasil Transparente, a despeito dos avanços alcançados, consectário do notável trabalho da Controladoria-Geral da União,[37] muito impressiona o atendimento parcial, notadamente no âmbito de Estados e Municípios, dos dois aspectos centrais da política de transparência acima referidos. Não são poucos os órgãos, inclusive do meio jurídico, que atendem parcialmente ou mesmo não atendem esses comandos.[38]

Para esses casos, a Advocacia Pública, na esfera do trabalho de assessoramento, tem o dever de formalmente observar e cobrar das autoridades o atendimento à lei, alertando-as, reitere-se, para os prejuízos que a inobservância indicada pode trazer ao Estado e, em última instância, ao próprio agente público.[39]

Já na vertente da atividade de consultoria, a Advocacia Pública atua no esclarecimento de dúvidas jurídicas, mediante provocação, e tem a oportunidade de, mercê do trabalho interpretativo, dizer como o Administrador ou o agente público deve cumprir a legislação ou até mesmo explicitar o conteúdo da lei.

Inequivocamente trata-se de tarefa complexa, que o Advogado Público deve desempenhar de acordo com aquela perspectiva que chancela a indissociabilidade entre Advocacia Pública e Estado Democrático de Direito.

No que concerne à matéria da transparência, isto significa que a Advocacia Pública deve privilegiar os caminhos jurídicos que, garantindo o mais amplo acesso às informações públicas, atendam àqueles três vetores fundamentais da política de transparência, destinados a maximizar a eficiência gerencial do Estado, qualificar a participação da cidadania na gestão governamental e inibir ação estatal abusiva.

---

[37] Disponível em: <http://www.cgu.gov.br/assuntos/transparencia-publica/brasil-transparente>.
[38] No Estado de São Paulo, por exemplo, embora exista o Portal da Transparência, o acesso aos dados nem sempre é de fácil obtenção, sendo que os *sites* de muitos dos órgãos da Administração Estadual ainda carecem de aperfeiçoamento para que a legislação vigente seja devidamente observada.
[39] O agente público que causa dano ao patrimônio do Estado pode responder pelo prejuízo apurado (CC, art. 927) e também por improbidade administrativa (Lei 8.429/92).

Cumpre, outrossim, à Advocacia Pública a representação judicial do Estado. E nesse campo a atuação institucional possível envolve desde a simples defesa de ato ou decisão de autoridade sobre o tema, até o ajuizamento de ação de reparação de dano, civil pública, de improbidade, na hipótese de se identificar ação, omissão ou decisão atentatória ao balizamento legal.

Importante destacar que, no que concerne às ações populares, civil públicas e mesmo mandados de segurança, vigora para a Advocacia Pública normativa que confere liberdade de escolha sobre como a instituição vai integrar a lide, vale dizer, se vai atuar em juízo na defesa ou contra o agente público, contra ou na defesa do ato impugnado, ou mesmo se vai se abster.[40] Essa capacidade institucional da Advocacia Pública revela de forma insofismável o compromisso constitucional da instituição com a salvaguarda dos interesses do Estado e não exatamente dos agentes públicos ou governantes.

Cabível, ainda, à Advocacia Pública patrocinar Termos e Ajustamento de Conduta (Lei nº 7347/85, art. 5º, §6º) sendo que, mais recentemente, abriu-se a possibilidade de atuação pela via da autocomposição, que envolve a pactuação de Termos de Mediação de Conflitos individuais e coletivos, entre órgãos públicos ou mesmo entre organismo público e pessoas ou empresas (Lei nº 13.140/2015, arts. 32 e seguintes). Com isso, verifica-se um alargamento significativo no campo de atuação jurídica da Advocacia Pública, agora dotada de instrumental importante para intervenção e gerenciamento dos conflitos jurídicos que envolvem o Estado, apto a evitar a judicialização excessiva.

6 Conclusão

Desde que se processou o deslocamento do foco do Estado da soberania para a cidadania, para a população, a realização de políticas públicas está no centro da própria razão de existir do Estado.

---

[40] Lei 4717/65, art. 6º, § 3º (AP), Lei 7347/85, art. 5º, III, §§ 2º, 3º, 5º(ACP) Lei 8429/92, art. 17, §§ 2º e 3º (ACPI) e Lei 12016/2009, art. 7º, §2º (MS).

Mais ou menos dirigista, mais ou menos planejador, o Estado é hoje um organismo voltado à produção, implementação e controle de políticas públicas.

Uma das políticas públicas mais transformadoras da última década no Brasil é, sem dúvida, a política de transparência, que visa a garantir o livre acesso dos cidadãos aos dados produzidos e custodiados pelo Estado, na perspectiva expressa de fazer da liberdade de informação a regra e do sigilo de dados públicos a exceção.

Trata-se de política pública de alto potencial inclusivo, participativo e qualificador da cidadania.

Sua implementação, no entanto, é tarefa complexa, em função da enorme resistência estratificada no estamento estatal à prestação de informações ou, em outras palavras, ao oferecimento de satisfações aos administrados acerca dos atos e negócios do Estado.

A Advocacia Pública é instituição permanente, responsável pelo controle prévio da legalidade e por assessorar, orientando, os administradores na tarefa de governar dentro do regramento jurídico. É, ademais, instituição dotada de capacidade institucional para fazer cumprir a Constituição e as leis, mediante atuação técnica-jurídica de variados matizes (judicial e extrajudicial).

Diante desse enorme instrumental jurídico que a Advocacia Pública tem em suas mãos, quer-nos parecer que lhe é possível encetar atuação proativa de fixação ou implementação da política de transparência, instando os administradores a fazerem a lei ser observada na sua plenitude. É nessa perspectiva de cumprimento de sua responsabilidade institucional que a Advocacia Pública tem a contribuir, exercendo na plenitude a missão constitucional de promover os princípios fundamentais da república, dentre os quais destaca-se o da cidadania.

Referências

ANGÉLICO, Fabiano. *Lei de Acesso à Informação*. São Paulo: Estúdio Editores.com, 2015.

ARGUELLES, Diego Werneck; LEAL, Fernando. *O argumento das "capacidades institucionais" entre a banalidade, a redundância e o absurdo.* Rio de Janeiro: Direito, Estado e Sociedade (PUC-RJ), n. 38, jan-jun 2011.

BARROSO, Luís Roberto. *Curso de Direito Constitucional Contemporâneo*, São Paulo: Ed. Saraiva, 5. ed., 2016.

BINENBOJM, Gustavo. *Estudos de Direito Público*, Rio de Janeiro: Renovar, 2015.

BONAVIDES, Paulo. *Teoria Geral do Estado*. São Paulo: Malheiros, 10. ed., 2015.

BUCCI, Maria Paula Dallari. *Fundamentos para uma Teoria Jurídica das Políticas Públicas*, São Paulo: Saraiva, 2013.

BUCCI, Maria Paula Dallari. *O conceito de Política Pública em Direito*. Políticas Públicas: Reflexões sobre o Conceito Jurídico. São Paulo: Saraiva, 2006. p. 39.

CARDOSO JR., José Celso. *Estado, Planejamento, Gestão e Desenvolvimento* – Balanço da Experiência Brasileira e Desafios do Século XXI. Chile, Nações Unidas, 2014.

COMPARATO, Fábio Konder. Ensaio sobre o Juízo de Constitucionalidade de Políticas Públicas. *Revista de Direito Legislativo*, a.35 n. 138, abr./jun. 1998.

DALLARI, Dalmo de Abreu. *Elementos de Teoria Geral do Estado*. São Paulo: Saraiva, 1998.

DIAS, Reinaldo; MATOS, Fernanda. *Políticas Públicas* – Princípios, Propósitos e Processos, São Paulo: Atlas, 2012.

FELIPPE, Marcio Sotelo. *Socialismo ou Barbárie*. Disponível em: <http://justificando.com/2016/11/19/socialismo-ou-barbarie/>.

FOUCAULT, Michel. *Microfísica do Poder*. Rio de Janeiro/São Paulo: Terra e Paz, 2016.

MADUREIRA, Claudio. ADVOCACIA PÚBLICA. Belo Horizonte: Fórum, 2015.

MELO, Felipe de. *Políticas Públicas e Direitos Fundamentais*. São Paulo: Saraiva, 2015.

MOREIRA NETO, Diogo de Figueiredo. Advocacia Pública de Estado: consciência jurídica da governança pós-moderna. *RBAP*, ano 1, n. 1, julho/dezembro-2015, Belo Horizonte: Fórum.

SECCHI, Leonardo. *Políticas Públicas, Conceitos, Esquemas de Análise, Casos Práticos*. São Paulo: Cengage Learning, 2012.

SEMER, Márcia Maria Barreta Fernandes. *Advocacia Pública*, São Paulo: Estúdio Editores. com, 2014.

SILVA, José Afonso da. *Curso de Direito Constitucional Positivo*. São Paulo: Malheiros, 2010.

Informação bibliográfica deste texto, conforme a NBR 6023:2002 da Associação Brasileira de Normas Técnicas (ABNT):

SEMER. Márcia Maria Barreta Fernandes. Transparência como política pública e a responsabilidade institucional da Advocacia de Estado na sua efetivação. In: MOURÃO, Carlos Figueiredo; HIROSE, Regina Tamami (Coord.). *Advocacia pública contemporânea*: desafios da defesa do Estado. Belo Horizonte: Fórum, 2019. p. 451-471. ISBN 978-85-450-0578-0.

SOBRE OS AUTORES

Carlos Figueiredo Mourão
Procurador do Município de São Paulo. Coordenou o Centro de Estudos Jurídicos da Procuradoria-Geral do Município de São Paulo. Foi presidente da Associação Nacional dos Procuradores Municipais (ANPM) e da Associação dos Procuradores do Município de São Paulo. Mestre em Direito Constitucional pela PUC-SP. Presidente da Comissão de Advocacia Pública da OAB/SP.

Carlos Roberto de Alckmin Dutra
Mestre e Doutor em Direito do Estado (Direito Constitucional) pela Faculdade de Direito da Universidade de São Paulo. Advogado. Procurador da Assembleia Legislativa do Estado de São Paulo, onde foi Procurador-chefe (2002-2005 e 2013-2015). Membro efetivo da Comissão da Advocacia Pública da OAB/SP. Membro titular do Conselho Consultivo Interinstitucional do Tribunal de Justiça do Estado de São Paulo, representando a Assembleia Legislativa do Estado de São Paulo (2014). Procurador do Município de Campinas (1996-1997).

Danielle Romeiro Pinto Heiffig
Procuradora do Banco Central do Brasil. Membro da Comissão de Advocacia Pública da OAB/SP

Derly Barreto e Silva Filho
Procurador do Estado de São Paulo. Presidente do Sindicato dos Procuradores do Estado, das Autarquias, das Fundações e das Universidades Públicas do Estado de São Paulo – SINDIPROESP (biênio 2015-2016). Mestre e Doutor em Direito Constitucional pela Pontifícia Universidade Católica de São Paulo. Professor do Curso de Especialização em Direito Constitucional da PUC-SP. Membro da Comissão de Direito Constitucional, da Comissão da Advocacia Pública e da Comissão de Direitos e Prerrogativas da OAB-SP (triênio 2016-2018). Conselheiro Eleito da Procuradoria- Geral do Estado de São Paulo (biênio 2013-2014). Autor do livro intitulado "Controle dos atos parlamentares pelo Poder Judiciário" (Malheiros Editores, 2003).

Evelyn Moraes de Oliveira
Procuradora do Estado, classificada na Procuradoria da Fazenda junto ao Tribunal de Contas do Estado de São Paulo. Membro da Comissão do Advogado Público da OAB/SP. Especialista em direito público pela Escola da Procuradoria-Geral do Estado. Ex-professora auxiliar de prática de processo penal da Faculdade Paulista de Direito da Pontifícia Universidade Católica de São Paulo.

Flávio Mitsuyoshi Munakata
Procurador Federal. Foi Defensor Público.

Jorge Eluf Neto
Advogado e Procurador do Estado de São Paulo aposentado. Diretor Tesoureiro da Caixa de Assistência dos Advogados de São Paulo – CAASP (2016/2018). Presidente da Comissão de Controle Social dos Gastos Públicos da OAB/SP (2016/2018). Foi conselheiro seccional e conselheiro federal da OAB. Ex-presidente da Comissão de Advocacia Pública da OAB/SP.

José Luiz Souza de Moraes
Procurador do Estado de São Paulo atuante na Coordenadoria Judicial de Saúde Pública. Doutorando e Mestre em Direito Internacional na Faculdade de Direito da Universidade de São Paulo (FDUSP). Especialista em Direito do Estado e Direito Tributário pela Escola Superior da PGE/SP. Professor de Direito Constitucional e Internacional na Universidade Paulista (UNIP).

Marcos Batistela
Procurador do Município de São Paulo. Mestre em Direito do Estado pela PUC-SP. Especialista em Administração Pública, com ênfase em Combate à Corrupção, pela Escola Nacional de Administração Pública da França (ENA). Coordenador Jurídico da Secretaria Municipal de Planejamento, Orçamento e Gestão de São Paulo (2013-2015).

Marcos Fabio de Oliveira Nusdeo
Procurador do Estado de São Paulo e Presidente da Associação dos Procuradores do Estado de São Paulo (APESP). Membro efetivo da Comissão da Advocacia Pública da OAB/SP. Mestre em Direito do Estado. Professor de Direito Constitucional da Faculdade de Direito da Fundação Armando Alvares Penteado.

Mara Christina Faiwichow Estefam
Procuradora do Estado de São Paulo aposentada. Membro efetivo da Comissão da Advocacia Pública da OAB/SP. Pós-graduada em Direito Constitucional pela Escola Superior de Direito Constitucional (ESDC). Pós-graduada em Direito do Estado pela Escola Superior da Procuradoria-Geral do Estado de São Paulo (ESPGE).

Márcia Maria Barreta Fernandes Semer
Procuradora do Estado de São Paulo. Mestre e doutoranda em Direito do Estado – USP.

Maria Paula Dallari Bucci
Professora Livre-Docente da Faculdade de Direito da USP, atua na Advocacia Pública desde 1992.

Maria Regina Dantas de Alcântara
Bacharel em Direito pela Faculdade de Direito de São Bernardo do Campo. Especialista em Direito Tributário pelo Instituto Brasileiro de Direito Tributário (IBET) e em Direito Público pela Universidade de Brasília (UNB), com cursos complementares em São Diego, Califórnia, USA. Procuradora da Fazenda Nacional desde 2000, com lotação na PRFN da 3ª Região. Exerceu o cargo de Chefe da Divisão de Assuntos Judiciais-DIAJU (2000/2005). Coordenou o Núcleo JEF da Divisão de Defesa na 1ª Instância na PRFN da 3ª. Região (2010/2014). Exerce atualmente o cargo de Chefe da Divisão de Defesa na 2ª. Instância na PRFN da 3ª. Região desde 2016, sendo substituta simultânea do Procurador-Chefe de Defesa da PRFN da 3ª Região. Participação como autora em diversas obras coletivas. Colaboradora da OAB/SP na qualidade de Membro da Comissão da Advocacia Pública e Vice-Presidente da Comissão de Direitos e Prerrogativas na Advocacia Pública.

Patricia Ulson Pizarro Werner
Procuradora do Estado de São Paulo. Mestre e Doutora em Direito Constitucional pela PUC-SP. Membro Efetivo da OAB/CAP/SP-2016-2017. Membro do Conselho Assessor da Associação dos Procuradores do Estado de São Paulo/APESP-2016-2019.

Rafael Prandini Rodrigues
Procurador do Município de Guarulhos desde 2007. Procurador-Chefe da Procuradoria do Contencioso Fiscal desde 2012. Formado na Faculdade de Direito da Universidade de São Paulo em 1999. Conselheiro da Associação dos Procuradores Concursados do Município de Guarulhos (APCMGRU), 2016-2018, entidade que presidiu por quatro mandatos consecutivos desde 2008. Delegado da Associação Nacional dos Procuradores Municipais no Estado de São Paulo (ANPM) desde 2015. Membro da Comissão da Advocacia Pública da OABSP.

Regina Tamami Hirose
Procuradora da Fazenda Nacional em São Paulo/SP. Coordenadora Nacional do Programa de Educação Fiscal da PGFN. Mestre em Direito Constitucional pela PUC-SP. Mestre em Direito das Relações Econômicas Internacionais pela PUC-SP. Membro da Comissão de Advocacia Pública, de Controle Social de Gastos Públicos e de Direito Administrativo da OAB/SP.

Renata Ferrero Pallone
Procuradora Federal atuante no Núcleo de ações Prioritárias da PRF3. Especialista em Direito.

Ricardo Marcondes Martins
Procurador do Município de São Paulo. Professor de Direito Administrativo da PUC-SP.

Ricardo Sahara
Procurador do Município de São Bernardo do Campo. Presidente da Associação dos Procuradores do Município de São Bernardo do Campo. Membro da Comissão de Advocacia Pública a OAB/SP.

Soraya Santucci Chehin
Procuradora do Município de São Paulo. Presidente da Associação de Procuradores do Município de São Paulo.

Wallace Paiva Martins Junior
Procurador de Justiça (MPSP). Doutor em Direito do Estado (USP). Professor nos cursos de graduação e pós-graduação *stricto sensu* (UniSantos).